21世纪高等院校
新闻学与传播学经典教材
JOURNALISM&COMMUNICATION

数字电视制作

王灏　孟群　著

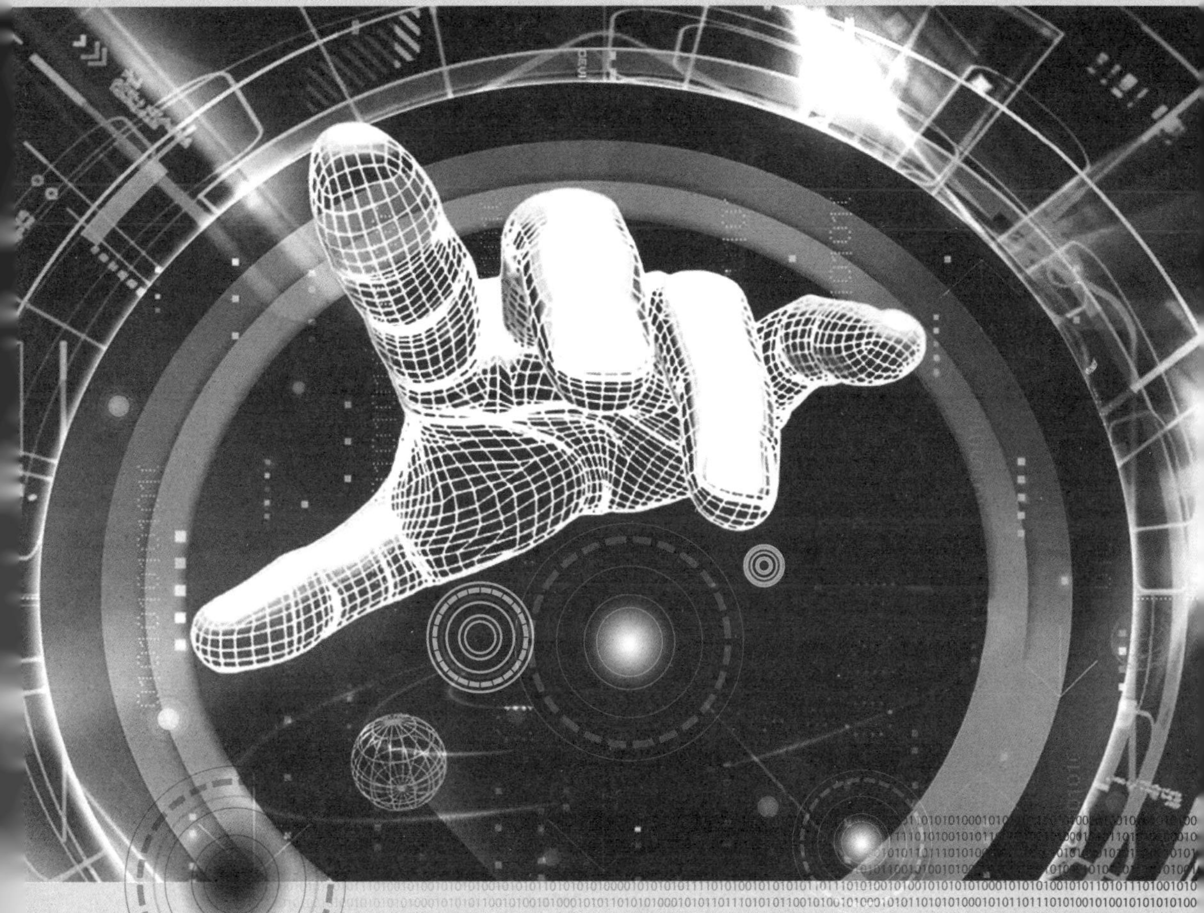

中国国际广播出版社

前　言

广播电视最初依托电影技术来进行。后逐渐发展出适用于广播电视制作的摄像机、切换台、录像机、电子编辑系统等一系列设备，在此基础上，设备的数字化、后期的非线性化、特技效果的进步，大大提高了广播电视制作的水准。目前，广播电视制作正在从高清走向超高清，从标准动态范围走向高动态范围，从普通帧率走向高帧率，从标准色域走向宽色域。电影制作也实现了数字化，电影制作与广播电视制作在部分领域正在走向融合。

基于上述现状，我们重新编写了本书，在介绍基本制作知识的基础上，希望能对目前比较新的技术也做一定程度的介绍与剖析，对我国的广播电视事业做一些有益的工作。

本书面向的读者主要是广播电视相关专业的学生，对广播电视技术的原理做基础性的讲解，对新近发展的新技术做相应的介绍，同时也与实践相结合，给出部分实际操作的建议。

文中内容以阐明原理为主，同时注重实用性，介绍了电视节目制作的概况，电视制作技术的基本原理，数字电视技术的基础知识，摄像机、录像机的性能与使用，后期编辑，特别是非线性编辑的技术特点及应用，数字视频特技的原理与发展，视频切换的基础知识，以及虚拟演播室技术、超高清技术、3D 技术等新的电视节目制作技术。同时也介绍了音频技术的一些基本知识。

书中部分内容参考了索尼、松下、阿莱、雅马哈等公司的技术资料，并选用了索尼公司的部分图例，在此表示感谢。书中引用了一些专著对基础理论的某些论述以及其他论述，对于论述、说明本书的一些观点有很大帮助，在此也表示感谢。书中引用了许多论文的论述与结论，尤其在新技术的发展方面获益颇多，一并致谢。相关参考资料在本书最后列明。

本书编写过程中得到中国传媒大学张宁老师的大力支持与帮助，其中3D技术部分多数内容由张宁老师提供，在此表示感谢。中国传媒大学2015级MFA研究生魏晓璐、2015级MJC研究生金元帮助整理了部分参考资料，在此表示感谢。

本书可作为广播电视相关专业教材，也可供从事广播电视节目制作的摄像、编辑以及其他电视从业人员参考。

书中错误和不当之处，恳请读者批评指正。

作者

2016年12月

目　录

第一章　电视制作技术概述

在电视录像技术出现以前，电视广播大多采用电视影片来摄制节目。

随着磁带录音机研制成功并进入广播领域，人们开始考虑用类似磁带录音的方式，通过改进固定磁头并增加带速的方法来满足记录图像和声音的要求。1956 年，第一台实用化的用于商业广播的可记录黑白全电视信号的录像机 VR-1000（后更名为 Mark IV）诞生于安培公司，并于当年 11 月 30 日在美国进行了世界上第一个基于视频磁带的广播试验。从此之后，电视广播就进入了磁带制作的阶段。

使用磁带摄录系统有很多优点，相对于胶片系统，制作费用大概是 1/3，而且录像磁带是可以反复使用的，成本更低，可以大大节省经费开支。磁带录像不需要洗印加工，可以通过电子监视器当场监看、检查录制节目的质量，提高了节目制作的效率，有利于保证新闻时效性。

广播电影电视制作技术发展迅猛，发展趋势是数字化、网络化和信息化。对于电视数字化而言，主要是卫星电视、有线电视和地面广播三个方面的数字化。首先是卫星数字电视的发展，包括卫星电视广播和卫星电视直播，随后是数字有线电视，最后是数字地面电视。

广播电视中心技术的数字化进程速度很快，数字摄录和编辑设备，非线性编辑系统，硬盘存储节目的全自动播出系统，自动播控系统被广泛采用；同时，数字演播室、虚拟演播室、数字节目制作系统、数字音频工作站也逐步应用。

电视系统的全面数字化给节目制作、传输直到播出都带来了革命性的变化。电视系统全面数字化将促进通信网络、广播网络和计算机网络的融合，多种业务可以在统一的网络中传送，同一种业务也可以在不同的网络中传送。全面数字化的特点是信息来源的多样化和分散化。

一个电视系统包括节目制作系统、传输系统和接收系统。节目制作系统可以是模拟的，也可以是数字的，传输系统可以是地面开路广播，也可以是有线传输，也可以是卫星广播，接收系统就是我们家庭的电视机了。在一个完整的电视系统中，这三个系统之间应该是互相协调一致的。如果是数字制作，相应的就应该是数字传输；如果是卫星广播，相应的就应该有数字卫星接收机才能够收看节目。如图 1–1 所示。

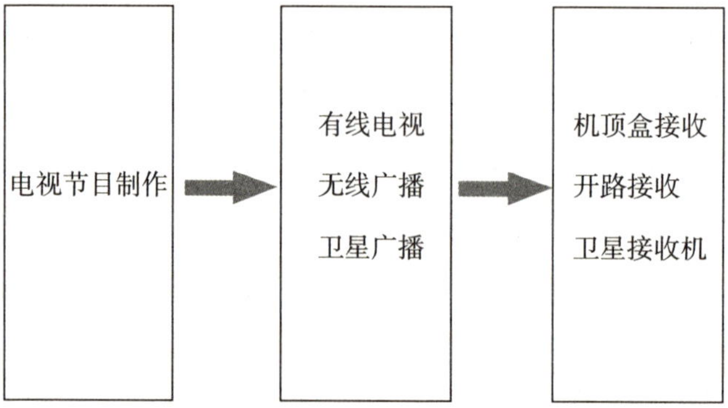

图 1–1　电视系统的组成示意图

电视节目制作过程分为两个阶段：前期制作阶段和后期制作阶段。因此，节目制作系统又有前期系统和后期系统之分，它们是由具有不同制作功能的各种硬件组合而成的。前期系统通常由摄像机、切换台、录像机、调音台、灯光设备等组成，简单的新闻采集也可以只用一台摄录一体机。后期系统通常由录像机、特技台、调音台等设备组成，而新型的非线性编辑后期制作系统通常只需要录像机进行上下载操作，其他设备都由非线性编辑工作站代替。目前大多数摄录一体机的记录方式都已经改为硬盘或者卡式记录，实际上，上下载这个概念也已经很少提到。

以数字系统为基础的制作环境是将图像、声音及有关信息统一作为数字数据处理。同时，一些基本工作如选材、合成和编辑都是以综合方式来完成的。图像、声音是直接作为数字数据记录在服务器上；外景素材储存在磁盘存储器中，然后传送到服务器上，运用非线性编辑系统进行制作。非线性编辑系统集编辑、特技、动画、字幕、切换台、调音台的功能于一身，功能强大，操作方便。

第一节　电视节目制作流程

电视节目制作包含节目生产过程中的艺术创作和技术处理两个部分，在制作实践中同属于一个完整的节目生产系统的不同部分，互相依存而不可分离，而且是相互渗透的。

电视制作的全过程，可以分成若干阶段，一般分为“前期制作”与“后期制作”。前期工作包括构思创作、拍摄、录制；后期工作包括编辑、合成。

一、构思创作

确立节目主题，搜集相关资料，构思节目结构，草拟节目脚本。主创人员开碰头会，最后写出分镜头方案。

拍摄计划是节目的基础，节目的构思越完善，拍摄的条件和困难考虑得越周全，节目制作就会越顺利。要根据节目性质对导演、演艺人员、主持人记者等做出选择，进行人员配置；要向制片、服装、美工、化妆人员说明并初步讨论舞美设计、化妆、服装等方面的要求；要确认前期制作所需设备的档次及规模，安排摄像、录音、音响、灯光等人员；制片部门要确定选择的拍摄场地并做出后勤保障计划。

各部门主要负责人讨论并确认拍摄计划并执行。各部门细化自己的计划，如租赁合同，建造场景道具、图版，征集影片、录像资料等。

二、现场录制

不同类型节目有其不同的制作方式，以演播室拍摄为例：

首先排演剧本，进入演播室前的排练（设计动作和走位），演员练习走位、表情、动作、交流，灯光、舞美的最后确定，音响、音乐处理，转播资料的确定。

同时确认分镜头剧本的镜头序列、景别、角度、技巧、摄像机编号、切换钮编号等。

然后演播室最后检查舞美置景、服装、灯光、通信联络、录像磁带、提词器、摄像机以及其他各种设备、音响录音设备等。

然后进行彩排（带机排练）。各个部门各司其职，完全按照实拍方式进行排练，只是不录像。

最后录像，正式录制节目。记下详细的场记单，以供后期剪辑使用。适当拍摄保留某些备份镜头，以方便后期编辑工作选用。

三、编辑

素材审看：检查镜头的内容及质量、选择出所需的镜头，摘要地记场记。

素材编辑：画面编辑后，可进行初审，看结构是否合理，段落层次是否清楚，有无错误并修改。粗编之后进行特技制作和字幕图文的制作。

四、合成

混录：录解说词的配音及所需的音乐，将解说词、效果声、音乐进行混录，进行音调、音量等处理。最后与片头、片花等合成，制作成片。

审看：负责人审看并提出意见，再次修改，最终制作成片。

第二节　电视制作手段

目前，电视节目制作手段主要可以分为以下几种：实况直播，电视影片制作，录像制作，电子制作。[①]

一、实况直播

实况直播，是指在摄取图像、声音后直接播出的电视制作方式。它的特点是制作和播出两个过程的同步，现场性、即兴性、观众参与性都十分强烈。

实况直播可以使用多台摄像机进行拍摄，由设在中控室或转播车里的视音频设备，对图像、声音进行即时处理，通过电缆、微波或者卫星传送给电视台播出中心播出。也可以仅用单台摄像机，不经切换，把实况图像和声音传送出去。

多机现场直播，是由多台摄像机摄取图像，经过切换台切换、选择，由微波、卫星等再转送到电视台中心机房，由设在中心机房的总导演系统再把这些现场送来的图像与电视台演播中心的信号一起，经过选择、切换，最后送入播出线播出。

重大节庆活动、重大会议的直播，虽然不可能预先进行构思，但需要事先考虑一个周密的计划，拟订一个切实可行的实施方案，把可能遇到的情况都估计进去，并预先安排好应急措施。然后，还要建立严密的组织、指挥系统，确立摄制、音响、照明、传送、编导、后勤、保卫等各工作的岗位责任，才能保证高质量的实况转播。

电视新闻报道有时常常利用单一摄像机进行实况直播，对一些突然事

① 孟群．电视数字制作技术［M］．北京：北京师范大学出版社，2003：7.

件的目击报道就是这样。由于事发突然，大批设备很难迅速到位，由一两台摄像机与现场记者迅速到位，保证第一时间进行报道，保证新闻的时效性。美国、德国和日本的一些中小城市的电视台，在电视中心高空建筑物顶端架设了昼夜转动的“奴隶摄像机”，这种摄像机配有高倍望远镜头，可以把一定半径范围内发生的火灾、抢劫及其他暴力行动或交通事故的情况拍摄下来，编辑可以直接选用。

实况直播方式还大量被运用在电视演播室。世界上大多数电视台的新闻节目、谈话节目、教育节目和综合艺术节目，都采用这种方式，即以演播室直播为主，穿插使用各种形象资料、新闻短片等。比如我国中央电视台的《朝闻天下》、春节联欢晚会，凤凰卫视的《时事直通车》等。

用实况直播手段来制作传播时事、生活常识、猜谜、综合艺术、教育等节目，还可以使用电话、短信、网络等反馈系统，让观众直接参加到节目制作、演播过程中来，随时获取观众的反馈和意见，增强节目的互动性，拉近与观众的距离。

二、电视影片制作

电视影片制作是使用 16 毫米或 35 毫米电影摄影系统摄取素材，然后由底片直接转成磁带，再进行后期制作。

在出现电视录像技术以前，电视广播大量采用电视影片来摄制节目。从 20 世纪 30 年代到 70 年代初，电影摄制所具有的现场创作的机动性、灵活性以及影片资料保存的长期性，使它大大优越于直播方式，从而受到许多电视制作人的钟爱。电影摄制被广泛用于电视新闻报道和拍摄纪录片、电视剧、科教节目和广告节目，尤其是 16 毫米系统，它以其轻便、灵巧和耗费远比 35 毫米电影低廉的优势，一跃而为电视摄影的主要工具。即便是在录像技术已经广为普及的今天，电视影片制作方式仍具有独特的价值。电视影片制作的某些优越性仍然是录像制作所达不到的，它拍出的图像清晰度很高，色彩还原性好，宽容度大。

另外，电视录像设备，各国所用的制式、型号是多种多样的。用录像磁带进行节目互换十分困难，必须经过翻录，即由甲方的制式、型号复制成乙方所需的制式、型号磁带。这样信号要受到损失，信号质量又降低了。所以，电视台在摄制一些大型节目时，往往仍然选择使用电影制作方式进行制作。例如，我国中央电视台和日本电视机构联合摄制的《话说长江》《丝绸之路》《话说黄河》，都使用16毫米或35毫米电影摄影系统摄取素材。然后由底片直接转成磁带，再进行后期制作。

高清晰度电视技术的发展，使得电视录像的画质得到很大提高，数字后期制作技术的发展，也使得许多复杂的特技得以实现，从而获得前所未有的视觉效果。数字中间片技术的发展也已经达到实际应用的水平。这使得目前大量的电影制作者纷纷由传统的电影制作流程转向利用数字制作技术进行电影的后期处理。所以，目前在很多大型的纪录片等制作中，更多地使用了高清晰度电视摄像机与高清晰度电视后期制作系统。

三、录像制作

随着20世纪70年代科学、技术以及电子工业的飞速发展，电视传播事业也在日新月异地以高度现代化手段武装自己。电子技术已经不仅仅在电视播出、发送系统中得到运用，而且扩展到电视新闻采访、节目合成以至整个节目的制作、传送各个领域。在世界上许多国家的主要电视台、电视系统中，还装备了电子计算机系统，实现了电视节目制作、管理及播出的全自动控制。其中与电视节目制作关系最直接的、目前普遍使用的是磁带录像系统。

录像制作是目前各国电视台应用最多的电视制作方式。

前述的电视直播的节目，如果不送入播出线直接播出，而是用录像机记录下来，在计划的时间再播出，就可以看作是录像制作。但通常录像制作的时候，不必在现场直接做出最终的节目，可以在后期制作中进行剪辑，加入视频特技特效，加入字幕说明等，所以录制时候的制作方法与应用的设备，也与现场直播有所不同，可以简化。大量的工作留待后期制作阶段再来进行。

录像制作手段又可分ENG（电子新闻采集）、EFP（电子现场制作）、ESP（电子演播室制作）三种方式。

1. ENG方式

ENG，即“电子新闻采集”（Electronic News Gathering）。这种方式，是使用便携式的摄像、录像设备，来采集电视新闻。早期，世界上所有电视台摄制的电视新闻都是用16毫米电影摄影机制作的，因为那时候的电视摄像机和录像机都是庞大笨重的设备，一般仅安装在演播室、机房内，或是用转播车改装成录像车，并用专用运载车辆送到体育竞赛场馆、剧场完成实况录像任务，不能适应新闻采访的运动性、灵活性。新闻事件的突发性，电视报道的时效性、现场性，要求新闻记者能携带小型、轻便、灵活、机动的采录设备。因此，16毫米的摄影机配备上同步录音设备曾是当时理想的电视报道工具。然而，电视电影花费太大，制作工序复杂，需经过洗印、剪辑混录等才能播出，还有胶片洗印工业带来的污染问题。因此，当便携式摄录设备被发明以后，便立即被广泛运用于电视新闻采集中，而且也为拍摄电视纪录片、文艺专题片、电视剧所采用。

ENG方式非常适合现场拍摄，但它所获取的素材还需要在电子编辑设备上进行剪辑。因此，很接近电影制作方式，分为前期拍摄与后期编辑两个阶段。

ENG方式与电缆通信、微波通信、卫星通信技术结合，就如虎添翼了。有些新闻节目，可以用便携式摄像机与发射装置、传送系统连接，实现新闻直播。有的则可在进行简单编辑后，经过电缆、微波或卫星由记者直接进行广播报道，大大提高了电视新闻的时效性。

目前，摄制设备全面数字化，通讯技术发展到今天，网络通信如此发达，对于更看重时效性的新闻节目来说，摄录设备的专业程度，影像的质量不是最重要的，所以很多时候一台小型数码摄像机甚至一部手机，就可以完成一次新闻采访甚至国际直播。比如 2015 年 8 月 12 日天津港口爆炸事件发生后，外国记者通过手机直播报道了现场情况。

2. EFP 方式

EFP，即电子现场制作（Electronic Field Production）。EFP 方式是电视技术迅速发展的产物，是对一整套适用于“野外”（电视台外）作业的电视设备的统称。这套系统包括三台以上的摄像机，一台视频信号（图像）切换台，一个音响操作台及其他辅助设备（灯光、话筒、录像机、运载工具等）。利用 EFP 方式可以在事件发生的现场或演出、竞赛现场制作电视节目，进行现场直播或录播。

由于使用三台以上摄像机进行现场摄制，又经过现场切换，因此，EFP 方式提供的视频信号是连续不断的，一次完成的，这样，大大简化了节目制作的工艺，但是这需要摄制团队整体的协调一致。摄像机提供的画面应当有变化，不同对象、景别、角度、技巧、节奏的变幻、穿插，要依靠导播的精明、高超、娴熟的指挥调度才干，更依赖于全体现场操作人员的密切配合。

不论是现场直播还是现场录像，摄录过程是与事件发生、发展同步进行的，因此，现场感特别强烈，这是 EFP 方式最突出的优点。因此，EFP 方式也可称为“即时制作方式”。又由于 EFP 方式需要由多台摄像机拍摄，所以也与“多机摄录”的概念相通。EFP 方式是最具有电视特点、最能发挥电视独特优势的制作方式，因此，每一个成熟的电视台都应当具备 EFP 方式的制作能力。

3. ESP 方式

ESP，亦即“电视演播室制作”（Electronic Studio Production）。电子演播室制作主要是指演播室录像制作。

ESP 方式既可以先摄录，后编辑；也可即摄、即播、即录（实况播出/录像）。因此，它是电视台制作节目的主要手段。

ESP 方式在使用的录制设备等方面与 EFP 方式大同小异。都要使用多台摄像机、控制摄像机的摄像机遥控单元、视频切换台、调音台等设备。

不同之处是由于 ESP 方式主要在演播室进行，设备可以固定安放，可以使用更加大型的性能也更高的设备，对于设备的整体机动性没有要求或者要求不高。另外，演播室的灯光、音响等设备相对齐备，演播室的录制环境也比较容易控制，更方便制作高质量的电视节目。

四、电子制作

数字技术、计算机技术、电视技术的融合，产生出新的制作手段。电子制作是指完全依靠电脑的制作来完成电视节目的创作及制作，人物、景物全部由电脑虚拟制作，没有真实的人物、景物。通常电子制作的手段还与其他后期制作技术相互融合，作为后期制作技术的一部分来出现，比如电视节目中的虚拟主持人。纯粹的电子制作应用比较少，主要表现在动画片的制作中。

技术如此发展，影视制作已经完全的数字化，但是基本的制作过程并没有改变，变化的是制作过程中的具体设备以及具体方法。

第二章　数字电视技术

第一节　电视基本原理

电视技术是通过通信线路将现场或记录的活动景物（带伴音）在异地及时以图像形式重现的技术。从对景物信息的摄取直到在显示设备上重现出景象构成完整的电视系统。

广播电视系统的组成方框图如图 2-1 所示。①

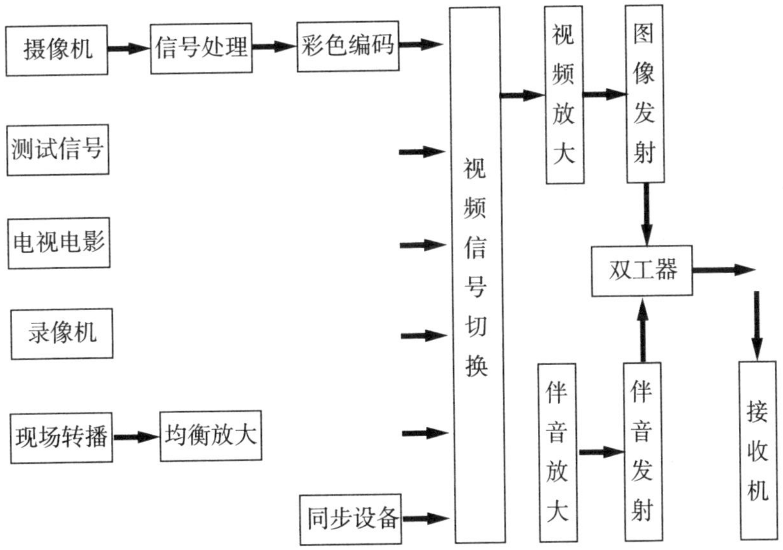

图 2-1　广播电视系统的组成方框图

① 高厚琴．电视原理［M］．北京：中国传媒大学远程与继续教育学院．

电视系统的工作过程为：

由摄像机进行光电转换，将一幅光像转变成电信号，摄像机输出三基色信号，并对三基色信号进行处理，包括放大、多种校正及补偿等。

彩色编码器将三基色信号处理、变换为彩色全电视信号。

作为信号源，除摄像机外，还有如图 2-1 所示的来自录像机、电视电影等彩色全电视信号，以及来自现场经微波线路送来的经解调得到的彩色全电视信号或其他电视台通过卫星送来的并经解调得到的彩色全电视信号等。

切换电路用以完成将各路输入的彩色全电视信号选出一路送至电缆输出，再经线路放大器放大、均衡后送到发射机。

电视发射机完成将电视信号对某频道的载频（称射频）信号调制。

伴音信号经伴音放大器放大后，送到伴音发射机对某频道的伴音载频调频。

图像调制信号和伴音调制信号经由双工器送至天线将电信号变换为电磁波辐射。

以上统称为电视系统发射端或电视中心，通常称为电视台。

广播电视系统的终端是电视接收机。电视接收机将接收到并选择出的射频信号进行放大、解调、变换、解码等处理，最后送到显像管，由显像管完成电光变换，最终在屏幕上重现一幅图像。

电视传像的基本过程如图 2-2 所示。

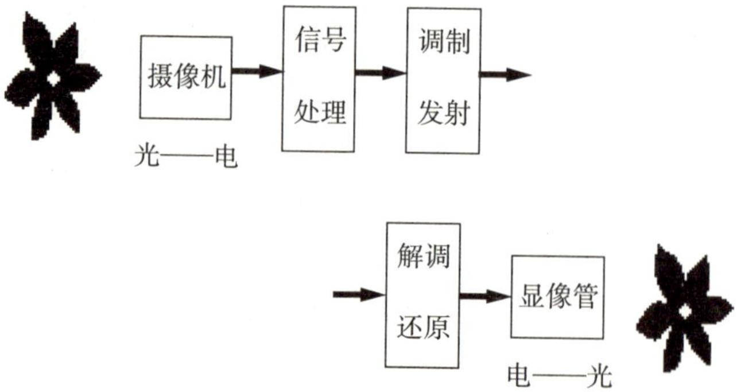

图 2-2　电视传像的基本过程

由摄像机将景物摄取，将光信号转变为电信号，经过一系列的电路处理，送入调制设备，调制后送至天线发射，以电磁波形式传播，在接收端，由电视机直接接收电磁波信号，或者由有线电视系统送入电视机，由电视机解调还原为电信号，再将电信号转化为光信号在屏幕上显示出来。

一、人眼视觉特性

电视技术是通过一个电信系统，将一个实际的或记录的活动景物，在一定距离之外即时重现其图像的技术。显然，所重现的图像是供观众收看的，也就是通过人眼来接受的。所以电视系统设计和实现上的性能质量要求，应当全面充分考虑人眼的视觉特性；系统的各个基本参数，应当适应人眼在感知图像方面的各种视觉特性，这样人们才能观看到满意的图像。因此，我们首先要了解人眼与电视图像有关的一些视觉特性。

（一）人眼的视觉机理

当眼睛注视外界物体的时候，由该物体发出或者反射、透射出的光线通过角膜、玻璃体等的屈光作用，聚焦在视网膜的黄斑区，特别是“中央凹”的部位。视网膜上的光敏细胞受到光刺激之后转化为神经冲动，向大脑传递。因为随景物内容不同，外界景物对各个光敏细胞以及其相应的视觉神经造成的神经冲动也不同，从而在大脑中综合出各种景象的感觉。

光敏细胞按照其形状不同，分为两类，也就是锥状细胞和杆状细胞。

锥状细胞和杆状细胞在视觉特性上有着不同的性能和作用。锥状细胞感光灵敏度稍微低一些，在微弱的光线下不起反应，在光亮的条件下才能感知各种明暗层次，属于明视觉细胞。但是它能够辨识出光的颜色，而且分辨景物细节的能力特别强。

杆状细胞有着与锥状细胞相反的特性。它的感光灵敏度很高，在光线暗淡的环境下也能感觉出外界景物的模样，属于暗视觉细胞。但是它没有分辨色彩的能力，人眼通过杆状细胞只能够看到景物上的灰度层次，而看不出颜色状况。它的分辨细节的能力也比较差。

由于电视画面是在一定的亮度环境下拍摄的，监视器上呈现的图像也有相当的亮度，同时出于系统复杂性的考虑，电视系统中只是考虑锥状细胞的视觉特性。电视系统给出的图像应当符合锥状细胞的感知特性，适应它在视觉机理上的图像质量辨识能力。

（二）人眼的视敏特性

人眼能感觉到的可见光，是处在一定频率或者波长范围的一种电磁辐射。可见光的波长范围，大体是在 780 纳米至 380 纳米（nm）之间（1 纳米 = 十亿分之一米）。从长波长到短波长，大体可以分为红橙黄绿青蓝紫七类颜色。大致波长如下（表 2–1）：

表 2–1

色别	红	橙	黄	绿	青	蓝	紫
波长(nm)	780~630	630~590	590~530	530~495	495~475	475~430	430~380

在实际中，波长连续变化的时候，人眼对色彩的感觉也是连续变化的，颜色之间的过渡并没有明显的分界线。

在视觉上，人的眼睛对于 380 纳米至 780 纳米内不同波长的光，具有不同的敏感程度，这称为人眼的视敏特性。

视觉效应是由可见光刺激人眼造成的。如果不同波长的光辐射功率都一样的话，除了颜色感觉不同之外，人眼对他们的亮度感觉也是各不相同的。在明亮的环境下，人眼对于波长为 555 纳米的黄绿光具有最大的敏感度。也就是说，对于相同的辐射功率，人眼感觉 555 纳米的黄绿光最亮，波长逐渐减小或者逐渐增大的时候，亮度感觉都是逐渐下降的。

（三）亮度视觉范围和亮度感觉

亮度视觉范围是指人眼所能感觉的亮度范围。

实际景物或者重现图像的最大亮度与最小亮度之比称为对比度或者反差。

在画面最大亮度和最小亮度之间可以分辨的亮度级差数称为亮度层次

或者灰度层次，也称亮度梯级数或灰度级数。

亮度视觉范围非常宽，明视觉的亮度感觉范围为 1 坎德拉 / 平方米（cd/m^2）至 10^6 量级坎德拉 / 平方米，暗视觉的亮度感觉范围为千分之几坎德拉 / 平方米至几个坎德拉 / 平方米。人眼具有如此宽广的亮度视觉范围，原因在于眼睛的感光作用具有环境适应性。当外界光强大幅度渐变时，眼睛会通过一定的生理调节过程来达到新的感光灵敏特性，以适应当时的光强情况。

眼睛的适应性有暗适应和亮适应之分。从明亮环境进入黑暗环境时（例如进入已在放映影片的电影院内时），起初视觉灵敏度很低，然后逐渐增高，直至能看清楚邻近处的观众，这种过程叫暗适应。从暗环境进入亮环境时，有一个短暂的亮适应过程，使瞬时感到的眼前突然明亮刺眼到随后变得并不刺眼。

人眼总的感光范围虽然极其宽广，但并不能在同一时间内感受到如此宽广的亮度范围。当人眼适应某一环境亮度之后，可感受的亮度范围有一定限度。当平均亮度适中时，人眼能同时感觉的亮度上、下限的光比值可以达到 1000∶1；而平均亮度过高或过低时，这一比值只有约 10∶1。通常情况下，能感觉的上、下限亮度比大约为 100∶1。电影银幕大约能给出这种亮度比数值的影像，而显像管能给出的图像上、下限亮度比仅约 30∶1。

但是，人眼的主观亮度感觉并不完全取决于景物给出的亮度值，主观亮度感觉还与周围环境的平均亮度有关，与人眼的适应性有关。

例如，在晴朗的白天，环境亮度约为 10000 坎德拉 / 平方米，此时可分辨的亮度范围大约是 200 坎德拉 / 平方米 ~20000 坎德拉 / 平方米，等于或低于 200 坎德拉 / 平方米的亮度都引起黑暗感觉；但当环境亮度为 30 坎德拉 / 平方米，对景物亮度的可分辨范围约为 1 坎德拉 / 平方米 ~200 坎德拉 / 平方米，这时，200 坎德拉 / 平方米的亮度会产生很明亮的感觉，只有等于或低于 1 坎德拉 / 平方米的亮度才引起黑暗感觉。可见，人眼的黑白明暗感觉是相对的。生活中，路灯在夜晚看起来很明亮，但在白天阳光照耀下，点燃的路灯显得不怎么亮甚至昏暗，而实际上，路灯的光辐射功率并无变化。

实验证明，当亮度缓慢变化时，人眼的主观亮度感觉是与亮度值的对数成比例关系的。

在具体的外界条件下观看某一景物时，眼睛适应于其平均亮度后，能分辨的亮度范围就小得多，通常最多100∶1。当眼睛适应于某一点的亮度后，主观感觉为黑和白的亮度界限范围就有一个确定的范围。

由此可知，重现图像的亮度无需等于实际景物的亮度，而只需保持二者的最大亮度与最小亮度的比值相同就可以（对比度相同）。另外，人眼不能察觉的亮度差别在重现图像上不必呈现出来，只要重现图像与实际景物对主观感觉来说具有相同的对比度和亮度级差数（亮度层次），重现图像就能给人以真实感觉。

一般地说，对比度越大，画面上亮度层次越丰富。另外，能分辨的亮度层次还与人眼的对比度灵敏度阈值有关。经过计算，我们知道，亮度层次与对比度的对数成正比，与人眼的对比度灵敏度阈值成反比。

亮度层次是图像质量的一个重要参数。亮度层次多，图像显得明暗层次丰富，柔和细腻；亮度层次少，图像显得单调生硬，即使画面上细节很清晰也难以令人满意。实际观看电视图像时，其对比度会受到环境光的影响而下降。

（四）视觉惰性和闪烁感觉

当有光刺激人眼时，视觉的建立和消失都具有一定的惰性。就视觉的建立来说，当一定强度的光突然投射到视网膜上时，人眼并不即刻形成稳定的亮度感觉，而有一段极短暂的建立时间。亮度感觉由小到大迅速增长，很快过冲到最大值然后又回降至与光强度相应的、稳定的亮度感觉值。就视觉的消失来说，则有一段稍长的残留时间。光突然熄灭时，亮度感觉并不随之瞬间消失，而有一个亮度感觉渐衰的残留过程。光线消失后的亮度感觉逐渐衰退的现象即称为视觉暂留或视觉残留。视觉惰性主要指视觉暂留特性。

实测表明，在视觉残留过程中，亮度感衰退曲线近似按指数函数规律下降。通常，暂留时间约为 0.05 秒 ~0.2 秒。

生活中，固有的视觉惰性有其有益的一面。电影放映和电视显像技术就是成功地应用视觉暂留特性的范例。静止画面以一定的频率在银幕上显示时，由于视觉暂留作用，前一幅画面的印象尚未消失，后一幅画面的印象又开始建立，从而人眼感觉到画面是连续出现的。在荧光屏上，电视图像是数十万个像素按一定顺序轮流发光形成的，人们看到的则是每幅完整的画面在整体发光，获得一幅幅连续画面的印象感觉，这也是视觉暂留作用的结果。

活动画面出现连续感觉的重复频率，称为融合频率。大概在 16 赫兹 ~20 赫兹之间。

人们对于亮度做脉冲性重复的光线，除了有视觉暂留特性外，还有一种称为闪烁感觉的特性。如果某周期性重复的脉冲光源作用到视网膜上，当脉冲光的重复频率不够高时，人眼对之会产生一明一暗交替变化的闪烁感觉。产生闪烁感觉是因为光源在有光和无光间交替变化时，人眼在亮度感觉上能辨识出它们的不同。如果将脉冲光源的重复频率提高到某个值以上，人眼便不再会感觉出是脉冲光源，而只感觉到是一种亮度恒定的不闪烁光源。

不再引起闪烁感觉的光源最低重复频率称为临界闪烁频率。

当脉冲光的重复频率低于临界闪烁频率时，人眼有闪烁感觉；而当脉冲光重复频率等于或高于临界闪烁频率时，人眼不再有闪烁感觉。

临界闪烁频率的值与很多因素有关，诸如脉冲光源本身的亮度、背景亮度（观看环境）、明亮时间占空比（明亮时间与脉冲重复周期之比）以及明亮面的大小和颜色等。其中脉冲光源亮度、背景亮度和明亮时间占空比，对临界闪烁频率的值影响较为明显。在一般的适中条件下进行实测可得到，活动画面的换幅频率（即脉冲光源重复频率）一定时，画面越亮，越容易产生闪烁感觉。此外，还可以看出，明亮时间占空比越小，越容易产生闪烁感觉。

根据实验得出的结论，可以进行数学模拟，得出如下的经验：当显示屏幕亮度最高为 100 坎德拉 / 平方米的时候，要使电视图像不闪烁，其换幅频率应高于 45.8 赫兹。

另外，要使活动画面有连续感且不产生闪烁感觉，所需的融合频率比所需的临界闪烁频率要低许多，因而满足了不闪烁条件后，连续感也是完全不成问题的。

当图像重复频率大于临界闪烁频率而人眼不感到闪烁时，此时主观感觉亮度等于光脉冲亮度的平均值。这称为塔尔博特定律。

（五）视角、分辨角和分辨力

观看物体时，人眼对该物体所张的角度称为视角。

双眼观看，眼睛转动的情况下，人眼的水平视角可接近 180 度，垂直视角接近 120 度。眼珠不转动、凝视物体时的清晰区视角要小很多。能清晰地观看出物体内容的视场区域所对应的双眼视角大约是水平 35 度，垂直 20 度。

人眼分辨图像细节的能力称为人眼的分辨力，可以用分辨角（或称视敏角）来衡量，角度大小反映了人眼的视角锐度，也即视力。

分辨角可由实验测定，当与人眼相隔一定距离的屏幕上两个点靠近到一定程度时，它们在人眼视网膜上的影像将落在同一个光敏细胞上，人眼就分辨不出是两个分开的点相邻，只会模糊地感觉到是连在一起的一个点。这说明人眼分辨景物细节的视力有一定的极限值。

分辨角越小，说明人眼的分辨力越高；分辨角越大，分辨力越低。

分辨力与景物照度和景物相对对比度有关。照度太大时，人会感到炫目；照度太小时，主要靠杆状细胞来感光，分辨力也差。

相对对比度指的是被观察的小点的亮度与背景亮度之差与背景亮度的比值。相对对比度越小，表明被观察的小点的亮度越接近背景亮度，这时人眼分辨力也越小。

分辨力与人眼对运动景物的连续感有着密切关系。

由于存在视觉惰性，暂留时间大于0.05秒，所以当一幅静止画面（即景物不运动）以高于20赫兹换幅频率间歇地重复呈现时，尽管有亮度闪烁感，但仍会觉得这幅画面始终存在于眼前，即产生视觉上的连续感。然而，当景物运动时，它在间歇地重复呈现中，即使其换幅频率高于20赫兹，而若前后相邻两幅画面中景物内容移动了较大距离，则人眼会感觉这一景物是在作跳跃式运动而不是连续平滑运动。这是因为，景物内容在相继两次呈现的位置之间有一小段空白区。此时，如果这段空白区不超出人眼分辨力所对应的距离，就不会感觉它是跳跃式运动的，而感觉到是连续平滑运动的，也即对运动景物有连续感。实验表明，对于一个间歇呈现的运动景物，当其换幅频率高于20赫兹，且前后两次呈现中某物点的相对位置对眼睛的张角不超过7.5分（“分”，角度计量单位。1圆周=360度，一度等于60分）时，就会产生连续平滑运动而不是跳跃运动的感觉。[①]

二、电视扫描原理

（一）电视传像的基本概念

电视传像的基本过程是：在播送端，用电视摄像机经摄像器件的光电变换作用将景物内容的亮度和色度（包括色调和饱和度）的信息按一定的规律变换成相应的电信号，适当处理后，通过无线电波或有线通路传输出去；在接收端，用电视接收机将接收到的电信号经显像管的电光变换作用按对应的空间分布规律重现成图像，逼真地显示出原景物。

景物存在于空间，要将分布在空间的亮度和色度信息同时变换成电信号，可以将空间景物精细地分解为许许多多小点，再逐一进行光电变换。这种由图像传输系统分解出的图像最小单元称为像素。各个像素在它们各

① 张永辉.电视原理［M］.北京：北京广播学院函授部，13.

自固定的几何位置上有各自的亮度和色度信息。电视系统要传输的是活动景物的图像，所以各个像素的光学信息不但因位置不同而不同，并且随时间变化也不相同。

从原理上说，传送像素信息的方法有两种，一种是对各像素的信息同时传输的方法，一种是对各像素的信息顺序传输的方法。

同时传输制简称同时制，它是在将景物分解成许多像素后，把所有像素的信息同时转换成相应的电信号，并同时传输出去。在接收端，每条通路的电信号去控制发光元件板上各对应的发光单元，发光单元各自发光，综合成与原景物画面上一样的重现图像。像素数愈多，愈能分解、重现出景物的细节，图像愈清晰。根据人眼的分辨力，要得到高质量的电视图像，应将景物分解成几十万个像素。同时传输制中各条传输通路所需的频带宽度是窄的，但是几十万个像素便要求几十万条通路，这在电路技术上是难以实现的。

顺序传输制简称顺序制，它是在将景物分解成许多像素后，把所有像素的信息按照时间顺序一一传输出相应的电信号，其所用的传输通路只需要一条。这条传输通路轮流地接通每一对相应的光电单元和发光单元。播送端和接收端各有一个转换开关，两者同步地工作，顺序接通发、收两端画面中对应空间位置上的像素，以保证重现图像稳定、准确。接收端发光元件板上的各像素单元虽然是轮流发光的，但只要轮流速度足够快，由于人眼的视觉暂留特性，看起来好像所有像素都在同时发光，可以显示出完整的画面。

顺序传输像素的方式（或顺序地分解像素和综合像素的过程）称为扫描。相对于同时传输制，顺序传输制在电路技术上更容易做到。

顺序传输制的核心在于扫描，它是电视传像的一大关键技术。进行扫描的时候，必须做到发送、接收两端的扫描规律严格一致，这称为同步。

所谓同步，包含两个方面，一是两端的扫描频率相同，这叫作同频；二是两端画面的每一行、每一幅的起始时刻相同，这叫作同相。既同频又同相，才能实现同步扫描。实现了同步扫描，收端才可以重现发端图像。

当收端、发端的频率与相位不同时，图像将无法正确重现。

在频率相同、起始相位不同时，重现图像是稳定的，但被分裂移位造成畸变。

在扫描频率不相等时，当收端行频略高于发端，则发端第一行末的像素将在收端第二行的左侧出现，第二行右侧的像素又将出现在第三行，依次类推。如果收端行频略低于发端，则收端第一行右端将出现第二行左侧的部分图像，第二行右端将出现第三行左侧的部分图像，依次类推，使行逆程在屏幕上显示出来。结果使得重现图像的像素排列与发端不同，并变得混乱，重现图像无法辨认。当收发端场频相差较大时，同样会引起各场像素的混乱。当收发端场频相差较小时，图像将以收发端场频差值频率在屏幕上滚动。

收发端扫描同步在电视系统中具有重要意义，若同步得不到保证，图像就无法正确重现。

（二）逐行扫描

按电子束运动的规律，扫描可分为直线扫描、圆扫描和螺旋扫描等几种。在电视系统中，为了充分覆盖矩形图像面，都采用匀速的单向直线扫描方式，也就是扫描速度是均匀的，扫描方向为直线方向，而单向扫描是指只在朝单个方向扫描时才传输图像信息，朝相反方向扫描时为回扫过程，并不传输图像信息。具体来说，电视扫描分水平和垂直两个方向，朝显像器件面看去，水平扫描是从左到右，垂直扫描是从上到下。

水平扫描也叫行扫描，垂直扫描也叫帧扫描（逐行扫描中）或场扫描（隔行扫描中）。

在逐行扫描中，是逐行逐帧地不断扫描，反复地分解、综合图像；在隔行扫描中，是按相间行一场场地扫描图像。

（三）扫描光栅和扫描参数

如果不考虑具体的图像内容，只是看电子束扫描形成的扫描线结构，则形成的结构可以称为扫描光栅。

由于水平扫描过程中，垂直扫描也同时存在，所以水平扫描线是略略有点斜向下的。

逐行扫描光栅的示意图如图 2–3 所示。

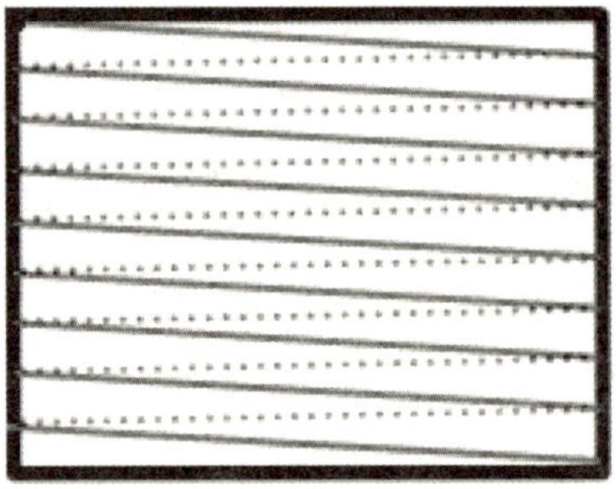

图 2–3　逐行扫描光栅示意图

电子束不是一个几何点，它具有一定的截面积，实际的扫描线也就具有一定的宽度，只要一行紧紧贴合下一行来扫描，各行的正程扫描就可以覆盖整个画面，如果逆程也用来传输图像信息，反而会使得画面上扫描线分布不均匀，造成清晰度不一致，所以逆程期间不传递图像。

光栅的帧型比也叫宽高比，是指矩形光栅的水平与垂直的长度之比。它是电视图像几何形状的一项重要参数，它应当符合人眼清晰视觉的视场范围。根据水平清晰视角大于垂直清晰视角的人眼特性，以及研制电视时当初的电路技术水准，并参考常规电影的画面几何尺寸，国际上统一规定了电视图像的宽高比为 4:3。在画面高度 4 倍~6 倍的距离上观看图像时，对应的水平视角和垂直视角约为 20° ~13° 和 13° ~10° 。

4:3 的帧型比，对于人眼清晰视觉的视场范围并不是最适合的。所以在高清晰度电视（HDTV）中，各国公认帧型比应从 4:3 扩展至 16:9。在画面高度 3 倍的距离（HDTV 中规定的观看距离）上，对应的水平视角和垂直视角大约是 34° 和 19° 。

水平扫描（行扫描）参数包括行正程时间、行逆程时间、行周期、行逆程系数和行扫描频率（简称行频）。

垂直扫描参数也包括正程时间、逆程时间、周期、逆程系数和扫描频率。

逐行扫描中垂直扫描也称帧扫描，隔行扫描中垂直扫描也称场扫描。在逐行扫描中，为使各帧图像的扫描光栅能精确重合，必须使垂直扫描周期内含有整数个水平扫描周期。也就是说，一帧内应该包含整数行数，包括行正程和行逆程在内。这样，因为垂直扫描的逆程时间要占去一部分垂直扫描周期时间，所以图像上可以看到的扫描光栅数要小于标称的扫描行数，这可以看到的扫描光栅数称为有效扫描行数。

（四）扫描频率的选择

扫描频率是最主要的扫描参数，扫描频率选择应当符合人眼视觉特性要求。具体参数值的选择应当既要保证图像质量优良，也要顾及对电视系统的电路要求是否过高，否则会使电视设备过于复杂而不经济。

帧频的选择，应当从图像有连续感、无闪烁感、不易受交流电源干扰以及图像信号频带不至于过宽等方面来考虑。对于静止景物，为了使重现图像有连续感，由于视觉暂留时间一般大于 0.05 秒，换幅频率只需高于 20 赫兹即可。对于运动景物来说，当前、后两幅图像中同一物体两次出现的相对位置对人眼的张角超过 7.5 分时，即使换幅频率大于 20 赫兹，人眼对该物体也会有跳跃感而不是均匀滑运动感。为使张角小于 7.5 分，在实际景物运动速度已定的情况下，必须进一步提高换幅频率。为了使重现图像不出现闪烁感，换幅频率应该高于临界闪烁频率。一般来说，48 赫兹以上的换幅频率可以保证图像没有闪烁感。

换幅频率的实际选择还涉及交流电源对扫描光栅的干扰。若电视机中交流电源电路未屏蔽隔离，其杂散电磁场窜入扫描电路，而且由于其频率为 50 赫兹，不同于换幅频率 48 赫兹，两者间有 2 赫兹的差拍频率，会使扫描光栅垂直方向上左右扭曲，且每秒摆动 2 次，影响图像的稳定呈现。为减轻这种干扰，可选择换幅频率等于交流电源频率，这时两者之间差拍频率为零，即使交流电源干扰扫描电路而使光栅在垂直方向有扭曲出现，但扭曲形状是固定的，不会随时间摆动。

综合上述因素，中国、欧洲各国等 50 赫兹电源频率的国家选定换幅频率为 50 赫兹，美国、日本和加拿大等 60 赫兹电源频率的国家选定换幅频率为 60 赫兹。

为使各帧光栅精确重合，当帧频率确定之后，行频的选择实际是一帧图像内标称扫描行数值的选择。标称扫描行数是一个重要的扫描参数，属于电视制式的主要特征之一，它与电视系统的分解力和图像信号带宽等指标有着密切关系。

电视系统的分解力是指传输图像细节的能力，分解力越高，图像清晰度越高。分解力与清晰度两个概念有紧密联系，又有所区别。分解力涉及整个电视系统分解、传输图像黑白变化细节的能力，是个可测量的客观指标；而清晰度指人眼对重现图像细节的感觉情况，是个反映图像清晰程度的主观量。

在一定数值范围内，标称扫描行数越多，能分解出的像素数也就越多，系统分解力和图像清晰度都越高。另一方面，扫描行数值越大，图像信号带宽便越宽。实验表明，行数较少时，增加行数可明显提高主观清晰度，但当增加到一定值后，继续增大它对清晰度的提高就很慢了，这是因为人眼的分辨力有限的缘故。

在一定的分辨角和确定的画面高度下，应有的扫描行数是与观看距离有关的。观看距离越近，要求扫描行数越多，反之亦然。一般认为，视力敏锐的视角范围是 20 度 ×15 度，也即清晰的视场范围约为 4×3 的矩形面。经过计算，若观看距离是画面高度的 3.8 倍到 4 倍，正好得到 20 度 ×15 度的水平 × 垂直视角。所以最佳观看距离可认为是画面高度的 4 倍。

经过计算，再考虑到孔阑效应（电子束截面积不是几何点，不能无限小，从而使分解力下降的效应）的影响，理论上推算标称扫描行数应该达到 800 行以上，可以适应人眼通常的分辨力。综合考虑电视系统设备，兼顾图像质量和经济性，一般选择在 500 行~600 行左右。

（五）隔行扫描

通过基本计算可以得知，逐行扫描中，视频信号的带宽大约是 13.56MHz，要求传输通道带宽大，设备复杂，成本高。借鉴电影放映中遮光板的原理，在电视中采用隔行扫描方式，一帧画面分两场进行扫描，第一场扫描奇数行，接着扫描第二场，扫描偶数行。两场合成为一帧。这样，既保证了图像没有闪烁，又把视频信号带宽降低为原来的一半，也就是 6.78MHz。

隔行扫描中，要保证两场光栅精确的镶嵌，才能满足精确分解和重现图像的要求。实际中采用奇数行隔行扫描的方法。一帧图像的总行数取为奇数，每场扫描整数行再加上半行，这样的方法使电路实现比较简便。

隔行扫描的优点是，可以在保证图像分解力和画面无闪烁的前提下，将视频信号带宽减少一半。同时，它也存在着固有的缺点，一是会有行间闪烁效应，二是会产生并行现象，包括真实并行和视见并行，三是垂直边沿会产生锯齿现象。对于这些缺点，在正常距离观看，扫描电路工作良好，景物运动速度一般的时候，人们是感觉不到的。

实验表明，在扫描行数相同的情况下，2∶1 隔行扫描的视在垂直分解力相当于逐行扫描的分解力乘以一个隔行因子，一般在 0.6~0.7 之间。

与逐行扫描相比，隔行扫描可以在保证图像分解力无太多下降和画面无大面积闪烁的前提下，将图像信号带宽减小一半。

同时，隔行扫描也存在一些固有的缺点，隔行比越大，这些缺点就越严重。

一是行间闪烁效应。从图像大面积来看，换幅频率是 50 赫兹，高于临界闪烁频率，但靠近荧光屏观看而能看到光栅线条时，就会发觉各条扫描线是闪烁的，这称为行间闪烁效应。因为每条扫描线的实际重复频率是 25 赫兹，低于临界闪烁频率较多。隔行比越大，行间闪烁效应越明显。

二是并行现象。实际中当奇、偶两场光栅的镶嵌情况不理想的时候，两场的光栅会产生真实的局部并行和完全并行现象，它显然会使有效行数减少，影响图像的分解。另外，当拍摄的物体沿垂直方向运动的时候，会产生视见并行现象，这同样会使图像分解力下降。在逐行扫描中，这种并行现象是不存在的。

三是垂直边沿锯齿化。当物体沿着水平方向运动的速度足够大的时候，图像上垂直边沿会产生锯齿现象。

相对应的，逐行扫描的优点是没有隔行扫描所特有的帧间闪烁感。逐行扫描的缺点是：与相同场频的隔行扫描方式相比数据量比较大。

三、黑白全电视信号

图像信号、复合消隐脉冲、复合同步脉冲合在一起称为黑白全电视信号。

（一）图像信号

通过光电变换器件和电视扫描，我们可以将活动的景象转换成随着时间变化的电信号，这种电信号我们称为图像信号。

黑白电视中，图像信号是携带景物明、暗信息的电信号，它是由电子束按行、场扫描把图像亮、暗变换成电平高低不同的电信号，一般也称作视频信号。其波形随着所摄取图像的不同而不同。

对应于景物中最黑部分的图像信号电平称为黑电平；对应于景物中最白部分的电平称为白电平。

黑电平高，白电平低的图像信号称为负极性信号。反之，称为正极性信号。如图 2–4 所示。

从黑电平到白电平的范围称图像信号的峰 – 峰值。一般规定，摄录设备中的图像信号为正极性信号，标准图像信号峰 – 峰值为 0.7 电子伏特。

图像信号具有以下两个特点：

单极性。因为图像只有从黑到白不同亮暗的变化，所以图像信号呈现单极性特点。图像信号的平均值通常不为零，其值反映图像的平均亮度，也即背景亮暗。

脉冲性。当图像有亮暗突变时，图像信号波形中即有电平跳变对应，表现它具有脉冲性特点。该跳变沿往往出现在景物中物体边缘，它对应图像信号频谱中所含有的高频率成分。如果传输中高频分量丢失，则重现图像感觉跳变沿不陡峭，重现图像感觉模糊不清晰。[1]

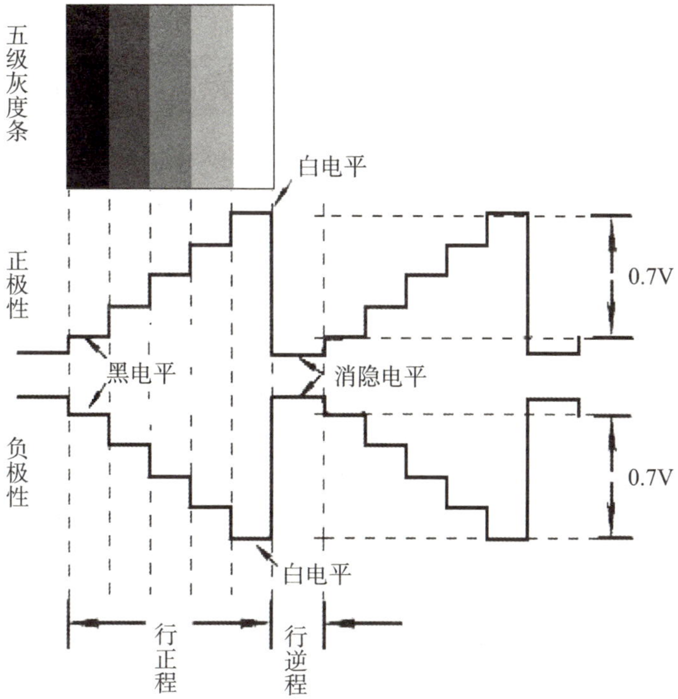

图 2-4　灰度条画面及正、负极性图像信号

（二）复合消隐脉冲

不论场扫描还是行扫描，都是在电子束扫描的正程期间传送图像，并且必须给出适当的时间，让电子束回到下一行或下一场的起始部位，称之为“回扫”或“逆程”。回扫（逆程）期间不提供图像信号且不能出现扫描线，否则会干扰图像，因此必须消除逆程期间的电子束。

① 高厚琴. 电视原理［M］. 北京：中国传媒大学远程与继续教育学院.

抑制行逆程期间的电子束的脉冲信号，称为行消隐信号或行消隐脉冲。抑制场逆程期间的电子束的脉冲信号，称为场消隐信号或场消隐脉冲。行消隐脉冲和场消隐脉冲，统称为复合消隐脉冲。

消隐脉冲所处的信号电平值称为消隐电平。消隐电平要能截止电子束，其电平值至少要跟黑电平值相同，也可以比黑电平更低一些（正极性图像信号中）。这时候，消隐电平与黑电平二者之间有一个差值，我们称为台阶电平或者肩电平提升。实际图像信号中，以消隐电平作为基准电平值，图像信号幅度是消隐电平到白电平的峰－峰值。

（三）复合同步脉冲

收发端扫描同步在电视系统中具有重要意义，若同步得不到保证，图像就无法正确重现。

提供和传送电子束扫描规律的信息给接收端，以使行、场扫描电路的扫描频率、相位与发送端一致的脉冲信号称为同步脉冲。

行同步脉冲标志和控制行扫描逆程的开始时刻；场同步脉冲标志和控制场扫描逆程开始的时刻。行、场同步脉冲统称为复合同步脉冲。

同步脉冲所在的电平称为同步电平。同步脉冲叠加在复合消隐电平上，处于图像信号电平的另一侧，即比黑电平还黑的电平范围，以消隐电平为基准，一边是图像信号，另一边是同步信号。规定黑白全电视信号的幅度为 1.0Vpp 时，同步脉冲幅度为 0.3V。

四、黑白电视图像质量指标

能反映出电视系统客观质量的关键参数有五个，它们是：分解力、灰度级、几何畸变、扫描非线性、信噪比。[①]

（一）分解力

图像信号的频带是指图像信号的最低频率到最高频率之间的频率范

① 张永辉．电视原理［M］．北京：北京广播学院函授部，130.

围。即最高频率和最低频率之差。

图像信号的最低频率是信号所含的直流分量即平均分量，它对应于显示图像的背景亮度。静止画面时，平均电平恒定不变，其最低频率为0赫兹。活动图像时，通常切换镜头比较慢，则平均电平变化很小，只有零点几赫兹。可以认为图像信号的最低频率为0赫兹。

研究图像信号的最高频率需要分析电视系统传送图像的各种因素，因为图像信号的最高频率与电视系统选用的扫描行数、扫描方式、图像的清晰度、分解力及电子束孔阑效应等有关。

图像的清晰度是指主观感觉到的图像细节重现的程度。清晰度是一个主观感觉量，但它与电视系统的分解力有关。

分解力是指电视系统分解、综合图像细节的能力，是个客观物理量。

分解力与扫描行数有关，扫描行数越多，分解出的图像像素数越多，则分解力越高，此时景物细节呈现越清楚，主观感觉图像清晰度也越高。分析表明，图像信号的最高频率和分解力有密切关系。通常可用扫描行数表征电视系统的分解力，称为标称分解力。分解力分为垂直分解力和水平分解力。

电视系统沿垂直方向所能分解的黑白相间的横线条数或像素数称垂直分解力。因为逆程被消隐的行数不分解图像，故电视系统理想的垂直分解力等于有效扫描行数。在625行/50场电视系统中，理想的垂直分解力是575线。含义是指如果被摄景物是总数为575条黑白相间的细横条图案，且正好被电视系统的575扫描行分解和综合出来，呈现于荧光屏上时，其垂直分解力为575TVL。TVL称为电视线，指电视屏幕上呈现的黑白线总数。

由于画面垂直细节与电子束扫描线间的相对位置关系有随机性，所以实际的垂直分解力数值小于有效扫描行数。

沿图像水平方向所能分解的黑白相间的竖条数称为水平分解力。分解水平细节的能力受两个因素限制：一是孔阑效应，二是视频通道带宽。

孔阑效应是指由于电子束有一定截面积，而不是一个几何点，从而造成图像边沿不够陡峭的现象。如图 2–5 所示。

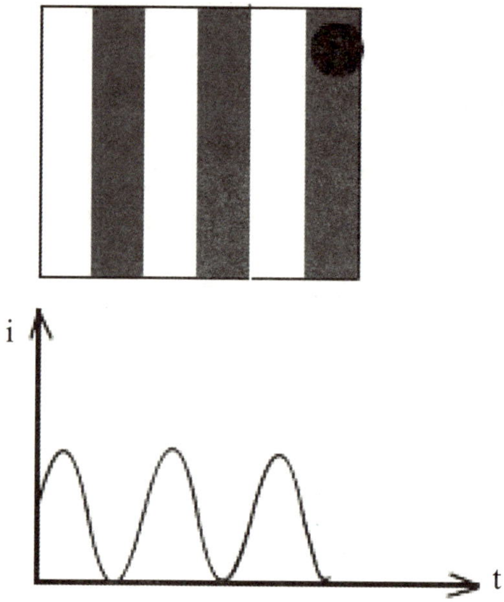

图 2–5　孔阑效应示意图

它直接影响水平分解力，故要求电子束聚焦良好，通常只要满足聚焦要求，即可满足分解力和清晰度的要求。

通常以水平分解力等于垂直分解力为最佳选择，考虑到宽高比，实际上水平方向能分解的垂直竖条数为垂直分解力的 4/3 倍（传统电视系统中）。

重现图像时，其图像信号最高频率对于 625/50 扫描制，可以计算出为 7.37MHz。综合各种因素，实际所需的带宽需打个折扣，乘以一个小于 1 的系数，称为凯尔系数。不同电视标准凯尔系数取值不同，美国是 0.69、欧洲是 0.67、我国是 0.76。代入公式后，计算出我国电视制式图像信号的最高频率为 5.6MHz，所需频带为 0MHz~5.6MHz。但是在实际上规定视频带宽为 0MHz~6MHz。

如果电视通道的通频带不够宽，将限制高频成分通过，重现图像表现出分解力不够，故实际中通常可用 TVL 描述。用它可测量或表征电视通道的带宽，5.6MHz 带宽与 431TVL 对应。考虑到帧型比，5.6MHz 带宽与 431TVL 对应，对应水平分解力为：$431 \times 4/3 = 575$TVL。

（二）灰度级

灰度级指的是电视图像中从最黑到最白之间能区别的亮度级数。

电视系统要提供出优良的图像，除了分解力应当足够高之外，重现图像的灰度级（或称灰度层次）必须与实际景物的亮度层次准确相符，没有亮度失真。图像灰度级要与景物灰度级相一致，那么电视系统的传输特性（γ 伽马值）应该是线性的（$\gamma=1$）。灰度级越多，图像层次就越丰富，图像就越显得细腻柔和。

γ 反映了电视系统的非线性系数，$\gamma=1$ 时，重现的图像亮度与被摄取的景物亮度成正比，没有亮度层次的失真。当 $\gamma>1$ 的时候，重现图像出现暗部被压缩，亮部被扩张的失真；反之，$\gamma<1$ 的时候，重现图像出现亮部被压缩，暗部被扩张的失真。无论 $\gamma>1$ 还是 $\gamma<1$，只要 γ 是个恒定的值，不随着景物亮度变化，则产生的亮度失真是固定的，称为均匀性亮度失真。但是如果 $\gamma\neq1$ 而且是不确定的值，将产生非均匀性亮度失真。

整个电视系统的 γ 值等于摄像器件、传输通道和显示器件三个 γ 值的乘积，而摄像器件和显示器件的 γ 值是一定的，为了使整个电视系统的 $\gamma=1$，在传输通道中加入一级非线性放大级，调整整个电视系统的 γ 值为 1。这一级放大级称为 γ 校正级。它是整个视频信号通道中十分重要的一级信号处理电路。

（三）几何畸变

几何畸变也称为几何失真，指的是重现图像画面外形的变形。重现的图像不是理想的原始图像的矩形，而是梯形、S 形、桶形或者枕形等。

造成重现图像画面外形偏离理想矩形的原因在于摄像器件的扫描电路系统或者显像管的扫描电路系统。

（四）扫描非线性

扫描非线性是指图像内容的尺寸比例失真。它是由于电视系统发送端或接收端，行扫描或场扫描的正程时间内电子束运动线速度不恒定而引起的。

（五）信噪比

信噪比（SIGNAL-TO-NOISE RATIO），缩写为SNR或S/N，是指一个电子设备或者电子系统中信号与噪声的比例。这里面的信号指的是来自设备外部需要通过这台设备进行处理的电子信号，噪声是指经过该设备后产生的原信号中并不存在的无规则的额外信号，并且该种信号并不随原信号的变化而变化。

在视频传输系统中，某一个测量点上视频信号功率与随机杂波功率之比称为这一点的信噪比。用分贝（dB）来表示。S/N（dB）= 20 lg（Ps/Pn）。

分贝（dB, Decibel）是一个纯计数单位，本意是表示两个量的比值大小，没有单位。分贝是以美国发明家亚历山大·格雷厄姆·贝尔命名的，他因发明电话而闻名于世。因为贝尔的单位太粗略而不能充分用来描述信号之间的差别，因此前面加了“分”字，代表1/10。1贝尔=10分贝。

在电子领域，分贝也是放大器增益的单位。放大器输出与输入的比值为放大倍数，单位是“倍”，如10倍放大器，100倍放大器。当改用“分贝”做单位时，放大倍数就称之为增益，这是一个概念的两种称呼。

电视系统里传输、处理图像信号的过程中，会混进各式各样的干扰和产生附加的杂波，影像重现图像的质量。干扰信号是指从电视系统之外来的干扰，通信、广播等杂散电磁场等都可能引入干扰。可以通过采取针对性的防护或者屏蔽措施减小影响。杂波是指随机杂波，是图像信号处理电路内部的各种杂波源产生的，无法避免，表现为画面上布满杂乱无章闪动的微小颗粒，俗称雪花干扰。

随机杂波的频谱非常宽，而人眼对于不同频段的杂波有不同的敏感度，随机杂波的各个频率中，低频分量的干扰效应较为明显，而高频分量不容易被觉察，因此就引入了一个“权”的概念。这是一个统计学上的概念，它的核心思想是，在进行统计的时候，应该将有效的、有用的数据进行保留，而无效和无用的数据应该尽量排除，使得统计结果接近最准确，每个统计数据都有一个“权”，“权”越高越有用，“权”越低越无用，毫无用处的数据的“权”为零。通过实验，我们可以得到噪声的功率频谱与人眼觉察度之间的关系，得到统计的杂波加权曲线，经过加权之后再进行计算得到的信噪比称为加权信噪比。这样，客观计算的数据就可以与人的主观感受相一致了。

五、色温与三基色原理

前面的内容，是电视的基本原理，但是并没有涉及彩色。彩色电视系统的原理还要涉及人眼对彩色的感受特性以及光源的一些特性。

（一）基准光源

光的种类有很多。按频率和颜色综合考虑可分为谱色光（Spectrum Color）和非谱色光。谱色光主要是指波长从780nm到380nm，而颜色按红、橙、黄、绿、青、蓝、紫顺序排列的各种单色光。两个或者两个以上的单色光混合所得，但又不能作为谱色出现在光谱上的色光称为非谱色光。白光是非谱色光。

按频率成分可分为单色光和复合光。单色光是指具有单一波长的色光或者所占波谱宽度小于5nm的色光；非单色光即不是仅含单一波长的光称为复合光。人们日常接触到的各种光源或反射入眼睛的光，均为复合光。

单色光一定是谱色光，非谱色光一定是复合光，而复合光也可能是谱色光。例如，红单色光和绿单色光合成的复合光为黄色，它属于谱色光。

人眼感觉到的颜色，除与物体本身的反射特性有关外，还与光源的特性有关，电视技术中有几种常用的基准光源。

所谓基准光源是指具有特定光谱分布的光源。

光源的辐射功率按波长的分布称为光谱功率分布。不同光源有不同的光谱功率分布，国际照明委员会（简称 CIE）规定了一些光源：基准光源 A（A 白）、基准光源 B（B 白）、基准光源 C（C 白）、基准光源 D65（D65 白）、基准白色光源（E 白）。E 白是等能白光源，自然界中不存在，是用于彩色电视计算的一种假想光源。

（二）色温

在电视拍摄的现场，实际照明的光源是不确定的。为了便于对白光进行表述和色度计算，我们引入色温（color temperature）的概念。

在物理学中，有绝对黑体的概念。当外界有光线射入时，它将全部吸收，既不反射也不透射；而当它向外辐射时，也将辐射出全部连续的光谱，并且它的光谱的分布只与它的温度有关。我们用绝对温度（absolute temperature）来度量这个温度，单位是开尔文（K）。

绝对零度时的温度定义为 0 开尔文。它是使理想气体体积变为零的温度，即热力学温度（绝对温度）的零度。冰水混合物的温度为 0 摄氏度，定义为 273.15K。

绝对零度是一个理论值，而不是一个实际能达到的温度，它是科学家根据实验间接推论出来的一个数值。物质的分子在不停地运动，因为分子运动，而使得温度上升，因此被称为热运动；如果把温度不断地降低，就会使分子的热运动愈来愈慢，科学家们推导出来，绝对零度（也就是大约 -273.15℃）时，物质分子不再具有任何能量来进行热运动，一切的分子将停止活动。

绝对黑体在不同的温度下有不同的发光颜色，它一定的光色对应于一定的温度，我们把这个温度称为这个光色的色温。当实际中的某一光源的光谱与绝对黑体某一温度下的光谱相一致时，则绝对黑体的这一温度称为光源的色温；当光源的光谱只能与绝对黑体某一温度下的光谱相近似，而不能精确等效时，则称这一温度为光源的相关色温。更容易理解的说法是：当某一实际的光色与绝对黑体在一定温度下的光色相比较，当主观感觉两者相同时，就将这时绝对黑体的绝对温度称为该光源的色温。如果不能完全一致，就将最接近的那个绝对黑体的光色的色温称为该光源的相关色温。光源的色温与光源本身的温度是两回事，通常两者是不相同的。[①]

（三）彩色三要素

颜色可分为非彩色与彩色两大类，颜色是非彩色与彩色的总称。

非彩色指白色、黑色与各种深浅不同的灰色。白色、灰色、黑色物体对光谱各波长的反射没有选择性，它们是中性色。彩色物体对光谱各波长反射具有选择性，所以它们在白光照射下出现彩色。白色物体反射系数接近 1，黑色物反射系数接近于 0，灰色物体介于 0 与 1 之间。彩色物体的反射率是随频率变化的，其数值介于 0 至 1 之间。

彩色是指白黑系列以外的各种颜色，用亮度、色调和饱和度描述，称为彩色三要素。

亮度（Luminance）是指色光的明暗程度，它与色光所含的能量有关。对于彩色光而言，彩色光的亮度正比于它的光通量（光功率）。对物体而言，物体各点的亮度正比于该点反射（或透射）色光的光通量大小。一般地说，照射光源功率越大，物体反射（或透射）的能力越强，则物体越亮；反之，越暗。

色调（Hue）是指彩色的类别，通常所说的红色、绿色、蓝色等，就是指色调。光源的色调由其光谱分布（波长）决定，物体的色调由照射光源的光谱和物体本身反射特性或者透射特性决定。例如蓝布在日光照射下，只反射蓝光而吸收其他成分。如果分别在红光、黄光或绿光的照射下，它会呈现黑色。红玻璃在日光照射下，只透射红光，所以是红色。

---

① 张永辉．电视原理［M］．北京：北京广播学院函授部，145–146.

饱和度（Saturation）是指彩色的鲜艳程度。各种单色光饱和度最高，单色光中掺入的白光愈多，饱和度愈低。白光占绝大部分时，饱和度接近于零，白光的饱和度等于零。物体色调的饱和度决定于该物体表面反射光谱辐射的选择性程度，物体对光谱某一较窄波段的反射率很高，而对其他波长的反射率很低或不反射，表明它有很高的光谱选择性，物体这一颜色的饱和度就高。纯谱色光的饱和度为 100%，纯净白光或不同亮度的灰色、黑色等（无彩色）饱和度为 0%。

色调与饱和度合称为色度（Chromaticity），它既说明彩色光的颜色类别，又说明颜色的深浅程度。色度再加上亮度，就能对颜色作完整的说明。非彩色只有亮度的差别，而没有色调和饱和度这两种特性。

（四）三基色原理

三基色原理是根据人眼彩色视觉特性总结出的重现彩色感觉和混合的规律。

人眼彩色感觉具有空间混色特性。它是指当人眼对彼此间隔很近的不同色光的小单元组，在适当距离外观看时，不能区分出各个光点的彩色，感觉到的是它们的混合色。彩色显像管的荧光屏即是基于人眼的空间混色特性而制成的。

人眼彩色感觉也具有时间混色特性。它是指当在同一个位置轮流投射两种或两种以上的彩色光，如果其轮换速度足够高，人眼感觉到的是它们混合后的彩色感觉。

现代颜色视觉理论主要有两大类：一是杨－赫姆霍尔兹的三色学说，二是赫林的“对立”颜色学说。彩色电视技术中是依靠三色学说作为理论基础的。这种学说认为人眼的颜色感觉虽然取决于光谱分布，但是并不能从看到的颜色来推断它们的光谱分布。也就是说，一定的光谱分布，对应着一种唯一确定的颜色，但是同一颜色，可以由不同的光谱分布所组成，这种现象称为“同色异谱”现象。彩色电视正是利用这一现象进行颜色重现的。在颜色重现过程中，并非一定要求重现原景物辐射光的光谱成分，而重要的是应获得与原景物相同的彩色感觉。

不同颜色混合在一起，能产生新的颜色，这种方法称为混色法。

混色分为相加混色和相减混色。相加混色是各分色的光谱成分相加，彩色电视就是利用红、绿、蓝三基色相加产生各种不同的彩色。相减混色中存在光谱成分的相减，在彩色印刷、绘画和电影中就是利用相减混色。它们采用了颜色料，白光照射在颜色料上后，光谱的某些部分被吸收，而其他部分被反向或透射，从而表现出某种颜色。混合颜料时，每增加一种颜料，都要从白光中减去更多的光谱成分，因此，颜料混合过程称为相减混色。

19 世纪 50 年代，格拉斯曼（H.Grasman）教授总结出下列相加混色定律：

补色律：自然界任一颜色都有其补色，它与它的补色按一定比例混合，可以得到白色或灰色。

中间律：两个非补色相混合，便产生中间色。其色调决定于两个颜色的相对数量，其饱和度决定于二者在颜色顺序上的远近。

代替律：相似色混合仍相似，不管它们的光谱成分是否相同。

亮度相加律：混合色光的亮度等于各分色光的亮度之和。

三基色原理是指自然界常见的多数彩色都可以用三种相互独立的基色按不同比例构成，所谓独立的三基色是指其中的任一色都不能由另外两色合成。三基色原理可用混色规律中的“中间律”证明：先让两种基色按不同比例合成所有中间色，然后让第三基色与每一种中间色按不同比例再合成所有中间色，这样三基色按不同比例就能合成各种颜色。

在彩色电视中，经过适当选择，确定以红、绿、蓝为三基色，就可以合成自然界常见的多数彩色。三基色原理对彩色电视有着极其重要的意义，它将传送具有成千上万、瞬息万变彩色的任务，简化为只需要传送三基色图像信号。

六、电视制式

电视可用不同的方式来实现。实现电视的一种特定方式，称为电视的一种制式。

黑白电视广播中的某种电视制式是指一个电视系统内下列参数的综合：扫描参数、视频带宽、射频带宽、调制极性、伴音与图像载频差以及伴音调制方式等。我国黑白电视属于 D/K 制。对于彩色电视而言，除了上述有关特性以外，还根据在收、发两端对图像三基色信号不同的处理方式分成许多种彩色电视制式。世界上有 13 种电视体制，三大彩电制式，兼容后组合成 30 多个不同的电视制式。但根据对世界 200 多个国家和地区的调查，仅使用其中的 17 种：8 种 PAL、2 种 NTSC、7 种 SECAM。使用最多的是 PAL/B、G，有 60 个国家和地区使用；NTSC/M，有 54 个国家和地区使用；SECAM/K1，有 23 个国家和地区使用。

目前世界上彩色广播电视制式最主要的有三种：

NTSC 制，正交平衡调幅制 –National Television Systems Committee（国家电视系统委员会），简称 NTSC 制。1953 年由美国创立，日本、加拿大等国相继采用。

PAL 制，正交平衡调幅逐行倒相制 –Phase–Alternative Line，简称 PAL 制。1967 年由前西德创立，中国和英国、意大利、荷兰等西欧国家以及北欧各国也都采用它。PAL 制式中根据不同的参数细节，又可以进一步划分为 G、I、D、K、B、H 等制式，其中 PAL–D 制是我国大陆采用的制式。PAL 电视标准，每秒 25 帧，电视扫描线为 625 线，奇场在前，偶场在后，标准的数字化 PAL 电视标准分辨率为 720 × 576，24 比特的色彩位深，画面的宽高比为 4∶3，PAL 制电视的供电频率为 50Hz，场频为每秒 50 场，帧频为每秒 25 帧，扫描线为 625 行，图像信号带宽分别为 4.2MHz、5.5MHz、5.6MHz 等。

我国国家标准 PAL–D 制电视广播技术规范（GB/T3174–1995）对于视

频信号和同步脉冲特性的规定如表 2-2 所示。

表 2-2　PAL-D 视频信号和同步脉冲基本特性参数

序号	项目		参数
1	每帧行数		625
2	扫描方式		2:1 隔行扫描
3	扫描顺序		水平（行）：自左至右 垂直（场）：自上至下
4	每秒场数（标称值）		50
5	行频及容差		15625 赫兹（正负 0.0001%）
6	图像宽高比		4:3
7	全电视信号标称值和峰值	消隐电平	0V
		峰值白电平	0.7V
		黑电平与消隐电平之差	0mV~50mV
		同步电平	-0.3V
8	视频带宽（标称值）		6MHz

SECAM 制，行轮换调频制 -Sequential Coleur Avec Memoire，简称 SECAM 制。1967 年由法国创立，俄罗斯和东欧各国也采用它。

这三种制式都属于兼容制，其共同点都采用能与黑白电视兼容的亮度信号和两个色差信号作为传输信号；其不同点是两个色差信号对副载波采用不同的调制方式。NTSC 制和 PAL 制都属于同时制，SECAM 制属于顺序同时制。

NTSC 制与 PAL 制、SECAM 制相比较，其主要优点有：

NTSC 制的色度信号组成方式最简单，最易于进行信号处理，比如数字化，亮度与色度分离等。同时，NTSC 制的接收机、电视中心设备和录像设备最简单，成本最低。

亮度信号和色度信号的频谱间距最大，兼容性好，亮度串色和色副载波干扰光点最小。

无行顺序效应（即爬行现象）和亮度闪烁现象。这是因为 NTSC 制每一行对亮度信号和色度信号的处理和传送方式相同，而 PAL 制和 SECAM 是逐行变化的，故引起行顺序效应。

在没有信号失真的情况下，它有较高的图像质量，如具有较高的彩色水平和垂直清晰度。

NTSC 制最主要的缺点是色调的相位敏感性严重。

PAL 制与 NTSC 制相比较有下列优点：

对相位失真（包括微分相位失真）不敏感。对传输设备和接收机的技术指标要求，PAL 制比 NTSC 制低。

比 NTSC 制抗多径接收性能好。

PAL 制相对 NTSC 制而言，色度信号的正交失真不敏感，并且对色度信号部分抑制边带而引起的失真也不敏感。

PAL 接收机中采用梳状滤波器，可使亮度串色的幅度下降 3dB，并且可以提高彩色信噪比 3dB。

PAL 制的缺点是：

图像上容易产生爬行及半帧频闪烁现象。

PAL 信号不利于信号处理（包括数字信号处理，亮度信号的彻底分离等），这是因为它的色度信号逐行倒相，色副载波相位 8 场一循环引起的。

与 NTSC 制一样，彩色接收机图像的水平清晰度比黑白电视机低。

垂直彩色清晰度 PAL 制比 NTSC 制低。

由于要有高精度和高稳定度的延时线及附属电路，PAL 制接收机比 NTSC 制接收机复杂，成本稍高。

由于现行的模拟普通清晰度电视在编码、调制、传输方式等各方面都存在着一些明显的缺点，例如亮度和色度分解力不足、亮色互串、微分增益和微分相位、电视信号的时间和幅度利用率不充分、宽高比不适合人眼的视觉特性和声音信号只有单声道等。在电视广播日益普及、人们的文化生活丰富多彩、鉴赏能力充分提高的今天，现行的普通清晰度电视的图像质量以及声音效果难以满足社会的需求。

为了对现行模拟电视制式的性能进行改善，从 20 世纪 70 年代开始，各发达国家相继出现了不同的改良电视制式。电视技术经历过从黑白电视到彩色电视的发展过程，正在经历着从模拟电视到数字电视；从标准清晰度电视（SDTV）到高清晰度电视（HDTV）的发展过程。

模拟改良制式：在模拟领域内提高现有的图像质量，例如日本的 IDTV（Improved Definition TV）、欧洲的 MAC 制、德国的 I-PAL。

模拟高清晰度电视制式：从20世纪70年代开始，高清晰度电视（HDTV）就是国际上的一个热门话题，在模拟领域内开发了与现有制式不兼容的高清晰度电视制式，例如日本的 Hivision 和欧洲 HD-MAC 高清晰度电视制式。

数字电视制式：进入 20 世纪 90 年代之后，随着计算机技术、数字处理技术、图像压缩技术等高科技技术的迅猛发展，电视的发展走向了从模拟向全数字发展的新时期。可以分为三个阶段：

第一个阶段是个别电视设备的数字化，这一阶段始于 20 世纪 70 年代。

第二个阶段是全功能的数字电视演播室的出现，这一阶段始于 20 世纪 80 年代初。

第三个阶段就是数字电视广播阶段，实现数字电视信号的直接发射和接收，这一步完成了整个电视系统的数字化。这一阶段始于 20 世纪 90 年代中期，例如美国的 ATSC、欧洲的 DVB、日本的 ISDB。

七、标准彩条信号

为了计算和测量彩色电视系统的性能，常常利用彩条测试信号。它们是由电子电路产生的一种标准度很高的测试信号，该信号图像为在荧光屏水平方向包含有黑、白、红三个基色和黄、品、青三个补色等宽度排列的 8 个竖条。按亮度顺序自左向右排列，依次是白、黄、青、绿、品、红、蓝、黑。在黑白显像管上显示为八条不同灰度的竖条。其中三种基色和三种补色都是显像管所能显示的最纯的六种颜色，黑、白电平都是标准电平，表明信号的基准电平幅度。三基色信号和标准彩条图像如图 2-6 所示。

图 2-6　100/75 彩条

研究彩条信号的波形，有助于清楚地了解彩色电视信号的特性。

彩条信号的基本参数有两个，即白条以及彩条的幅度和饱和度。常见的有 100-0-100-0 彩条、100-0-75-0 彩条、100-0-100-25 彩条等。

标准彩条信号可用 100-0-100-0 表示和描述，是未压缩的标准彩条信号。这时的彩条信号为 100% 饱和度、100% 幅度。100%饱和度是指彩条中每一色条均为纯基色或纯补色，即任一色条中基色电平的最大值为 1.0，最小值为零（黑电平）。100%幅度是指任一色条中基色电平的最大值均等于白条的 R、G、B 值，白条的 R、G、B 值均为 1.0。

我国电视规定采用 100-0-75-0 彩条，此彩条原是欧洲广播联盟（European Broadcasting Union）提出并采用的，故称为 EBU 彩条。它与上面的彩条信号的差别为各色条的基色电平值是白条中的基色电平值的 75%，白条的幅度仍是 1。

彩条是最常用和最重要的测试信号之一，可以用来测试电路系统的工作情况和极限性能，也可以用来调试监视器，对监视器进行校准。

另外，还有一种彩条，由成立于 1916 年的美国电影和电视工程师协会 SMPTE（The Society of Motion Picture and Television Engineers）提出。比标准彩条增加了一些项目，主要是 ±3 或 ±4 的黑条，更方便使用。如图 2-7 所示。

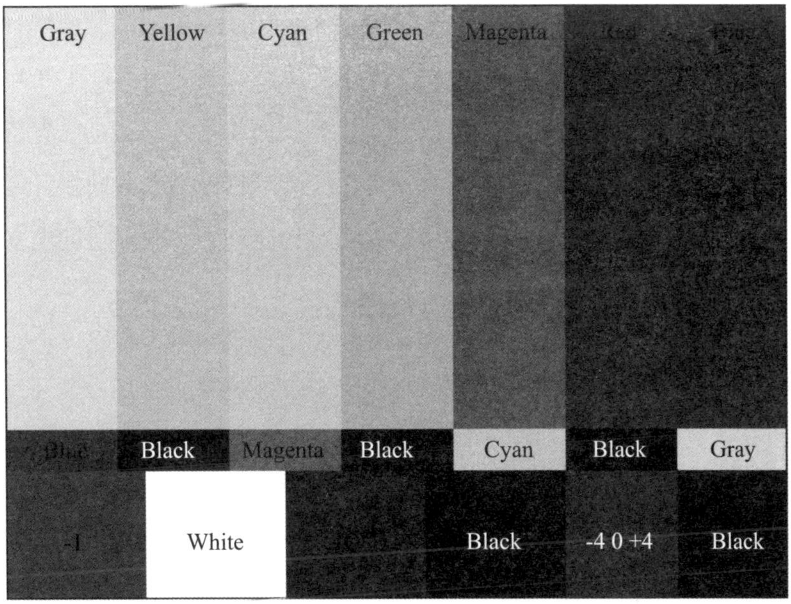

图 2–7　SMPTE 彩条

在实际工作中，除了在工程技术中用来测试系统的性能指标之外，彩条信号最常见的应用就是用来调整寻像器和监视器。

系统中有多台监视器，不同厂家的监视器在色彩还原上会略有不同，一般录像机监视器应选择高指标、高质量的。监视器所显现的同一图像的色彩和亮度有差异，可能是信号传输系统有问题，但也可能是各个监视器本身重现图像的性能不一致，所以，使用前必须要调整各监视器重现彩色和亮度的一致性。

监视器上一般有一个只看蓝色的按键（BLUE ONLY），按下去以后，只有蓝色的信号在监视器上显现，在标准 75% 彩条中，蓝信号分布在 4 个条中，相应的蓝信号在这几条中的幅度应该是完全一样的。根据这个道理，就可以通过色度调整，使这 4 条蓝信号的颜色完全一样。我们可通过目测，调节色度钮，使蓝色区域一致。用这种方法，可以使监视器比较准确地还原出图像原始的颜色。

亮度调整实际上是对信号中黑电平的调整。调节亮度电平时信号在 Y

轴方向整体移动。如果不能正确地调节亮度，在比较亮的区域或比较暗的区域，信号就会发生混叠，细节就分不出来。对比度调整实际上是对亮度层次的调整。如果我们把对比度放大或压缩，信号暗部的基点是保持不变的。对于对比度来说，目前并没有一个相应的严格标准。我们在日常的维护和调节时，可以根据主观经验和感觉将对比度调到一个合适的电平，但要防止高亮度使相应的图像清晰度下降。

第二节　数字电视

所谓信号，是使用某种物理量来代表某种信息的形式或者符号。通常，按表示形式可分为两大类，即模拟信号和数字信号。

模拟信号的特点表现为连续性。在时间上是连续的，即每个时刻都存在一个信号幅值与之对应（也包括零幅值）；在幅度上也是连续的，即信号幅值在其动态范围（最小值到最大值的变化范围）之内的每个幅度水平上都可能存在。

长期以来，声音、图像或文字等信号的处理与传送方式，均采用模拟信号方式。模拟信号的缺点是：信号受干扰，杂波影响大。一旦窜入振幅性干扰杂波，与信息内容叠加后将无法区分开而形成干扰。模拟信号电路调整复杂，信号存储与延迟电路实现较困难，也不便于利用信号时间轴的压缩、扩张来实现信号的各种变换，所以难于实现多媒体化和网络化。这些都使模拟信号的使用受到一定的限制。

数字信号是将代表信息的物理量以一系列数据组的形式来表示，其主要特点表现为离散性。它在时间轴上是离散的，即单位时间内存在着有限个数据组（或称样值）；在幅度轴上也是离散的，即每个数据存在于有限个状态数（或称量化等级）上。在数字信号情况下，电路中处理的信号是一系列数据流。

数字信号具有许多突出优点：一是信号抗干扰能力强。由于用二进制数表示的数据脉冲只有 0、1 两个幅值，故振幅性干扰可以通过限幅加以消除。数字信号经过处理、变换或传输，干扰杂波不会积累。二是数字电路或设备容易调整和实现自动化操作，一致性和互换性好，稳定性高，便于大规模集成化生产。三是便于存储、延迟和变换。通过改变存储器的读出顺序，又可以在空间坐标轴上对数字信号实现各种空间变换。四是可以实现多媒体化与网络化。

模拟信号数字化后，数字信号的数码率（即单位时间处理的比特数）高，占用频带宽。彩色分量电视信号的数码率超过 200M/s（兆比特 / 秒），所以必须进行码率压缩，才可以实现数字信号的处理与传输。另外，数字信号在通道传输或处理中会产生数据的丢失或错误，必须利用检错或纠错来克服。①

一、数字电视信号

一个电视系统中，可能会有模拟设备和数字设备共存。在与模拟电路或设备配合组成电视系统时，它们的输入及输出信号仍然是模拟信号，故必须利用接口电路来实现模拟 / 数字（A/D）转换与数字 / 模拟（D/A）转换。A/D 转换器的作用就是把连续变化的模拟信号转换为离散的数字信号，主要包括取样、量化和编码三大部分。取样，是实现时间轴上的离散化；量化，是实现幅度轴上的离散化；编码，是实现把离散化了的数据用二进制码型表示，进而变为一系列的电脉冲。

在初期，对电视信号的数字化处理主要有数字分量编码和数字复合编码两种方式。

复合编码是将复合全彩色信号直接进行数字化。复合编码的优点是码

① 王明臣，姜秀华，张永辉．数字电视与高清晰度电视［M］．北京：中国广播电视出版社，2005：1–2.

率低，只要一个 A/D 变换器，适用于在模拟系统中插入单个数字设备的情况。缺点是由于取样频率必须与彩色副载波保持一定的关系，而各种制式的副载波频率各不相同，难以统一，不便于电视制式的统一和节目的交换。另外，复合编码时由取样频率和副载波频率间的差拍造成的干扰将落入图像带宽内，会影响图像的质量，量化噪声较大。

数字分量方式是分别对三基色信号或对分别亮度和色差信号进行数字化处理。分量编码的优点是编码与制式无关，只要取样频率与行频有一定的关系，便于制式转换和统一。避免了亮色串扰，能获得高质量的图像。缺点是总的码率比较高，需要多个 A/D 变换器。

电视信号的数字化需要三个步骤：取样、量化和编码。

（一）取样

取样又称抽样，是指用每隔一定时间的信号样值序列来代替原来在时间上连续的信号，就是在时间上将模拟信号离散化。这是模拟信号数字化过程中必需的第一步信号处理措施。由这个时间上离散的信号中可以恢复出原来的模拟信号，即取样过程不会造成模拟信号信息的损失。

1. 取样定理

根据数学上的傅里叶变换原理，在一定条件下，一个时间函数 f（t）可以变换成一个相应的频率函数 F（ω）。对于周期性的时间函数，有离散频谱。由于电视信号是经过两场的扫描取得的，在时间轴上具有双重周期性，所以，它的模拟信号的频谱总体上是离散的。

根据奈奎斯特取样定理，对于最高频率为 fm 赫兹的信号 f（t），当取样频率 fs 不低于 2fm 赫兹时，可以由截止频率为 fm 赫兹的矩形低通滤波器从取样信号中完全恢复原信号。

当取样频率 fs 大于原信号频谱最高频率 fm 的 2 倍时，即 fs>2fm 时，由于取样的信号频谱互不重叠，所以，可用一个低通滤波器取出原频谱，即可以恢复原信号而不产生失真。

当 fs<2fm 时，由于频谱发生重叠，因此，在用低通滤波器取出原频谱时，除原有频谱没有被完全取出外，还混入了相邻周期中的频谱，取出的频谱开头也和原来的不同，在时间域内相当于在原信号中附加了干扰信号，这种干扰称为混叠干扰。

当 fs=2fm 时，各频谱周期恰好邻接，如果用理想的矩形低通滤波器刚好可取出与原信号相同的频谱。所以 fs=2fm 是不产生混叠干扰所需的最低取样频率。

为了防止频谱混叠失真，当取样频率已决定时，就必须限制原模拟信号的上限频率。一般的视频或音频信号，其主要能量集中在低端的有限频带内，截去其高频端一些频率分量，对其影响不会很明显。因此，在取样变换之前可设置一个上限频率合适的低通滤波器（通常称为前置滤波器），先对原信号进行限带处理。为了较好地防止频谱混叠失真，实际中应使取样频率略高于奈奎斯特频率（2fm），通常选 fs 为 fm 的 2.2 倍 ~ 2.7 倍。

2. 取样结构

取样结构是指取样点在画面上相对于空间与时间的分布规律。在数字演播室国际标准中，都采用固定正交结构。这种结构的取样值在图像上沿垂直线按行、场、帧成固定的周期排列，在隔行扫描中图像相邻场相加时，水平与垂直清晰度都不受损伤，有利于行、帧间信号处理。

为了保证正交的取样结构，要求行周期 T_H 必须是取样周期 Ts 的整数倍，也就是要求取样频率 fs 应等于行频 f_H 的整数倍。

3. 取样频率的选择

人眼对色度和亮度的敏感度是不同的，人眼对亮度的敏感度要高于对色度的敏感度，所以首先考虑亮度信号的取样频率的选择。取样频率满足了亮度信号的质量要求，也就必然能满足色度信号的质量要求。在数字电视中，取样频率的选择首先从以下四个方面考虑：

首先，应该满足取样定理，即取样频率应该大于视频带宽的两倍，由于亮度信号带宽最大是 6MHz，因此取样频率应该大于 12MHz。

其次，为了保证取样结构是固定正交的，取样频率应该是行频 f_H 的整数倍。

再次，在制订国际统一的编码标准时，亮度信号取样频率的选择还必须兼顾不同的扫描制式。现行的扫描制式主要有 625 行 /50 场和 525 行 /60 场两种，它们的行频分别为 15625Hz 和 15734.265Hz。这两个行频的最小公倍数是 2.25MHz，因此取样频率应是 2.25MHz 的整数倍。

最后，由于数码率等于取样频率与量化比特数的乘积，从降低码率，节省频率资源考虑，取样频率应当尽量选得低。

ITU-R 建议的分量编码标准的亮度信号取样频率 fYS 为 13.5MHz，它恰好是两种制式行频的整数倍，可以兼容两种扫描制式。

对于 625 行 /50 场扫描制式的亮度信号，每行的取样点数为：$13.5\times10^6\div15625=864$

对于 525 行 /60 场扫描制式的亮度信号，每行的取样点数为：$13.5\times10^6\div15734.265=858$

对于色度信号，由于人眼对色度的敏感度不及对亮度的敏感度，图像的色度分量不需要有和亮度分量相同的清晰度，所以许多视频系统在色差通道上进行较低（相对于亮度通道）清晰度的抽样。这样在不明显降低画面质量的同时降低了视频信号的总带宽。因抽样而丢失的色度值用内插值或者前一色度值来替代。也就是说，在分量编码时两个色差信号的取样频率可以低一些，同时也要考虑到取样点正交结构的要求。

视频系统的抽样率通常用一个三分比值表示。如 4:2:2。其中第一个值是亮度（Y）分量样本的数量，后两个值是两个色彩（“色度”）分量样本的数量，U/Cb 分量在前，V/Cr 分量在后。在比较图像质量时，这三个值之间的比值才是重要的，所以 4:2:2 可以简化为 2:1:1，但是习惯上亮度样本的数量值为 4，其他两个值依此类推。

在数字分量演播室中色差信号的取样频率及取样结构主要有以下几种格式。分别是：4:4:4 取样格式、4:2:2 子取样格式、4:1:1 子取样格式、

4∶2∶0 子取样格式。

（1）4∶4∶4 取样格式：

它是指亮度信号和两个色差信号 Cr、Cb（或 R、G、B 信号）的取样频率均为 13.5MHz，且取样结构完全相同。在每条扫描线上每 4 个连续的取样点取 4 个亮度 Y 样本、4 个红色差 Cr 样本和 4 个蓝色差 Cb 样本，这就相当于每个像素用 3 个样本表示，三个信号具有相同的水平和垂直分解力。这种格式一般也用在对 R、G、B 信号进行数字化的场合。亮度取样频率和两个色差信号的抽样频率之比是 4∶4∶4。多用于高清晰度电视中。比如 SONY 公司和松下公司的高清摄像机。如图 2-8 所示。

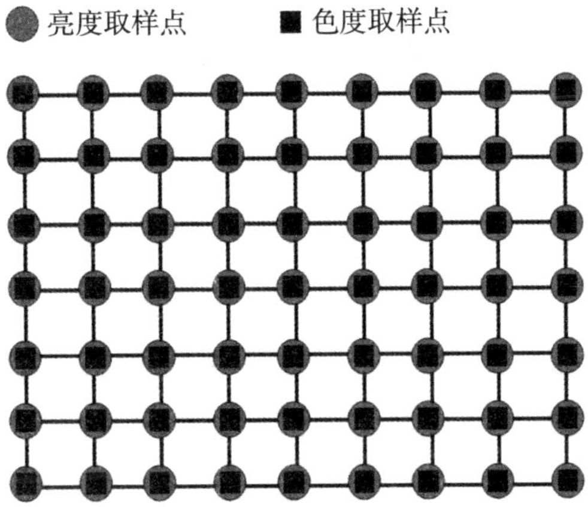

图 2-8　4∶4∶4 取样结构

（2）4∶2∶2 取样格式：

指在每条扫描线上每 4 个连续的取样点取 4 个亮度 Y 样本、2 个红色差 Cr 样本和 2 个蓝色差 Cb 样本，亮度信号的取样频率为 13.5MHz，两个色差信号的取样频率均为 6.75MHz，显然，色差信号的水平分解力是亮度信号的一半，平均每个像素用 2 个样本表示。这种格式广泛应用于演播室节目制作和传输中。亮度取样频率和两个色差信号的取样频率之比是 4∶2∶2。4∶2∶2 仍旧是质量相当高的色度抽样方法，大多数标准清晰度高端数字视频格式采用这一比率，比如松下公司的 DVCPRO 50M 系列产品，

SONY 公司 Digital Betacam、Betacam SX 系列产品等。如图 2-9 所示。

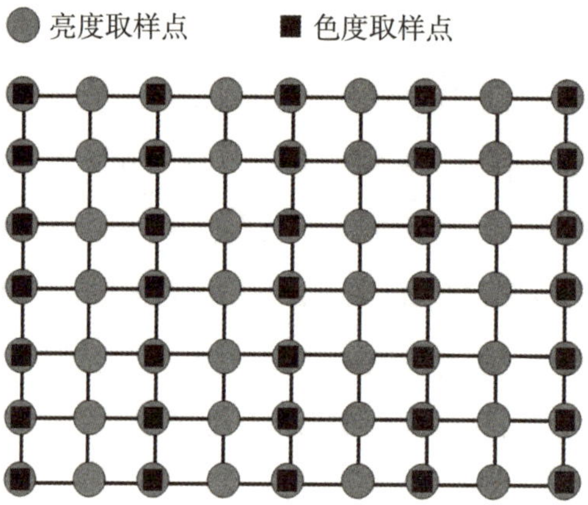

图 2-9　4:2:2 取样结构

（3）4:1:1 取样格式：

这种取样格式是指在每条扫描线上每 4 个连续的取样点取 4 个亮度 Y 样本、1 个红色差 Cr 样本和 1 个蓝色差 Cb 样本，亮度信号和两个色差信号的取样频率分别为 13.5MHz、3.375MHz、3.375MHz，因此两个色差信号在垂直方向上的分解力与亮度信号相同，但在水平方向上的分解力是亮度信号的 1/4，平均每个像素用 1.5 个样本表示。亮度取样频率和两个色差信号的取样频率之比是 4:1:1。使用 4:1:1 色度抽样的包括松下公司的 DVCPRO 系列产品等。如图 2-10 所示。

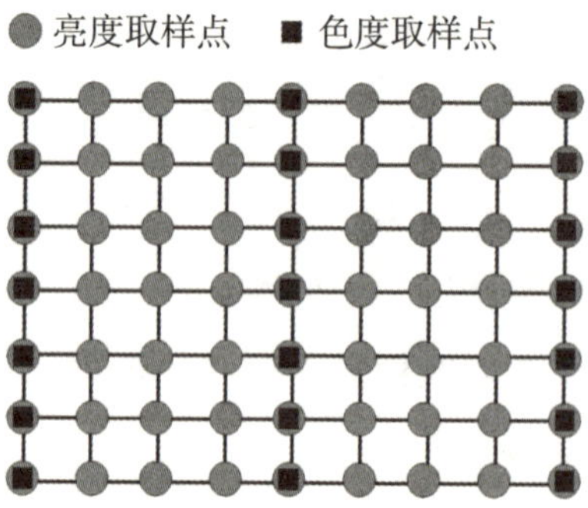

图 2-10　4:1:1 取样结构

（4）4:2:0 取样格式：

这种子取样格式是指在水平和垂直方向上每 2 个连续的取样点上取 2 个亮度 Y 样本、1 个红色差 Cr 样本和 1 个蓝色差 Cb 样本，亮度信号与色差信号的取样频率与 4:2:2 方式相同，但两个色差信号每两行取一行，在水平和垂直方向上的分解力均为亮度信号的一半。平均每个像素用 1.5 个样本表示。4:2:0 并不意味着只有 Y、Cb 而没有 Cr 分量。它指的是对每行扫描线来说，只有一种色度分量以 2:1 的抽样率存储。相邻的扫描行存储不同的色度分量，也就是说，如果一行是 4:2:0 的话，下一行就是 4:0:2，再下一行是 4:2:0……以此类推。对每个色度分量来说，水平方向和竖直方向的抽样率都是 2:1，所以可以说色度的抽样率是 4:1。PAL 制式和 SECAM 制式的色彩系统特别适合于用这种方式来存储。如图 2-11 所示。

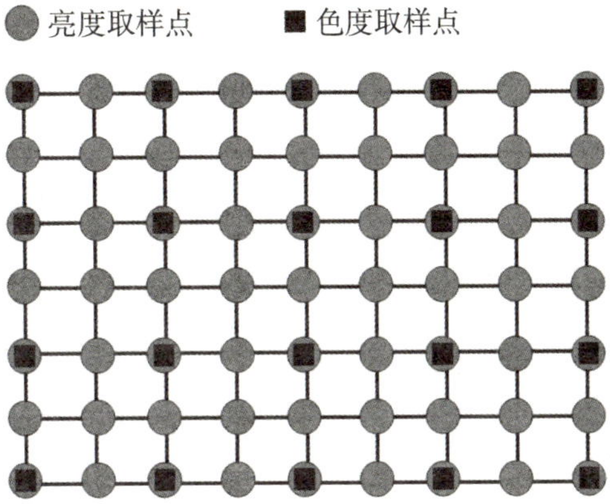

图 2-11　4:2:0 取样结构

综上所述，数字电视（625 行 /50 场系统）几种取样格式的基本参数如表 2-3 所示：

表 2-3　几种采样格式的基本参数

		4:4:4	4:2:2	4:2:0	4:1:1
取样频率（MHz）	Y	13.5	13.5	13.5	13.5
	R-Y	13.5	6.75	6.75	3.375
	B-Y	13.5	6.75	6.75	3.375

续表

每帧有效行数	Y	576	576	576	576
	R-Y	576	576	288	576
	B-Y	576	576	288	576
每行有效像素数	Y	720	720	720	720
	R-Y	720	360	360	180
	B-Y	720	360	360	180
帧频（Hz）		25	25	25	25
宽高比		4:3	4:3	4:3	4:3

1982 年，CCIR 第 15 次全会上通过了著名的 601 号建议书，为推动数字电视的发展起了重要的作用。后来经过多次修正、扩展，现已发展到包含 16:9 宽高比在内的 ITU-R BT.601-5 标准。在 601 建议中，亮度信号的抽样频率是 525/60 和 625/50 扫描制式行频的最小公倍数 2.25MHz 的 6 倍即 13.5MHz；抽样结构固定正交便于数字处理；两种扫描制式在数字有效行内的亮度取样点统一为 720 个，两个色差信号则统一为 360 个，720:360:360=4:2:2，所以这是 4:2:2 格式。

演播室数字编码的主要参数（4:2:2 格式）如表 2-4 所示：

表 2-4　ITU-R BT.601 4:2:2 格式演播室数字编码的主要参数

参数		625/50　扫描格式	525/60　扫描格式
编码信号		Y/R-Y/B-Y	
每帧数字有效行		576	507
取样结构		正交，行和帧扫描位置重复，每行中 Cr 和 Cb 的取样点和 Y 的奇数（1，3，5……）取样点同位。	
取样频率	亮度信号（Y）	13.5MHz	
	每一个色差信号（Cr，Cb）	6.75MHz	
每个数字有效行的取样数	亮度信号（Y）	720	
	每个色差信号（Cr，Cb）	360	

续表

每一整行的取样数	亮度信号（Y）	864	858
	各色差信号（Cr，Cb）	432	429
编码方式		线性 PCM，8，（9），10 比特量化	
视频信号电平与量化级之间的对应关系	（以 8 比特量化为例）		
	量化级数范围	0 到 255	
	亮度信号	共 220 量化级，黑电平对应于量化级 16 峰值白电平对应于量化级 235	
	每一个色差信号	共 224 量化级，零电平对应于 128 级 最大正电平对应于 240 级 最大负电平对应于 16 级	
数字场逆程	场 1	624~23	1~10
	场 2	311~336	264~273
模拟有效行期间样值数	亮度信号	702	714
	每个色差信号	350	355

（二）量化

量化是用有限个幅度值近似原来连续变化的幅度值，把模拟信号的连续幅度变成有限数量的有一定间隔的离散值。

设信号的整个动态变化范围为 A，共分为 M 个量化等级，则每个量化等级（或称量化层距）为 A/M。

量化等级通常用二进制的位数 n 表示，它与十进制量化等级数 M 之间关系为：$M=2^n$，n 通常称为量化比特数。例如，对于 8 比特（bit）量化，相应的十进制量化等级 M 为 $M=2^8=256$。

二进制是计算技术中广泛采用的一种数制。二进制数是用 0 和 1 两个数码来表示的数。它的基数为 2，进位规则是“逢二进一”，借位规则是“借一当二”。二进制数也是采用位置计数法，其位权是以 2 为底的幂。

量化的过程是把取样后信号的电平归并到有限个电平等级上，并以一个相应的数据来表示。按归并方式，可分为只舍不入方式和舍入方式。

只舍不入方式，又称截尾方式，即当取样信号电平处在两个量化等级之间时，将其归并到下面的量化等级上，而把超过部分舍去。

舍入方式又称四舍五入方式。当取样信号电平超过某一量化等级一半时，归并到上一量化等级，低于该量化等级之半时，则归并到下一量化等级。不言而喻，只舍不入方式中，量化后的电平与取样信号实际电平之间的最大偏差（又称量化误差）为一个量化等级，而四舍五入方式中量化误差为量化等级的一半。由于四舍五入方式的量化误差小，故通常选用这种方式。

在量化的过程中是通过舍入方式把连续变化的信号电平归并到有限个电平上，故必然产生量化误差。这个误差会导致接收端解码后的图像信号上产生杂波干扰，这称为量化杂波或量化噪声。量化杂波是模拟信号数字化过程中的主要杂波来源之一，也是选择量化电平比特数必须考虑的主要因素。如果量化电平比特数过小，量化误差会对图像产生一些影响。比如伪轮廓失真和边缘忙乱等。

伪轮廓失真是指在亮度信号缓慢上升或下降区，由于量化比特数比较小，相邻的两个量化电平相差比较大，量化后的结果是原本比较柔和图像的边缘出现明显的轮廓线。由于这种轮廓线是原图像所没有的，所以称为伪轮廓失真。主观测试表明，要使人眼察觉不到轮廓失真，量化比特数需要大于 6 比特 ~7 比特。

边缘忙乱是指在图像亮度急剧变化部位，如轮廓边沿，量化产生的幅值误差会转换为图像边缘的位置误差，使在荧光屏上显示的图像边缘呈锯齿状。

从信号质量方面考虑，量化比特数越多则越好，因为量化电平比特数越多，则量化误差越小，解码后恢复出的模拟信号失真也越小。但是，从数码率方面考虑，数码率等于取样频率与量化比特数之乘积，故量化比特数越多，数码率就越高，使得对元器件工作速度及存储器和通道容量等的要求越高，实现难度也越大。因此，量化电平的比特数必须权衡各方面因素来决定。

从降低量化噪声考虑，显然量化比特数n选得越大越好。量化比特数的选择最终由主观评价来决定。主观评价实验表明，对于标准清晰度广播电视来说，8比特的量化比特数是比较合理的。

（三）编码

编码，是把代表特定量化电平等级的数据组合，变换成以n比特表示的二进制数码，即每一组二进制数码代表一个取样值的量化电平等级。在接收端解码时，从这个数码（或称数据）中重新恢复出原模拟信号电平。

有时也把包括取样、量化和编码在内的模拟信号变换成数字信号的全过程，称为数字编码。

由于每个样值的量化电平等级都由一组n比特的二进制数表示，所以，取样频率与量化比特数n的乘积就是每秒需要处理和传送的比特数，通常称为数码率或比特率。例如，视频亮度信号的取样频率为13.5MHz，量化比特数n=8bit，所以，相应的亮度信号数码率为：$13.5 \times 8=108$M/s。

显然，取样频率越高，量化比特数越大，数码率就越高，所需要的传输带宽就越宽。

经过取样、量化和编码等步骤，模拟电视信号的数字化过程就完成了，成为数字电视信号。

二、数字电视信号压缩编码

一个完整的数字电视系统包括数字电视信号的产生、处理、传输、接收和重现等诸多环节。电视信号在获取后经过的第一个处理环节就是信源编码。

信源编码是通过压缩编码来去掉信号源中的冗余成分，以达到压缩码率和带宽，实现信号有效传输的目的。信道编码是通过按一定规则重新排列信号码元或加入辅助码的办法来防止码元在传输过程中出错，并进行检错和纠错，以保证信号的可靠传输。信道编码后的基带信号经过调制，可送入各类通道中进行传输。目前数字电视可能的传输通道包括卫星、地面无线传输和有线传输等。信源编码的目的是通过在编码过程中对原始信号冗余度的去除来压缩码率，因此压缩编码的技术与标准成为信源编码的核心。

信道编码，是对数码流进行相应的处理，使系统具有一定的纠错能力和抗干扰能力，可极大地避免码流传送中误码的发生。误码的处理技术有纠错、交织、线性内插等。提高数据传输效率，降低误码率是信道编码的任务。信道编码的本质是增加通信的可靠性。信道编码的过程是在源数据码流中加插一些码元，从而达到在接收端进行判错和纠错的目的。

（一）电视图像信号冗余

电视信号本身有很大的冗余，如18%的行逆程，8%的场逆程等。另外，视频图像本身也有图像数据冗余。主要有以下几个方面。[①]

1. 空间相关冗余

这是静态图像存在的最主要的一种数据冗余。

一幅图像由许多像素组成，相邻两个甚至几个像素之间一般具有很大的相似性，或称相关性。通常在单一背景等部分，都有大块的面积具有相同的亮度和彩色，这些经过光电转换及数字化之后，各像素将具有相同的数据，即相关性很强，只在轮廓边缘才有较大的差别。在同一行上相邻像素（或取空间相关冗余样点）之间的相关性称为行相关（或水平相关），在相邻行之间上、下方向上像素的相关性称为垂直相关。由于这种空间相关性，在传送这些部分时会出现连续传送许多相同数据的情况，这显然是不必要的冗余，称为空间相关冗余。

① 王明臣，姜秀华，张永辉．数字电视与高清晰度电视［M］．北京：中国广播电视出版社，2005：52-53.

一幅图像记录了画面上可见景物的颜色。同一景物表面上各采样点的颜色之间往往存在着空间连贯性，但是基于离散像素采样来表示物体颜色的方式通常没有利用景物表面颜色的这种空间连贯性，从而产生了空间冗余。

2. 时间相关冗余

这是序列图像表示中经常包含的冗余。

序列图像一般位于一时间轴区间内的一组连续画面，如果是静止图像，相邻两幅图像的内容完全相同，对于活动图像，其中的相邻帧往往包含相同的背景和移动物体，只不过移动物体所在的空间位置略有不同，所以后一帧的数据与前一帧的数据有许多共同的地方，只有当整个画面内容全改变的时候，数据才发生比较大的变化。这种相邻画面之间的相关性就称为时间相关冗余。

3. 结构相关冗余

同一幅图像中，除了相邻像素之间存在相关性之外，好像没有什么规律。其实通过仔细观察与分析不难发现，画面中的许多结构存在着一定的规律性。在有些图像的纹理区，图像的像素值存在着明显的分布模式。例如，方格状的地板图案，人的面部和身体具有对称性等，即使那些树木花草，在整体上看也都存在着很强的纹理结构。若已知分布模式，可以通过某一过程产生图像。所以，这些结构上的规律性也可以使信息量减少，通常称为结构相关冗余。

4. 人眼视觉冗余

人类的视觉系统对图像场的敏感性是非均匀和非线性的。然而，在记录原始的图像数据时，通常假定视觉系统是线性的和均匀的，对视觉敏感和不敏感的部分同等对待，从而产生了比理想编码（即把视觉敏感和不敏感的部分区分开来编码）更多的数据。实际中，对于人眼难于识别的数据或对于人眼视觉效果影响甚微的数据，均可以省去，这些多余部分就称为视觉冗余。

（二）数据压缩编码的分类

为了提高信息传输效率，就应当尽量减少冗余量，提高有效信息量，所以，要对数字视频图像进行数据压缩编码。由于图像信号中含有多种多样的冗余，所以数据压缩也有多种方式，这些方式的压缩效果和实现的难易程度是不同的，通常是选用几种压缩方式相互结合来取得最好的效果。数据压缩编码方法从不同的角度来看，可以产生不同的分类。

根据压缩编码前后，图像质量有无损失可分为：无损压缩编码和有损压缩编码。

无损压缩编码：是指使用压缩后的数据进行重构（或称还原，解压缩），重构后的数据与原来的数据完全相同。又称为可逆压缩编码或者信息保持编码。无损压缩用于要求重构的信号与原始信号完全一致的场合。根据目前的技术水平，无损压缩算法一般可把普通文件数据压缩到原来的1/2~1/4。一些常用的无损压缩算法有霍夫曼算法和 LZW 压缩算法等。

有损压缩编码：是指使用压缩后的数据进行重构，重构后的数据与原来的数据有所不同，但不会让人对原始资料表达的信息造成误解。又称为不可逆压缩编码或者信息非保持编码。有损压缩适用于重构信号不一定非要和原始信号完全相同的场合。例如，图像和声音的压缩就可以采用有损压缩，因为其中包含的数据往往多于我们的视觉系统和听觉系统所能接收的信息，丢掉一些数据而不至于对声音或图像所表达的意思产生误解，但可大大提高压缩比。

根据压缩编码器处理的像素分布范围来分类，可以分为帧内编码和帧间编码。

帧内编码方式是在一帧（或一场）内进行的，其目的在于消除一帧（或一场）内图像的空间冗余。帧间编码方式是在相邻两帧或几帧之间进行的，利用图像信号的时间相关性来消去冗余。这种方式对于静止图像或慢速运动图像有很强的压缩能力，但对于快速运动的图像，由于时间相关度降低，故压缩能力相应减弱。

按照压缩的方法或工作原理分类，则主要可分为以下几类：预测编码、变换编码、熵编码和量化编码等。这里的量化编码是指在模数转换之后进行的数字到数字的映射变换。根据工作特性的不同，又分为自适应量化编码及矢量量化编码等。[①]

（三）常见数据压缩编码简介

常见的数字视频压缩编码有预测编码、正交变换编码、熵编码、小波变换编码等。

1. 预测编码

预测编码是通过消除统计相关的冗余来实现数据压缩的重要手段之一，包括消除空间相关冗余（帧内预测）和消除时间相关冗余（帧间预测）。电视图像信号是连续的画面，由于前边已发出的图像中往往含有与当前将要发出的图像中存在着相似或相同的信息，因而使当前图像信息的不确定度大为降低，为了提高传送效率，可以把过去已发出的或已知的信息减去，只传送其差值，这就是预测编码的基本思想。

预测编码的基本方法是先利用某种数学模式对以前已知的相关数据进行运算，得出一个与当前实际传送值相接近的预测值，进而把实际要传送的数值减去预测值，得到一个误差值，将这个误差值编码后传送出去，故预测编码也称差值编码。

预测编码中典型的压缩方法有脉冲编码调制（PCM，Pulse Code Modulation）、差分脉冲编码调制（DPCM，Differential Pulse Code Modulation）、自适应差分脉冲编码调制（ADPCM，Adaptive Differential Pulse Code Modulation）等，它们较适合于声音、图像数据的压缩，因为这些数据由采样得到，相邻样值之间的差相差不会很大，可以用较少位来表示。

---

① 姜秀华．数字电视技术［M］．北京：中国传媒大学远程与继续教育学院，2002.

按预测值选用的相邻像素不同，预测编码可分为帧内预测编码和帧间预测编码。

帧内预测是利用在同一帧画面之内的空间相关性，根据已经传送的同一帧内的像素来预测当前像素。它又可以分为：

前值预测：用同一扫描行中最相邻的前一个亮度信号的样值来预测。

一维预测：用同一扫描行中前几个取样值来预测当前像素。

二维预测：用同一扫描行和上几个行中的几个抽样值来预测当前像素。

帧间预测又称为三维预测，是利用在相邻两帧画面之间的时间相关性，用前一帧的像素来预测当前像素。帧间预测因为必须把前一帧的图像数据存储一帧的时间，故需要大容量的帧存储器。帧间预测编码能更有效地除去冗余，数据压缩效果更好。

具有运动补偿的帧间预测编码是视频压缩的关键技术之一，它包括以下几个步骤：首先，将图像分解成相对静止的背景和若干运动的物体，各个物体可能有不同的位移，但构成每个物体的所有像素的位移相同，通过运动估值得到每个物体的位移矢量；然后，利用位移矢量计算经运动补偿后的预测值；最后对预测误差进行量化、编码、传输，同时将位移矢量和图像分解方式等信息送到接收端。

预测编码方法可压缩图像数据的空间和时间冗余性，特点是直观、简捷、易于实现，但是，对于空间相距稍远的样值之间的规律性，利用这些方法就难以消除冗余，还需使用变换编码。

2. 正交变换编码

变换编码是利用图像在空间分布上的规律来消除图像结构相关冗余的另一种编码方式，把图像的光强空间矩阵变换到系数空间矩阵上进行处理。

在空间上具有很强相关性的信号，反映在变换域上则表现为某些特定区域内能量很集中，或者说系数矩阵具有某种规律。这就把时域相关信号的传送变成了变换域上有限系数量化比特数的传送，达到压缩码率的目的。

由于把信号从时域映射到变换域是通过某种函数变换来实现的，故称为变换编码方式。根据选用的变换函数不同，可分为 K-L 变换、哈尔（haar）变换、沃尔什 - 哈达码（Wash-Hadama）变换、离散余弦变换（DCT）等多种。

为了运算方便，并能用简单函数的线性组合实现变换，通常选用两个正交函数来定义新的变换域，因而又称为正交变换编码。

正交变换编码的基本思想是将图像信号变换到变换域进行描述。然后再根据图像在变换域中系数的特点和人眼的视觉特性进行适当量化编码。正交变换编码也有变换、量化、编码三大过程。其中 K-L（Karhunen-Loeve）变换为最佳变换，其变换后的系数之间是互不相关的。但其实现的成本与实时性来说，K-L 变换常常认为是最困难的一种变换。在视频压缩中，最常用的变换方法是离散余弦变换（DCT），离散余弦变换被认为是性能接近 K-L 变换的最佳变换。

变换编码的特点：在变换域里描述视频图像要比空间域里简单；视频图像的相关性明显下降，信号的能量主要集中在少数几个变换系数上采用量化和熵编码能够有效地压缩其数据，能够充分利用人眼的视觉特性，如空间频率特性、视觉心理和视觉现象等，具有较强的抗干扰能力，传输过程中的误码对图像质量的影响远小于预测编码。而且 DCT 等变换有快速算法，能实现实时视频压缩。

DCT 编码的处理步骤是：

变换：DCT 变换将改变原始图像像素的能量分布。在变换域中低频集中了能量的大部分，而高频部分能量很小，变换系数的相关性将大大去除。DCT 变换矩阵的大小可以从相关程度和实现难易等方面综合考虑，通常选择 8×8 像素块的二维正交变换。

量化：经过 DCT 变换后，8×8 个 DCT 系数借助于一个量化矩阵进行均匀量化。量化的目的是在确保一定的图像质量情况下，舍弃一些对视觉效果影响不大的次要信息，而达到进一步的压缩。人眼的视觉频率特性随图像频率的增加而下降，并且色度信号又比亮度信号下降更快，这说明人眼对信号强度的变化，低频部分比高频部分更敏感，亮度比色度更敏感。由于不同频率的系数对人眼的视觉效果不同，所以，充分利用人眼的视觉特性来选择样值不同的量化方案，量化是 DCT 编码的关键。常用的方法是区域编码、自适应比特分配、门限控制和综合法等。

所谓区域编码是将 8×8 变换系统块根据其能量分布划分为若干区域，对每个区域分别进行量化和编码，每个区域的编码比特数由该区域中变换系数的能量大小决定，通常变换系数能量大的区域占用较多的比特数，反之亦然，过多地删除高频系数会产生“细节模糊”现象。

DCT 编码的最后一步是“Z”字形扫描，将二维空间样值变为一维数据序列。

由于正交变换在块边界处存在着固有的不连续性，因此在块的边界处可能产生很大的幅度差异，这就是所谓的“方块效应”，人眼对此很敏感。为了解决这个问题，可用滤波器来平滑块边界处的“突跳”，这有一定的效果，但也会或多或少地模糊图像的细节。为此，Prencen 和 Bradly 提出了一种修正的 DCT（MDCT），它利用了时域混叠消除技术来减轻“方块效应”。

3. 熵编码

信息熵这个词是克劳德·艾尔伍德·香农（Claude Elwood Shannon）从热力学中借用过来的。热力学中的热熵是表示分子状态混乱程度的物理量。香农用信息熵的概念来描述信源的不确定度。

我们可以把信息熵理解成某种特定信息的出现概率。一个信源发送出什么符号是不确定的，可以根据其出现的概率来度量它。出现概率大，出现机会多，不确定性就小；反之就大。信息传播中信息度是不确定的，高信息度的信息熵是很低的，低信息度的信息熵是高的。

熵编码是一种无损（即信息保持）编码方式。根据熵冗余产生的原因，按照概率分配码长，对于概率大的用短的码字，概率小的用长的码字，使平均码长与信息熵相接近。

熵编码根据信息概率的分布特点，通过合理的bit数分配来使信号概率与bit数之间相匹配，以达到降低平均字长的目的。通过熵编码，信源符号的平均字长可基本上接近甚至几乎等于信息熵值，有效地消除信号中的熵冗余。应当指出，熵编码不可能也不允许使平均字长小于熵值，否则，就会信息丢失，引起图像信号失真。由于熵编码是按信源符号出现概率的不同分配以不同长度的码字（bit数），概率相差越大熵编码的效果越好。所以，熵编码应当安排在预测编码或正交变换编码之后，否则熵编码将得不到什么效果。

具体熵编码方式，有可变字长编码方式（又称霍夫曼编码方式）、双字长编码方式和游程熵编码方式等。

4. 小波变换编码

前面我们介绍的正交变换编码，实际上都是利用有规律的连续的三角函数波形等，来近似地表示被分析的信号波形。如果被分析的图像越简单和规律性越强，则分析后所得到的系数就越少，而且越集中，其压缩的效果也就越好。然而，被分析的图像和原信号并不一定都是简单的和有规律的，加上噪声及其他干扰的影响，使得上述正交变换压缩的效果受到一定的限制，甚至当被分析的图像过于复杂时，由于量化失真而产生较明显的方块效应。为了能满足更高的压缩需要，并为了能更精确地表示时刻信息，增加关于时间的分析能力，可以设想在时间轴上选取局部函数，进而构成一种变换，这就是小波变换引入的基本思想。小波变换不再以子像块（8×8或16×16）为单位来进行分析，故不存在方块效应问题。

小波（Wavelet）这一术语，顾名思义，“小波”就是小的波形。所谓“小”是指它具有衰减性；而称之为“波”则是指它的波动性，其振幅正负相间的震荡形式。与正交变换相比，小波变换是时间（空间）频率的局部化分析，它通过伸缩平移运算对信号（函数）逐步进行多尺度细化，最终达到高频处时间细分，低频处频率细分，能自动适应时频信号分析的要求，从而可聚焦到信号的任意细节，解决了正交变换的困难。

（四）视频压缩国际标准简介

国际标准化协会（ISO）、国际电子学委员会（IEC）、国际电信协会（ITU）等国际组织，于 20 世纪 90 年代领导制定了许多重要的多媒体数据压缩标准。如 JPEG、H.261、H.263、MPEG-1、MPEG-2、MPEG-4 等。这些标准已在数字电视、多媒体领域得到广泛应用。

1. JPEG 标准以及 JPEG2000

JPEG 是英文（JOINT PHOTOGRAPHIC EXPERTS GROUP）的缩写，即联合图片专家组。JPEG 是在国际标准化组织（ISO）领导之下制定静态图像压缩标准的委员会，于 1986 年底成立，1992 年发布了 JPEG 的标准，而在 1994 年获得了 ISO109918-1 的认定，成为第一套国际静态图像压缩标准 ISO10918-1（JPEG）。它是为连续色调（灰度和彩色）静止图像压缩制定的通用国际标准。

JPEG标准文件后缀名为“.JPG”或“.JPEG”，是最常用的图像文件格式。而且 JPEG 是一种很灵活的格式，具有调节图像质量的功能，允许用不同的压缩比例对文件进行压缩，支持多种压缩级别，压缩比率通常在 10∶1 到 40∶1 之间，压缩比越大，品质就越低；相反，压缩比越小，品质就越好。JPEG 格式压缩的主要是高频信息，对色彩的信息保留较好，适合应用于互联网，可减少图像的传输时间，可以支持 24bit 真彩色，也普遍应用于需要连续色调的图像。

JPEG 主要是针对静止图像的压缩编码标准，但是在电视图像序列的帧内压缩中也常采用 JPEG，是一个适用范围广泛的通用标准。其算法仅限于帧内，便于编辑。

JPEG 包含两种基本压缩方法，各有不同的工作模式。包括以 DCT 为基础的有损压缩方法和以二维 DPCM 为基础的无损压缩方法。以 DCT 为基础的压缩方法压缩比较高，得到广泛应用。

JPEG 规定了 4 种操作方式，以满足不同需要。

基于 DPCM 的无损编码模式：压缩比可以达到 2∶1。

基于 DCT 的有损顺序编码模式：每个图像分量按从左到右，从上到下扫描，一次扫描完成编码，压缩比可以达到 10∶1 以上。

基于 DCT 的累进编码模式：图像编码在多次扫描中完成，该方式传输时间长，接收端收到的图像是多次扫描由粗糙到清晰的累进过程。

基于 DCT 的分层编码模式：图像在多个空间分辨率进行编码，在信道传输速率慢，接收端显示器分辨率也不高的情况下，只作低分辨率图像解码。

JPEG 压缩编码大致分成三个步骤：

首先，使用正向离散余弦变换（Forward Discrete Cosine Transform，FDCT）把空间域表示的图变换成频率域表示的图。

其次，使用加权函数对 DCT 系数进行量化，这个加权函数对于人的视觉系统最佳。

最后，使用可变字长编码器对量化系数进行编码。

目前的 JPEG 静止图像压缩标准，具有中端和高端比特速率上良好的速率畸变特性，但在低比特率范围内，将会出现很明显的方块效应，其质量变得不可接受。JPEG 不能在单一码流中提供有损和无损压缩，并且不能支持大于 64K × 64K 的图像压缩。同时，尽管当前的 JPEG 标准具有重新启动间隔的规定，但当碰到比特差错时图像质量将受到严重的损坏。

针对这些问题，自 1997 年 3 月起，JPEG 图像压缩标准委员会开始着手制定新一代的图像压缩标准以解决上述问题。2000 年 3 月的东京会议，确定了彩色静态图像的新一代编码方式 JPEG2000 图像压缩标准的编码算法。

JPEG2000 系统分为下列 7 个部分：

（1）JPEG2000 图像编码系统；

（2）扩充（给 1 的核心定义添加更多的特征和完善度）；

（3）运动 JPEG2000；

（4）一致性；

（5）参考软件（目前包含 Java 和 C 实现）；

（6）复合图像文件格式（用于文件扫描和传真应用程序）；

（7）对 1 的最小支持（技术报告）。

其中，1 为完全被认可的 ISO 标准，定义了核心压缩技术和最小文件格式，2~6 定义压缩和文件格式的扩充。

JPEG2000 是基于小波变换的图像压缩标准，通常被认为是未来取代 JPEG 的下一代图像压缩标准。JPEG2000 文件的后缀名通常为“.JP2”。JPEG2000 的压缩比更高，而且不会产生原先基于离散余弦变换的 JPEG 标准产生的块状模糊，同时支持有损压缩和无损压缩。另外，JPEG2000 也支持更复杂的渐进式显示和下载。

JPEG 原理框图如图 2-12 所示：

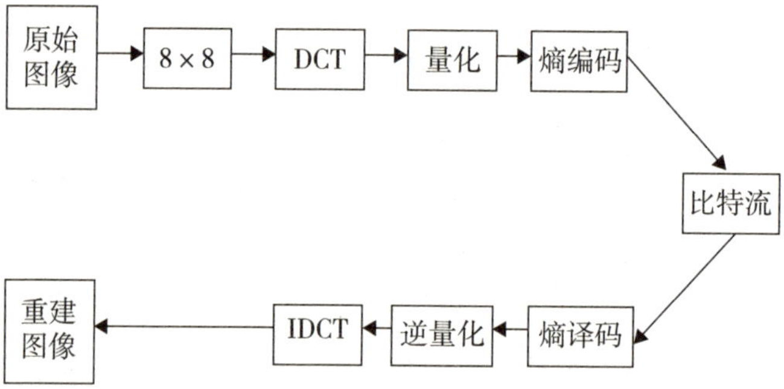

图 2-12　JPEG 原理方框图

2. H.261 标准及 H.263、H.264、H.265 标准

H.261 标准又称作 P×64 标准，是为了在综合业务数字网（ISDN）上开展双向声像业务（可视电话、视频会议）而制定的，速率为 64kb/s 的整数倍。于 1990 年 12 月由国际电报电话咨询委员会（CCITT）通过建议书。

H.261 视频编码标准采用公用中间格式 CIF 和 1/4 公用中间格式 QCIF，作为可视电话的视频格式（CIF 和 QCIF 的基本帧频是 30 帧 / 秒）。

QCIF 全称 Quarter Common Intermediate Format。QCIF 是常用的标准化图像格式。在 H.323 协议簇中，规定了视频采集设备的标准采集分辨率。QCIF=176 像素 ×144 像素。CIF 是常用的标准化图像格式（Common Intermediate Format）。在 H.323 协议簇中，规定了视频采集设备的标准采集分辨率。CIF=352 像素 ×288 像素。

H.261 视频编码标准采用了帧内和帧间两种编码方式，与 MPEG 相似，用以二维 DCT 为基础的帧内编码去除视频的空间冗余信息，用以运动补偿为基础的帧间编码去除视频的时间冗余信息，再使用熵编码利用信号的统计特性减少比特数。它的视频数据结构分为四层：图像层（Picture Layer）；块组（指宏块组）层（Group Of Block Layer，GOB）；宏块层（Macro Block Layer，MB）；块层（Block Layer）。

H.261 主要用于视频电话和电视会议。因此标准中建议的视频编码算法，必须以最小的延迟来实现实时操作。

当 p 取 1 或 2 时，只支持 QCIF 视频格式，信号的传输码率达到 128kbps，只能传清晰度不太高的图像，一般用于窄带电视电话、静止图像传送。

当 p ≥ 6 时，支持 CIF 视频格式，码率 384kbps，可以传输清晰度尚好的图像，适用于电视会议。

H.261 是最早的运动图像压缩标准，它详细制定了视频编码的各个部分，包括运动补偿的帧间预测、DCT 变换、量化、熵编码，以及与固定速率的信道相适配的速率控制等部分。

H.263 视频编码标准是最早用于低码率视频编码的 ITU–T 标准，是 ITU–T 为低于 64kb/s 的窄带通信信道制定的视频编码标准。它是在 H.261 基础上发展起来的，其标准输入图像格式可以是 S–QCIF、QCIF、CIF、4CIF 或 16CIF 的彩色 4∶2∶0 亚取样图像。H.263 与 H.261 相比采用了半像素的运动补偿，并增加了 4 种有效的压缩编码模式。随后出现的第二版（H.263+）及 H.263++ 增加了许多选项，使其具有更广泛的适用性。由于 H.263 的编码效率很高，H.263 Version 1 只用 H.261 码率的一半就可以达到相同的重建图像质量，因此成为视频会议和可视电话应用的主角。通过前后三个版本的更新，H.263 的编码性能得到很大提高。多个算法被最新标准 H.264 所沿用。

比较之前的标准H.261建议，H.263提高性能的技术包括：无限制运动补偿，8×8的帧间预测方块（于是每个宏块包含4个帧间预测方块所对应的4个运动矢量），重叠块运动补偿，变换域的直流及低频信号成分块间预测，基于语法的算术编码等。还有一些应用较少的技术包括可交替使用的帧间VLC变长码模式，PB帧，降低分辨率的编码方法。H.263还允许使用多个过去帧作为参考帧，其中H.263 Annex N只考虑差错适应力，每一帧使用同一个参考帧。H.263 Annex U兼顾编码效率和差错适应力，在宏块层次上选择最佳运动补偿帧间预测的参考帧，每一个宏块使用同一个参考帧。

H.264视频编码标准是由ISO/IEC与ITU-T的VCEG（Video Coding Experts Group）组成的联合视频组（Joint Video Team，JVT）制定的新一代视频压缩编码标准，它既是ITU-T的H.264，又是ISO/IEC的MPEG-4的第10部分。1996年制定H.263标准后，ITU-T的视频编码专家组（VCEG）开始了两个方面的研究：一个是短期研究计划，在H.263基础上增加选项（之后产生了H.263+与H.263++）；另一个是长期研究计划，制定一种新标准以支持低码率的视频通信。长期研究计划产生了H.264标准草案，其目标是研制出新的压缩标准，与以前的任何标准相比，效率要提高一倍，同时具有简单、直观的视频编码技术，网络友好的视频描述，适合交互和非交互式应用（广播、存储、流媒体）。

2001年，ISO的MPEG组织认识到H.264潜在的优势，随后ISO与ITU开始组建包括来自ISO/IEC MPEG与ITU-T VCEG的联合视频组（JVT），JVT的主要任务就是将H.264草案发展为一个国际性标准。于是，在ISO/IEC中该标准命名为AVC（Advanced Video Coding），作为MPEG-4标准的第10个选项；在ITU-T中正式命名为H.264标准。该标准在2003年3月正式获得批准。

最新视频编码标准H.264比以前性能最好的标准H.263和MPEG-4提高编码效率约50%。意味着H.264仅需H.263或MPEG-4一半的码率便可重建出相同质量的图像，采用 H.264 的多媒体系统在图像质量上大大优于现有系统，包括当前主流的基于 H.263 的会议电视系统。H.264 仍然沿用 H.261 奠定的运动补偿帧间预测结合分块正交变换的常规编码方法。相对于现有标准，H.264 的变化实际上是放松了施加在现有标准上的实现复杂度和运算量的限制，把现有常规算法发挥至极限，从而以巨大运算量为代价取得图像质量的提高。

H.264 的主要优点包括：

（1）在相同的重建图像质量下，H.264 比 H.263+ 和 MPEG-4（SP）减小 50% 码率。

（2）对信道时延的适应性较强，既可工作于低时延模式以满足实时业务，如会议电视等；又可工作于无时延限制的场合，如视频存储等。

（3）提高网络适应性，采用“网络友好”的结构和语法，加强对误码和丢包的处理，提高解码器的差错恢复能力。

（4）在编 / 解码器中采用复杂度可分级设计，在图像质量和编码处理之间可分级，以适应不同复杂度的应用。

相对于先期的视频压缩标准，H.264 引入了很多先进的技术，包括 4×4 整数变换、空域内的帧内预测、1/4 像素精度的运动估计、多参考帧与多种大小块的帧间预测技术等。新技术带来了较高的压缩比，同时大大提高了算法的复杂度。

（1）4×4 整数变换。

以前的标准，如 H.263 或 MPEG-4，都是采用 8×8 的 DCT 变换。H.264 中建议的整数变换实际上接近于 4×4 的 DCT 变换，整数的引入降低了算法的复杂度，也避免了反变换的失配问题，4×4 的块可以减小块效应。而 H.264 的 4×4 整数变换进一步降低了算法的复杂度，而且整个变换无乘法，只需加法和一些移位运算。新的变换对编码的性能几乎没有影响，而且实际编码略好一些。

（2）基于空域的帧内预测技术。

视频编码是通过去除图像的空间与时间相关性来达到压缩的目的。空间相关性通过有效的变换来去除，如 DCT 变换、H.264 的整数变换；时间相关性则通过帧间预测来去除。这里所说的变换去除空间相关性，仅仅局限在所变换的块内，如 8×8 或者 4×4，并没有块与块之间的处理。H.263+ 与 MPEG-4 引入了帧内预测技术，在变换域中根据相临块对当前块的某些系数做出预测。H.264 则是在空域中，利用当前块的相临像素直接对每个系数作预测，更有效地去除相临块之间的相关性，极大地提高了帧内编码的效率。

H.264 基本部分的帧内预测包括 9 种 4×4 亮度块的预测、4 种 16×16 亮度块的预测和 4 种色度块的预测。

（3）运动估计。

H.264 的运动估计具有 3 个新的特点：1/4 像素精度的运动估计；7 种大小不同的块进行匹配；前向与后向多参考帧。

H.264 在帧间编码中，一个宏块（16×16）可以被分为 16×8、8×16、8×8 的块，而 8×8 的块被称为子宏块，又可以分为 8×4、4×8、4×4 的块。总体而言，共有 7 种大小不同的块作运动估计，以找出最匹配的类型。与以往标准的 P 帧、B 帧不同，H.264 采用了前向与后向多个参考帧的预测。半像素精度的运动比整像素运动有效地提高了压缩比，而 1/4 像素精度的运动可带来更好的压缩效果。

编码器中运用多种大小不同的块进行运动估计，可节省 15% 以上的比特率（相对于 16×16 的块）。运用 1/4 像素精度的运动估计，可以节省 20% 的码率（相对于整像素预测）。多参考帧预测方面，假设为 5 个参考帧预测，相对于一个参考帧，可降低 5% ~ 10% 的码率。以上百分比都是统计数据，不同视频因其细节特征与运动情况而有所差异。

（4）去块效应滤波器。

H.264 标准引入了去块效应滤波器，对块的边界进行滤波，滤波强度与块的编码模式、运动矢量及块的系数有关。去块效应滤波器在提高压缩效率的同时，改善了图像的主观效果。

H.265是ITU-T VCEG继H.264之后所制定的新的视频编码标准。H.265标准围绕着现有的视频编码标准H.264，保留原来的某些技术，同时对一些相关的技术加以改进。新技术使用先进的技术用以改善码流、编码质量、延时和算法复杂度之间的关系，达到最优化设置。具体的研究内容包括：提高压缩效率、提高鲁棒性和错误恢复能力、减少实时的时延、减少信道获取时间和随机接入时延、降低复杂度等。H264由于算法优化，可以低于1Mbps的速度实现标清数字图像传送；H265则可以实现利用1Mbps~2Mbps的传输速度实现720P（分辨率1280×720）普通高清音视频传送。

早在2004年，ITU-T视频编码专家组（VCEG）开始研究新技术以便创建一个新的视频压缩标准。在2004年10月，H.264/AVC小组对潜在的各种技术进行了调查。2005年1月VCEG的会议上，VCEG开始指定某些主题为“关键技术”作进一步研究。2005年成立软件代码库称为Key Technical Areas（KTA）用来评估这些新的“关键技术”。KTA的软件是在联合模型（JM）基础上由MPEG和VCEG的视频组联合开发的，项目名称暂定为H.265和H.NGVC（Next-generation Video Coding），此项目在2010年最终演化为由VCEG和MPEG合资项目也叫作HEVC（High Efficiency Video Coding）。

按照NGVC的初步要求，在维持视觉质量相同的情况下，比特率较H.264/MPEG-4 AVC的高中档（high profile），计算复杂度维持在比特率较H.264/MPEG-4 AVC的高中档的1/2至3倍之间。“H.265”只是作为“高性能视频编码（HEVC）”的一个昵称。2009年7月，实验结果表明比特率相较于H.264/AVC High Profile平均降低20%左右，这些结果促使MPEG与VCEG合作发起的新的标准化工作。

2010年1月，VCEG和MPEG开始发起视频压缩技术正式提案。相关技术由视频编码联合组（Joint Collaborative Team on Video Coding，JCT-VC）审议和评估，其合作小组第一次会议于2010年4月召开大会，一共有27个完整的提案。评价结果表明，一些提案在许多测试案例可以达到只用一半的比特率并维持H.264/AVC相同的视觉质量。在这次会议上，联合项目名改称为高效率的视频编码（HEVC），并且JCT-VC小组把相关技术集成到一个软件代码库（HM［2］）和标准文本草案规范，并进行进一步实验，以评估各项功能。

2012年2月10日，在美国圣何塞召开了第99届MPEG会议。MPEG组织和ITU-T组织对JCT-VC的工作表示满意，准备于2013年1月，同时在ISO/IEC和ITU-T发布HEVC标准的最终版本。

2013年1月26日，HEVC正式成为国际标准。

标准发展：

2012年2月：委员会草案（完整的标准草案）；

2012年7月：国际标准草案；

2013年1月：国际标准最终草案（准备被批准为标准）；

2013年1月，国际电联（ITU）就正式批准通过了HEVC/H.265标准，标准全称为高效视频编码（High Efficiency Video Coding），相较于之前的H.264标准有了相当大的改善，中国华为公司拥有最多的核心专利，是该标准的主导者。

H.265旨在在有限带宽下传输更高质量的网络视频，仅需原先的一半带宽即可播放相同质量的视频。这也意味着，我们的智能手机、平板机等移动设备将能够直接在线播放1080P的全高清视频。H.265标准也同时支持4K（4096×2160）和8K（8192×4320）超高清视频。

H.263可以2Mbps~4Mbps的传输速度实现标准清晰度广播级数字电视（符合CCIR601、CCIR656标准要求的720×576）；而H.264由于算法优化，可以低于2Mbps的速度实现标清数字图像传送；H.265 High Profile可实现低于 1.5Mbps 的传输带宽下，实现 1080P 全高清视频传输。

除了在编解码效率上的提升外，在对网络的适应性方面 H.265 也有显著提升，可很好运行在 Internet 等复杂网络条件下。

在运动预测方面，下一代算法将不再沿袭“宏块”的画面分割方法，而可能采用面向对象的方法，直接辨别画面中的运动主体。

关于运算量，H.264 的压缩效率比 MPEG–2 提高了 1 倍多，其代价是计算量提高了至少 4 倍，导致高清编码需要 100GOPS（1000 亿次 / 秒）的峰值计算能力。

H.265/HEVC 的编码架构大致上和 H.264/AVC 的架构相似，主要也包含：帧内预测（intra prediction）、帧间预测（inter prediction）、转换（transform）、量化（quantization）、去区块滤波器（deblocking filter）、熵编码（entropy coding）等模块，但在 HEVC 编码架构中，整体被分为了三个基本单元，分别是：编码单元（Coding Unit，CU）、预测单元（Prediction Unit，PU）和变换单元（Transform Unit，TU）。

比起 H.264/AVC，H.265/HEVC 提供了更多不同的工具来降低码率，以编码单元来说，H.264 中每个宏块（marcoblock/MB）大小都是固定的 16 像素 ×16 像素，而 H.265 的编码单元可以选择从最小的 8 像素 ×8 像素到最大的 64 像素 ×64 像素。

反复的质量比较测试已经表明，在相同的图像质量下，相比于 H.264，通过 H.265 编码的视频大小将减少大约 39%~44%。由于质量控制的测定方法不同，这个数据也会有相应的变化。

通过主观视觉测试得出的数据显示，在码率减少 51%~74% 的情况下，H.265 编码视频的质量还能与 H.264 编码视频近似甚至更好，其本质上说是比预期的信噪比（PSNR）要好。

截止 2013 年的 HEVC 标准共有三种模式：Main、Main 10、Main Still Picture。Main 模式支持 8bit 色深（即红绿蓝三色各有 256 个色度，共 1670

万色），Main 10 模式支持 10bit 色深，将会用于超高清电视（UHDTV）上。前两者都将色度采样格式限制为 4∶2∶0。预期将在 2014 年对标准有所扩展，将会支持 4∶2∶2 和 4∶4∶4 采样格式（即提供了更高的色彩还原度），及多视图编码（例如 3D 立体视频编码）。

事实上，H.265 和 H.264 标准在各种功能上有一些重叠，例如，H.264 标准中的 Hi10P 部分就支持 10bit 色深的视频。另一个 H.264 的部分（Hi444PP）还可以支持 4∶4∶4 色度抽样和 14bit 色深。在这种情况下，H.265 和 H.264 的区别就体现在前者可以使用更少的带宽来提供同样的功能，其代价就是设备计算能力：H.265 编码的视频需要更多的计算能力来解码。

H.265 关键技术主要有：

（1）四叉树编码结构。

该结构使用编码单元（Coding Unit，CU）、预测单元（Prediction Unit，PU）和变换单元（Transform Unit，TU）3 个概念描述整个编码过程。

① 编码单元：HEVC 定义了 5 种类型的编码元：128×128（LCU），64×64，32×32，16×16，8×8（Smallest Coding Unit，SCU）。

② 对于每个 CU，HEVC 使用 PU 来实现该 CU 单元的预测过程，对于帧内预测，HEVC 定义了 34 种帧内预测方向（H.264 为 9 种），对于帧间预测，HEVC 采取了运动矢量方案（MVR）、差值滤波（IF）、运动共享（MS）、运动向量竞争（MVC）和基于块的照明竞争（B-BIC）来提高编码性能。

③ 变换单元，则是针对正交变换和量化。对于正交变换，HEVC 采用包含了 16×16，32×32 和 64×64 等尺寸块的变换矩阵、旋转变换和基于模式的方向性变换来提高编码性能。

（2）预测编码技术。

HEVC 的帧间、帧内预测的基本框架与 H.264 基本相同：采用相邻块重建像素对当前块进行帧内预测，从相邻块的运动矢量中选择预测运动矢量，支持多参考帧预测等。HEVC 改进之处：

① 多角度帧内预测。

帧内预测将原有的 8 种预测方向扩展至 33 种，增加了帧内预测的精细度。另外，帧内预测模式保留了 DC 预测，并对 Planar 预测方法进行了改进。目前 HM 模型中共包含了 35 种预测模式。

② 帧间预测技术。

广义 B 预测技术：HEVC 仍然采用了 H.264 中的 B 预测方式，同时还增加了广义 B（Generalized P and B picture，GPB）预测方式。GPB 预测结构对传统 P 帧采取双向预测方式进行预测，前向和后向参考列表中的参考图像都必须为当前图像之前的图像，且两者为同一图像，这种运动预测方式增加了运动估计的准确度，提高了编码效率。

高精度运动补偿技术：

a. HEVC 的编码器内部增加了像素比特深度，最大可支持 12bit 的解码图像输出，提高了解码图像的信息精度。

b. HM 模型采取了高精度的双向运动补偿技术，即无论最终输出图像比特深度是否增加，在双向运动补偿过程中都将使用 14bit 的精度进行相关计算。

运动融合技术：将以往的跳过预测模式（Skip Mode）和直接预测模式（Direct Mode）的概念进行了整合。采用融合模式时，当前 PU 块的运动信息（包括运动矢量、参考索引、预测模式）都可以通过相邻 PU 的运动信息推导得到。编码时，当前 PU 块只需要传送融合标记（Merge Flag）以及融合索引（Merge Index），无需传送其运动信息。

自适应运动矢量预测技术：为一般的帧间预测 PU 服务，通过相邻空域相邻 PU 以及时域相邻 PU 的运动矢量信息，构造出一个预测运动矢量候选列表，PU 遍历运动矢量候选列表，在其中选择最佳的预测运动矢量。

利用 AMVP 技术可充分发掘时域相关性和空域相关性。

（3）环路滤波。

一个 HEVC 环路滤波包括 3 个环节：

① 去块滤波：在 H.264 的去块滤波技术的基础上发展而来的，但为了降低复杂度，目前的 HM 模型取消了对 4×4 块的去块滤波。

② 采样点自适应偏移（Sample Adaptive Offset，SAO）：HEVC 采用的新技术，SAO 在编解码环路内，位于 Deblock 之后，通过对重建图像的分类，对每一类图像像素值加减一个偏移，达到减少失真的目的，从而提高压缩率，减少码流。分为带状偏移（Band Offset，BO）和边缘偏移（Edge Offset，EO）两大类。

③ 自适应环路滤波（Adaptive Loop Filter，ALF）：HEVC 采用的新技术，在编解码环路内，位于 Deblock 和 SAO 之后，用于恢复重建图像以达到重建图像与原始图像之间的均方差（MSE）最小。

（4）熵编码。

H.264 的熵编码 CABAC 编码器采用串行处理的方式，解码端需要非常高频率的计算能力；而 H.265 选用了两种并行熵编码方案，提高并行处理能力，降低对解码端芯片的频率要求：

① 可支持上下文自适应变长编码（CAVLC）：用于低复杂度的编码场合。

② 基于语法元素的上下文自适应二进制算术编码（SB-CABAC）：用于高效的编码场合。

（5）细粒度 slice 分块边界。

H.265 的熵编码 slice 边界划分不以 LCU 为单位，而是以更小的 CU 为单位，每个 slice 的大小都可以精确控制，同时解决了码率控制和负载均衡的问题，但是带来的代价是 slice 边界处理更为复杂。

（6）比 H.264 改进之处。

相对于 H.264，H.265 标准的算法复杂性有了大幅提升，以此获得较好的压缩性能。H.265 在很多特性上都做了较大的改进，具体各项改进如表 2-5 所示：

表 2-5　H.264 和 H.265 关键特性对比

	H.264	H.265
MB/CU 大小	4×4~16×16	4×4~64×64
亮度插值	Luma-1/2 像素 {1,-5,20,20,-5,1} Luma-1/4 像素 {1,1}	Luma-1/2 像素 {-1,4,-11, 40, 40, -11, 4, -1} Luma-1/4 像素 {-1,4,-10,57, 19, -7, 3, -1} Luma-1/4 像素 {-1,3,-7,19,57,-10, 4,-1}
MVP 预测方法	空域 MVP 预测	空域 + 时域 MVP 预测 AMVP\Merge
亮度 Intra 预测	4×4/8×8/16×16：9/9/4 模式	34 种角度预测 + Planar 预测 DC 预测
色度 Intra 预测	DC,Horizontal,Vertical,Plane	DM, LM, planar, Vertical, Horizontal, DC, diagonal
变换	DCT4×4/8×8	DCT4×4/8×8/16×16/32×32 DST4×4
去块滤波器	4×4 和 8×8 边界 Deblock 滤波	较大的 CU 尺寸，4×4 的边界不进行滤波

3. MPEG-1 标准

MPEG 是（MOVING PICTURES EXPERT GROUP）的缩写，译为活动图像专家组。MPEG 委员会组建于 1988 年。MPEG 标准是国际标准化组织 ISO 和国际电工委员会 IEC 共同制定的，标准为编号 ISO/IEC11172，标准的题目为“位率约为 1.5Mbps 时，用于数字存储媒体的活动图像及其伴音的编码”。

制定MPEG-1标准时，称它为MPEG标准，在定出码率1.5Mbps的同时，MPEG标准分3个阶段制定，从而逐步形成MPEG-1和MPEG-2。[①]

到目前为止，已经开发和正在开发的MPEG标准有：

MPEG-1：数字电视标准，1992年正式发布。

MPEG-2：数字电视标准。

MPEG-3：已于1992年7月合并到高清晰度电视工作组。

MPEG-4：多媒体应用标准（1999年发布）。

MPEG-7：多媒体内容描述接口标准。

MPEG-21：致力于为多媒体传输和使用定义一个标准化的、可互操作的和高度自动化的开放框架（正在研究）。

MPEG-1制定于1992年，设计为工业级标准，它可针对SIF标准分辨率（对于NTSC制为352×240，对于PAL制为352×288）的图像进行压缩，传输速率为1.5Mbits/sec，每秒播放30帧，具有CD（指激光唱盘）音质，质量级别基本与VHS相当。MPEG的编码速率最高可达4Mbits/sec~5Mbits/sec，但随着速率的提高，其解码后的图像质量有所降低。

MPEG-1是为CD光碟介质定制的视频和音频压缩格式。采用了块方式的运动补偿、离散余弦变换（DCT）、量化等技术，并为1.2Mbps传输速率进行了优化。MPEG-1随后被Video CD采用作为核心技术，其输出质量大约和传统录像机VCR信号质量相当。

MPEG-1音频分三层，其中第三层协议被称为MPEG-1 Layer 3，简称MP3。MP3目前已经成为广泛流传的音频压缩技术。

MPEG-1标准共分5个部分：

ISO/IEC11172-1，1993，第一部分：系统；

ISO/IEC11172-2，1993，第二部分：视频；

ISO/IEC11172-3，1993，第三部分：音频；

---

① 李海燕. 多媒体技术［M］. 北京：中国传媒大学远程与继续教育学院，2004.

ISO/IEC11172-4，1995，第四部分：综合测试；

ISO/IEC11172-5，第五部分：软件模拟。

系统部分主要解决多个符合 MPEG-1 标准，具有时间信息的视频和音频数据流的组合问题，以适于数字存储和传输。视频部分规定了能用于 625 行和 525 行，比特率均为 1.5Mbps 压缩视频序列的编码表达方法。采用一系列方法来达到高压缩率。首先选择合适的空间分辨率，然后用运动补偿减少时间方向冗余，其预测的误差再利用离散余弦变换及量化和可变字长编码去除空间上的冗余。第三部分规定了音频序列压缩编码表达方法，可以是单声道的，也可以是立体声。输入视频样值，匹配处理产生一个滤波的再取样样本，用听觉模型产生一套数据来控制量化和编码，产生编码符号数据。第四部分规定了如何测试和比较被测码流是否符合 MPEG-1 第一、二、三部分的规定。第五部分从技术上说不能算是一个标准，更像是技术报告，给出了 MPEG-1 标准第一、二、三部分的软件实现。

4. MPEG-2 标准

MPEG-2 制定于 1994 年，是一种高质量视频的压缩标准，用于广播电视的视频压缩标准。MPEG-2 标准的作用是制定通用的活动图像及其伴音的编码标准，以适于各种应用（如存储媒体、分配传输和通信等）目的。视频编码标准 MPEG-2 也是由 MPEG 和 ITU-T 两方合作开发的，因此 MPEG-2 在 ITU-T 的命名规范中被称之为 H.262。

MPEG-2 标准目前分为 9 个部分，统称为 ISO/IEC13818 国际标准。

第一部分：ISO/IEC13818-1，System：系统，描述多个视频、音频和数据基本码流合成传输码流和节目码流的方式。

第二部分：ISO/IEC13818-2，Video：视频，描述视频编码方法。

第三部分：ISO/IEC13818-3，Audio：音频，描述与 MPEG-1 音频标准反向兼容的音频编码方法。

第四部分：ISO/IEC13818-4，Compliance：符合测试，描述测试一个编码码流是否符合 MPEG-2 码流的方法。

第五部分：ISO/IEC13818-5，Software：软件，描述了 MPEG-2 标准的第一、二、三部分的软件实现方法。

第六部分：ISO/IEC13818-6，DSM-CC：数字存储媒体 - 命令与控制，描述交互式多媒体网络中服务器与用户间的会话信令集。

第七部分：ISO/IEC13818-7，规定不与 MPEG-1 音频反向兼容的多通道音频编码。

第八部分：ISO/IEC13818-8，10 比特视频，现已停止。

第九部分：ISO/IEC13818-9，规定了传送码流的实时接口。

MPEG-2 视频编码标准是一个分等级的系列，按编码图像的分辨率分成四个“级(Levels)”；按所使用的编码工具的集合分成五个“类(Profiles)”。“级”与“类”的若干组合构成 MPEG-2 视频编码标准在某种特定应用下的子集：对某一输入格式的图像，采用特定集合的压缩编码工具，产生规定速率范围内的编码码流。在 20 种可能的组合中，目前有 11 种是已获通过的，称为 MPEG-2 适用点。

模拟电视存在着 PAL、NTSC 和 SECAM 三大制式并存的问题，CCIR601 标准（现称 ITU-RRec.BT601 标准）将这三种制式统一起来，形成一种统一的数字演播室标准。MPEG-2 中的四个输入图像格式“级”都是基于这个标准的。

（1）低级（Low Level）的输入格式的像素是 ITU-RRec.BT601 格式的 1/4，即 352×240×30（代表图像帧频为每秒 30 帧，每帧图像的有效扫描行数为 240 行，每行的有效像素为 352 个），或 352×288×25。相应编码最大输出码率为 4Mbps。

（2）低级之上的主级（Main Level）的输入图像格式完全符合 ITU-RRec.BT601 格式，即 720×480×30 或 720×576×25。输出最大码率是 15Mbps。

（3）主级之上为 HDTV 范围，基本上为 ITU-RRec.BT601 格式的 4 倍，其中 1440 高级（High-1440Level）的图像宽高比为 4:3，格式为

1440×1080×30，最大输出码率为60Mbps。

（4）高级（High Level）的图像宽高比为16∶9，格式为1920×1080×30。输出最大码率为80Mbps。

从有限清晰度为VHS质量图像直到HDTV图像每一种输入格式编码后都有一个相应的范围。除了在源格式提供这种灵活性外，MPEG-2还有不同的处理方法，称为类（profile），每一类都包括压缩和使用方法的一个集合。不同的类意味着使用不同集合的码率压缩工具。MPEG-2共分为5类，更高的类编码更精细，而且每升高一类将提供前一类没有使用的附加工具。较高类的解码器除能解码用本类方法编码的图像外，也能解码用较低类方法编码的图像，即MPEG-2的“类”之间具有后向兼容性。

（1）简单类（Simple Profile）：使用工具最少，采用I帧和P帧两种编码帧，除了没有内插图像帧以外，与主类（Main Profile）相同。

（2）主类（Main Profile）：可使用所有简单类使用的压缩工具，采用I帧、P帧和B帧三种编码帧，增加了一种双向预测方法。在相同比特率的情况下，将给出比简单更好的图像质量。向后兼容性对更高的类也适用。主类没有可分级性。

（3）信噪比可分级类（SNRP）（SNR Scalable Profile）：一种对主类的改进，给出按信噪比的可分级性。

（4）空间可分级类（SSP）（Spatially Scalable Profile）：支持图像空间域分辨率的可分级性。

这两种可分级工具允许将编码的视频数据化分为基本层和另一个或更多的上层信号，基本层表示编码图像的基本数据，但代表的图像质量较低，上层信号则可以用来改进信噪比或清晰度。可分级性有些重要作用，如粗编码的低层信号可以有更强的抗干扰能力，可以有更大的覆盖范围。在距离较近，接收条件较好的情况下，可以同时收到基本信息和次要信息，恢复出高质量的图像；而在距离较远，接收条件较差的条件下，仍能收到基本信息，恢复出图像，不至造成解码中断。使用MPEG-2这种分级特性，可以使广播同时覆盖接收条件好的和接收条件差的地区，并使能接收和不能接收的区域过渡更为平滑。

（5）高级类（High Profile）：应用于比特率不受限制的要求更高的画面质量。前四个类在处理Y、U、V时是逐行顺序处理色差信号的，高级类中还提供同时处理色差信号的可能性。

目前的标准数字电视采用的是MP@ML主类和主级，而HDTV采用的是MP@HL主类和高级。MPEG-2的类与级及其参数如表2-6所示：[①]

表2-6 MPEG-2的类与级及其参数

	Simple 简单类	Main 主类	SRN Scalability 信噪比可分级类	Spatial Scalability 空间可分级类	High 高级类
High 高级		4:2:0 1920×1152×60 80Mb/s I, P, B			4:2:0, 4:2:2 1920×1152×60 80Mb/s I, P, B
High-1440 高级 1440		4:2:0 1440×1152×60 60Mb/s I, P, B		4:2:0 1440×1152×60 60Mb/s I, P, B	4:2:0, 4:2:2 1440×1152×60 60Mb/s I, P, B
Main 主级	4:2:0 720×576×30 15Mb/s I, P	4:2:0 720×576×30 15Mb/s I, P, B	4:2:0 720×576×30 15Mb/s I, P, B		4:2:0 720×576×30 20Mb/s I, P, B
Low 低级		4:2:0 352×288×30 4Mb/s I, P, B	4:2:0 352×288×30 4Mb/s I, P, B		

MPEG-2的编码码流分为六个层次。

从上至下依次为：视频序列层（Sequence）、图像组层（Group Of Picture，GOP）、图像层（Picture）、像条层（Slice）、宏块层（Macro

① 李海燕．多媒体技术［M］．北京：中国传媒大学远程与继续教育学院，2004.

Block）和像块层（Block）。

在图像层，MPEG-2定义了三种编码图像，分别称为I帧、P帧和B帧。

I帧，帧内编码图像（Intra pictures），I帧是只使用本帧内的数据进行编码的图像。即只对本帧内的图像像块进行DCT变换、量化和熵编码等压缩处理。为了保证图像有高的质量，I帧图像的压缩比一般不高，约在2:1~5:1的范围内。在一个图像组（GOP）中的第一个编码帧应为I帧。

P帧，前向预测编码图像（Predicated pictures），P帧是根据前面最靠近的I帧或P帧作为参考帧进行前向预测编码的图像。P帧图像中可以包含帧内编码的部分，即P帧中的每一个宏块可以是前向预测，也可以是帧内编码。由于P帧使用了运动补偿压缩方法，压缩比高于I帧，可达到5:1~10:1的范围。P帧可以作为B帧和后面P帧的参考帧。

B帧，双向预测编码图像（Bidirectional pictures），B帧是根据一个过去的参考帧和一个将来的参考帧进行双向预测的编码图像。其参考帧可以是一个I帧和P帧，或是前后两个P帧。它可以采用帧内、前向、后向、双向四种压缩编码技术。值得注意的是，由于B帧图像采用了未来帧作为参考，因此MPEG-2编码码流中图像帧的传输顺序和显示顺序是不同的。由于B帧是在两个参考帧基础上双向预测得出的，它的预测精度能达到很高，其压缩比较大，可达到20:1~30:1范围。

有了I、P、B帧的组合，可以既得到较高的综合码率压缩比，又保证图像质量。

5. MPEG-4标准

MPEG-4标准已于1999年1月正式发布。与MPEG-1、MPEG-2不同，MPEG-4并不仅仅着眼于定义不同码流下的压缩编码标准，而是更多强调多媒体通信的交互性和灵活性，以及多工业领域的融合。

MPEG-4标准的主要特征就是采纳了基于对象（Object-Based）的编码等第二代编码技术。所谓的对象是在一个场景中能够访问和操纵的实体，对象的划分可以根据其独特的纹理、运动、形状、模型和高层语义为依据。

这种编码是一种基于内容的数据压缩方式，如将图像分割为运动物体对象和静止不动的背景对象平面，并对这两个对象进行分别处理。背景对象可以采用压缩比较高的办法进行编码，运动物体对象采用压缩比较低、损失比较小的办法，这样就在压缩效率和解码图像质量间得到较好的平衡。

基于对象的编码，除了能提高数据的压缩比，还能实现许多基于内容的交互性功能，允许将场景中的运动对象同与此对象相关的信息连接起来，可以实现很多应用，如基于内容的多媒体数据存取等。

MPEG-4 可以对不同来源的视音频对象进行合成。视音频对象可以是自然的（摄像机或麦克风捕捉到的），也可以是人工合成的；这些对象可以是单声道、立体声和多声道音频，2D 和 3D 立体视频，也可以是计算机图形、动画、文字等。各种对象通过各自的解码工具进行解码，同时可以创建新的视音频对象。

基于对象的分级功能是 MPEG-4 提供的又一个新的功能，同时兼容于 MPEG-2 标准中的图像分级功能，分级工具主要用于因特网和无线网等窄带的视频通信、多质量视频服务和多媒体数据库预览等服务。

MPEG-4 主要包括系统、视频、音频和多媒体传送集成框架（DMIF）等部分，随着标准的发展，MPEG-4 的内容也不断充实和改进。

首先，对自然视频流进行视频对象平面（VOP）分割，由编码控制器为不同视频对象（VO）的形状、运动、纹理信息分配码率，对各个 VO 分别独立进行编码，然后复用成一个输出码流。编码控制和复用部分可以加入用户的交互控制或智能算法控制。接收端经解复用，将各个 VO 分别解码，然后将解码后的 VO 合成场景输出。解复用和 VO 合成时也可以加入用户交互控制。

MPEG-4 的视频编码包括：形状编码、运动估计和补偿、纹理编码、可分级编码、Sprite 编码等。

纹理编码：MPEG-4 中静止图像的编码又称为静态纹理编码，并单独提供了一种模式，与基于 DCT 的活动纹理编码技术相比，这种静态纹理编码技术提供了更强的可分级能力，其主要基于小波变换和算术编码。

分级编码：MPEG-4 的一个主要特点就是其可分级特性。与 MPEG-2 中以帧为基础的可分级性相比，MPEC-4 分级编码允许基于内容的随机访问和 VOP 在不同的时间及空间分辨率下的传输。

视频序列都可以分为两层：基本层和增强层，基本层提供了视频序列的基本信息，增强层提供了视频序列更高的分辨率和细节，基层可以单独传输和解码，而增强层则必须与基层一起传输和解码。

Sprite 编码：Sprite 是指一个相对静止的长背景。例如，在摄像机摇镜头过程中拍摄到的背景可以组成一个 Sprite，Sprite 包括了整个过程中拍摄到的全部背景像素。实际上，Sprite 只需在传送开始时发送一次，因此使压缩效率很高。

MPEG-4 的音频编码分为两种：自然声音和合成声音。自然声音的频率范围是 2kbps~64kbps，又分为三种类型的压缩：对于最低比特率 2kbps~6kbps，运用采样速率为 8KHz 的参数语音编码；对于中等比特率 6kbps~24kbps，采用 8KHz 或 16KHz 采样速率的激励线性预测优化后的语音编码；而大于 16kbps 的音频，MPEG-4 采用 MPEG-2AAC 压缩算法提供高质量音频压缩。

MPEG-4 标准的目标是多媒体的多领域应用，包括实时通信（视频会议、可视电话等）、移动多媒体（PDA 等）、交互媒体存储（DVD 等）、交互视频游戏、节目制作及广播业务等。MPEG-4 为不同应用定义了编解码器和码流的不同类（Profile）和级（Level），从而支持各种码率（5kbps 至 4Mbps）、格式（逐行和隔行）、分辨率（QCIF 至 HDTV）。

（五）数字接口简介

1. SDI（Serial Digital Interface）串行数字接口

串行接口是把数据的各个比特以及相应的数据通过单一通道顺序传送

的接口。标准为 SMPTE-259M 和 EBU-Tech-3267，标准包括了含数字音频在内的数字复合和数字分量信号。SDI 传送 4:2:2 串行不压缩数字分量视频时，传送速率为270Mbps，用单根BNC电缆传送，最长传送距离为300米。SDI 协议保证了由一台设备传送视频文件时，使用同样的语言，不仅在不同格式的录像机之间可以方便地传送视频信号，而且非线性编辑系统在上载信号时，不用再经过 A/D 变换，减少图像质量损失。

SDI 接口不能直接传送压缩数字信号，不同数字录像机、硬盘等设备记录的压缩信号重放后，必须经解压并经 SDI 接口输出才能进入 SDI 系统。如果反复解压和压缩，必将引起图像质量下降和延时增加，为此各种不同格式的数字录像机和非线性编辑系统，规定了自己的用于直接传输压缩数字信号的接口，称为 SDTI（压缩串行数字接口）。

SDTI（QSDI，CSDI，SDDI）接口（SMPTE305M）是由 SDI 接口（SMPTE259M）发展而来，码率为 270Mbps 或 360Mbps，支持净码率在 34Mb/s 以上的高码率可通过多个连接来实现。SDTI 支持多种格式，如 DVCPRO、DVCPRO 50、Betacam SX、Digital-S、DVCAM、M-JPEG、MPEG-2 等，可用于高于实时的速度传输。

2. CSDI（Compress Serial Digital Interface）压缩串行数字接口

松下公司的压缩串行数字接口，用于 DVCPRO 和 Digital-S 数字录像机、非线性编辑系统中，由带基到盘基或盘基之间可以 4 倍速传输数据。

3. QSDI（Quarter Serial Digital Interface）

索尼公司的 4 倍速串行数字接口，在 DVCAM 录像机编辑系统中，通过该接口以 4 倍速从磁带上载到磁盘、从磁盘下载到磁带或在盘与盘之间进行数据拷贝。

4. SDDI（Serial Digital Data Interface）

索尼公司的串行数字数据接口，用于 Betacam-SX 非线性编辑或数字新闻传输系统，通过这种接口，可以 4 倍速从磁带上载到磁盘。它是 Betacam SX 系列产品由带到盘、盘到盘之间高速度传输压缩数据的接口。对素材数据可以 4 倍于实时速度传输，而对节目数据以 2 倍数传输。

5. IEEE–1394 数据接口（Fire Ware）

是由苹果公司领导的开发联盟开发的一种高速度传送接口，数据传输率一般为 800Mbps。火线（Fire Wire）是苹果公司的商标。SONY 的产品称这种接口为 iLink。

它是一个串行数字接口，为多媒体环境所设计。工作速度为 100Mb/s、200Mb/s、400Mb/s 和 1.6Gb/s 可选。常见的是 400M/s。Fire Ware 使用单根电缆最多可连接 16 个器件，最长电缆长度为 4.5 米。将数字视频和音频由带 IEEE–1394 接口的摄像机或录像机转录到计算机硬盘上，可以避免在两机之间复制数字图像信号时多次进行压缩和解压缩时所造成的信号损失。

6. FDDI（Fiber Distributed Data Interface）光纤分布数据接口

光纤分布数据接口（FDDI）是由美国国家标准化组织（ANSI）制定的在光缆上发送数字信号的一组协议。光纤通道（Fiber Channel）为广播和后期节目制作设备的连接标准、现已实现 1Gb/s 带宽、2Gb/s 带宽。由于视频数据量比较大，后期非线性编辑网络多采用 Fiber Channel 的快速光纤网，在不同工作站之间快速传递素材，使多台非线性编辑站之间协同工作，完成后期制作系统的网络化。

7. HDMI

高清晰度多媒体接口（High Definition Multimedia Interface，HDMI）是一种数字化视频 / 音频接口技术，是适合影像传输的专用型数字化接口，其可同时传送音频和影像信号，最高数据传输速度为 4.5GB/s，同时无需在信号传送前进行数 / 模或者模 / 数转换。HDMI 可搭配宽带数字内容保护（HDCP），以防止具有著作权的影音内容遭到未经授权的复制。HDMI 所具备的额外空间可应用在日后升级的音视频格式中。

1999 年 4 月份，为了满足数字化时代高质量图形影像的要求，DDWG（Digital Display Working Group）数字显示工作组以美国 Silicon Image 公司的专利技术为蓝本，推出了一种名为 DVI（Digital Visual Interface）的接口，旨在统一新时代数字显示接口标准。这一技术并且得到了 IT 业内以 Intel、DELL、HP、IBM、微软等多个大企业的广泛支持。经过 3 年多的推广，DVI 技术在计算机显示输出领域得到了迅速运用，但是伴随着数字高清影音技术的发展，DVI 接口也开始逐渐暴露出种种问题，甚至在一定程度上成为数字影像技术进步的瓶颈。

2002 年 4 月，日立、松下、飞利浦、Silicon Image、索尼、汤姆逊、东芝七家公司共同组建了 HDMI 高清多媒体接口组织，开始着手制定一种符合高清时代标准的全新数字化视频 / 音频接口技术。经过半年多时间的准备工作，HDMI 组织在 2002 年 12 月 9 日正式发布了 HDMI1.0 版标准，标志着 HDMI 技术正式进入历史舞台。

HDMI Licensing，LLC 于 2010 年 3 月 4 日代表 HDMI 原始开发成员发布 HDMI 规格版本 1.4a，其中特色包括 3D 应用的关键增强功能，加入了用于广播内容的强制 3D 格式，以及称为 Top-and-Bottom 的 3D 格式。

由于“HDMI1.4”的说法过于宽泛，无法显示该设备的具体支持技术，因此在此次的规范中完全禁止使用“HDMI1.4 版”这样的版本号标志方法。根据发布的新版“商标和 Logo 使用规范”，HDMI 线缆制造商在销售和宣传 HDMI1.4 版标准线缆时，禁止使用版本号标志，旧版线缆则应在一年内去除所有用版本号标志的标签、说明、包装等。

除线缆以外的其他 HDMI 设备，应在 2012 年 1 月 1 日前去除所有版本号标志。在此之前，厂商应在明确显示所使用技术的前提下应用版本号标志，如“HDMI v.1.4 with Audio Return Channel and HDMI Ethernet Channel”（HDMI1.4 版支持 ARC 音频回授通道和 HEC 以太网通道），但严禁使用笼统的“HDMI v.1.4 compliant”（兼容 HDMI1.4）。

HDMI1.4 版线缆共有五种类型，规范的标志方式分别为：

Standard HDMI Cable 中文规范名称：标准 HDMI 线最高支持 2160P（3840×2160，也就是 4K）/30Hz；

Standard HDMI Cable with Ethernet 标准以太网 HDMI 线；

Standard Automotive HDMI Cable 标准车用 HDMI 线；

High Speed HDMI Cable 高速 HDMI 线（支持 1080P、Deep Color、3D）；

High Speed HDMI Cable with Ethernet 高速以太网 HDMI 线；

真正代表 HDMI 开始全方位支持 4K 超高清信号传输的是 HDMI2.0 标准，该标准在 2013 年 9 月 4 日，由 HDMI Forum Inc. 制定完成并发布。

HDMI1.4 版本中已经可以支持 4K 了，但是受制于带宽，最高只能达到 3840×2160 分辨率和 30FPS 帧率。HDMI2.0 中把 HDMI 的传输带宽提升至 18Gbit/s，最高支持图像分辨率为 3840×2160/60Hz，大大增强了对 4K 超高清传输的支持，同时，新的 HDMI2.0 规格在音频方面也支持最多 32 个声道，以及最高 1536KHz 采样率。

其他主要改进有：

① 可在同一屏幕上向多个用户同步传输双视频流；

② 可向最多四位用户同步传输多个音频流；

③ 支持 21∶9 超宽屏显示；

④ 视频和音频流动态同步；

⑤ CEC 扩展可通过单个控制点更好地掌控消费电子设备。

第三节 高清晰度电视

所谓数字电视，是指从演播室到发射、传输、接收过程中的所有环节都是使用数字电视信号，或对该系统所有的信号传播都是通过由二进制数字所构成的数字流来完成的。DTV 技术还有另外的两个标准：

低清晰度电视 LDTV（Low Definition Television），其图像水平清晰度大于 250 线，分辨率为 340×255，采用 4:3 的幅型比，主要是对应现有 VCD 的分辨率量级；标准清晰度电视 SDTV（Standard Definition Television）其图像水平清晰度为 500 线 ~600 线，最低为 480 线，分辨率为 720×576，采用 4:3 的幅型比，主要是对应现有 DVD 的分辨率量级。

目前应用于广播级的后期制作中的视频标准主要是 SDTV 及 HDTV。和模拟电视相比，数字电视具有高清晰画面、高保真立体声伴音、电视信号可以存储、可与计算机完成多媒体系统、频率资源利用充分等多种优点。

一、高清晰度电视 HDTV

高清晰度电视 HDTV（High Definition Television），国际电联的定义为："高清晰度电视应是一个透明系统，一个正常视力的观众在距该系统显示屏高度的三倍距离上所看到的图像质量应具有观看原始景物或表演时所得到的印象。"

HDTV 属于数字电视 DTV（Digital Television）的最高标准，拥有最佳的视音频效果。

（一）HDTV 的标准

HDTV 规定了视频必须至少具备 720 线非交错式（720P，即常说的逐行）或 1080 线交错式隔行（1080i，即常说的隔行）扫描（DVD 标准为 480 线），屏幕纵横比为 16:9。音频输出为 5.1 声道（杜比数字格式），同时能兼容接收其他较低格式的信号并进行数字化处理重放。

根据各个国家使用电视制式的不同，各国家和地区定义的 HDTV 的标准分辨率也不尽相同。具体来说，目前的 HDTV 有三种显示分辨率格式，分别是：720P（1280×720，逐行）、1080i（1920×1080，隔行）和

1080P（1920×1080，逐行），其中P代表英文单词Progressive（逐行），而i则是Interlaced（隔行）的意思。

常见的两种显示模式是720P和1080i。1080i是目前大多数国家普遍采用的一种模式（也包括我国），它的分辨率为1920×1080，拥有207.3万像素。在原本采用NTSC制式的国家如美国、日本、韩国，他们规定的1080i仍然采用60Hz场频，这主要是为了与其以前的标准接轨；而我国规定1080i采用的是50Hz场频，也与以前PAL制式的场频相同。

在1080i显示模式下，屏幕分辨率可以达到1920×1080，采用隔行扫描方式，也就是说：电子枪首先扫描540行，再扫描另一个540行，两者叠加构成完整画面。

从技术上说，开发720P这种显示分辨率比开发1080i更加复杂，因为它提供分辨率为1280×720，也就是92.16万像素。最重要的是，720P采用的是逐行扫描，也就是说在同一时间需要达到720线的垂直清晰度水平，而不是像1080i那样一次扫描540线经过两次叠加，因此将牵涉到更高的行频输出，对显像管的要求太高。目前主要是使用NTSC制式的美国和日本在使用此技术。它们使用了60Hz的场频。

如果采用1080P/25Hz格式拍摄高清晰度内容，可以方便地将每一帧完整的1080P图像拆成两帧隔行扫描的1080i图像。这样1080P/25Hz格式就变成了1080i/50Hz的图像，这样就方便应用于那些原PAL制国家的数字高清晰度电视。同理，1080P/30Hz上也可以在拍摄完毕后方便地转换为1080i/60Hz的图像，方便应用于美国和日本等国家。

在后期制作中，大量地使用非线性编辑系统，利用计算机进行特技处理和动画制作，电视与计算机的结合越来越紧密了。计算机显示的图像，大多是方形像素，因为计算机在做图像处理的时候，尤其是在特技处理的时候，比如做一个画面旋转，方形像素具有很大的优越性，不需要进行几何失真校正。因此，为了方便HDTV电视图像与计算机图像的自由方便的转换，HDTV也首选方形像素，也就是像素的宽高比为1:1。

电影素材经常被应用在电视节目中，尤其在娱乐新闻以及电影相关节目中，电影素材是无法避免的。电影的帧频是 24 帧 / 秒，将电影胶片转换成电视图像，传统的做法是用电视电影机以 25 帧 / 秒的速度直接重放，它可以直接产生出 HDTV、PAL、NTSC 等制式的视频信号。这个方法简便有效，但是有一个缺点，图像和伴音的频率都会加快，造成一定程度的失真。为了解决这个问题，HDTV 中规定了一种新的电视节目制作格式：24P 格式（1920×1080/24/1∶1），也就是分辨率为 1920×1080，帧频为 24Hz，方形像素。24P 格式使得电影素材与高清晰度视频图像之间的转换变得更加容易，方便对电影进行数字后期特效的制作，也方便将高清晰度电视设备用于电影制作。

高清晰度电视（HDTV）的几个标准如下：①

表 2-7　ITU（国际电讯联盟）推荐的 HDTV 标准（ITU-R BT.709-3 建议书部分内容）

每行有效样点数	1920
每帧有效扫描行	1080
取样结构	正交取样
像素形状	方形像素
画面宽高比	16:9
每帧扫描行数	1125 行 (原 1250 行标准已经取消)
垂直扫描类型	逐行或 2:1 隔行扫描
垂直扫描频率	逐行 23.976/24/25/29.97/30/50/59.94/60 帧 隔行 50/59.94/60 场
取样频率	亮度：74.25MHz 色度：37.125MHz
标称带宽	亮度：30MHz 色度：15MHz
量化电平	8 或 10 比特

① 孟群 . 电视节目制作技术［M］. 北京：高等教育出版社，2006：326-327.

表 2-8 美国电影电视工程师协会的 HDTV 标准（SMPTE 274M 部分内容）

每行有效样点数	1920
每帧有效扫描行	1080
取样结构	正交取样
像素形状	方形像素
画面宽高比	16:9
每帧扫描行数	1125 行
垂直扫描类型	逐行或 2:1 隔行扫描
垂直扫描频率	逐行 59.94/60 帧 隔行 59.94/60 场
取样频率	亮度：74.25MHz 色度：37.125MHz
标称带宽	亮度：30MHz 色度：15MHz
量化电平	8 或 10 比特

表 2-9 我国国家广电总局的 HDTV 标准
（GY/T155-2000 高清晰度电视节目制作及交换用视频参数值部分内容）

每行有效样点数	1920
每帧有效扫描行	1080
取样结构	正交取样
像素形状	方形像素
画面宽高比	16:9
每帧扫描行数	1125 行
垂直扫描类型	逐行或 2:1 隔行扫描
垂直扫描频率	逐行 24 帧 隔行 50 场
取样频率	亮度：74.25MHz 色度：37.125MHz
标称带宽	亮度：30MHz 色度：15MHz
量化电平	8 或 10 比特

分辨率是 HDTV 的关键，编码算法也是不可忽视的环节。HDTV 的编码算法基本可以分为 MPEG2-TS、WMV-HD 和 H.264 等几种，不同的编码技术自然在压缩比和画质方面有着区别。相对而言，MPEG2-TS 的“压缩比”较差，而 WMV-HD 和 H.264 更加先进。

大家都通过对 DVD 的接触而了解了一些 MPEG2 格式，DVD 节目中的 MPEG2 格式，确切地说是 MPEG2-PS，全称是 Program Stream（程序流），而 TS 的全称则是 Transport Stream（传输流）。MPEG2-PS 主要应用于存储的具有固定时长的节目，如 DVD 电影。而 MPEG-TS 则主要应用于实时传送的节目，比如实时广播的电视节目。MPEG2-TS 格式的特点就是要求从视频流的任一片段开始都是可以独立解码的。

WMV-HD 是由软件业的巨头微软公司所创立的一种视频压缩格式。其压缩率甚至高于 MPEG-2 标准，同样是 2 小时的 HDTV 节目，如果使用 MPEG-2 最多只能压缩至 30GB，而使用 WMV-HD 这样的高压缩率编码器，在画质丝毫不降的前提下都可压缩到 15GB 以下。WMV-HD 基于 WMV9 标准，是微软开发的视频压缩技术系列中的最新版本。在性能上，WMV-HD 的数据压缩率与 H.264 一样，两者的应用领域也极其相似。因此，在新一代主流视频编码标准霸主地位的争夺之中，双方展开了针锋相对的斗争，而斗争的焦点集中在下一代光盘规格“HD DVD”和数字微波广播电视等领域。

H.264 是由 ITU-T 的 VCEG（视频编码专家组）和 ISO/IEC 的 MPEG（活动图像编码专家组）联合组建的联合视频组（Joint Video Team，JVT）提出的一个新的数字视频编码标准，该标准在 ITU-T 称为 H.264；在 ISO/IEC 则称为 MPEG4-Part10AVC（Advanced Video Coding，第 10 部分，先进视频编码）。国内业界通常所说的 MPEG-4 是 MPEG-4 的第 2 部分。

H.264 使图像压缩技术上升到了一个更高的阶段，能够在较低带宽上提供高质量的图像传输，该优点非常适合国内运营商用户量大、接入网 / 骨干网带宽相对有限的状况。在同等画质下，H.264 比上一代编码标准 MPEG-2 平均节约 64% 的传输码流，而比 MPEG4ASP 要平均节约 39% 的传输码流。

（二）HDTV、SDTV 的上下变换

目前在建设高清电视中心系统时，都会面临系统建设成本高和高清节目源的严重不足等问题，所以都会考虑标清信号源的使用和适应，当前情况下把高清节目变换为高质量的标清节目用于标清播出等问题。

1. 上下变换基本原理

连续的视频信号经过数字化后，从时域的电视图像变换成一个三维的时空取样点结构。在高清 SDI 信号和标清 SDI 信号的上下变换中，无论是场频变换，行频变换，还是隔行扫描与逐行扫描变换，宽高比变换等不同视频格式之间的变换，从本质上讲，都是对视频信号时空采样结构的变换，即在时间和空间上，实现分辨率的上下变换及其组合。由于扫描格式的不同，每行有效像素和每帧有效行数都不同，这些取样结构的变换主要是通过空间域的插值和抽取滤波器来实现行速率和像素的变换。

所谓的上变换，在保持原视频基带信号频谱时，为提高数字信号的取样频率，可对原数字信号进行内插。所谓下变换，从高分辨率采样信号通过抽取滤波变换为低分辨率采样信号。

高清信号的分辨率为 1920×1080，而标清信号的分辨率为 720×576，高清信号分辨率是标清的 5 倍多，因此在上变换处理中面临最重要的问题是信号的分辨率，要从 SD 内容中获得高质量 HD 视频，需要进行一个超分辨率（super-resolution）处理过程，该过程基于现有像素以最可能好的分辨率来计算缺失像素。它可以分为两个步骤：第一个步骤是去隔行（deinterlacing）——计算输入的隔行视频每个区域内缺失的偶数行或者奇数行；第二个步骤是重采样（Resampling）——扩大图像尺寸以提高输出分辨率。上下变换器最重要的评估准则是最终输出图像质量，在输入图像经过良好的降噪处理的前提下，图像质量由两个关键因素决定：去隔行算

法和重采样算法的质量，即视频流的最后质量依赖于所选用算法的类型和精度。

2. 上下变换器关键技术

（1）去隔行技术。

目前应用于上变换器的去隔行算法种类较多，常用的去隔行技术主要有线性滤波和非线性滤波。线性滤波比较简单，占用资源少，但效果一般；非线性滤波较复杂，算法精度高，占用的存储和计算资源多，效果良好。

线性滤波利用视频信息在空间和时间上具有一定的相关性，而插出未知点。线性滤波分为空间线性滤波和时间线性滤波两类。

常见的空间线性滤波方法有线性内插、扫描重复法等，利用当前场内相邻的像素点来求当前场的未知像素，这种算法结构简单易实现，缺点是损失了图像的垂直清晰度。

常见的时间线性滤波方法如场重复算法，是利用相邻两场信息具有相关性，用相邻场像素点求出本场内未知像素点，这种算法对静止物体能够实现完全的垂直清晰度，缺点是对运动物体则会产生严重的运动锯齿。

时空线性滤波（VT）综合考虑空间邻点与时间邻点对未知点的影响，对于静态图像，时空滤波（VT）较好地抑制图像产生混叠和模糊；但对于高速运动的区域会产生假成分。VT 还可以基于整帧的内容（是否有运动信息）来自适应处理视频。

非线性滤波是根据情况而有选择地使用时间滤波和空间滤波。常用的方法有运动自适应和运动补偿。

（2）重采样。

信号分量 YUV 经去隔行模块转换成逐行信号后，为了获得高分辨率的 HD 信号，可分别在垂直方向和水平方向上插值，实现图像格式的转换。考虑到二维空间的数据计算量和复杂性，常用两个一维滤波器实现二维空间的转换，即先在水平方向上插值，然后再在垂直方向上插值，这样减少计算复杂性，提高运算速度。插入值可以是相邻两样点的平均值，也可以用多项式插值。

图像上变换时，垂直方向上的滤波器相当于一个低通滤波器，因此图像高频分量（图像边缘）在垂直方向上受抑制而导致垂直分辨率损失，致使图像出“锯齿”，常用补偿技术对插值点在垂直方向进行补偿，以提升垂直方向的清晰度。不同格式间的转换，重采样过程通常是内插和抽取一起使用。例如，对于576i/50上转到1080i/50，第一步且又是最复杂的一步：把隔行的图像（576i）转换为逐行（576p），然后，对576和1080取最小公倍数为15×576=8640=1080×8，对每两行进行N=14的内插，再进行8选1的抽样，得到每场1080个扫描行，最后下变换隔行处理形成1080i/50格式（水平方向：720和1920的最小公倍数为720×8=5760=1920×3，对每行进行N=7的内插，再进行3选1的抽取，得到每行1920个像素）。

图像下变换时，通过抽取滤波器抽取原有信号的取样点值，增大采样的点空间距离，从而降低每行的有效像素和垂直行。在高清信号下变换必须满足奈奎斯特采样定理的条件，即抽样频率大于或等于信号带宽的两倍。为了防止混叠产生，首先要对高清视频信号进行数字FIR（Finite Impulse Response，有限冲激响应）低通滤波来压缩原信号的带宽。

高清1920×1080格式下变换为标清720×576格式，由于高清信号的水平分解力是标清信号4∶2∶2编码的2倍，通过采用二取一抽取水平像素和垂直行来实现：（1080/2）×4/3×576/720=576。

在高清信号1920×1080向下变换为720×576标清信号时，亮度信号只使用奇数场的水平抽样滤波器进行变换，使每行有效像素从1920降低到720，两个色差信号使用奇数场的水平抽样滤波器同时也使用垂直抽样滤波器进行变换，首先是通过奇数场的水平抽样滤波器使色差信号的有效像素从960降低为360，接着使用垂直抽样滤波器使色差信号的有效行从1080降低为576。

（3）彩色空间转换。

不同制式所采用的色域标准和亮度方程不同，在格式转换过程中，另外一个重要步骤是彩色空间的转换处理。彩色空间转换主要通过改变 RGB 坐标系和基准白的位置点解决不同标准之间的色域差别。

由于不同制式的 SD 信号和 HD 信号其色域不同，进行如上、下转换等格式变换时，需考虑彩色空间转换处理。从理论上来看，彩色空间转换是从 YCrCb 域到 XYZ 域，然后从 XYZ 域回到 YCrCb 域。

目前在高标清上、下变换器中常用的彩色空间转换方法有两种。

一种最简单的方法是在两个非线性伽马校正之间作简单线性转换，由于是在非线性坐标中进行线性操作，将会引入 20% 的转换误差，但对于大部分素材来说，这种误差仍是可接受的，因此该方法应用于一些低端的上下变换器，如带监看的下变换器。

第二种技术，即在进行彩色矩阵处理之前，把信号源端的伽马校正和非线性彩色空间还原为非伽马校正和线性彩色空间，这样可在线性空间中线性转换。在信号目的端的线性空间进行伽马校正以适应目的端显示设备的伽马要求。这种处理精度高，转换过程中产生的误差可忽略，增加了复杂性，该技术应用于高端格式转换器。

（4）宽高比转换。

宽高比是指图像的宽度与高度的比例，而与图像的尺寸大小无关。因为大部分 SD 素材的宽高比为 4∶3，而 HD 素材的宽高比为 16∶9。宽高比转换是在上、下变换过程中必须涉及的一个过程。宽高比转换是指如何调整图像大小和形状来适应不同宽高比的显示，主要是对图像进行裁剪、拉伸或者挤压等处理。

SD 上变换常用的三种变换模式有：

拉伸模式：垂直方向充满，水平方向拉伸后充满，使物体变宽，产生几何失真；

信箱模式：在 16∶9 的光栅中插入 4∶3 图像，垂直方向充满，水平方向产生两个镶嵌的黑边；

切边模式：水平充满，垂直上下两边切边。

HD 下变换有三种常用的变换模式：

压缩模式：垂直方向充满，水平方向压缩后充满，使物体变高；

信箱模式：水平方向充满，上下部分出现黑边；

切边模式：垂直方向充满，左右两边一部分信息被裁剪。

除了常用的三种模式外，有些上下变换器还提供 14∶9 模式和用户自定义模式。上下变换常用的三种变换模式如图 2-13 所示。

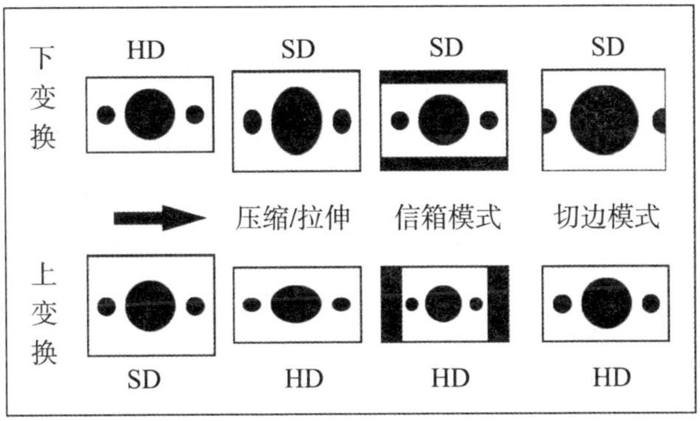

图 2-13　上下变换常用的三种变换模式

（5）图像增强。

在上变换之后，模糊的 SD 图像并不能产生期望的 HD 清晰度，而人们却往往会想要增加清晰度和输出级别的细节。抑制模糊需要提升信号高频部分，而这样又往往会放大噪音。因此在图像增强之前一般会采取降噪处理。

在降噪处理中，通常采用线性滤波，如空间（频率）滤波和时域滤波技术。

空间滤波直接去除高频信息，这样在平滑噪声的同时平均了边缘细节，使图像变得模糊。时域滤波利用随机噪声的特点对相邻帧间的残差进行滤波处理，对静态图像的降噪效果较好，但对于运动图像，由于帧间差别很大，而且无法辨别噪声和运动图像信息时，会产生重影和拖尾现象。另外在降噪处理中也会采用简单的非线性滤波器，如中值滤波器等，可以提供更清晰的边界图像，但也会使不规则纹理变得模糊，而且无法消除常规区域的噪音。

目前降噪滤波性能较好的是自适应线性滤波，如基于像素的运动自适应和基于小波多尺度算法。

基于像素的运动自适应是通过对帧间每个像素进行运动检测来适应选择噪声滤波的一种技术。对检测到运动像素采取没有进行噪声滤波处理来保留尽可能多的细节，而对于静止区域，降噪的强度将取决于每个像素的基准和周围像素及前一帧相应位置像素的噪声大小情况，使滤波器处理自适应于设定图像中的噪声大小。该方法可获较小的自然图像效果和最大程度保留信号的细节。

小波多尺度算法是在自适应线性滤波基础上的重要改进。小波系数能以不同尺度在不同位置测量局部图像变化。它可以在多个尺度上消除图像波动，相当于将图像平均到一个和图像内容局部匹配的尺度上，来实现同时减少模糊和噪音的效果。如此一来，子带细节增强可在不会产生抖动图像的前提下同时消除噪音并提高图像清晰度。

（三）数字电视广播标准介绍

数字电视的广播方式根据信号的传输媒体不同而有卫星广播、有线广播和地面广播之分。卫星广播在世界上已普遍应用，我国也这样，我国中央电视台和大部分省级电视台的上星节目都是数字化的，包括数字上行、数字差转和数字下行。有线电视的全数字化是我国实现全数字广播电视系统的切入点，在我国的数字演播室参数、有线数字电视传输、业务信息规范和条件接收系统等标准已颁布实施的基础上，有线数字电视从试验走向实用化正在稳步前进。上面两种传输媒体所关联的数字电视信号的信道编码和高频调制方式在技术上已经成熟，国际上有公认的、优化的信号处理措施，它们的参数标准各国基本相同。

地面开路广播通道的传输媒体，其传输特性与卫星和有线相比有较大的不同，随之影响到信道编道和高频调制的信号处理要求，而且，由于对地面广播数字电视的性能各国有不同的考虑，这又影响到信道编道和高频调制的信号处理方式。

现在，国际上有几种制式，美国的 ATS 制式、欧洲的 DVB-T 制式和日本的 ISDB-T 制式。其中，DVB 已经有来自 35 个国家和地区的 265 个成员，主要集中在欧洲。ATSC 的成员有 30 个，其中由美国国内成员 20 个，来自阿根廷、法国、韩国等国家的成员 10 个。ISDB 筹划指导委员会会员 17 个，其他成员 23 个，都是日本国内的电子公司或广播机构。[①] 中国数字电视地面广播传输系统标准：GB20600-2006《数字电视地面广播传输系统帧结构、信道编码和调制》，于 2006 年 8 月 18 日正式批准成为国家标准，2007 年 8 月 1 日起实施。被业界称为 DMB-TH。

1. ATSC

ATSC 是美国的数字电视国家标准。

ATSC 的英文全称是 Advanced Television Systems Committee（美国先进电视系统委员会）。该委员会于 1995 年 9 月 15 日正式通过 ATSC 数字电视国家标准。ATSC 制信源编码采用 MPEG-2 视频压缩和 AC-3 音频压缩；信道编码采用 VSB 调制，提供了两种模式：地面广播模式（8VSB）和高数据率模式（16VSB）。

美国 HDTV 地面广播频道的带宽为 6MHz，调制采用 8VSB。

ATSC 数字电视标准由四个分离的层级组成，层级之间有清晰的界面。最高为图像层，确定图像的形式，包括像素阵列、幅型比和帧频。接着是图像压缩层，采用 MPEG-2 压缩标准。再下来是系统复用层，特定的数据被纳入不同的压缩包中，采用 MPEG-2 压缩标准。最后是传输层，确定数据传输的调制和信道编码方案。对于地面广播系统，采用 Zenith 公司开发的 8-VSB 传输模式，在 6MHz 地面广播频道上可实现 19.3Mb/s 的传输速率。该标准也包含适合有线电视系统高数据率的 16-VSB 传输模式，可在 6MHz 有线电视信道中实现 38.6Mb/s 的传输速率。

---

① 孟群．电视节目制作技术［M］．北京：高等教育出版社，2006：320.

下面两层共同承担普通数据的传输。上面两层确定在普通数据传输基础上运行的特定配置，如 HDTV 或 SDTV；还确定 ATSC 标准支持的具体图像格式，共有 18 种（HDTV6 种、SDTV12 种），其中 14 种采用逐行扫描方式。

在 6 种 HDTV 格式中，因为 1920×1080 格式不适合在 6MHz 信道内以 60 帧 / 秒进行逐行扫描，故以隔行扫描取代之。SDTV 的 640×480 图像格式与计算机的 VGA 格式相同，保证了与计算机的适用性。在 12 种 SDTV 格式中，有 9 种采用逐行扫描，保留 3 种为隔行扫描方式以适应现有的视频系统。

另外，ATSC 还开发并通过了可为采用 50Hz 帧频的国家使用的另行标准。HDTV 格式的像素阵列相同，但帧频为 25Hz 和 50Hz；SDTV 格式的垂直分辨率为 576 行，水平分辨率则不同；也包含 352×288 格式，适应必要的窗口设置。

2. DVB

DVB，数字视频广播 Digital Video Broadcasting 的缩写，是由 DVB 项目维护的一系列国际承认的数字电视公开标准。DVB 项目是一个由 300 多个成员组成的工业组织，它是由欧洲电信标准化组织 European Telecommunications Standards Institute（ETSI），欧洲电子标准化组织 European Committee for Electrotechnical Standardization（ECFES）和欧洲广播联盟 European Broadcasting Union（EBU）联合组成的联合专家组 Joint Technical Committee（JTC）发起的。

1993 年，欧洲成立了国际数字视频广播组织（DVB 组织）。DVB 组织决定新的技术必须是建立在 MPEG-2 压缩算法上的数字技术，必须是以市场为导向的数字技术。DVB 的宗旨是要设计一个通用的数字电视系统，在此系统内的各种传输方式之间的转换有最简单的方式，尽可能增加通用性。DVB 标准提供了一套完整的、适用于不同媒介的数字电视系统规范。DVB 数字广播传输系统利用了包括卫星、有线、地面、SMATV、MNDSD

在内的所有通用电视广播传输媒体。它们分别对应的DVB标准：DVB-S、DVB-C、DVB-T、DVB-SMATV、DVB-MS和DVB-MC。

这些标准定义了传输系统的物理层与数据链路层。设备通过同步并行接口（Synchronous Parallel Interface，SPI），同步串行接口（Synchronous Serial Interface，SSI），或异步串行接口（Asynchronous Serial Interface，ASI）与物理层交互。数据以MPEG-2传输流的方式传输，并要求符合更严格的限制（DVB-MPEG）。

这些传输方式的主要区别在于使用的调制方式，因为它们应用的频率带宽的要求不同。利用高频载波的DVB-S使用QPSK调制方式，利用低频载波的DVB-C使用QAM-64调制方式，而利用VHF及UHF载波的DVB-T使用COFDM调制方式。

DVB标准的核心是：系统采用MPEG-2压缩的音视频及资料格式作为资源；系统采用公共MPEG-2传输（TS）复用方式；系统采用公共的用于描述广播节目的系统服务信息（SI）；系统的第1级信道编码采用R-S前向纠错编码保护；调制与其他附属的信道编码方式，由不同的传输媒介来确定；使用通用的加扰方法及条件接收接口。

DVB标准的传输系统分为信源编解码（Source Coding）和信道编解码（Channel Coding）两部分。信源编码采用MPEG-2码流，首先对音频和视频进行复用，然后再将多个数字电视节目流进行传输复用。在接收端进行相应的解复用和解码。

信道编解码包括：前向纠错编码与译码、调制与解调和上、下变频3部分。卫星传输采用QPSK（4相相移键控调制）方式，有线传输采用QAM（正交振幅调制）方式，地面传输采用COFDM（编码正交频分复用）或16VSB（16电平残留边带调制）方式。

（1）DVB-S数字卫星直播系统标准。

数字卫星传输系统是为了满足卫星转发器的带宽及卫星信号的传输特点而设计的。该标准以卫星作为传输介质。将视音频以及资料放入固定长度打包的MPEG-2传输流中，信号在传输过程中有很强的抗干扰能力，然后进行信道处理。通过卫星转发的压缩数字信号，经过卫星接收机后由卫星机顶盒处理，输出视频信号。这种传输覆盖面广，节目量大。数据流采用四相相移键控调制（QPSK）方式，在使用MPEG-2的MP@ML（主类@主级）格式时，用户端达到CCIR601演播室质量的码率为9Mb/s，达到PAL质量的码率为5Mb/s。在DVB-S标准公布以后，几乎所有的卫星直播数字电视均采用该标准，我国也选用了DVB-S标准。

（2）DVB-C数字有线广播系统标准。

该标准以有线电视网作为传输介质，应用范围广。有线电视系统分为两部分：CATV前端和综合解码接收机（IRD）。采用MPEG-2压缩编码的传输流，由于传输介质采用的是同轴电缆，与卫星传输相比，抗外界干扰能力强，信号强度相对较高。调制方式有16QAM、32QAM、64QAM三种方式，对于QAM调制而言，传输信息速率越高，抗干扰能力越低。采用64QAM正交振幅调制时，一个PAL通道的传输码率为41.34Mb/s，还可供多套节目复用。DVB-C传输系统具有如下主要特点：一是可与多种节目源相适配。DVB-C传输系统所传送的节目既可来源于从卫星系统接收下来的节目，又可来源于本地电视节目，以及其他外来节目信号；二是既可用于标准数字电视，又可用于HDTV。

（3）DVB-T数字地面广播系统标准。

此系统的标准是1998年通过的，这是最复杂的DVB传输系统。采用编码正交频分复用（COFDM）调制方式，8MHz带宽内能传送4套电视节目，而且传输质量高。采用MPEG-2数字视音频压缩编码技术。地面数字发射的传输容量，在理论上大致与有线电视系统相当，本地区覆盖好。此系统有利于数字与模拟电视共存，在与现行模拟电视混合传输方面显示出优势。DVB-T标准中主要规范的是发送端的系统结构和信号处理方式，对接收端则是开放的，各厂商可以开发各自的DVB-T接收设备，只要该设备能够正确接收和处理发射信号，并满足DVB-T中所规定的性能指标。

（4）DVB-SMATV 数字 SMATV（卫星共用天线电视）广播系统标准。

此标准是在 DVB-S 和 DVB-C 基础上制定的。

（5）DVB-MS 高于 10GHz 的数字广播 MMDS 分配系统标准。

MMDS 是采用调幅微波向多点传送，分配多频道电视节目的系统。该系统基于 DVB-S，使携带大量节目的微波信号直接入户。用 DVB-S 接收机配上一个 MMDS 频率交换器就可以接收 DVB-MS 信号。

（6）DVB-MC 低于 10GHz 的数字广播 MMDS 分配系统标准。

该标准基于 DVB-C，使携带大量节目的微波信号直接入户。用 DVB-C 接收机配上一个 MMDS 频率变换器就可以接收 DVB-MC 信号。

DVB 数字广播系统中的许多业务能根据需要，提供多种形式的交互服务。在通用的 DVB 数字广播系统的基础上，进一步构成交互业务系统的要素，包括与其他相关国际标准兼容的交互业务网络独立协议，传送交互服务过程命令与控制信号的回传信道等。与此对应的交互业务系统 DVB 标准有：DVB-NIP 交互业务网络独立协议标准；DVB-RCC-CATV 系统 DVB 反传信道标准；DVB-RCT-PSTN/ISDN 的 DVB 反传信道标准。

（7）DVB-H 标准。

DVB-H 标准是建立在 DVB 和 DVB-T 两个标准之上的标准。

一个 DVB-H 系统前端由 DVB-H 封装器和 DVB-H 调制器构成，DVB-H 封装器负责将 IP 数据封装成 MPEG-2 系统传输流（TS），DVB-H 调制器负责信道编码和调制；系统终端由 DVB-H 解调器和 DVB-H 终端构成，DVB-H 解调器负责信道解调、解码，DVB-H 终端负责相关业务显示、处理。

DVB-H 技术是 DVB 和 DVB-T 两种技术的融合，但是如果仅仅依靠上述两种技术不能完全解决 DVB-H 所面临的问题。例如，虽然 DVB-T 已经被证明在固定、移动、便携接收等方面具有非常出众的性能，但是对于手持设备而言还需要进行进一步的改进，如功耗、蜂窝移动下的性能、网络设计等方面。为此 DVB-H 增加了新的技术模块，它们主要包括：时间分片、多协议封装－前向纠错、4K模式和深度符号交织、传输参数信令等。

3. ISDB

ISDB（Integrated Services Digital Broadcasting，综合业务数字广播）是日本确定的数字电视广播的制式。ISDB是日本的DBEG（Digital Broadcasting Experts Group数字广播专家组）制订的数字广播系统标准，它利用一种已经标准化的复用方案在一个普通的传输信道上发送各种不同种类的信号，同时已经复用的信号也可以通过各种不同的传输信道发送出去。ISDB具有柔软性、扩展性、共通性等特点，可以灵活地集成和发送多节目的电视和其他数据业务。

ISDB-T（Integrated Services Digital Broadcasting-Terrestrial）是日本地面数字电视广播的传输制式。ISDB-T系统包括发送部分和接收部分，发送部分的输入是信源编码部分的输出，发送部分的输出是加给发射机输入端的中频已调制信号，在发射机内上变频成射频信号去往馈线和天线。TSDB-T在信源编码中，图像信号也按MPEG-2的压缩标准。根据Rec. ITU-RBT.601-5，对于SDTV，图像源格式应是720（704）×480像素数，取样频率为4:2:0模式。至于声音信号的信源编码，日本既未采用MPEG-2的压缩标准（ISO/IEC13818-3），即所谓的MUSICAM（掩蔽型通用子带综合编码和复用），也未采用ATSC中的DolbyAC-3（音频编码-3）标准，而是采用基于MPEG-4的AAC（高级AC）压缩方式。ISDB-T系统中的接收部分，输入信号是COFDM调制的射频信号，输出信号是加给信源解码部分输入端的信道解码信号。

为了与地面电视广播的原频道规划（每频道6MHz）相适配，ISDB-T中每个频道的传送带宽为（432KHz×13+4KHz）=5.62MHz或（432KHz×13+1KHz）=5.617MHz。这里，是以每432KHz作为一个独立的OFDM（正交频分复用），6MHz内可包含13段OFDM。而每个OFDM段由数据段和导频信号组成，或者说OFDM段是指在数据段中加入各种导频信号后于432KHz带宽内传送的信息数据流。每个数据段可以独立地指定其载波调制方式（16QAM、64QAM、QPSK 或 DQPSK）、内码编码率（1/2、2/3、3/4、5/6、7/8）、保护间隔比和时间交织深度等。

ISDB-T 中，根据 ISO/IEC13818-1（MPEG-2，系统）实施传送信号的复用。每一个物理通道（6MHz）为一个基本 TS（传送流），其中 13 个 OFDM 段可构成有统一参数选择的单一大块，也可以分为具有不同参数选择的几个块层，最多为 4 个块层。接收端接收时，可以对 13 段 OFDM 整体接收，也可以部分接收，即只接收 13 段 OFDM 里中央的一段 OFDM。

4. DMB-T/H

DMB-T/H（Digital Multimedia Broadcast-Terrestrial/Handheld），即“数字多媒体广播 - 地面 / 手持”是我国所制定的有关数字电视和流动数字广播的制式。DMB-T/H 只制定了资料传送的标准，但没有规定影像编码。

DMB-T/H 是清华大学和上海交通大学开发的新标准，该标准已得到 SARFT 批准。新标准融合了两所大学提出的两种方案——清华大学开发的时域同步正交频分复用（TDS-OFDM）和上海交通大学开发的高级数字电视地面广播（ADTB-T）。

DMB-T 的核心技术是 TDS-OFDM 调制技术，同时它还实现了基于 LDPC 的前向纠错（FEC），并采用了针对不同业务的层次化调制架构。

二、超高清电视

UHD 电视是（Ultra High Definition Television）的简写，代表“超高清电视”。

2012 年，国际电信联盟无线电通信部门（ITU-R）颁布了面向新一代超高清 UHD（Ultra-high definition）视频制作与显示系统的 BT.2020 标准，重新定义了电视广播与消费电子领域关于超高清视频显示的各项参数指标，促进 4K 超高清家用显示设备进一步走向规范化。其中最为关键的是，BT.2020 标准指出 UHD 超高清视频显示系统包括 4K 与 8K 两个阶段，其中

4K 的物理分辨率为 3840×2160，而 8K 的物理分辨率则为 7680×4320。之所以超高清视频显示系统会有两个阶段，实际上是因为全球各个地区超高清视频显示系统发展差异性所造成的，例如在电视广播领域技术领先的日本就直接发展 8K 电视广播技术，避免由 4K 过渡到 8K 可能出现的技术性障碍。而在世界的其他地区，多数还是以 4K 技术作为下一代的电视广播发展标准。

BT.2020 标准相对于 BT.709 标准，大幅度提升了视频信号的性能规范。例如色彩深度方面，就由 BT.709 标准的 8bit 提升至 10bit 或 12bit，其中 10bit 针对的是 4K 系统，12bit 则针对 8K 系统。BT.2020 采用了比传统 BT.709 更宽广的色域空间如可显示高密度橘色、深绿色等。这一提升对于整个影像在色彩层次与过渡方面的增强起到了关键的作用。而色域范围的面积也远远大于 BT.709 标准，能够显示更加丰富的色彩，只是相对应来说，越广的色域对于显示设备的性能要求就越高，根据目前 4K 超高清投影机的情况，往往需要采用新一代的激光或 LED 固态光源的机型才能达到。

4K 在分辨率上，分为电视 4K 分辨率 3840×2160 和电影 4K 分辨率 4096×2160。因此在显示技术上，也分为 ITU-RBT.2020 电视显示技术标准和 DCI 数字影院技术规范。

4K 电视显示标准 BT.2020 下的画面分辨率与刷新率：

BT.2020 标准规定 Ultra-high definition 超高清图像的显示分辨率为 3840×2160 与 7680×4320，画面显示比例为 16:9，支持的刷新率包括 120P、60P、59.94P、50P、30P、29.97P、25P、24P、23.976P。不得不提的是，在 BT.2020 标准中终于取消了隔行扫描，所有超高清标准下的影像都是基于逐行扫描的，无疑是历史性的突破，进一步提升了超高清影像的细腻度与流畅感。

4K 电视显示标准 BT.2020 下的视频信号分析：

对于 10bit 的 4K 超高清信号，BT.2020 标准定义整段视频信号的范围在 4~1019，其中 64 为标准黑位，940 为标准峰值，所以有效的视频信号为 64~940。而 0~3，1020~1023 则为放置时钟参考信号，4~63 为低于标准黑位的信号，941~1019 为标准峰值以上的信号。

第三章　数字图像采集

数字拍摄设备的技术发展经历了标清摄像机、高清摄像机和数字摄影机三个阶段，从模拟到数字，从标清到高清，电视摄像机一直和电影胶片摄影机在不同领域平行发展。时至今日，电影业已经全面数字化，电视行业也逐渐被数字摄影机渗透，一些大制作和当红的综艺节目为了追求精美的效果，已经大范围应用 4K 数字摄影机。

电视最早是以直播的形式传输电视节目，记录的介质只有胶片。20 世纪 70 年代，摄像机开始大量用于电视广播。2002 年，“一镜到底”拍摄的影片《俄罗斯方舟》为了技术实现上的需要，第一次使用全数字技术；同一年的稍晚些时候，好莱坞著名导演乔治·卢卡斯导演的电影《星球大战前传 II：克隆人的进攻》中，为了方便后期数字特效合成的需要，使用了 HDCAM F900。在数字技术迅猛发展的今天，这种被电视、电影复用的数字摄像机有了一个新的名称——数字摄影机。

一方面，数字摄影机尤其是 4K 以上级别的数字摄影机越来越多地被应用于电影摄影，SONY、Vision Research、Arri、Silicon Imaging、Panavision、Grass Valley 和 Red 均提供 4K 以上分辨率的数字摄影机；另一方面，强大的功能，比如，普遍 12 档以上的超越高清电视的动态范围，轻松覆盖 REC.709 电视模式色域等，让数字摄影机成为高质量电视节目制作的首选。

曾在胶片领域拥有绝对优势的柯达公司，自 2006 年以来，电影胶片的销售额已经下降了96%。目前，柯达依旧为好莱坞提供电影胶片，因为其他的胶片生产厂商基本都已经停产，也只有柯达还在坚持。

数字摄影机和胶片电影摄影机因为记录材料的不同有着巨大的差异，在用胶片拍摄影片时，影像效果绝大部分是由所使用的胶片类型决定的。摄影师确定好胶片后，根据拍摄要求结合自己的经验，通过各种手段使之曝光，胶片本身属性是主要决定因素，无论使用哪个型号的摄影机结果都大致相同。与之相反，数字摄影机的不同却意味着机器的感光材料CMOS或CCD设计上存在特性差异，加上处理电路以及记录格式的区别，不同数字摄影机拍摄的图像效果差异巨大。

如果说SONY的HDCAM F900高清摄像机还延续了从标清时代以来电视广播的影调传递特性和色域模式，数字摄影机的设计思路则完全颠覆了电视行业奉行了40多年的技术规范。标清、高清时代即使有自定义拐点、黑伽马扩展、色彩矩阵，也未能改变影像“所见即所得”的特性。数字摄影机则打破了电视、电影的界限，不但超越了电视6至8档的动态范围，而且以最高14档的性能超越了最高宽容度的胶片，同时色域空间的处理向人眼的色彩识别范围逼近。在纪录片、综艺节目中应用数字摄影机不再是所见即所得，需要映射匹配伽马空间和色彩空间，虽然增大了制作流程的复杂性，却带来了画质和色彩的质的提升。和在电影领域应用数字摄影机一样，电视节目中应用数字摄影机同样需要比较两种技术规范的差异，精确映射匹配，以使视觉效果最大化。

第一节　摄像机

摄像机是进行光电转换的设备，它利用三基色原理，通过光学系统，把彩色景物的光像分解为红、绿、蓝三种基色光像，由摄像器件完成光信号到电信号的转换，然后进行信号处理，编码形成彩色全电视信号。

自20世纪90年代初，彩色电视摄像机开始向数字化过渡，摄像器件全部采用新型电荷耦合器件（CCD）。由于摄像机的数字化只能从信号处理电路开始，所以将数字化的摄像机称为数字信号处理（DSP）摄像机，将模拟摄像机称为模拟信号处理（ASP）摄像机。数字信号处理摄像机的组成部分及各部分的作用与模拟信号处理摄像机相同，只是把视频信号处理放大器分为模拟和数字两大部分，并输出数字信号。

一、摄像机的分类

摄像机种类繁多，用途越来越广泛，可以从不同角度进行分类。

（一）按用途分类，可以分为广播电视用摄像机和特殊用途摄像机

广播电视用摄像机按其性能和用途不同，可划分为广播级、业务级和家用级。

广播级摄像机是最高档的摄像机，主要应用于广播电视领域。图像质量最好，彩色、灰度都很逼真，几乎无几何失真，具有优良的暗场图像。在允许的工作范围内，图像质量变化很小。即便是在工作环境恶劣的情况下，也能拍出比较满意的图像，性能稳定，自动化程度高，遥控功能全面，体积稍大，当然价格也最高。

广播级摄像机以制作方式来区分，可以分为：演播室（ESP）用摄像机，图像质量最好，清晰度最高，信噪比最大，体积也稍大；现场节目制作（EFP）用摄像机，图像质量等指标略低于演播室用摄像机；电视新闻采集（ENG）用摄像机，主要用于外景工作环境下，要求体积小、重量轻、便于携带、机动灵活、操作简单。

业务级摄像机是中档的摄像机，主要用于电化教育、闭路电视、工业、医疗等领域。图像质量低于广播级，价格便宜、小巧轻便。

家用级摄像机主要用于家庭娱乐，如旅游、婚礼、生日、聚会等场合，图像质量一般，价格低廉。但它在节目制作上也有用途，如业余人员遇上

某些突发事件，用家用机拍摄的场面或者一些趣闻。

上述相互间的质量比较，是对同一时代的产品而言的。由于摄像机技术的不断发展，高质量、小型化、自动化、数字化程度不断提高，下一代专业级摄像机的性能常常可能高于上一代广播级摄像机。

除了广播电视外，其他用途都可称为特殊用途摄像机，如工业、交通、医疗、商业监视、图像通讯等方面。此类摄像机要求轻便、价格便宜，其图像质量一般，但常常有特殊的功能，如夜晚监视交通情况，需用对红外线有高灵敏度的摄像机，医学方面需用对 X 光有高灵敏度的摄像机等。某些时候，这些摄像机同样可以用于电视节目的制作。

（二）按摄像器件的种类不同，摄像机可分为摄像管摄像机和固体器件摄像机两大类

目前摄像管摄像机早已被淘汰，以后的讨论中都以 CCD 摄像机为例。

固体器件摄像机的光电转换是由半导体摄像器件完成的，其中广播电视用摄像机是由电荷耦合器件（CCD）构成的。它采用的传感器类型主要有三种：行间转移方式，简称 IT 方式；帧间转移方式，简称 FT 方式；帧－行间转移方式，简称 FIT 方式。

（三）按摄像器件的数量分类可以分为三片或者单片摄像机

三片摄像机：采用三个 CCD 芯片，分别对三基色图像进行光电转换，产生出红、绿、蓝三个基色信号，能够得到很高的图像质量，彩色还原好，清晰度与信噪比高。广播级和业务级摄像机基本都是三片摄像机，少数高端家用摄像机也采用三片 CCD。

单片摄像机：摄像机采用一个 CCD 芯片进行光电转换，利用滤色器产生出红、绿、蓝三个基色信号，图像质量一般，多用于监视系统及家庭娱乐类摄像机。

（四）按摄像器件的尺寸分类

摄像器件的尺寸大小与图像质量有直接的关系，尺寸大，有效像素数

多，图像清晰度就高，灵敏度也高，当然体积也大。

摄像管摄像机以摄像管的直径大小衡量，CCD 摄像机以 CCD 芯片感光区面积相当于相应摄像管的靶面面积管的直径衡量。

5/4 英寸管摄像机是尺寸最大的摄像管摄像机，灵敏度与清晰最高，体积最大，只能作为演播室用摄像机。1 英寸管摄像机，清晰度与灵敏度略逊于 5/4 英寸管摄像机，体积稍小，作为演播室和现场节目制作用摄像机。2/3 英寸管摄像机，图像质量好，体积小，重量轻，能作为演播室及现场节目制作用摄像机，广泛应用于电子新闻采集的场合。1/2 英寸管摄像机，多为单管机，图像质量低，作为家用摄像机。

2/3 英寸 CCD 摄像机：图像质量好，是广播级和业务级摄像机中使用最广泛的。1/2 英寸 CCD 摄像机：三片形式，图像质量较好，可以作为业务级摄像机；单片形式，可作为家用级摄像机。另外，家用摄像机中最常见的有 1/3 英寸单 CCD 摄像机、1/4 英寸 3CCD 摄像机、1/6 英寸 3CCD 摄像机等。

（五）按摄录功能分类，可分为普通摄像机和摄录一体机①

普通摄像机只有摄像功能，摄录一体机是摄像机和录像机结合成一体的设备。现在的 ENG 摄像机都是摄录一体机。根据结合程度，摄录一体机又可以分为可分离型摄录一体机和不可分离型摄录一体机。可分离型摄录一体机可以配以摄像机附加器，单独作为 ESP 或者 EFP 摄像机使用，也可以与某些格式的专用录像包结合构成摄录一体机，作为 ENG 摄像机使用；不可分离型摄录一体机是摄像机与录像机完全组合成一个整体，不可分离。目前大多数数字 ENG 摄像机都是这种不可分离型摄录一体机，家用摄像机也都是不可分离型摄录一体机。

① 史萍，倪世兰．广播电视技术概论［M］．北京：中国广播电视出版社，2003：238.

二、摄像机的构成

摄像机虽然种类繁多，外观差异也比较大，但是它们的基本构成和工作原理都是大致相同的。大体可以分为镜头、机身和寻像器等几个部分。除此之外，便携式摄像机还需要配备话筒、电池、录像包等附件，演播室摄像机通常还配有摄像机遥控单元（Camera Control Unit，CCU）、电缆、遥控手柄、对讲耳机等。图 3-1 是摄录一体机的示意图。

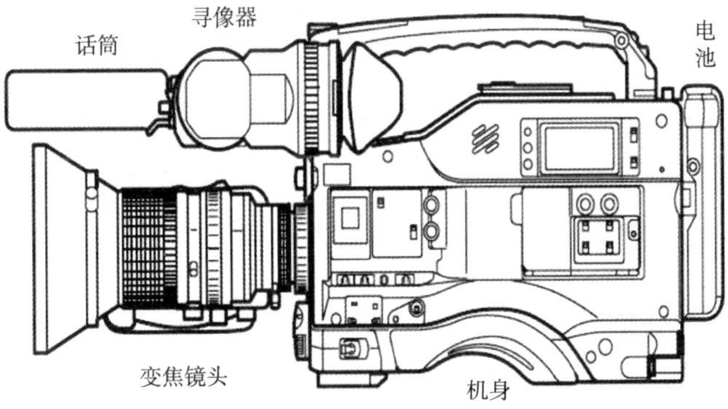

图 3-1　摄录一体机示意图

20 世纪 90 年代以来，摄像机开始向数字化过渡，摄像器件全部采用固体成像器件。由于摄像机的数字化只能从信号处理电路开始，数字摄像机的组成部分和各部分的作用与模拟摄像机是一致的，只是在视频信号处理放大器部分分为模拟和数字两部分，并能输出数字信号。组成摄像机的各个部分如下。

（一）变焦距镜头

它将拍摄景物成像在 CCD 上。输入到镜头上的信号有：电动变焦距控制电压，它是一个来自变焦距开关的可调直流电压；光圈关闭电压，当摄像机输出彩条信号时或自动调节黑平衡时，由控制电路自动送来这一控制电压，使光圈自动关闭；自动光圈控制电压，自动控制光圈大小。

（二）色温校正片

装在一个圆盘上，在圆盘的边上写着它们的编号，使用时可转动圆盘，根据出现的号码将适当的校正片转到分光棱镜前。

（三）分光棱镜

分光棱镜将入射光分解成 R、G、B 三种基色光，即将一幅彩色图像分解成三个基色图像，分别投射到三片 CCD 摄像器件上。

（四）CCD

在计算机的控制下，CCD 的位置精确地与红、绿、蓝像对准，并粘贴在分光棱镜的三个像面上。CCD 将三个基色光像变换成电信号。这三个电信号是脉冲调幅信号，经过双相关取样电路解调出视频图像信号，并去除脉冲干扰，经过预放器放大后送到视频信号处理电路。

（五）寻像器

寻像器可用来取景及检查图像质量和摄像机的工作状态，以进行正确的调整和操作。

寻像器大多是一个小黑白监视器，只有少数摄像机配有彩色寻像器。所用黑白显像管尺寸，对于演播用摄像机来说有 3 英寸和 5 英寸两种，对于便携式摄像机一般为 1.5 英寸。送给寻像器的信号是亮度信号 Y，在演播室用的摄像机中，也送给寻像器 R、G、B 信号，可用开关对各种信号进行选择。近年来液晶显示寻像器普遍用于家用摄像机。

（六）自动控制系统

摄像机的自动化包括自动调整和自诊断功能。自动调节功能包括：自动白 / 黑平衡、自动光圈、自动聚焦、自动黑斑补偿、自动白斑补偿、自动拐点、全自动拍摄、全自动调整等。不同摄像机的自动调节功能有所不同。

自诊断功能包括：电池告警、磁带告警、低亮度指示及故障告警指示等。

（七）彩条信号发生器

摄像机内设置有彩条信号发生器，用以产生彩条图像的三基色信号，它受面板上的摄像 / 彩条（CAM/BAR）开关控制。彩条信号可代替摄像信号送入编码器。

彩条信号的用途是：调节编码器，录像时调节记录电平，校准各摄像机之间的延时、同步及色度副载波相位，也可以用来调节监视器的亮度、色度和对比度等。

（八）同步信号发生器

同步信号发生器产生同步信号。

同步信号发生器还具备锁相功能。当摄像机输出信号与其他视频信号进行特技混合等处理时，两个信号的同步信号和色度副载波频率和相位必须都一致。因此，本机内的同步信号发生器应能受外来信号控制，以达到与外来信号的频率和相位锁定的目的。这种锁相功能称为台从锁相功能（GENLOCK）。如果以本机的同步信号发生器为标准，外来信号都受本机的信号控制，外来信号的频率和相位都被本机信号锁定，这种锁相称为台主锁相（SLAVE LOCK）。简单地说，本系统中的同步信号跟踪（受控于）外来节目源的同步信号的锁相方式，称为台从锁相。由本系统中的同步信号去控制外来节目源的同步信号的锁相方式，称为台主锁相。

（九）视频信号处理放大器

由于镜头、分光系统及摄像器件的特性都不是理想的，所以经过CCD光－电变换产生的信号不仅很弱，而且有很多缺陷，例如图像细节信号弱、黑色不均匀、彩色不自然等。因此，在视频信号处理放大器中必须对图像信号进行放大和补偿，否则所拍摄图像会清晰度不高、彩色不自然、亮度不均匀等。这部分电路的设计和调节以及稳定性对图像质量影响很大。

处理放大器主要包括以下各部分：黑斑校正、增益控制、白平衡调节、预弯曲、彩色校正、轮廓校正、伽马校正、杂散光校正、黑电平控制、自动黑平衡、混消隐、白切割等。各种摄像机的处理放大器所包含的内容不完全相同。

（十）编码器

处理放大器输出的 R、G、B 信号经编码器形成彩色全电视信号，又称为复合信号，供给录像机或视频切换台和监视器用。同时还直接输出亮度信号（Y）、色差信号（R–Y）和（B–Y），供给分量录像机或分量切换台使用。

（十一）声音系统

声音系统包括：内接话筒接口和外接话筒接口；声音信号放大器和电平调节电路；声音信号输出接口；摄像机与控制单元的对话系统，供摄像人员和控制单元通话联系用。

此外，还有用于录像机记录和重放的监听系统。在摄像机适配器上设有耳机插孔供摄像人员监听用。

（十二）电源

一般摄像机的供电要求是 +12VDC，只有演播用摄像机才可以直接用 220VAC 供电。摄像机内的电源电路是直流变换（DC–DC）电路，可从 12VDC 电压变换出各电路板及摄像器件所需的各种直流电压。

直流 12V 可从以下几个来源供给：

（1）直接把电池装在摄像机上。

（2）从所接的录像单元来。

（3）从所接的控制单元（CCU）来。

（4）从交流附加器来，交流附加器输入 220V 交流电，输出 +12V 直流电压。

三、摄像机功能与调节

下面我们逐个介绍组成摄像机的各个部分，说明摄像机的功能原理以及如何使用这些功能，如何对摄像机进行调节。在涉及具体操作的时候，我们主要以 SONY 公司的某些机型为例来说明。

（一）变焦距镜头

变焦距镜头由许多镜片组成，按照镜片的作用可以分为五组或七组。

调焦组：使一定距离的拍摄物清晰地成像在 CCD 的光敏面上。

变倍组（变焦组）：通过这组镜片的前后移动可调整镜头的焦距。

补偿组：变焦距时与变倍组按一定轨迹同时移动，以保证成像的清晰度不变。

光阑：即光圈，它是孔径大小可以调节的薄片装置，用来控制镜头的光通量。

固定组：又称移像组，它可将镜头的成像面后移一段距离，这段距离称为后焦距或后截距，以便在镜头和 CCD 之间安装分光棱镜和色温校正片等。后焦距的调节环（记为 F.f）在镜头的后端。

扩展镜：又称倍率镜，它可使镜头的变焦倍数扩大到 2 倍或 1.5 倍。这部分不是必须的，通常业务级的摄像机所配备的镜头没有这一功能。

超近摄镜（MACRO）：用于拍摄物距极近的物体。超近摄镜装在固定组后面，与后焦距的调节环相邻，超近摄镜调节环上标有“MACRO”字样。

根据调焦组镜片在调焦时的移动状态可将变焦距镜头分成两类，内聚焦镜头和外聚焦镜头。

内聚焦镜头是在镜头调聚焦时，调焦组内的前三片镜片中最前面的一片或两片镜片固定不动，只有中间一片或后面一片镜片移动，因而固定在其套筒上的遮光罩不随调焦转动，允许遮光罩做成方形口，能更有效地减少杂散光，提高了图像质量。在内聚焦镜头前面安装具有确定位置关系的滤光镜时，如偏光镜、交叉光镜和半彩色滤光镜等，调焦时也不转动，能保持作用效果不变。在调焦组的镜片间可以加像差校正镜片，提高镜头质量。

内聚焦镜头具有上述优点是由于移动镜片和固定镜片分别固定在两个套筒上，调焦时只转动固定活动镜片的套筒，而遮光罩和滤光镜都安装在固定镜片的套筒上。因此，内聚焦镜头要求双层套筒结构，而且对机械精度要求高。

外聚焦镜头调焦组的几片镜片和遮光罩都固定在一个套筒上，在调焦时转动套筒，几个镜片同时移动，遮光罩也随之转动。因而不能安装方形遮光罩只能装圆形遮光罩，减少杂散光的效果不如方形遮光罩，但是机械结构简单，成本较低。

变焦距镜头的各部分操作部件位置如图 3–2 所示。

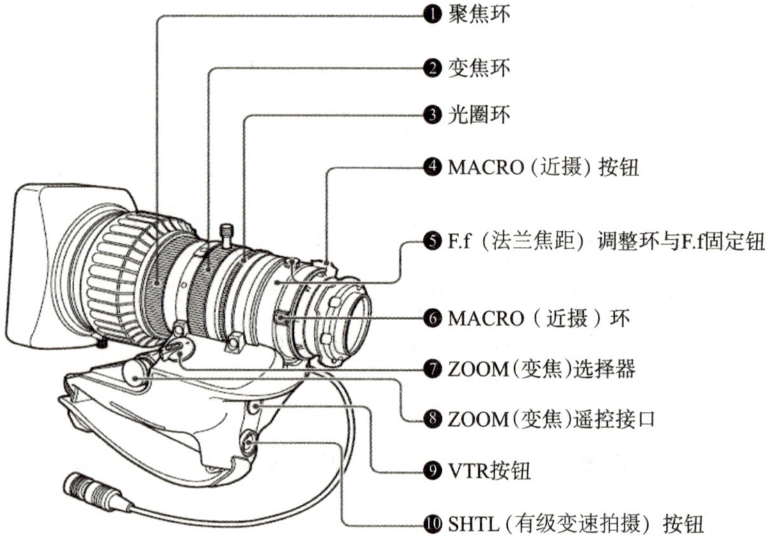

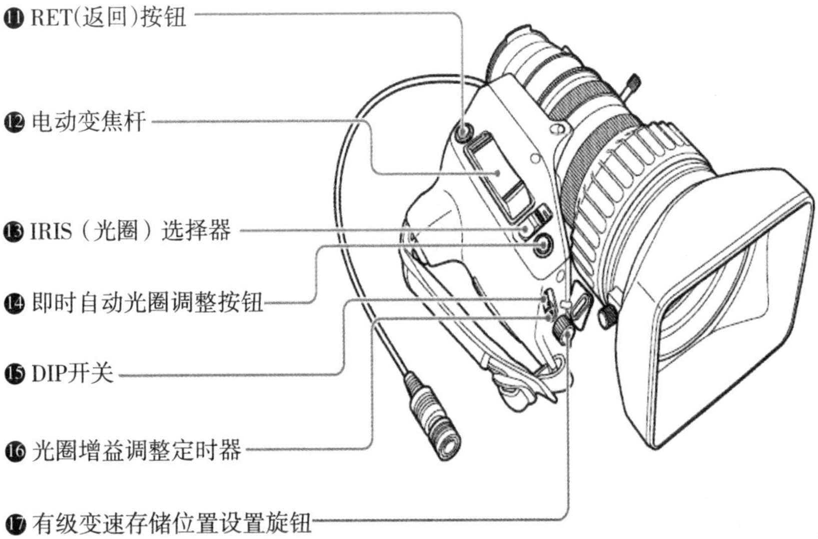

图 3-2 变焦距镜头各部分操作部件位置示意图

❶ 聚焦环：转动此圆环，使镜头对准拍摄对象聚焦。

❷ 变焦环：当 ZOOM（变焦）选择器❼设置在“MENU”位置的时候，转动这个圆环，可以直接进行手动变焦。

❸ 光圈环：将 IRIS 选择器⓭设于“M”位置，然后转动这个圆环，可以手动调节光圈。

❹ MACRO（近摄）按钮：按住此按钮不放，同时转动 MACRO（近摄）环，可以拍摄距离小于镜头最近对焦距离的物体。

❺ F.f（法兰焦距）调整环与 F.f 固定钮：F.f 固定钮是一个螺丝，松开它之后，转动 F.f（法兰焦距）调整环，可以调整镜头的法兰焦距。

❻ MACRO（近摄）环：按住 MACRO（近摄）按钮不放，同时转动 MACRO（近摄）环，可以拍摄距离小于镜头最近对焦距离的物体。

❼ ZOOM（变焦）选择器：扳动这个开关，可以选择变焦镜头操作的模式。SERVO（伺服）：电动变焦；MANU（手动）：手动变焦。

❽ ZOOM（变焦）遥控接口：连接镜头遥控器以进行遥控变焦。

❾ VTR 按钮。

当用 VTR 进行操作时：按一次开始记录，再按一次则停止记录。

当用所连接的摄像机控制单元操作时：按下此按钮将来自摄像机控制单元的返回视频信号送到寻像器中。

⑩ SHTL（有级变速拍摄）按钮：此按钮用于有级变速拍摄功能。

⑪ RET（返回）按钮：按下此钮，可以对视频信号进行检查。

当通过其他设备连接便携式录像机（VTR）进行操作时：当 VTR 处于摄制状态时，按此按钮将 E-E 视频信号传送到寻像器上。E-E 视频信号是“电 - 电”视频信号，它是通过内部电路输入的还没有转化成磁信号的视频信号。

当使用安装在摄像头上的录像包进行拍摄时：当 VTR 处于摄制暂停状态时，按此按钮可观看寻像器记录内容的最后几秒部分（记录回顾）。当用所连接的摄像机控制单元操作时：按下此按钮将来自摄像机控制单元的视频信号返回到寻像器中。

当不按此按钮时，寻像器显示摄像机拍摄到的视频信号。

⑫电动变焦杆：用于执行电动变焦。按压力量越大，变焦速度越快。按下 W 端：往广角方向变焦；按下 T 端：往长焦方向变焦。

⑬ IRIS（光圈）选择器：推动这个钮，可以选择光圈的操作模式。A（自动）：自动光圈；M（手动）：手动光圈。

⑭即时自动光圈调整按钮：使用手动光圈控制时，按此按钮可以暂时切换到自动光圈控制设置。自动控制功能将在按住按钮时始终保持。

⑮ DIP 开关：DIP 开关用于有级变速拍摄功能。通常此开关被一橡胶盖覆盖。

⑯光圈增益调整定时器：用于调整光圈增益。通常此定时器被一橡胶盖覆盖。

⑰有级变速存储位置设置旋钮：此按钮用于有级变速拍摄功能。

其中⑮、⑯、⑰项功能是某些镜头、某些机型才具有的。

变焦距镜头的具体操作如下：

1. 聚焦功能

与光轴平行的光线射入凸透镜时，理想的镜头应该是所有的光线聚集在一点后，再以锥状扩散开来，这个聚集所有光线的一点，就叫焦点（focus）。

在焦点前后，光线开始聚集和扩散，点的影像变得模糊，形成一个扩大的圆，这个圆就叫弥散圆（Circle of confusion）。

在现实当中，观赏拍摄的影像是以某种方式（比如投影、放大成照片等）来观察的，人的肉眼所感受到的影像与放大倍率、投影距离及观看距离有很大的关系，如果弥散圆的直径小于人眼的鉴别能力，在一定范围内实际影像产生的模糊是不能辨认的。这个不能辨认的弥散圆就称为容许弥散圆（permissible circle of confusion）。

在焦点前后各有一个容许弥散圆，这两个弥散圆之间的距离就叫景深，即：在被摄主体（对焦点）前后，其影像仍然有一段清晰的范围，这个范围就是景深。如图 3-3 所示。[①]

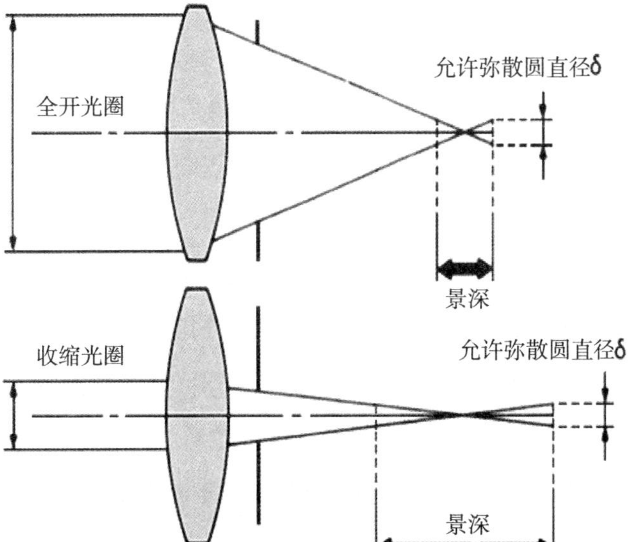

图 3-3　光圈景深示意图

① Xitek. 光学基础知识：焦点、弥散圆、景深［OL］.（2001-06-05）（2008-10-26），http://www.xitek.com/info/showarticle.php?id=1148.

光学镜头能把景物空间中一定范围的物体在像平面上都形成清晰的像，这个范围所对应的纵深距离称之为景深。从聚焦点A到最近清晰点的清晰范围称前景深，从聚焦点A到最远清晰点的清晰范围称后景深，后景深大于前景深，二者之和称为全景深。

景深的范围是可以调节的，拍摄要求不同，对景深的需要也不同。如突出主体、虚化背景，可采用景深小的状态来拍摄。景深范围的大小与下列因素有关：

与镜头的焦距长短有关：当摄像机物距固定，光圈大小相同时，镜头焦距越短，景深范围越大；镜头焦距越长，景深范围越小。

与光圈的大小有关：当镜头焦距相同，物距固定时，光圈越小，景深范围越大；光圈越大，景深范围越小。

与物距长短有关：当镜头焦距相同，光圈大小相同时，物距越长，景深范围越大；物距越短，景深范围越小。

充分利用景深的特性，能够增强透视感，达到不同的艺术效果。

聚焦的一般方法为：将景物画面推成特写，转动聚焦环，使图像清楚（即聚焦被摄体），然后拉开成所需要的景别，进行拍摄。如此做法，景深范围大（其他条件不变的情况下），便于一般拍摄。

通常镜头设计为：聚焦环逆时针旋转，焦点变远；顺时针旋转，焦点变近。

当摄像机运动，被摄主体运动或者两者都在运动时，它们之间的距离改变了，在原有景深不能保证画面清晰时，应使用跟焦手段。跟焦，即不断根据被摄主体的移动而随时调焦距，使焦点始终聚在被摄体上，保持被摄体清晰。跟焦规律需要在实践中摸索，熟能生巧。

运用焦点的特性，人们常常进行移焦，以获得所需效果。当被摄体与摄像机都固定时，将画面上表现的重点物体进行变化，把前景实、后景虚变换成前景虚、后景实。通过对不同远近的被摄体的虚实转换，将观众的注意力时而集中在近处景物上，时而集中在远处景物上，达到画面视觉中心的转移。

自动聚焦功能由于在很多情况下不能进行，所以专业级以上的摄像机一般不设置。例如以下情况不宜使用自动聚焦：被摄物体照度过暗、对比度不分明、没有垂直线条的画面、远近物体同时在检测范围之内、由远到近连续移动的物体、具有等距的很细条纹状物体的画面等。

2. 变焦功能

变焦镜头具备在一定范围内连续变化焦距而成像位置不变的性能，在拍摄中对景物画面取景的大小可相应地连续变化，即景别可从大到小、从小到大连续变化。

焦距（focal length）是光学系统中衡量光的聚集或发散的度量方式，指从透镜中心到光聚集之焦点的距离。在摄像机中，是指从镜片中心到CCD 成像平面的距离。具有短焦距的光学系统比长焦距的光学系统有更佳聚集光的能力。简单来说，焦距是焦点到面镜的顶点之间的距离。

变焦倍数即镜头的最长焦距与最短焦距之比。常用的倍数有 14 倍、16 倍、18 倍等，某些镜头上有扩展镜，可以扩大镜头的变焦倍数，常用“×2”表示，如附加变焦倍数为 14 倍变焦镜头上，则其变焦数就被扩展为 2×14=28 倍。因为焦距延长一倍，则曝光量有所下降，要保持原照度，必须相应加大光圈。

变焦控制有电动变焦和手动控制两种。将镜头下方的开关置于 S（servo）档时，可以使用电动变焦控制方式。电动变焦的最大好处是镜头变化均匀，在正常的推拉运动镜头中，通常使用电动变焦。在镜头一侧的手柄内，有一微型无级变速马达，用一个跷跷板式的开关控制着马达运转。按下标有 T 的一头，镜头焦距变长，按下标有 W 的一头，镜头焦距变短。手按的压力轻重可以在一定范围内改变马达速率。将镜头下方的开关置于M 档时，可以使用手动变焦控制方式。手动控制常常用于急推、急拉效果，或者用于更快改变焦距来拍摄一个固定焦距的镜头。

焦距长度和所摄画幅的对角线长度大致相等的摄影镜头称为标准镜

头，其视角一般为 45° ~50° 。标准镜头放大倍数中等，景深范围中等，只是最前面、最后面会模糊。其透视效果与眼睛直接看几乎是一样的，不具备各种夸张效果。

比标准镜头的焦距长的摄影镜头称为长焦距镜头。长焦距镜头分为普通远摄镜头和超远摄镜头两类。长焦距镜头放大倍率大、景深小，主体物周围很小区域清楚，前景、背景均模糊。其透视效果为：前景物体、背景物体看上去大小差别不明显，在纵深方向上，它们之间的距离似乎缩短了，物体间显得拥挤；对于物体在纵深方向上的运动，视觉上感到比真实的要慢。由于空间深度被压缩，观众难以判断真实距离及被摄体的位置。

长焦距镜头适用于拍摄远距离局部放大画面，拍摄对背景、环境要求不高的特写，所摄局部细节清晰，可以造成虚实效果，以突出主体，表现压缩、拥挤的效果。

长焦距镜头不宜用手持、肩扛拍摄，因为摄像机的抖动会被放大，而且因为景深比较浅，对调焦的要求也高，所以应尽可能地采用三脚架等支撑物协助拍摄。

比标准镜头的焦距短的摄影镜头称为短焦距镜头，又称广角镜头。短焦距（广角）镜头放大倍率小，景深范围大，画面中几乎全部是清晰的。其透视效果为：前景物体显得比背景物体大得多；空间距离显得比实际大，夸张了透视感、纵深感。物体与摄像机的运动，在纵深方向上显得比真实的要快；当被摄体太接近镜头时，会变形失真，虽然某些部分被强调了，但看上去不自然。

短焦距镜头图像抖动率小，适用于摄像机运动拍摄。

3. 光圈功能

光圈（Aperture）是一个用来控制光线透过镜头，进入机身内感光面的光量的装置，通常光圈是设于镜头中的一组金属薄片，被设计成一个可以调节的圆形光孔，旋转镜头上的调节环，能在一个很大范围内变化镜头的有效孔径，控制镜头的透光能力。光圈大小以 f 加数字来表示，如 f/4、 f/5.6、f/8、f/16、f/22 等，数字越小，透光量越大，数字越大，透光量越小。光圈 f 值 = 镜头的焦距 / 镜头口径的直径。

光圈变化在图像上能改变图像的亮度、景深，光圈大时景深小。对于亮度高的图像要减小光圈，对于亮度低的图像要加大光圈，使图像层次丰富，体现细节。

光圈调整有如下三种方法：

自动光圈调节法：将光圈选择开关设定于 A 处，根据被摄物体的亮度自动调节光圈。

手动光圈调节法：将光圈选择开关设定于M处，根据需要调节光圈环，由光圈上所标的 F 数来识别光圈的大小。

暂时自动调节法：当处于手动光圈调节模式时，本功能可以临时进入自动调节。在光圈选择开关处于 M 时，持续按暂时自动光圈调节按钮，光圈处于自动调节状况，手一松开即回到手动光圈状况，并锁定于松手时的光圈值。

通过控制光圈，我们可以控制摄像机拍摄景物的曝光，以获得理想的画面。摄像机为了正常工作，根据景物亮度变化，调节镜头光圈的大小，以保持适当的进光量，得到规定的输出信号值，保证画面的正确曝光。在通常状况下，自动光圈可以给出比较理想的曝光值。但是，由于在自动光圈下，光圈会随着主体的光照变化，不同主体的变化而变化，比如在大树的阴影下，画面感觉明暗不定，很不舒服，所以我们通常使用 M 档，也就是手动光圈，利用即时自动光圈迅速获得一个恰当的光圈值，并固定下来。

自动光圈在拍摄中有很多优点，但由于它反映的是整个画面的平均亮度，所以很多情况下会产生不良效果。例如被摄体在大面积明亮或暗淡的背景前，就会明显地造成主体物的曝光不足或过度。在类似的这些特殊情况下，利用即时自动光圈功能，也很难获得合适的曝光，必须通过手动控制，才能得到理想的曝光。比如需要拍摄剪影效果的时候，就需要人为收缩光圈，减少曝光量；当拍摄主体位于逆光环境下的时候，需要人为增大光圈，提高曝光量，以使主题获得合适的曝光；在拍摄具有较大光比的主体时，需要根据拍摄需要确定一个合适的光圈，使想要表现的部分获得合适的曝光。如果人物站在窗户前，背景是室外自然光，两者的亮度间距一般非常大。在不加辅助光进行补光时，拍摄中如以人脸亮度为确定曝光的依据，人物在画面中就会成剪影效果。这时可以采用折中的办法，将部分高亮度和低亮度都舍去一些，确保中间各部分的景物亮度影调丰富，达到创作意图。只要是创作者想要的画面效果，就可以认为曝光是正确的。

某些机型可以选择在自动光圈下的基准电平，使摄像机应付更广范围的选择。相当于摄像机代替人工，智能的设定在某些特殊情况下的光圈值。

它有三种设定方式：逆光、聚光灯和标准。

标准方式即处于标准光线条件状态下，是平时的正常状态。

逆光方式以图像电平的平均值作为调整自动光圈的基准。当被摄物体处于逆光情况下，如果用标准自动光圈系统拍摄时，物体就会显得很暗。采用逆光方式，就为该物体选择了适当的光圈。

聚光灯方式即用于聚光灯的场面，这时峰值电平被作为调整自动光圈的基准。若用标准自动光圈系统拍摄，物体则会显得太亮。采用聚光灯方式，就为该物体选择了适当的光圈。

在手动光圈调节模式状态下，可以使用斑马纹作为光圈调节时的参考标准，此时，将 ZEBRA（斑马纹）开关置于 ON。通常斑马纹有两个，显示电平为 50%~109%，通常一个设定显示电平为 70%~90%，另一个设定为 100%~109%。二者可以设定为单独显示，也可以设定为同时显示，称作双重斑马纹显示。通常我们选择显示电平为 70%~90% 的斑马纹显示。

在寻像器屏幕上，那些明暗度相当于 70%~90% 录像输出电平的部分将附有斑马纹。当拍摄对象是人物时，手动调节光圈，使斑马纹显示在人物面部的光亮部分；当拍摄其他景物时手动调节光圈，使斑马纹显示在景物最重要的部分。这时候的曝光值基本上是最合适的。

4. 近摄功能

当拍摄对象距镜头前面的距离小于镜头的最近对焦距离时，可以使用近摄功能，拍摄的具体步骤如图 3–4 所示：

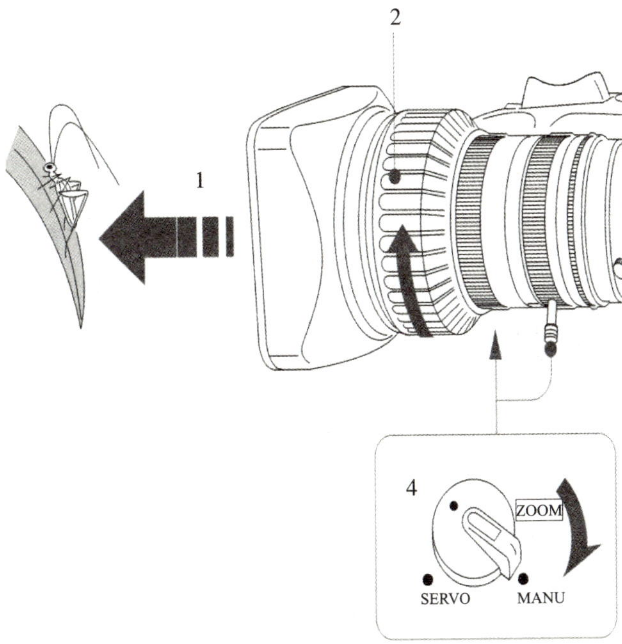

图 3–4　近摄拍摄调节步骤示意图

第 1 步，将镜头逐渐靠近拍摄对象直到所希望的尺寸。

第 2 步，调节聚焦环把焦点调到最近处。

第 3 步，将 MACRO 钮按下滑向摄像机本体的后方，同时按图箭头所示方向把 MACRO 环调转到尽头。

第 4 步，将 ZOOM（变焦）选择开关调节到 M，同时调节手动变焦环聚焦成像。如果想缩小拍摄对象的尺寸，将 MACRO 环轻轻调回，然后再调节手动变焦环聚焦成像。

应当特别注意，在近摄功能使用后，一定要将 MACRO 环调回到原来位置。否则，正常拍摄时，画面会是虚焦的。

5. 法兰焦距的调整

法兰焦距（Flange focal length）是从镜头法兰沿光学轴线到图像平面的距离。也就是从镜头卡口法兰盘到焦平面的距离，也叫后焦距，用 F.f 表示。

当第一次安装镜头或更换镜头之后，或者发现镜头在变焦操作时，镜头的长焦端和广角端的焦点不能很好吻合时，需要调节法兰焦距。

调整方法和具体步骤如图 3–5 所示：

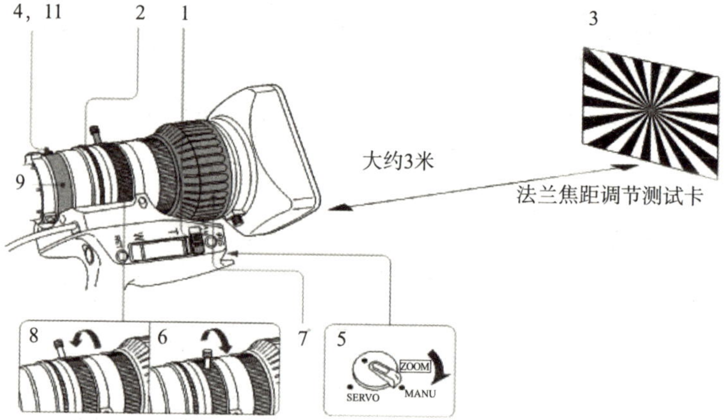

图 3–5　法兰焦距调整步骤示意图

第 1 步，将光圈选择器设在 M（手动）位置。

第 2 步，将光圈环调到 f/1.8（完全打开）。这是为了获得尽可能浅的景深，方便观察聚焦情况。

第 3 步，将所提供的法兰焦距调节测试卡置于大约 3 米处，然后调节照明，以便能获得在光圈为 f/1.8 时的合适的视频输出水平。

第 4 步，松开 F.f 固定螺钉。

第 5 步，将 ZOOM（变焦）选择器设在 MANU（手动）位置。

第 6 步，将手动变焦控制按钮移到长焦位置。

第 7 步，转动聚焦环，使镜头聚焦于测试卡上。

第 8 步，将手动变焦控制按钮移到广角位置。

第 9 步，转动 F.f 调节环，使镜头聚焦于测试卡上。此时切勿移动聚焦环。

第 10 步，重复步骤 6 至步骤 9 的操作，直至无需调节 F.f 调节环时，测试卡图像在长焦位置和广角位置都能清晰成像。也就是在广角和长焦之间变焦的过程中，焦点不发生改变。

第 11 步，调节完成后，拧紧 F.f 固定螺钉。

6. 扩展镜的使用

一个变焦距镜头的焦距其连续调节范围是有限的，常用变焦距镜头的变焦距倍数（变倍比）为 14 左右。很多镜头都附有扩展镜，其开关设置在镜筒尾部，平时按照实际焦距正常使用，若将扩展镜选择开关（EXT）从 ×1 换到 ×2 档，则加入了 2 倍的扩展镜，例如，A14×8ESM 镜头，其焦距变化范围是 8mm×8mm~14mm×8mm，若使用×2 档，则焦距的变化范围改成 2×（8~14×8）=16mm~224mm。

使用扩展镜应注意以下几个问题：

（1）加入扩展镜后，镜头的相对孔径减小，到达像面的光通量将减少到原来的 1/4，因此，光圈需要加大两档。在光照较暗时不宜使用扩展镜，否则因为光照不足，拍摄的图像将发暗。

（2）所拍图像的透视畸变和几何畸变将变大。

（3）需要单独调节白斑校正，或许需要重新调节后焦距。

（二）白平衡（White Balance）

前面我们已经介绍了色温的概念，重录如下：绝对黑体在不同的温度下有不同的发光颜色，它一定的光色对应于一定的温度，我们把这个温度称为这个光色的色温（Color Temperature）。当实际中的某一光源的光谱与绝对黑体某一温度下的光谱相一致时，则绝对黑体的这一温度称为光源的色温；当光源的光谱只能与绝对黑体某一温度下的光谱相近似，而不能精确等效时，则称这一温度为光源的相关色温。

随着发光体色温的变化，它的光谱也随之变化。例如，色温大约在 2900K 左右的发光体，600 纳米 ~700 纳米波长的长波光的能量要大于 400

纳米 ~ 500 纳米波长的短波光的能量。绝对黑体在低温下波长的比例大，在高温下短波光的比例大。

人眼可以适应于光线的变化，因此，无论光谱如何变化，白色的物体人眼看起来都是白色的，但是摄像机则不能适应光线的变化，当光线发生变化后，拍摄物体的颜色会有变化。摄像机必须通过调整摄像机内部的色彩电路使拍摄出来的影像抵消偏色。这就是为什么每次光线变化后，我们必须调整白平衡的原因。

当我们拍摄一个纯白色物体的时候，分量视频信号的红、绿、蓝三路信号的比率为 1∶1∶1，这个比率在各种灯光下都应该保持一致。但是，每一个发光体的光谱特性是不同的，同样，白色物体的反射光和分光棱镜透射光也会根据光线的变化而变化。

由于视频信号是通过将光解析为三基色取得的，输出的三基色信号电压幅度，不仅与拍摄物体的色度和亮度有关，而且与照射物体的光谱功率分布特性有关。当拍摄一个色温为 3200K 白色物体时，从蓝色 CCD 输出的信号非常小，从红色 CCD 输出的信号非常大，而对于一个 5600K 的发光体，这种比例关系恰恰相反。这两种情况下，为了使再现的白色 R、G、B 比例保持 1∶1∶1，在 CCD 的信号输出端需要进行电子调整。在后一种（5600 K）情况，蓝色 CCD 输出的视频信号电平调节率应小于 1，而红色 CCD 的输出视频信号的调节率应大于 1，使得红、绿、蓝信号相等，再现的白色物体也具有相同的光谱特性。这种调整我们称为“白平衡”调整。

简单地说，白平衡就是根据不同的发光状况分别调整 3 个 CCD 输出的视频电平，使红、绿、蓝三路信号电平保持 1∶1∶1 以重现白色。①

（三）色温补偿滤色片和中性密度滤色片

所有的彩色摄像机都是在一定的色温条件下使用，为了使摄像机可以满足其他拍摄条件，在分光棱镜系统前就设置了一系列可选择的色温补偿滤色

---

① 孟群. 电视数字制作技术［M］. 北京：北京师范大学出版社，2003：100.

片（Color Compensation Filter），又叫色温校正片，CC 滤色片。这些滤色片的功能是将光线色温的光谱特性校正到摄像机的操作色温，大约是 3200K。

在室外拍摄时，摄像机经常要对准亮度物体，有些情况下，即使光圈开到最小，也不能处理高光区。为解决这个问题，在带有 CC 滤色片的分光棱系统前还设置了一组可选择的中性密度滤色片（Neutral Density Filter），又称作减光片，中灰滤色片，ND 滤色片。这些 ND 滤色片可以减少光的入射量以方便处理高亮度区域的信号，它并不改变入射光的色温。ND 滤色片的另一个作用是可以获得较大的光圈，这样，摄像师可以使用适当的 ND 滤色片获取更浅的景深。

在我们实际拍摄中，常见的色温情况如表 3–1 和表 3–2 所示：

表 3–1　日光色温情况

时间及气候条件	色温（K）
日出与日落	2000~3200
阴天	6800~7500
烟雾	8000
蓝天	10000~20000
中午	5400
一般白天	6500

表 3–2　灯光色温情况

时间及气候条件	色温（K）
低色温摄影专用灯（摄影棚、演播室等）	3200 ~ 3400
高色温摄影专用灯（外景）	5500
闪光灯	6000
家用钨丝灯	2800
烛光或篝火	1900
日光灯	3000 ~ 4800

常见摄像机的滤色片设置有两种，是色温补偿滤色片与中性密度滤色片，由两个圆盘分别设置，具体如表 3–3 所示。

表 3–3　两种滤色片分别设置

类型	色温（K）
A	十字星效果
B	3200
C	4300
D	6300

类型	入射光线
1	无阻光
2	1/4ND
3	1/16ND
4	1/64ND

其中 A、B、C、D 代表不同的色温补偿滤色片，1、2、3、4 代表不同的中性密度滤色片，实际使用中可以根据不同的环境色温情况选用不同的组合，来获得理想的白平衡以及光圈效果。1/4ND、1/16ND、1/64ND 代表在使用这种滤镜设置的情况下，实际进入摄像机的感光器件的光线强度变为入射光线的 1/4、1/16、1/64。

下面是一些常见的滤色片设置的组合，如表 3–4。

表 3–4　常见的滤色片组合选择

类型	CC 滤色片	ND 滤色片
日出、日落或室内	B	1
晴天	C、D	2、3
阴天或雨天	D	1、2
非常亮的环境，雪景或海边	C、D	3、4

另一种滤色片设置方式是色温补偿滤色片与中性密度滤色片按不同的常用组合设置在同一个圆盘上，如表 3–5 所示，实际使用中的选择如表 3–6 所示。

表 3–5　两种滤色片一体设置

类型	色温（K）
1	3200K
2	5600K+ 1/4ND
3	5600K
4	5600K+ 1/16ND

表 3–6　常见的滤色片选择

类型	滤色片
日出、日落或室内	1
晴天	2
阴天或雨天	3
非常亮的环境，雪景或海边	4

3200K 色温片适合在室内使用，它实际上是一个空孔，对所有波长光的透过率都是 100%。摄像机处理放大器的增益是以 3200K 光为基准设定的，在预置（preset）状态下，对 3200K 的照明光源已经达到白平衡了，只要将色温片放到这个位置，不需要再调节白平衡。

（四）白平衡的调整

调整白平衡可以保证在光线条件变化时，白色的物体仍然能保持白色的影像，而色调也是自然的。不同的光源会产生不同的光线色彩，而随着光线的变化，处在光线照射下的拍摄对象的表面颜色也会发生变化。因此，每当主光源改变的时候，都需要对白平衡进行调整。

摄像机的白平衡选择开关通常有三档，预置、A 和 B。

为便于以比较准确的调整值即时开始拍摄，某些机型能提供两个白平衡设定的预置值。在某些特殊的拍摄条件下，预置值可能会给出比调整的效果更好的画面。将 WHITE BAL（白平衡）开关设定在 PRESET（预置）上。根据滤色片的不同，摄像机给出不同的预置色温值，跟滤色片所标注的色温值相同。比如，以表 3–5 中所示的滤色片为例，当滤色片为 1 片的时候，预置值给出的是 3200K，当滤色片为 2、3、4 片的时候，预置值给出的是 5600K。

A 或 B 档是两个存储器，可以分别存储不同照明条件下的白平衡值。两个独立的存储器 A 和 B 中分别存放的白平衡值，即使是在摄像机已关闭电源的情况下，一旦存入了某个白平衡值，只需将 WHITE BAL（白平衡）开关转向 A 或 B，就可自动地得到存储在案的白平衡值。这一功能可使在两种不同照明条件下进行的摄制变得较容易。在通常情况下，同样的两个 A 和 B 的白平衡值被用作全部滤色镜控制的设定值。通过调节 AWB MEM“菜单”的设定可使每个 A 和 B 及四个滤色镜控制设定值取不同的值。

白平衡调整的具体步骤如下：

（1）打开摄像机开关，确认摄像机输出为 CAM（图像），确认菜单处于关闭状态，选定可能的最小增益值，选择白平衡选择开关的 A 或者 B 档。

（2）根据照明条件选择滤色片设置。

（3）在与拍摄时相同的照明条件下，放置一个白色物体（纸、布等），然后进行对焦，使整个屏幕都成为白色。画框内的白色区域至少相当于整个画面的 60%。

（4）调整镜头光圈，使得输出电平合适，或者使用自动光圈。

（5）朝 WHT（白平衡）一边推动 WHT/BLK（白平衡 / 黑平衡）开关，然后松手。白平衡调整开始进行。在调整过程中，寻像器屏幕上出现“AWB: EXECUTING”。几秒钟之后，调整结束，寻像器屏幕上出现“AWB: OK”和一个色温值，根据前面的设定选择，此调整值自动存入存储器 A 或 B 中。白平衡调整完成。

某些机型具有 ATW（白平衡自动跟踪）功能，ATW 功能通过不断地对白平衡进行调整，自动跟踪照明条件的变化。这在光线条件复杂，时间紧张的拍摄活动中显得非常有用。按下 ATW 按钮使指示灯点亮，可以启动 ATW 功能，但是，受拍摄条件的影响，自动调节不一定能给出最佳效果。在实际中很少使用这一功能。

在实际拍摄中，我们可以利用白平衡调节时使用的白卡片来影响红、绿、蓝三原色的合成比例，从而获得想要达到的画面色彩倾向。

由于白卡片所给出的基准白是摄像机确定红、绿、蓝三信号比例的依据，各种色温的光源，无论怎么偏色，都可以在白卡片上表现出来。3200K 色温光源偏红，照在白卡片上也偏红。调节白平衡，就是适当增加绿和蓝的合成比例，以此混合比例应用于 3200K 色温光源下的拍摄，就会修正偏色，白色不偏红了，其他色也可正确还原。显然，白平衡确定的红、绿、蓝合成比例，正是加强了白色卡片上偏色的补色。根据这一特点，如果我们使用一个偏色的白色卡片调整白平衡，摄像机拍摄的画面将会偏色，它必然偏向此偏色白卡片颜色的补色。

比如，如果希望拍摄偏红的暖色调画面，可以在调白平衡的白卡片上调入少许的补色，也就是青色。如果想得到一个偏蓝的冷色调画面，可以使用偏黄的白卡片调白平衡。比如拍摄日落时，调整白平衡可使用湖蓝色或淡蓝色板来进行，这样拍摄出来的画面色调偏橙黄色，正好符合日落时的理想色调。根据这个规律，只要了解了所有色彩的排列关系，即可以进行画面色调的控制，如图 3–6 所示。

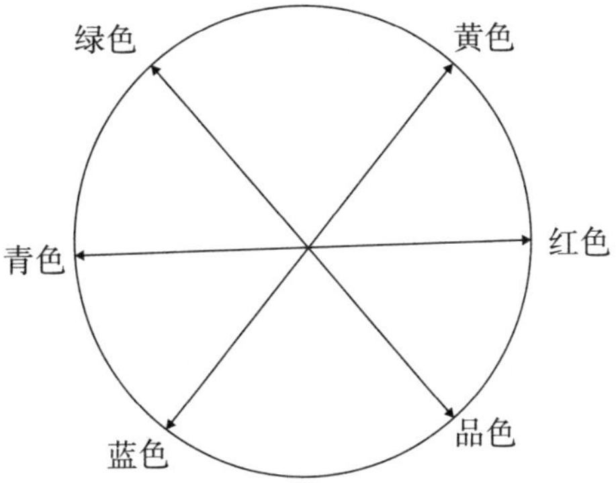

图 3–6 三基色与三补色的对应关系

（五）黑平衡调节

当摄像机拍摄纯黑物体时，即图像对光的反射率小于 3% 或关闭光圈时，红、绿、蓝三路输出电平称为黑色电平。这个电平送到显像管时荧光屏刚刚不发光，呈现黑色。重现纯黑色要求摄像机输出的红、绿、蓝黑色电平相等，这称为摄像机的黑平衡。

关光圈后，调节红路和蓝路的黑色电平，使它们都与绿路的黑色电平相等，即称为黑平衡调节。如果红、绿、蓝黑色电平同时调节，而且不影响黑平衡，则称为总黑电平（M.PED）调节。

黑平衡的正确调节对于摄像机的最佳运转是十分重要的。当初次使用摄像机，或者长时间未使用以及遇上突然的温度变化时，都需要进行调整。调整值存储在存储器里，在关掉摄像机电源后或仅仅是照明条件发生改变的情况下无需重新做调整，在以下情况必须调整黑平衡。

第一次使用；长时期不用之后，再一次使用；在环境温度改变很大的条件下使用；当增益选择值改变时；当伽马开关改变时。

黑平衡的具体调整过程如下：

（1）确认菜单关闭，（OUTPUT）输出为摄像机画面（CAM）。

（2）按黑白平衡调节开关（AUTO W/B BAL）到黑平衡（ABB）一侧。放松开关，开关回到中间。

（3）调整中，寻像器屏幕上显示：ABB ACTIVE，镜头光圈自动到“CLOSE”位置。

（4）几秒钟后调整完成，显示：ABB OK。调整值自动存储在存储器中。

如不能进行黑平衡调节，应该检查：镜头连接器已连上，镜头光圈设为 CLOSE；调整黑平衡时，光圈自动的遮光状态；调整黑平衡时，增益选择电路自动改变；确保 MENU SET/OFF 开关设在 OFF。

按 AWB（白平衡调整）→ ABB（黑平衡调整）→ AWB 的顺序调整白平衡和黑平衡，可以得到质量更好的图像。

（六）寻像器

寻像器可用来取景及检查图像质量和摄像机的工作状态，以进行正确的调整和操作。小寻像器位置一般位于镜头与机身结合部的上方，多用于ENG摄像机，大寻像器的位置一般在摄像机机身中部上方，多用于EFP、ESP摄像机。

寻像器的图像信号来源也可以选择，对于便携式摄像机，在拍摄记录时自动显示所拍摄图像；在后面连接的录像机重放时，自动显示重放图像。如果在记录时要检查是否有记录信号，可按住镜头上的返送（RET）信号开关，则录像机来的电－电信号自动连接到寻像器上。放开手后，寻像器的输入信号自动恢复为摄像信号。

如果摄像机与控制单元（CCU）连接，则按住返送开关时，寻像器将显示来自控制单元的图像。

寻像器还接收自动控制板送来的字符信号，并叠加在显示图像上。这些字符内容受显示控制开关和调整开关（例如黑/白平衡开关）控制，可自动指示摄像机的工作状态和调整状态。在寻像器的图像上还可以叠加图像中心位置指示符号“+”和标明记录保险范围的安全区边框。

在寻像器的荧光屏周围还装有指示灯，例如：

记录/提示（REC/TALLY）灯。摄像机所连接的便携式录像机在记录时，灯亮；当录像报警系统有信号来时，灯闪烁；摄像机与控制单元连接时，受视频切换器控制，其图像信号被切出时，灯亮。

电池指示灯（BATT）：当供电电池的电压低于11V（若额定电压为12V）时，指示灯闪烁；当电池电压低于10.7V时，灯长亮。

高增益指示灯（GAIN UP）：当增益开关选择置于9dB等高增益档时，灯亮。

电子快门指示灯（SHUTTER）：当快门开关接通时，灯亮。

在摄录一体机中，各种自动诊断状态，例如照度低、手动/自动选择、记录时间、结露、工作方式、工作状态、有无磁带、快门速度……都用一定的符号或字符显示在寻像器上。

小寻像器在荧光屏和眼罩之间设有反射镜和物镜，可放大荧光屏上的图像。通过屈光度调节可调节物镜位置，使看到的图像清晰。

寻像器的亮度（BRIGHT）、对比度（CONTR）、清晰度（PEAKING）都有旋钮或开关调节，以使显像管显示出最佳图像。以上调节都不会影响摄像机的输出信号。

PEAKING（峰值）控制：调节寻像器里图像轮廓以便聚焦。

CONTRAST（对比度）控制：调节寻像器屏幕的对比度。

BRIGHT（亮度）控制：调节寻像器里屏幕的亮度。

目镜对焦旋钮：可调整使寻像器屏幕里的图像最清晰，以适合操作者眼睛的屈光度。

常见的寻像器如图 3-7 所示。

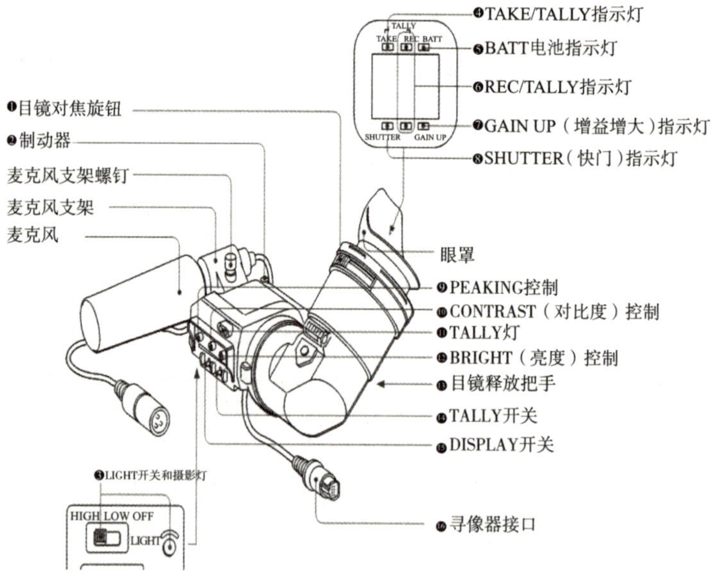

图 3-7　常见寻像器示意图

（七）电荷耦合器件 CCD

摄像机是进行光电转换的设备，它利用三基色原理，通过光学系统，把彩色景物的光像分解为红、绿、蓝三种基色光像，由摄像器件完成光信号到电信号的转换，然后进行信号处理，编码形成彩色全电视信号。

目前的摄像机绝大多数使用 CCD（Charge Coupled Device 电荷耦合器件）作为成像器件，少数使用 CMOS（Complementary Metal Oxide Semiconductor）作为成像器件。

CCD 传感器在灵敏度、分辨率、噪声控制等方面都优于 CMOS 传感器，而 CMOS 传感器则具有低成本、低功耗、高整合度的特点。不过，随着 CCD 与 CMOS 传感器技术的进步，两者的差异有逐渐缩小的态势。

CMOS，本意是指互补金属氧化物半导体，一种大规模应用于集成电路芯片制造的原料，应用于制作数字影像器材的感光元件时，基本上仍然是采取 CMOS 的工艺，只是将纯粹逻辑运算的功能转变成接收外界光线后转化为电能，再透过芯片上的数字－类比转换器（ADC）将获得的影像信号转变为数码字信输出。

CCD 是一种特殊半导体器件，上面有很多一样的感光元件，每个感光元件叫一个像素。CCD 在摄像机里是一个极其重要的部件，它起到将光线转换成电信号的作用，类似于人的眼睛，因此，其性能的好坏将直接影响到摄像机的性能。

CCD 有微型镜头、分色滤色片、感光层等三层。

微型镜头为 CCD 的第一层，成像的关键在于感光层，为了扩展 CCD 的采光率，必须扩展单一像素的受光面积。但是提高采光率的办法也容易使画质下降。这一层“微型镜头”就等于在感光层前面加上一副眼镜。因此感光面积不再因为传感器的开口面积而决定，而改由微型镜片的表面积来决定。

分色滤色片为 CCD 的第二层，目前有两种分色方式，一是 RGB 原色分色法，另一个则是 CMYK 补色分色法。这两种方法各有优缺点。RGB 即三原色分色法，几乎所有人类眼镜可以识别的颜色，都可以通过红、绿和蓝来组成，而 RGB 三个字母分别是 Red、Green 和 Blue，这说明 RGB 分色法是通过这三个通道的颜色调节而成。CMY 是由四个通道的颜色配合而成，它们分别是青（C）、洋红（M）、黄（Y）、黑（K）。在印刷业中，CMYK 更为适用，但其调节出来的颜色不及 RGB 的多。

感光层为 CCD 的第三层，这层主要是负责将穿过滤色层的光源转换成电子信号，并将信号传送到影像处理芯片，将影像还原。

目前 CCD 摄像机中采用的传感器主要有三种类型：行间转移式（IT 式）CCD、帧 - 行间转移式（FIT 式）CCD、帧转移式（FT 式）CCD。

1. 行间转移式（IT 式）

如图 3-8-1 所示为行间转移式 CCD 结构是在垂直方向有逐个排列的感光单元组成感光列，每个单元为一个像素，沿水平方向有许多感光列。受光照时，每个单元产生光电子，由于感光单元上加有正电压，光电子存储在感光单元内。

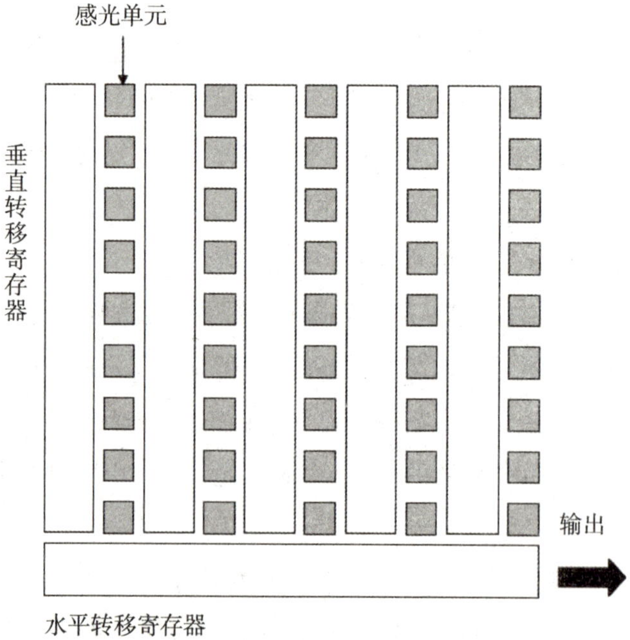

图 3-8-1　行间转移式（IT 式）示意图 1

在感光单元内左侧是垂直转移寄存器，它上面有遮光层，是不感光的。它加有脉冲电压，能存储冲电压，能存储电子，也能使电子移动。每个感光单元的右侧是溢出漏，当光照过强时，多余的电子从感光单元流到溢出漏中排出。由于溢出漏的作用，CCD 摄像面要高光点处不会产生“开花”和“拖彗尾”的现象。

在图 3-8-1 的下部沿水平方向放置的水平转移寄存器，它上面加有驱动脉冲，可使电荷经过它向输出端转移。在输出端，电荷转变成信号电压送到放大器。见图 3-8-1。

在电视的场扫描正程期间，光图像在 CCD 的感光部分形成电荷像，每个感光单元内都储存一个电荷包，其电荷量与该点照度成比例。见图 3-8-2。

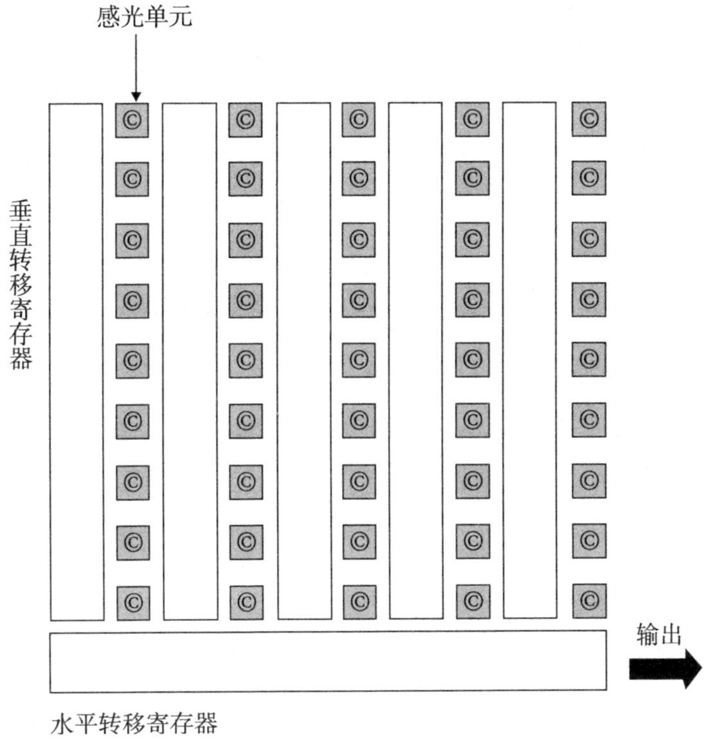

图 3-8-2 行间转移式（IT 式）示意图 2

在场逆程期间，全部电荷包迅速从感光单元转移到左侧的垂直转移寄存器中。见图 3–8–3。

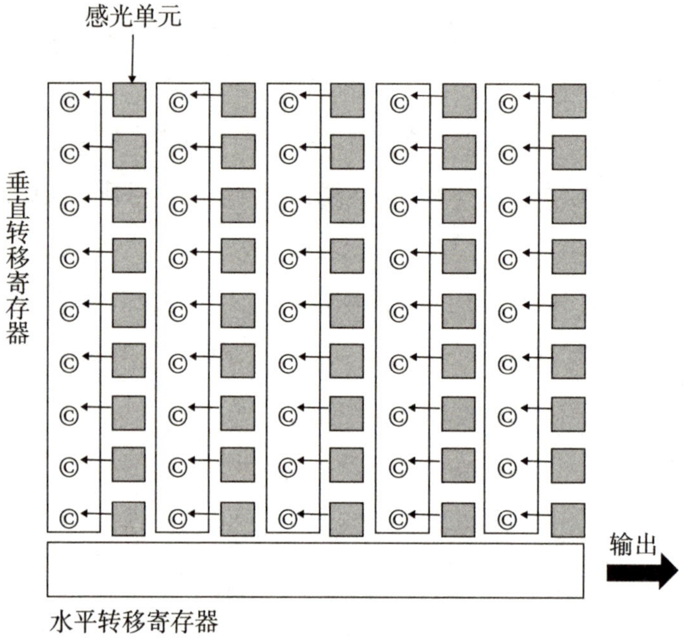

图 3–8–3　行间转移式（IT 式）示意图 3

在下一场正程期间，一方面感光到产生新的电荷像，另一方面，上一场的电荷包在垂直转移寄存器中，一行行地向水平转移寄存器转移。在每个行逆程期间，向水平转移寄存器移进一行电荷包。在行正程期间，电荷包在水平转移寄存器中逐一向输出端转移，在外电路上形成信号电压。每个电荷包的转移都是靠时钟脉冲的作用来完成的，移动速度完全是恒定的，线性良好。见图 3–8–4。

2. 帧 – 行间转移式（FIT 式）

如图 3–9–1 所示为 FIT 式 CCD 结构。图中上部的结构与行间转移式的相同，下部所示的是一块不感光的 CCD 存储器，它的存储单元与感光单元的结构与数量完全一致。如图 3–9–1 所示。

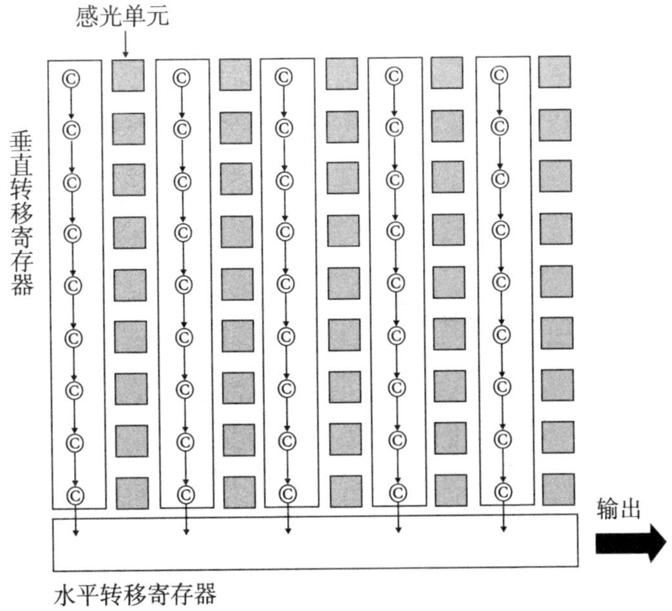

图 3–8–4　行间转移式（IT 式）示意图 4

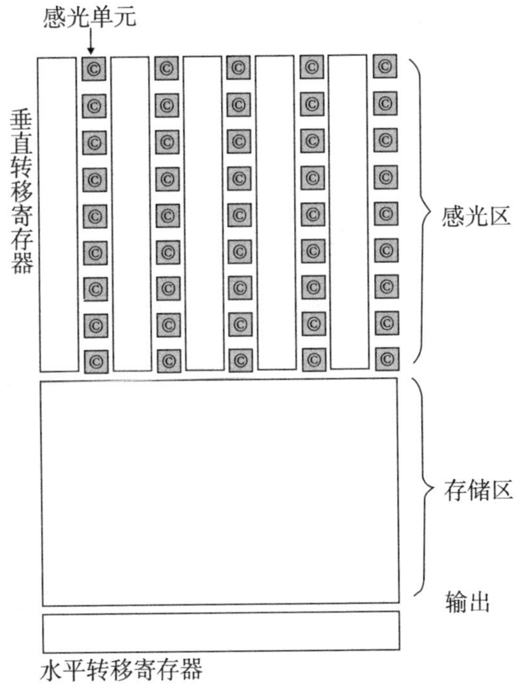

图 3–9–1　帧 – 行间转移式（FIT 式）示意图 1

在帧－行间转移式中，光像转移成电荷像的过程与行间转移的完全相同。但是，在场逆程期间，电荷包从感光单元转移到垂直寄存器后，又立即转移到存储区，即在垂直转移寄存器中停留的时间很短。如图 3–9–2 所示。

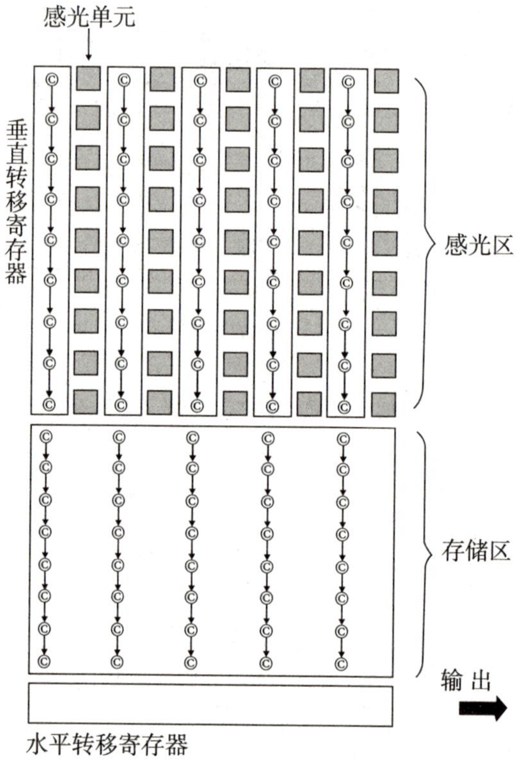

图 3–9–2　帧－行间转移式（FIT 式）示意图 2

在场正程期间，从存储区一行行地向水平转移寄存区转移，以后的过程与行间转移式 CCD 相同。如图 3–9–3 所示。

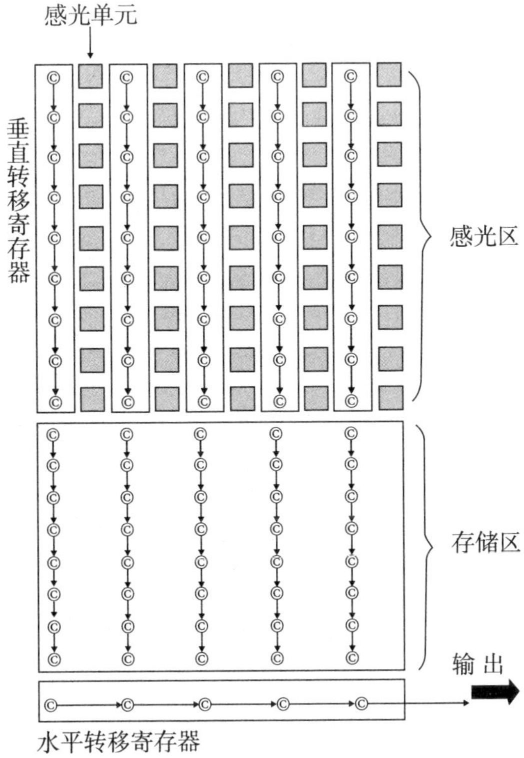

图 3-9-3　帧－行间转移式（FIT 式）示意图 3

3. 帧转移式（FT 式）

如图 3-10-1 所示为 FT 式的 CCD 结构，它分感光区和存储区两部分。感光区能够感光，产生电荷像。感光单元一列列紧密排列，两列之间只有溢出漏，没有垂直转移寄存器。存储区与感光区像素数目相同，但它是被遮光的。如图 3-10-1 所示。

在场逆程期间，全部电荷包从感光区转移到存储区内，并存储在那里。如图 3-10-2 所示。

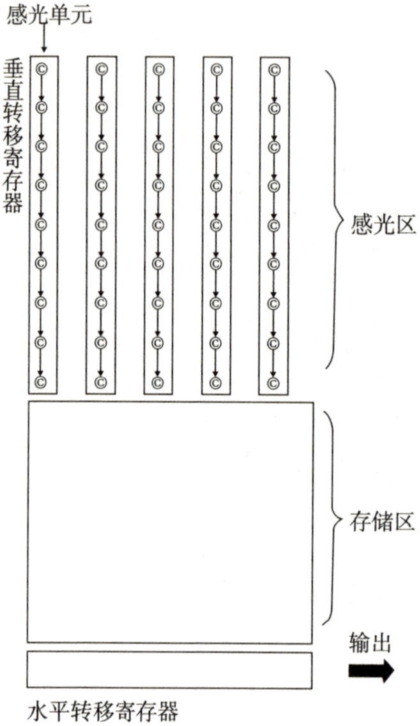

图 3-10-1　帧转移式（FT 式）示意图 1

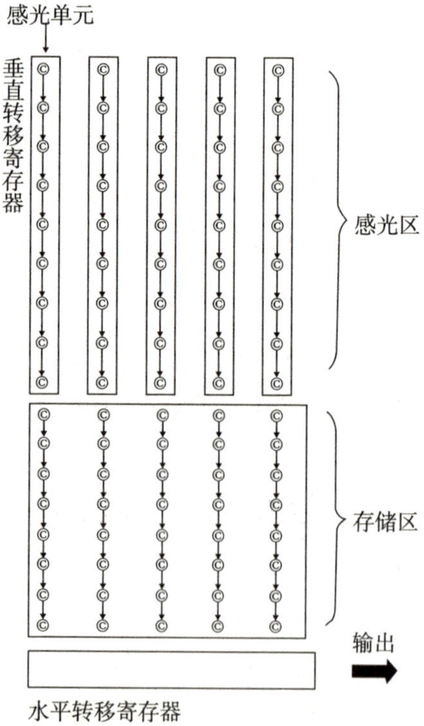

图 3-10-2　帧转移式（FT 式）示意图 2

在场正程期间，电荷包从存储区逐行转移到水平转移寄存器。与行间转移式 CCD 一样，在行消隐期间，向水平转移寄存器转移一行电荷包，在行正程期间一行像素的电荷包沿着水平转移寄存器移出 CCD，形成信号电压输出。如图 3-10-3 所示。

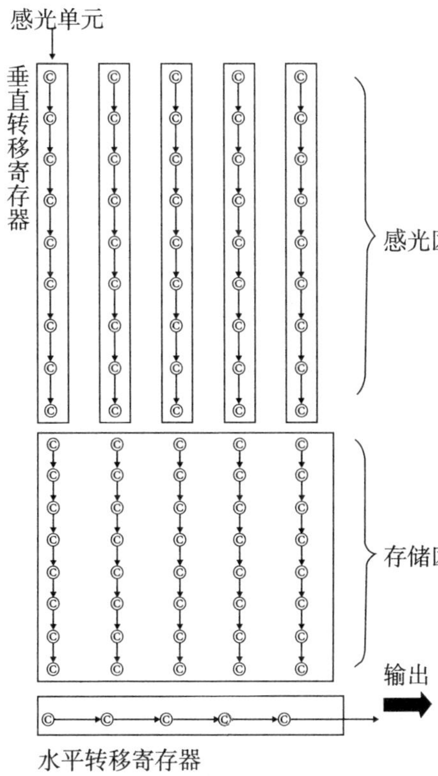

图 3-10-3　帧转移式（FT 式）示意图 3

FT 式 CCD 在场消隐期间，电荷从光敏区转移到存储区时，强光照射处在电荷转移期间产生的电荷会引起重现图像垂直方向的白色拖尾，称为垂直亮带。为了解决这一问题，FT 式 CCD 摄像机在分光棱镜前安装了机械叶子板，在电荷从成像区向存储区转移期间将光挡住，从而消除了垂直亮带。

在 IT 式 CCD 的高亮度处，由于传感器表面内部的杂散光也在遮光的垂直转移寄存器中产生电荷，亦会引起垂直方向的白色拖尾，IT 式 CCD 不能采用机械快门的方法消除垂直亮带，只能通过改进 CCD 的结构来减轻垂直亮带，但不能消除。IT 式 CCD 为了消除垂直亮带采取的另一种方法是加一个存储区，成为 FIT 式 CCD。因为电荷在垂直转移寄存器中停留的时间极短，所以采用 FIT 式 CCD 可以将垂直亮带减到很轻的程度。

由于 FT 式 CCD 的感光区与存储区是分开的，所以感光区上面的光几乎全部被利用。而 IT 式 CCD 的感光面内包含有垂直转移寄存器，感光面积比较小。

IT 式 CCD 的感光单元之间的距离较大，从原理上看，IT 式 CCD 在水平方向会有较大的混叠失真，即细线条栅状图像上会出现莫尔条纹。而 FT 式 CCD 的像素排列紧密，混叠失真相对较小。

（八）灵敏度与最低照度

对于 CCD 来说，投射到 CCD 上 1 流明的光通量所产生的电流定为 CCD 的灵敏度。光源色温应为 3200K 的白光。

对于摄像机来说，彩色摄像机的灵敏度是指同一照度下，拍摄同一景物得到额定输出时，所用光圈大小的 F 值。通常取照度 2000Lux，色温 3200K，拍摄白反射系数 89.9% 的景物，视频信号输出为 700 毫伏。此时使用光圈越小，表示摄像机灵敏度越高。

最低照度，从技术定义上讲，应该是在标准的电视帧比率下，摄像机输出电平为某一幅度下，拍摄标准屏幕所需的屏幕照度，其单位为勒克斯（lux）。测试条件为，摄像机处于最大增益，光圈最大（所谓光圈最大，即最小的 F 值）；另外，对于屏幕的反射率也应该是 89.9%，色温 3200K，伽马值为 0.45，自动拐点关断等。

（九）电子快门

1. 电子快门的工作原理

电视摄像机在拍摄快速运动物体时，图像易模糊。这是因为在一场的时间内，物体光像在感光面上会有明显的位移。此时光像在感光单元上电荷积累的位置变化将使图像中运动物体的边缘变得模糊不清，运动物体的清晰度变差，即动态清晰度较低。这就要求摄像机缩短曝光时间。在 CCD 摄像机中，可以控制每个像素的电荷积累时间以控制入射光在 CCD 片上的作用时间，也即在每一场内只将某一段时间产生的电荷作为图像信号输出，而将其余时间产生的电荷排放掉，不予使用。这样，缩短了积累电荷的时间，就相当于缩短光线照射 CCD 片的时间，如同加了快门一样，这就是电子快门。

电子快门的控制方法是，当电子快门开关 ON 时，快门控制脉冲加到 CCD 的 N 型衬底即溢出漏内。行频快门脉冲使感光单元的电荷一行一行地放掉，直到快门脉冲停止，电荷停止泄放，开始积累。积累电荷时间的长短，由每场出现的行频脉冲个数决定。而这个脉冲数由快门速度选择开关控制，快门速度高，脉冲数多。

IT（行间转移）式 CCD 因为多余电荷只有在垂直消隐期内排泄到垂直转移寄存器才能完成，这就限制快门仅在非常高速时才有反应，就难于实现可变速电子快门。CCD 内 HAD（高精度空穴积累二极管）传感器结构内的垂直溢流沟道解决了这个问题。在这里无用电荷并非通过垂直转移寄存器排泄，而是纵向到 N 形衬底。这样，任何快门速度都与注入溢流控制输出推动脉冲相一致。

2. 清晰扫描

清晰扫描功能是可变速电子快门的高科技应用，这一功能可用于不带水平频带（黑白中的任何一种）顺向显示器的计算机显示器的拍摄。

摄像机拍摄计算机屏幕，会产生上下滚动的横向条纹，这是计算机的频率和电视系统的频率不一样的缘故。然而，清晰扫描功能可以准确控制 CCD 的快门速度，使之完全等于或者很接近计算机显示器的扫描频率。这就有可能在拍摄显示器时，使条纹减少或者完全消失。这称为摄像机的清晰扫描技术或称为连续可变速快门。

当清晰扫描频率高于计算机显示器扫描频率时，在计算机显示器内交叉出现许多黑色线条。这是由于 CCD 的积累周期不够捕捉住显示器一场扫描时间，所以 CCD 感应不到许多扫描线的缘故。严格地说，在快门周期外积蓄的电子（在单个像素的排列），如可变速电子快门的操作中所述，被排泄到 N 形衬底。

另一方面，当清晰扫描频率低于计算机显示器的扫描频率时，在显示器内交叉出现许多白色线条。这是由于 CCD 的积累周期长于显示器的一场扫描时间，从而在 CCD 上像素的同一个排列中下一个显示场的许多行有再次感应的缘故。结果，多余的电子积蓄在这些像素之中。

当清晰扫描频率与显示器的扫描频率相一致，显示器的一场扫描期间内产生的电子以 1/50 秒（PAL）的周期从 CCD 输出，从而水平条纹消失。在扫描周期外产生的电子被排泄到 N 形衬底。

频率一致更容易观察到水平条纹的颜色，清晰扫描速度可在寻像器内看到。如上所述，当黑色条纹出现时清晰扫描频率过高，而必须使之降低。相反，出现白色条纹时说明清晰扫描频率过低，须使之升高。当清晰扫描 / 快门 / 关闭（C.SCAN/SHUTTER/OFF）开关被调到清晰扫描（C.SCAN）开，显示器开关被调至合适方式时，能利用摄像机前面的升 / 降（UP/DOWN）按钮调整清晰扫描频率。

3. 电子快门的操作

摄像机常见的电子快门模式和能选择的快门速度如表 3–7 所示。

表 3–7 摄像机常见的电子快门模式

模式	快门速度	应用
standard	1/60 秒，1/120 秒，1/250 秒，1/500 秒，1/1000 秒和 1/2000 秒	用来拍摄快速移动的物体，得到清晰的图像。
SYNCHRO SCAN	436 级（29.9Hz~252Hz）	用 25Hz 或更大的垂直扫描频率来减少监视器荧光屏上的垂直条纹。
SUPER V		用来增大垂直分解力。

设置快门模式和标准模式，通过 SHUTTER 开关设置快门速度。按 SHUTER 键从 ON 位置移到 SET 一侧。在寻像器屏幕上设置改变信息显示位置显示当前的快门设置。多次按 SHUTER 开关到 SEL 一侧，直到需要的模式或速度出现。

设定快门速度的注意事项：

如果增设“菜单”中的 VES（增强型垂直定义系统）功能是设定在 ON 上的话，则无法改变快门的速度。

快门的速度设定得越快，则图像就会变得越暗。应适当增加照明或调整光圈。

当快门的速度非常快时，拍摄的高亮物体可能会带有长长的尾巴（拖尾现象）。

设定清晰扫描功能的时候，因为计算机屏幕的垂直扫描频率有多种多样，可能会做不到完全清除干扰图形。还应注意，垂直扫描频率可能会随运行的软件而改变。

（十）视频信号处理放大器

CCD 摄像器件输出的信号经过预放器将脉冲调幅信号解调并放大，得到电平达到约 130mVpp 的红、绿、蓝图像信号。若照明光源的色温是 3200K，则通过三路预放增益的调整，使拍摄黑白图像时输出的红、绿、蓝信号电平基本相等。预放器输出的图像信号分别送入三路视频信号处理放大器。三路放大器结构相同，在某些数字信号处理摄像机中，三路放大器集成于一个芯片之内。以下简述各部分电路的作用。

1. 黑斑校正

黑斑现象在图像上的表现是黑色不均匀。

这是由摄像器件的暗电流不均匀引起的。在无光线进入镜头时，CCD 本应无信号电压输出，但由于 CCD 内的分子热运动，也有很少的电荷产生，而且在整个像面上产生的电荷量不一致，这使黑色电平在图像的上下左右不一样高，引起黑色不均匀。

CCD 摄像器件输出信号经双相关取样后送到视频信号处理放大器。首先，在黑斑校正电路进行黑斑补偿和黑色设定（BLK SET）。黑斑补偿使得无光照射时的黑色信号波形变平。这样，可使画面黑色均匀。黑色设定可保证放大器的增益变换时保持黑色电平不变，这种作用又称为黑跟踪。

在模拟校正电路中，把一个幅度与黑斑信号相同，但极性相反的行/场锯齿波或抛物波叠加到图像信号中，以抵消黑斑信号，使图像上的黑斑得到校正。而在数字校正电路中是在光圈关闭时，通过数字检测电路把像面上的电平差自动检测出来，存储在存储器里，工作时作为地址从 RAM 中读出校正数据，控制黑斑校正电路进行黑斑校正。但在消隐期间不存在黑斑，也不应该有校正信号。

在黑斑校正电路中，用一个与黑色信号大小相等、极性相反的黑脉冲信号与黑色信号相加，将黑色信号抵消为零。或者，在 CCD 四边加光学黑边，在光学黑处进行箝位。因光学黑处与光学像面处同样有暗电流产生的电平，将这部分箝位到零电平，并将零电平以下的消隐部分切掉，即消除由暗电流产生的信号。将输入到增益可控放大器的黑色电平与消隐电平都设在零电平上，后面的增益变化就不会引起黑电平变化了。

2. 增益提升

当拍摄场景是较暗的景物时，需升高处理放大器的增益，以使白色电平达到 0.7Vpp。自动控制电路中的微计算机根据增益开关的位置，送出相应的控制电压至增益提升级，使增益提升。

一般摄像机增益分三档：0dB、9dB、18dB，以此提高摄像机的灵敏度。照明不够时，光圈已开到最大，图像还是看不清，这时需要使用增益进行放大以此来提高图像的输出。运用增益，图像上的杂波会增多，图像信噪比下降，画面上出现雪花干扰，所以应尽量提高被摄体的照度。没有其他办法时，再用增益。

现代摄像机还有负增益档位，在照明足够的情况下用负增益可以提高信噪比。

增益的操作形式为可编程式，可提供的增益值为 –6dB、–3dB、0dB、3dB、6dB、9dB、12dB、24dB、30dB、36dB。这些数值可按使用者要求任意设置在开关位置高 / 中 / 低三档内，以满足拍摄的要求。

通过 GAIN 开关来选择放大图像的增益值。在设置菜单的 MASTER GAIN 页，增益值由 GAIN 开关的 L、M 和 H 位置来设置。

将 MENU SET/OFF 开关设为 SET。在寻像器屏幕上完整出现预置菜单操作所在页。按 PAGE 键，显示以下所示的 SETTING（LOW/MID/HIGH）页。按 SHIFT/ITEM 键多次，移动指针到 MASTER GAIN 位置。按 UP 或 DOWN 键，设置增益值。从 –3dB、0dB、3dB、6dB、9dB、12dB、15dB、18dB、21dB、24dB、30dB 中任选增益值。完成菜单操作后，将 MENU SET/OFF 设为 OFF。设置菜单从寻像器屏幕上消失，在屏幕顶部和底部出现表明主机当前状态的显示。

出厂时的增益值一般是：LOW=0dB，MID=9dB，HIGH=18dB。

3. 白斑校正

当拍摄均匀的白色画面时，荧光屏上重现出的白色不均匀称为白斑。白斑校正电路可对图像的白斑进行校正。

由于镜头的透光率在整个像面上不均匀，分光棱镜存在色渐变，使白色电平在水平方向和垂直方向不一致，产生白斑。白斑的程度与图像亮度成比例，因此白斑也称为调制型黑斑。

白斑使图像沿水平方向和垂直方向的信号幅度受到抛物波或锯齿波的调制。在校正电路中，用一个适当的反向抛物波或锯齿波去改变图像信号的放大量，即将该波形与图像信号相乘，使白色电平变为均匀。在消隐期间没有白斑影响，故不必有补偿信号。

在数字信号处理电路中，通过数字自动检测电路检测出白斑信号，存储在存储器中，以地址形式从 RAM 中读出校正数据，控制白斑校正电路进行白斑校正。

白斑调整过程如下：

（1）安装镜头到摄像机上，保证镜头连接线也连上。

（2）电子快门设为 OFF，增益为 L（0dB）。

（3）如果镜头有一个扩展镜，去掉扩展镜。

（4）打开斑马纹（ZEBRA）开关。

（5）拍摄一张平整白纸。应使用不引起闪烁的光源，例如日光等。

（6）设镜头光圈为手动，调整光圈，使 ZEBRA 图形布满整个荧光屏。如果灯光照射物体不均匀，ZEBRA 图形将只覆盖一部分荧光屏。因此可能需要调整灯光等位置。

检查镜头光圈是否在 f/4 和 f/11 之间。如果不在这个范围，调整灯光，使之落入此区间。

4. 杂散光校正

杂散光校正电路可去除杂散光对图像的影响。光线通过镜头中的各片透镜时仍有很小的反射量（约小于 0.1%），这部分反射光在各镜片之间反复地反射和透射，形成杂散光。此外，在 CCD 内的晶体结构和各半导体层之间也会有很少的反射光，形成杂散光。杂散光提高了白色周围的电平，即提高了黑色电平，降低了图像的黑白对比度，使图像看上去如蒙上一层雾。光的反射量又与光的波长有关，波长较长的红光反射量最大，因此杂散光的影响会使黑色偏红，破坏了黑色平衡。

由于杂散光的强度与入射光强度成比例，所以它引起的黑电平变化也随入射光强度变化。杂散光校正的基本方法是对图像信号的平均电平进行负反馈，调节反馈量，使之恰好抑制杂散光所引起的黑电平变化。

5. 黑平衡调节

当摄像机拍摄纯黑物体时，即图像对光的反射率小于 3% 或光圈关闭时，红、绿、蓝三路输出电平称为黑色电平。这个电平送到显像管时荧光屏刚刚不发光，呈现黑色。重现纯黑色要求摄像机输出的红、绿、蓝黑色电平相等，这称为摄像机的黑平衡。关光圈后，调节红路和蓝路的黑色电平，使它们都与绿路的黑色电平相等，即称为黑平衡调节。

6. 白压缩

电视摄像机的动态范围是指一幅拍摄图像上所能传送的最大亮度变化范围，即拍摄景物的最大对比度。这个亮度范围以外的亮度变化在拍摄出的图像上已无反应。

在光圈确定以后，可拍摄的最低亮度主要受摄像器件的热杂波和预放器的杂波电平限制。如果图像信号电平接近杂波电平，则图像就无法分辨了。当杂波功率低于信号功率 20dB 时图像方能看清。可重现的最高景物亮度由处理放大器的白切割电平限定。

摄像机输出信号的消隐电平为 0mV，标准白色电平为 700mV。这个电平差归一化后定为 100% 信号电平；在放大器增益为 0dB 时，相应的景物照度定为 100% 的入射光强度。

一般将白切割电平设定在 110%~115%，超过 115% 的信号电平在处理放大器的输出端被切掉。这就是说，景物亮度超过 115% 后，摄像机输出的信号电平不再随景物亮度增强而提高了，而是限定在 115% 的电平上。荧光屏上的图像在这个电平以上的部分失去了亮度层次，呈现一片均匀白色。

为提高摄像机的动态范围，采取了以下措施：

在电平为 100%~115% 部分采取白压缩的方法，使放大器增益减小。这样，在摄像机的入射光超过 200% 后，输出信号电平才达到白切割电平。因此，入射光在 100%~200% 的范围内，其图像的亮度层次仍能出现在荧光屏上，从而扩大了动态范围。当然，重现的亮度级差减小了很多，有一定的对比度失真。

白压缩开始作用的点，即增益减小的起始点，称为拐点。

拍摄高对比度的景象时，如逆光像，若把拐点设在 100% 电平处，动态范围还是很不够的。若调节光圈使较暗的前景图像亮度合适了，则很亮的背景部分就完全失去了灰度层次而呈现一片均匀白色。相反，若调节光圈使背景层次分明，则前景就显暗了。为进一步提高拍摄质量，现代的摄像机都在处理放大器内设计了自动拐点（AUTO KNEE）电路，或称动态拐点（DYNAMIC KNEE）电路，或称动态对比度控制（DCC）电路。

在这类电路中，传输特性的拐点可随入射光的强度（即输入信号电平）自动调节，当入射光增强时拐点自动降低。一般在拐点降低到85%的情况下，入射光强度增高到600%时摄像机输出的信号电平仍能不超过切割电平，重现图像在高亮度处仍能显示出灰度层次。

因为在拐点以上的灰度层次不是很鲜明，在入射光不太强时应使拐点自动升高，以扩大亮度传输特性的线性范围，在入射光强不超过200%时，应把拐点设定在100%～110%范围内。拐点以上的传输特性斜率也可以适当设定。

7. 预弯曲（PRE KNEE）

在摄像机视频信号处理放大器中把白压缩分为两部分进行，在黑平衡调节电路后先进行一次白压缩，称为预弯曲。CCD输出的信号电平被限制在600%，预弯曲电路在130%电平处开始减小放大倍数，原为600%的电平现在降低到约226%处。预弯曲后的信号经后面的伽马校正级和白压缩电路后，使最后输出信号电平限制在110%时，保留入射光600%以下的图像信息。对于数字信号处理摄像机，为了降低量化比特数，预弯曲更是必要的电路。

8. 轮廓校正

无论是摄像管摄像机还是CCD摄像机，都存在孔阑失真（孔阑效应），它使图像细节和黑白跳变处变模糊，也就是使高频信号幅度下降。摄像机的轮廓校正电路就是对孔阑失真进行校正。

产生孔阑失真的原因是CCD的感光单元总是有一定的面积，它对光学信息的传送是按抽样方式进行的。孔阑失真引起的高频跌落不同于一般放大器的高频失真，它只引起高频信号的幅度下降，而没有相位失真。

由于 CCD 摄像器件的感光单元有一定的宽度，所以对景物成像沿水平方向进行拾取时抽样脉冲不是理想的脉冲，而是有一定宽度的脉冲序列。CCD 器件中感光单元的宽度即抽样脉冲的宽度，感光单元之间的间隔很小，因而抽样脉冲宽度几乎与抽样周期相同，输出信号幅度就下降为零。可见，CCD 摄像器件输出的高频信号幅度会明显降低，这就是摄像机的水平孔阑效应。摄像器件对光学信息的传送在垂直方向是按扫描行进行抽样的，与水平方向相同，也存在孔阑失真。

摄像机的轮廓校正电路对水平孔阑失真和垂直孔阑失真进行校正。在轮廓校正电路中产生水平和垂直方向的边沿信号，称为细节（DTL）信号，该信号同时送到红、绿、蓝路叠加到图像信号上。

在模拟轮廓校正电路中，由绿路图像信号产生水平和垂直 DTL 信号。为了提高红色图像的清晰度，将红路信号也送到水平 DTL 产生电路，与绿信号共同产生水平细节信号。在数字轮廓校正电路中，由红、绿信号共同产生行、场细节信号。

9. 彩色校正

彩色电视摄像机输出电压的光谱响应必须与显像管荧光粉的混色曲线一致。但实际的摄像机光谱响应曲线应由镜头的透过特性、分光系统的分光特性和摄像器件的光谱灵敏度综合决定。实际的光谱响应缺少了理想特性曲线中的负瓣和正次瓣，这必然使摄像机输出 R、G、B 电压的比例偏离理想值，引起彩色失真，故必须对输出电压的光谱响应进行校正。

在视频处理放大器中采用电子的方法模拟理想光谱响应的负瓣和正次瓣的作用。

根据理想分光特性曲线的形状，每个基色光谱响应的负瓣和正次瓣都可以用其他两个基色信号模拟。校正后的信号与校正前的信号关系可用线性矩阵形式表示。因此，这种彩色校正电路也叫线性矩阵电路。

在传统的模拟摄像机中，为了能在各种光照下都拍摄出彩色逼真的图像，一般都设置了 2~3 种不同系数的线性矩阵电路，用户可以很方便地用开关进行选择。如 SONY 的专业摄像机 DXC-D30P 等均在侧面板设有适合荧光灯下拍摄的 FL 模式和可以提高饱和度的 H.SAT 模式等。

而现在的数字摄像机或摄录一体机将彩色校正功能大大加强，实现了多区彩色校正功能：色度信号根据彩色相位被分为 16 个区域，可分别在这 16 个区间内进行色调和饱和度的控制。通过对选择的颜色进行增减或替换，能够进行独特而创新的再处理，类似后期制作中的二级色彩特技处理。十分便于多摄像机之间的色彩匹配调整和创造独特色彩效果。

彩色校正现在主要通过线性矩阵（Linear Matrix）电路经过变换实现。

线性矩阵电路根据 R、G、B 视频信号的负光谱响应再生和增加对其电路信号进行补偿。矩阵校正电路被设计在伽马校正之前，这样就可以保证补偿不会超过伽马校正的范围。

彩色校正现在主要通过线性矩阵电路经过变换实现。根据 R、G、B 三原色的光谱响应曲线，其线性关系为：

$R'=a1R+b1G+c1B$

$G'=a2R+b2G+c2B$

$B'=a3R+b3G+c3B$

经过矩阵变换后，其线性关系为：

$R'=R+b1(G-R)+c1(B-R)$

$G'=a2(R-G)+G+c2(B-G)$

$B'=a3(R-B)+b3(G-B)+B$

此时只需确认 a2、a3、b1、b3、c1、c2 六个矩阵参数，由各基色信号相减组成的色差信号，也很容易通过差分放大器得到。另外，因色差信号占用带宽较窄，所以使用色差信号作为校正信号不会引入过多的噪波。

数字摄像机可以通过调整线性矩阵的矩阵系数精确地进行色彩的校正与重现。由于线性的矩阵正被设置在非线性的伽马校正之前，因而可以提供完美的光谱响应。

10. 伽马校正（Gamma Correction）

伽马校正电路是用来校正摄像－显像系统非线性的，在CCD摄像机中主要是对显像管的电－光特性的非线性进行预校正。

电视系统的伽马值约为2.2，所以电视系统的摄像机非线性补偿伽马值为0.45。彩色显像管的伽马值为2.8，它的图像信号校正指数应为1/2.8=0.35，但由于显像管内外杂散光的影响，重现图像的对比度和饱和度均有所降低，所以现在的彩色摄像机的伽马值仍多采用0.45。在实际应用中，我们可以根据实际情况在一定范围内调整伽马值，以获得最佳效果。

11. 黑扩展（BLACK STRETTH）和黑压缩（BLACK COMPRESSION）

黑扩展只对电平在30%以下的信号进行伽马校正，提高暗处的亮度，增强暗处的灰度层次，而不影响图像的明亮部分。

黑压缩只对电平在30%以下的信号进行反伽马校正，加大暗处的反差，减低平均电平，提高暗处的主观清晰度，而不影响亮处图像。

12. 细节电平（Detail Level）

所有的摄像机都使用图像增强技术来改善图像质量。简单地说，图像增强技术就是增强亮区到暗区和暗区到亮区对比度，即提高视频信号边缘的脉冲峰值，使物体垂直和水平边缘变得更清晰。

细节电平的调整关系到图像改善的程度，即画面细节的清晰度。改善信号细节的方法有两种，第一种方法是通过将信号延迟并重新组合，获得细节校正的信号；第二种方法是使用特殊电路将信号边缘的脉冲峰值提高来进行信号细节的校正。

在SONY的数字摄像机中，细节校正包括“总细节电平调整”“垂直细节电平混合率调整”“水平细节信号脉冲宽度调整”“H（黑电平和白电平）和V（黑电平）细节切割电平的调整”“伽马校正后细节混合率调整”“皮肤色调细节调整”“匀边电平调整”“电平从属电路调整”。

对于高对比度的物体，在特殊的暗区到亮区的过渡处理时必须进行特殊的细节校正，否则会导致“黑晕”和“台阶”效果。在高亮度物体的边缘有一圈黑色厚边缘的现象是“黑晕”效果，物体边缘呈锯齿状是“台阶”效果。我们可以通过将水平、垂直两方向的多余细节信号切割到一个适当值，减轻这些不良的边缘效果。然而在模拟摄像机中进行这种处理时，切割细节信号的缓慢响应反而使得黑晕效果增强了。

虽然细节校正的功能是使图像更加清晰，但是在某些情况下，如拍摄人的面部需要柔和的效果。肤色细节校正功能可以减小图像中肤色区域的细节电平，而其他区域的细节电平保持不变。这样我们就可以获得自然、平滑的肤色，而不影响画面其他部分的清晰轮廓。

第二节　数字摄影机

数字摄影机是指使用数字成像技术，分辨率 2K 以上，色域符合 DCI 规范，用于数字影片拍摄和高质量电视节目制作的摄影器材。和传统的广播级数字摄像机相比，数字摄影机更多地融合了胶片的高分辨率（4K 甚至 6K、8K）、更宽的动态范围、更大的色域。

在数字摄影机技术发展的历史上有几个关键点，2000 年索尼的 HDW-F900 首次采用了高清电视的 24P 格式，从此开始了电影数字化拍摄的进程。2003 年索尼的 HDC-F950 和汤姆逊的 Viper 在高清 24P 的基础上首次实现了 10 比特 4：4：4RGB 全带宽输出和记录，同时 Viper 首次采用了 RGB 原始数据和 Film Stream 对数伽马输出，开始接轨数字中间片制作流程。在 RGB 原始数据和对数伽马的基础上，同年 ARRI 的 D-20 和 Panavision 的 Genesis 首次采用了单片 S35mm 全画幅成像器件，可以直接使用 35mm 电影镜头。还是在 2003 年，DALSA 发表了 Origin，首次采用拜尔原始数据输出、文件化记录，彻底脱离了高清电视的技术轨道。2007 年

RED ONE 首次把拜尔原始数据经过大比率压缩后记录在 CF 卡上，实现了数字摄影机的低成本和小型化。2010 年 ARRI 的 ALEXA 首次在数字摄影机上实现了 ISO800 灵敏度和 14 档光圈宽容度，使数字摄影机的宽容度达到了彩色负片的最高水平。2011 年索尼发表 F65，用 8K 像素成像器件同时实现了 4K 分辨率和 14 档光圈宽容度，超越了 35mm 胶片的拍摄质量。①

和传统电影拍摄相比，数字摄影机融合了作为摄影器材的电影摄影机和作为感光材料的胶片，画面的效果不再取决于胶片的类型，而是取决于数字摄影机的特性。所以数字摄影机不但是替代广播级数字摄像机的新一代机型，还是感光材料和电影摄影机的增量结合。数字电影和超高清电视深度融合的时代已经到来。

一、数字摄影机要素

数字摄影机的质量控制受多个方面要素的制约，这些要素都和传感器、处理电路的特性紧密相关。我们接下来就其中几个问题略做探讨。

（一）清晰度：分辨率、锐度

以专业的视角关注数字摄影机，大家谈论最多的当属分辨率，其实这种叫法存在非常大的不确定性。

数字摄影机的成像单元也就是传感器通常为 CMOS 或者 CCD，上面以一定的排列方式分布着大量的感光单元，通常被叫作像素点。根据不同的排列和读出方式，多个基色像素点合成一个全彩像素点，这些合成的全彩像素点的纵横数称作分辨率，比如 1920×1080、2K、4K 等。用不同分辨率的数字摄影机拍摄的图像如果用显示设备 1∶1 放映出来，的确能够匹配显示设备的分辨率设定。

谈分辨率的意义在于图像采集和显示（播放）相互匹配，如果显示的

① 王亚明．新一代数字摄影机技术［J］．现代电影技术，2011（12）．

尺寸限定在 HD，用 6K 拍摄和用 1920×1080 拍摄最后显示的分辨率是非常接近的，甚至由于 6K 要向下匹配到 HD，像素合并运算后的“清晰度”反而不如直接用 HD 拍摄的画面。有些影片和电视节目用高于实际投放的分辨率拍摄只是为了后期制作流程中有更大的余地，比如对个别的镜头重新构图（裁剪）等。

清晰度是指影像上各细部影纹及其边界的清晰程度。除了分辨率的匹配，还有一个决定性的要素——锐度。下面的图例（图 3–11）形象地说明了黑白色块临界边缘的锐度对清晰度的影响。

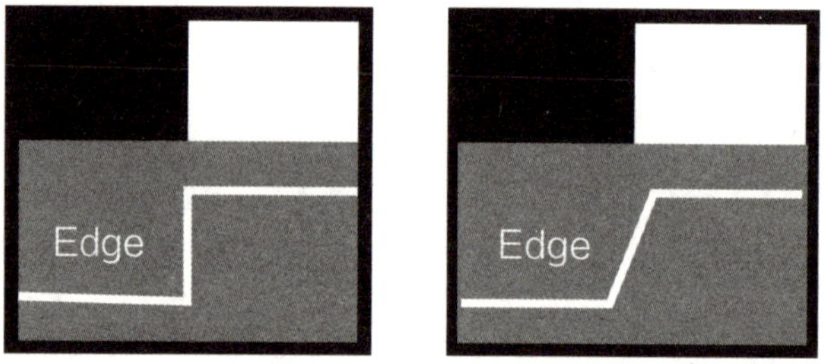

图 3–11　边缘锐度对清晰度的影响图示

锐度是反映图像边缘锐利程度的一个指标，在摄影领域，锐度用来表示图像边缘的对比度。如果将锐度调高，图像细节突变的地方，边缘更加锐利，对比度也更高，由于人类视觉系统的特性，画面整体看起来更清楚。但是实际上锐度的增加并没有提高真正的分辨率。

广播级高清摄像机就是利用了这种原理，在信号处理电路的设计中提高图像的锐度，增加图像的清晰度。

锐度并不是越高越好，如果锐度过高，图像细节的边缘会出现“镶边”现象，图像看起来失真刺眼。为了获得相对清晰而又真实的图像，锐度处理要适度。

评价数字摄影机成像清晰度的方法需要同时判定解像力和锐度两个指标。需要在拍摄前进行实用分辨率线对测定和锐度测试。

（二）宽容度

电影和电视关于感光材料、传感器感光单元能记录的亮度范围很久以前就形成了各自的表达规范，胶片称作宽容度而摄像机称作动态范围。

胶片的宽容度是指感光材料等比例容纳景物亮度差别的能力，等比例是关键词，它意味着在宽容度范围内，景物的明暗层次会得到正确表现。对于既定的胶片型号和冲洗工艺，宽容度是一定的。从感光特性曲线上，景物的亮度差别以等比例的密度差记录的直线部分在横坐标上的投影即是胶片的宽容度。如图 3–12 所示。

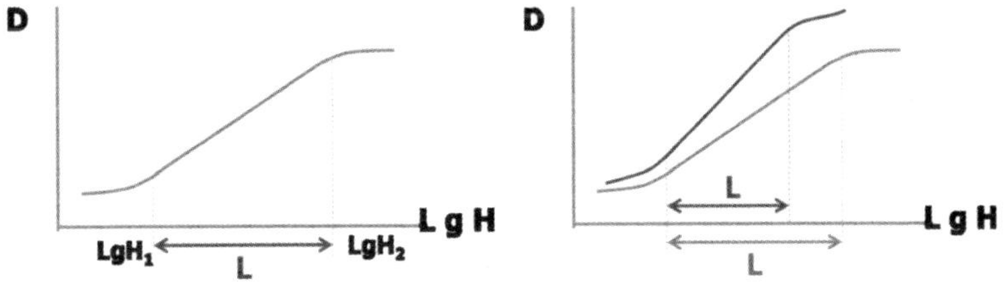

图 3–12　宽容度示意图

宽容度可以用亮度比表示：L=H1∶H2，也可以用亮度间距表示：L=LgH2–LgH1。大多数的摄影师更习惯于用光圈系数表示的级数表示：L= 级数，还常以 18% 灰为分界线，清晰地表明影调结构。常用的彩色负片宽容度为 12 至 14 档光圈，例如 5284 的宽容度为 –7/+5 档光圈，5218 的宽容度为 –7/+6，5219 的宽容度为 –6/+8。

动态范围（Dynamic Range），最早是信号系统的概念，一个信号系统的动态范围被定义成最大不失真电平和噪声电平的差。而在实际用途中，多用对数和比值来表示一个信号系统的动态范围，对于传感器来说，动态范围表示图像中所包含的从“最暗”至“最亮”的范围。动态范围越大，所能表现的层次越丰富，所包含的色彩空间也越广。表 3–8 列出了一些常见的动态范围。

表 3–8 常见动态范围

媒介	范围	EV
自然场景	1∶8400000	23.0
人眼	1∶1000000	19.9
黑白负片	1∶500	9.0
彩色反转片	1∶50	5.6
JPEG 图像数据	1∶300	8.2
RAW 图像数据	1∶360	8.5
计算机显示器	1∶100	6.6
标准监视器	1∶1000	10
直线性空间（ACES 16Bit）	1∶66000	16

从标清到高清，电视摄像机的动态范围一直是以 89.9% 白为基准，在正常拍摄的基础上增加入射光量，直到 89.9% 白超过输出电平限幅，表达方式用百分数表示。现在的广播级高清摄像机能达到的最高动态范围是 800%，相当于增加了 3 档光圈，因为 18% 灰密度是 89.9% 白的 5 倍，相当于 2.2 档光圈的亮度差，所以 800% 宽容度相当于以 18% 灰为基准时过曝光宽容度 3+2.2=5.2 档光圈。

但是一般电视摄像机性能只标出动态范围，即基准灵敏度时 89.9% 白的过曝光宽容度，不标出欠曝光宽容度和总宽容度，精确的总宽容度还需要借助标准灰阶和示波器测得。

数字摄影机沿用了电影胶片的宽容度表示规范，常用的数字摄影机宽容度为 12 至 14 档光圈，例如，基准感光度时 SONY F35 的宽容度为 –6.7/+5.3 档光圈，SONY F65 的宽容度为 –8/+6，ARRI ALEXA 的宽容度为 –6.6/+7.4。数字摄影机在改变感光度（灵敏度）时不会改变总宽容度，只会改变欠曝光与过曝光宽容度的结构。

曝光宽容度，本来是指胶片不管曝光不足或过度均能产生可用底片的能力[①]。扩展到数字摄影领域，曝光宽容度是指数字摄影机不管曝光不足或过度，均能记录下场景的亮度层次，并通过后期配光调色还原场景的亮度比例关系的能力。

① ［美］柯达公司．柯达专业黑白胶片．杭州：浙江摄影出版社，1999：36.

曝光宽容度随着被摄体亮度范围而变化。实验表明，像大多数的胶片一样，数字摄影机对曝光不足只有很小的宽容度（大约 1 级），而对于低反差的被摄体，曝光过度的宽容度甚至达到了 10 级以上。

实践证明由于对数空间在记录时给亮部和暗部分配的比特量化资源不同，不建议使用比实际需要更大的曝光过度的容限去获得阴影区的细节。曝光过度以 3 级为限，否则在后期配光调色时校正到正常的曝光水平时会出现影调色调分离。

1. 宽容度和分辨率

宽容度和分辨率是一对矛盾，宽容度本质上取决于传感器上感光单元在单位时间内可捕捉的光子数量，表面积越大，捕捉的光子数量越多，所能形成的最高亮度和最低亮度之间的光比才越大，才能得到较大的宽容度。在整个传感器面积不变的情况下，比如 S35mm，像素数量越多，像素的尺寸就会越小，如果采用相同的制造工艺，分辨率与宽容度呈现出矛盾特性。以 4K 拜尔滤色片为例，4K 拜尔像素的分辨率是 2K，实现 4K 分辨率需要 8K 拜尔像素，有效像素数量 3540 万，成像器件尺寸不变时每个像素的面积只有 4K 拜尔像素时的 1/4，在像素光电转换性能不变的情况下灵敏度和宽容度将降低 2 档光圈。这就是说在现有的技术条件下增加像素、提高分辨率是很容易的，但成像器件尺寸不变时，像素数量越多分辨率越高，灵敏度和宽容度就越低，因此，4K 摄影机的最大挑战是同时提高分辨率和宽容度。

2. 宽容度与噪声

传感器和胶片的本质区别是，如果不存在噪声，数字摄影机宽容度将会无穷大。无论光线多么微弱，只要捕获到光子并产生电荷，就可以利用功率放大器产生有效的输出。所以在测定数字摄影机传感器的宽容度时，采用信噪比的方法来定义。

比值表示：DR= 满势阱容量 / 读出噪声

分贝表示：DR=20 × lg（满势阱容量 / 读出噪声）

比值表示：DR= 满势阱容量 / 读出噪声，分贝表示：DR=20 × lg（满势阱容量 / 读出噪声），在准确地曝光下，一个普通的 CCD 可以记录 250∶1（8

级光圈）左右的高反差场景。

高文件的 FFT CCD 系统则可处理近 1000∶1 的色调范围。

势阱容量（Well Capacity）：每个感光元所能容纳的最大电荷量，用“焦耳 / 平方厘米”（jcm^2）表示，或用电荷数量表示，势阱容量与光照强度呈线性关系。动态范围是势阱容量与噪声之比，用分贝 dB 表示。

噪声：光电响应不均匀性导致的固定图形噪声，输出放大产生的噪声等。摄影机处理电路通过降噪可以提高信噪比，从而提高动态范围（宽容度）。

随着材料科学和传感器工艺技术的不断进步，数字摄影机逐渐克服了这一矛盾。即通过增大开口角，通过微透镜等提高势阱容量，降低系统噪声提高信噪比，在获得高分辨率的同时保证了 14 档光圈的宽容度。

3. 宽容度和位深

数字影像的位深是指用来描述每一个色彩通道的二进制数的位数，用比特表示。现行的高清电视系统是 8 比特，每一个通道共有 2^8=256 种亮度，三个通道混色后共有 2^{24}=16777216 种色彩。数字摄影机采集的亮度和色彩越丰富，记录时需要位深也越高。

数字摄影机的不同工作空间，对亮度伽马的处理各异。考虑到“编码 100”的问题，直线性空间分别需要 14 比特和 16 比特才能达到现在高清电视和电影的图像质量。数字摄影机是针对高质量电视节目和数字电影设计的，宽容度超过了目前高清电视摄像机甚至电影负片达到 14 档，用直线伽马完整记录这些亮度层级需要大约 21 比特，数据量惊人。所以现在数字摄影机绝大多数采用对数伽马，把 16384∶1 的亮度间距压缩到 12 比特的记录范围内①。

二、常见机型简介

（一）ARRIALEXA

ARRI 于 1917 年在德国慕尼黑成立，经过近百年的发展，ARRI 已经

① 数字电影倡导组织（Digital Cinema Initiatives，DCI）发布的《数字电影系统规范》，要求符合 DCI 标准的数字电影母版每通道具备 12 比特位深，SONY 的 HDCAM 格式每通道为 8 比特位深，Apple 的 ProRes 可选 8 至 12 比特多种位深。

成为世界上规模最大、最富创造性的电影摄影机、数字中间片和灯光设备制造商及供应商。

2010年北京国际广播电影电视设备展览会（BIRTV2010）上亮相的阿莱艾丽莎（ALEXA）摄影机是一款35mm胶片风格的数字摄影机，是阿莱公司进入数字摄影领域之后的重要产品。ALEXA是一台轻巧经济的数字摄影机，画面质量接近35mm胶片。

ALEXA摄影机可同时记录Apple ProRes文件、输出无压缩HD-SDI1视频及无压缩ARRI RAW数据。其中Apple ProRes 422（HQ）和4444信号文件能高速记录在机载SxS3卡上，将SxS卡插入笔记本电脑即可使用Apple Final Cut进行直接编辑，消除了以往因转码带来的麻烦。另外，单独的XML文件、HD-SDI视频流和ARRI RAW文件中包含丰富的元数据，可消除工作流程中的障碍；内置的颜色管理系统也可将颜色对照表应用于任何一种输出，使项目前后期沟通更加顺畅。①

1. 主要参数

艾丽莎有几个不同的型号：

ALEXA 35型胶片风格数字摄影机，集成肩托和15mm轻型承托轨底座。

ALEXA Plus在以上的基础上增加了对ARRI无线遥控系统（WRS）、cmotion cvolution镜头遥控系统和ARRI镜头数据系统［LDS，包括镜头数据卡口（LDS）和面向无LDS镜头的镜头数据存档（LDA）］。

ALEXA Plus 4∶3此版本的ALEXA Plus在以上功能的基础上提供4∶3拍摄模式。

ALEXA Studio在以上功能的基础上增加了旋转反光镜快门，光学取景器（也可替换为标准的电子取景器），以及4∶3拍摄模式。

ALEXA M以ALEXA为蓝本，但具备分体设计的机头和机身，同样提供4∶3拍摄模式。

主要的参数如下：

（1）帧率。

不同的运行模式和录制格式之下，ALEXA的帧率范围如表3-9所示。

---

① ARRI_Camera_SUP6.1_ALEXA_PocketGuide.

表 3-9　不同情况下 ALEXA 的帧率范围

运行模式	录制格式	帧率范围（fps）	配置
16:9 HD	ProRes 422 (Proxy), 422 (LT), 422 和 422 (HQ)	0.75—60	32 GB/64 GB SxS PRO 存储卡
	ProRes 422 (Proxy), 422 (LT), 422 和 422 (HQ)	0.75—120	高速拍摄许可证和 64 GB SxS PRO 存储卡
	ProRes 4444	0.75 —40	32 GB SxS PRO 存储卡
	ProRes 4444	0.75—60	64 GB SxS PRO 存储卡，SUP 5.0 或更新版本
	DNxHD 145 和 220x	0.75—60	DNxHD 录制许可证和 32 GB/64 GB SxS PRO 存储卡
	DNxHD 145 和 220x	0.75—120	DNxHD，高速拍摄许可证和 64 GB SxS PRO 存储卡
	DNxHD 444	0.75—60	64 GB SxS PRO 存储卡，SUP 7.1 或更新版本
	HD-SDI	0.75—60	
16:9 2K	ProRes 422 (Proxy), 422 (LT), 422 和 422 (HQ)	0.75—60	32 GB/64 GB SxS PRO 存储卡
	ProRes 4444	0.75—40	32 GB SxS PRO 存储卡，SUP 7.0 或更新版本
	ProRes 4444	0.75—60	64 GB SxS PRO 存储卡，SUP 7.0 或更新版本
	HD-SDI		监视器输出克隆（MON OUT clone）
4:3 2K	ProRes 422 (Proxy), 422 (LT) 和 422	0.75—48	32 GB SxS PRO 存储卡，SUP 7.0 或更新版本
	ProRes 422 (HQ)	0.75—40	32 GB SxS PRO 存储卡，SUP 7.0 或更新版本
	ProRes 4444	0.75—30	32 GB SxS PRO 存储卡，SUP 7.0 或更新版本
	ProRes 422 (Proxy), 422 (LT), 422, 422 (HQ) 和 ProRes 4444	0.75—48	64 GB SxS PRO 存储卡，SUP 7.0 或更新版本
16:9 ARRIRAW	通过 T-Link 输出无压缩信号	0.75—60	3G DL 兼容录机，录制输出帧率为 48, 50, 59.94 或 60 fps
4:3 ARRIRAW	通过 T-Link 输出无压缩信号	0.75—48	3G DL 兼容录机，录制输出帧率为 48, 50

（2）快门。

旋转反光镜快门（仅限 ALEXA Studio，11.2—180）或电子滚动快门（0.75—60fps：5.0—358.0；60—120fps：356）。对某些帧率，快门的开角度将小于 180。电子滚动快门在 0.75—60fps 时的开口角度范围为 5.0—358.0，在 60—120fps 时开角度为 356。快门角度设置精度为 1/10 度。

（3）曝光宽容度。

从 EI 160 至 EI 3200，所有的感光度设置下曝光宽容度均为 14 档。此数据是使用 ARRI 动态范围测试卡（Dynamic Range Test Chart，DRTC）测得的。

（4）曝光指数。

曝光指数旁边的数字表示在 18% 灰度上下的宽容度的档数。这些有效值是基于 Log C 的。而对于 Rec 709，当 EI 值为 160 时，其宽容度在暗部少 0.5 档；当 EI 值为 200 时，其宽容度在暗部少 0.4 档，当 EI 值为 400 时，其宽容度在暗部少 0.2 档。其他数值保持不变。

白平衡通过自动白平衡调整或手动调整，可分别进行红色 / 蓝色和绿色 / 品红的修正。红色 / 蓝色：从 2000 到 11000K，以 100K 为步幅进行调整，预设档位为 3200K（钨丝灯）、4300K（荧光灯）、5600K（日光）、7000K（冷日光）。绿色 / 品红：−8 到 +8CC 色彩修正值，1CC=035 柯达色彩修正值或 1/8Rosco 色彩修正值。

（5）噪声水平。

当摄影机以 24fps 拍摄（ALEXA Studio 的旋转快门旋转的状态下），环境温度≤ +30C（≤ +86F），装载镜头，并将风扇模式设置为常规，此时，在镜头前方 1m/3ft 处测量到的噪音在 20db（A）以下。如果希望在较高温度环境下进行静音操作可将风扇模式设置为录制时低噪音（Rec low）。

（6）镜头卡口。

ARRI 可换镜头卡口（ELM），随机附带有 LDS 触点的 PL 卡口适配器，54mm不锈钢 PL 卡口，中央为 Super35 格式。标准型 ALEXA 无 LDS 触点。

（7）法兰距。

标称 52.00mm。

（8）机内录制。

可于单张或双张（双录制）SxS PRO 存储卡上录制 ProRes 编码的苹果 QuickTime 文件或 DNxHD 编码的 MXF 文件。所有数据均在合法范围，内嵌音频、时间码与元数据。MXF/DNxHD 录制可能需要使用许可证。

（9）录制输出。

2×1.5G 或 3G REC OUT BNC 接口，以用于 ARRIRAW（4:3 或 16:9）T-Link 或 HD-SDI 视频。均嵌入音频、时间码、元数据与可选的录制标记。

ARRIRAW 2880×1620（16:9），无压缩 12 位对数数据，不加白平衡或曝光指数处理。需要 ARRIRAW T-Link 认证的录制设备。

ARRIRAW 2880×2160（仅限 4:3；ALEXA Studio，Plus 4:3 和 M），无压缩 12 位对数数据，不加白平衡或曝光指数处理。需要 ARRIRAW T-Link 认证的录制设备。

HD-SDI 视频：无压缩的 1920×1080（16:9）4:4:4 RGB 或 4:2:2 YCbCr 信号；可以使用合法区域或扩展区域。超出高清视频标准（23.976、24、25、29.97、30、50、59.94、60 fps）的帧率需要支持 Variflag 的录制设备。

（10）监视器输出。

ALEXA Plus/Plus 4:3 和 Studio 具备 2×MON OUT BNC 接口以用于无压缩的 1.5G HD-SDI 视频：1920×1080（16:9），4:2:2 YCbCr；均为合法范围。ALEXA 和 ALEXA M 提供 1×MON OUT。

（11）影像处理。

16 位线性内部影像处理。可用于所有 ProRes、DNxHD 220x、录制输出（REC OUT）和监视器输出（MON OUT）的目标色彩空间：Log C 或 Rec 709。可用于 DNxHD 145 的目标色彩空间：Rec 709。对于 Rec 709，可使用 ARRI 画面风格文件（Look File）在录制和回放时进行自定义画面风格。可选的水平画面镜像功能。

（12）同步。

主机 / 从机模式，可对设置、影像传感器、处理、HD-SDI 输出和 QuickTime/ProRes 或 MXF/DNxHD 录制进行精确同步，适用于 3D 制作。

（13）回放。

记录于 SxS PRO 存储卡的 QuickTime/ProRes 与 MXF/DNxHD 片段可在 EVF-1、监视器输出（MON OUT）与录制输出（REC OUT）上播放。回放音频内嵌于监视器输出（MON OUT）与录制输出（REC OUT）信号，以及通过耳机插孔输出。

（14）音频。

1×2 声道 5 针 XLR 音频输入接口（AUDIO IN），线路平衡音频输入，24 位 /48KHz 模数转换，可于 23.976、24、25、29.97 和 30fps 时工作。无压缩音频信号被录制于 QuickTime/ProRes 和 MXF/DNxHD 文件中，以及嵌入所有 HD-SDI 输出中，包括 ARRIRAW T-Link。音频输出（AUDIO OUT）的耳机插孔最大输出为 2.5dBm。

2. 录制格式

ALEXA 摄影机含有两个 SxS 存储卡插槽以供机内录制。可以选择两种压缩 / 文件格式：以 ProRes 压缩的 QuickTime.mov 文件，或者以 MXF 封装，DNxHD 格式压缩的文件。当安装了 SUP 7.1 版本软件之后，还可以在机内录制另一种的 DNxHD 高品质压缩方案：DNxHD 444。

在高速拍摄模式下，SxS 录制最高可达到 120fps 的帧率。

若要达到最高的画质，则可以录制无压缩的 ARRIRAW 格式。录制该格式需要使用外置录机。

（1）ProRes 2K 录制。

SUP 7.0 版本软件随之会带来两种新的 ProRes 录制格式，因此现在 ProRes 也不仅限于录制 HD 分辨率，还可以录制 2K 16:9 或 2K 4:4 格式。

当摄影机的分辨率从 HD 切换至 2K 的时候，所记录影像的尺寸会发生轻微变化。这是必需的步骤，因为在这样的情况下，去拜尔算法能够以最优的系数比例进行，以获得最佳的 2K 影像质量。进行 ARRIRAW 16:9、高清视频、ProRes HD 和 DNxHD 格式录制时，使用 2880 像素 ×1620 像素，画幅尺寸 23.76mm×13.365mm 进行 ProRes 2K16:9 格式录制时，使用 2868 像素 ×1612 像素（23.661mm×13.299mm）进行 ARRIRAW 4:3 格式录制时，使用 2880 像素 ×2160 像素，画幅尺寸 23.76mm×17.82mm 进行 ProRes 2K 4:3 格式录制时，使用 2868 像素 ×2150 像素（23.661mm×17.738mm）。

若同时使用 ARRIRAW 和 ProRes 2K 格式进行录制，请注意，ARRIRAW 画框会包含多几列的像素。在最新版的 ARRIRAW 软件开发工具包（SDK）中，用户可自行选择用于创建 2K 影像的画幅尺寸。

（2）ARRIRAW 无压缩信号录制。

① ARRIRAW 无压缩信号。

使用 ALEXA 拍摄时，ARRIRAW 是最高质量的录制格式。ARRIRAW 所提供的是未经任何处理，且由影像传感器直接输出的数据。这些数据为无压缩、无加密、12 记录的原始拜耳数据。在给定的分辨率下，任何生成全色影像的处理都将通过后期处理。

当以 2K 影像为最终成片分辨率时，以 2880 像素 ×1620 像素拍摄的 ARRIRAW 文件在后期下变换至 2K 的影像，要明显优于以 1920 像素 ×1080 像素拍摄，上变换至 2K 的影像。当需要进行特效制作时，可首先用 ARRIRAW 文件生成 2880 像素 ×1620 像素的全彩色影像以便进行高细节的特效处理，之后再下变换为 2K 影像。

ALEXA Studio、ALEXA Plus 4:3 和 M 机型还有 4:3 模式，可以拍摄 2880 像素 ×2160 像素的 ARRIRAW 格式原始素材。其更高的画幅比例使得摄影师能够拍摄出由变形镜头（2 倍变形）所形成的独特风格的影像。当使用变形镜头进行拍摄时，可在后期对画面进行变形还原。当作监看之用时，ALEXA 可在取景器和监视器输出（MON OUT）上提供实时的还原画面。

若要录制 ALEXA 的 ARRIRAW 信号，录制设备需满足一定的技术要求。ARRI 推出了 ARRIRAW 格式记录的资格认证，该认证用于认定能够可靠记录 ARRIRAW 及其元数据的设备。这些设备必须可以进行实时的现场预览和回放，且其数据能够用标准 ARRIRAW 工具包进行处理。目前符合该认证要求的 ARRIRAW 记录设备如下：

a. Codex ARRIRAW Onboard M；

b. Codex ARRIRAW Onboard S；

c. S.two OB–1；

d. AstroDesign HR–7502–A；

e. cineFlow cineTake；

f. Convergent Design Gemini 444。

具备 ALEXA ARRIRAW 处理认证的产品意味着它所记录 ALEXA ARRIRAW 影像的质量达到了ARRI 的标准。请注意，对于所有的影像质量参数（例如锐度、色彩等）ARRIS DK 是它们的参考，后者同时也是 ARRIRAW 转换器（ARRIRAW Converter）的一部分。

②摄影机设置。

若要进行 ARRIRAW 录制，按以下步骤对摄影机进行设置。第一步务必恢复出厂设置。按 Menu（菜单）按钮，前往 User Setup>Factory Reset（用户设置 > 工厂重置），然后同时按下两个软按钮以确认。按下 PROJECT（项目）快捷按钮，直接前往项目设置。设置 project frame rate（项目基础帧率，例如时码基准和回放帧率）。若使用多台摄影机同时拍摄，可为每台摄影机设置一个独立的 camera index（摄影机编号）。当摄影机开始在新的存储卡上存储时，Next reel count（下一卷计数）通常从 001 开始计数，然后将自动递增，无需手动调整。按下 TC 按钮进入时间码 OPTIONS（选项）。

通常无需与音频进行同步，因此最佳的选择单使用录制时运行的时间码：Source（来源）设为 Ext TC，然后确定。Mode（模式）设为 Free Run

（自由运行）。将 Generator（发生器）设为 Jam Sync（阻塞同步）。按下 Menu（菜单）按钮，前往 Recording > REC OUT（录制 > 录制输出）。根据 project frame rate（项目帧率）设定 frame rate（帧率）。将 HD-SDI format（HD-SDI 格式）设置为 ARRIRAW 1.5G SL 以进行标准速度的录制。若录机支持 3G HD-SDI，也可以将摄影机设置为 ARRIRAW 3G SL。将 REC OUT fps sets sensor fps（录制输出帧率为影像传感器帧率）设为 ON（打开）。将 SDI remote（SDI 遥控）设为 ON（打开）。将 Variflag 设为 OFF（关闭）。按下 BACK（返回）按钮，回到 SxS Cards（SxS 存储卡）。若将 SxS 存储卡上录制的文件用作代理剪辑，请前往 SxS CODEC（SxS 编码）以选择一种 Codec（编码方式）。

若不在SxS存储卡上进行记录，则将SxS recording(SxS录制)设为Off(关闭），按下 Press the HOME（主屏幕）按钮，前往 FPS > SDI FPS（帧率 > SDI 帧率），并将 MON OUT（监视器输出）的帧率与 REC OUT（录制输出）的帧率调整到一致。在 HOME（主屏幕）上，前往 SHUTTER（快门）以调整曝光时间。通过 HOME > WB（主屏幕 > 白平衡）调整白平衡以适应光源。通过 HOME>COLOR>GAMMA（主屏幕 > 色彩 > 伽马），将 SxS（若需要）、MON OUT（监视器输出）和 EVF（电子取景器）设为 REC 709。如果需要的话，可通过 HOME > EI 以调节感光度。

常用功能键应当被自定义设置在USER按钮上。按下USER(用户)按钮，进入 EDIT 编辑菜单。按钮 1—3 在摄影掌机员一侧也可使用。可设置的功能包括：EVF Gamma（电子取景器伽马）、查看 MON OUT flase color（监视器输出假色曝光检查）和查看 MON OUT peaking（监视器输出峰值）等。按钮 4 和 5 仅在摄影助理一侧的显示屏出现，可设置 Format Card1 或 2（格式化存储卡 1 或 2）或 Toggle SxS（切换 SxS）等快捷键。

③录机设置。

由于每个厂家生产的录机差异很大，请参阅各自的使用手册以进行设置。录机的操作必须非常谨慎。仅有接受过培训的人员才可进行录制设备的操作。

输入格式：ARRIRAW 1620P 或 2160P，HD-SDI：1.5G 或 3G，与摄影机上的设置相同。

帧率：与摄影机录制输出（REC OUT）的帧率相同。

录机启动：SDI 时间码来源：HD VANC。

（3）ALEXA 的 3D 同步配置。

若要进行 3D 拍摄，按以下步骤在拍摄前对两台摄影机进行设置。

①使用 ALEXA EXT 至 EXT 连接两台摄影机。

②使用 ALEXA 以太网至以太网电缆连接两台摄影机。

③恢复出厂设置。

④按 Menu（菜单）按钮，前往 User Setup>Factory Reset（用户设置 > 工厂重置），然后同时按下两个软按钮以确认。

⑤无需设定 Project（项目）设置。

⑥按下 Menu（菜单）按钮，前往 SYSTEM > External Sync（系统 > 外部同步）。

⑦为每台摄影机的位置，设定 Eye index（左右眼编号）。

⑧在一台摄影机上将 Sensor sync（影像传感器同步）设定为 EXT master（外部主机），另一台设定为 EXT slave（外部从机）。在一台摄影机上将 Settings sync（影像传感器同步）设定为 ETH master（主机），另一台设定为 EXR slave（外部从机）。

在拍摄前，只有“从摄影机”（slave camera）会提示同步丢失，因此最好将在 3D 支架上更容易观察的那一台摄影机设置为 EXT/ETH slave（从摄影机）。

根据使用 SxS 卡、高速 SxS 卡或 ARRIRAW 录制使用指南使用主摄影机或从摄影机进行设置。无论使用主摄影机还是摄影机进行设置，设置都会自动同步到另外一部摄影机上。

在某些情况下（例如重启、从回放模式切换到录制模式），建议重新触发录制输出（REC OUT）。进入 SYSTEM > External Sync（系统 > 外部同步），然后选择 Send HD sync trigger（发送高清同步信号触发）即可。

（二）REDWEAPON 8K

数字摄影机厂商 RED 公司由 Jim Jannard 于 2005 年创建，该公司主要产品就是 RED One 数字摄影机。2006 年 RED 第一次在美国 NAB 推出 RED One 设计构思，当时只有图纸，只接受预订引来了众多厂商怀疑的目光。直到 2007 年的 NAB 才发布第一台样机，尽管要一睹它的芳容需要排 45 分钟的长队，但 RED One 还是在发布伊始，便引来无数人竞相观看。从 2008 年中，已近有太多痴迷技术的人体验了 RED One 带来的改变：无论是感慨于 s35mm 还是 s16mm 胶片景深感，或是惊目于接近阿莱（ARRI）和潘那维申（Panavision）等传统摄影机巨头的产品的指标，这些都通过低廉的价格来成就了我们最终的梦想，更实现电影般画质和超凡的色域空间。

RED One 作为 RED 第一代的机身系统，采用了一体式设计，而之后的 Epic 与 Scarlet 则为 RED 第二代机身系统，改为模块化设计，使摄影机更轻巧，组装方式更多样，满足不同拍摄需求。Weapon 则为 RED 的第三代机身系统，采用了更加集成化的模块设计。

RED 公司在 NAB 2015 推出了恐怖级摄像机 WEAPON，分辨率可达到惊世骇俗的 8192×4320，比国际电讯联盟对 8K 分辨率的定义是 7680×4320 解像度还高。该摄像机搭载 Dragon 传感器，可录制 8192×4320 60fps 视频，而在 2.4∶1 超宽银幕格式下帧率则可达到 75fps。

除了可以拍 8K，这部摄像机还改进了低光表现、支持黑帘自动校准、支持苹果的 ProRes 编码和 R3D 格式，具备多项优点。由于采用模块化设计，用户可根据需求的不同来搭配不同附件，手把上也增加了开始和停录按钮。此外，RED 还为 WEAPON 加入了无线功能，方便用户通过 iOS 或 Android 设备进行远程操控。①

① http://cn.red.com/products/weapon-6k.

Weapon 是 RED DRAGON（红龙）家族的新成员，也是迄今为止 RED 推出的最高端摄影机。现有三款机型：

Weapon Dragon MAGNESIUM BRAIN（镁制 WEAPON 主机含存储媒体卡槽）；

Weapon BARIN （WOVEN CF）w/integrated media bay（编织碳纤版含记录模块）；

Weapon FORGED CF BRAIN（锻造碳纤版主机含存储媒体卡槽）。

新的 8K Dragon 感光器，其规格为：40.96mm × 21.6mm，像素数为 8192 × 4320。

Weapon Dragon 8K 碳纤维版 8K 分辨率下最高帧率为 60fps，8K 宽屏分辨率下最高帧率为 75fps。

机内可同时录制 R3D 与 ProRes 则是 Weapon 机身所具备的新特性。所录制 ProRes 与 R3D 文件拥有一致的文件名与时间码，不需借助外部录机或后期转码，优化了后期工作流程。具体可录制 Apple ProRes 4444XQ、4444、422HQ、422 和 422LT。6K 镁版最高可录制 2K ProRes 60fps。值得注意的是，Weapon 也可以仅录制 ProRes 而不录制 R3D。

17 档宽容度是机身与感光器两者共同作用的综合产物。

Weapon Dragon 其他重要特性如下：

1. 感光器自动校准

快门时间 1/8000 秒至 1/8 秒无需校准。感光器操作温度范围更广。也就是说不用再像 Epic Dragon 那样，为正常拍摄与升格拍摄存储不同的黑平衡参数，只需一次校准，满足几乎所有拍摄需要。

2. 更快的数据传输

大于 50% 的数据传输速率提升。现有的 MINI 512GB 存储卡已对传输速率的增加准备就绪。Weapon 只能使用 MINI 记录卡。RED 发布了两款新记录卡，现有可用于 Weapon 的记录卡分别为：240GB、512GB 和 1TB。

3. 更好的散热管理

无前部风扇。全新设计的顶部风扇与后部通风口。使操作温度更加稳定，也更加安静。

4. 集成双路前部数字麦克风

录制参考音无需外接话筒，前部风扇去除也避免了气流对集成麦克风的工作影响。

5. 机身配置双监视器接口

无需加挂模块，即可同时使用触控屏与取景器。新的 Weapon7 寸触控屏可直接安装在机身上，而无需视频线，这也意味着将会有新的 OLED BOMB 取景器面世。现有的 RED 取景器和液晶屏与 Weapon 兼容，但要使用 WEAPON LEMOADAPTOR A 转接器进行转接。

6. 支持 1D 与 3D LUT

6K 镁版支持 17 × 17 × 173D LUTs。

7. 集成无线控制连接

不需 REDlink 模块即可用智能手机控制摄影机。

8. 无需转接模块

所有模块都可直接安装到摄影机上。

（三）SONY PMW–F55

PMW–F55/F5 是一款高性能 CineAlta 4K 摄像机，其结构高度紧凑，重量轻，并配有 4K 超级 35mm 等效单芯片 CMOS 图像传感器。

PMW–F55 的 CMOS 图像传感器具有帧图像扫描功能，能够拍摄清晰的 4K 图像，无卷帘失真或闪光带现象，可实现完美的高清记录性能。

PMW–F5 的 4K 图像传感器可以记录高质量高清图像。通过使用 SxS 存储卡，除了能以新的 4K 兼容格式 XAVC 记录，还能以 SRSStP/MPEG2 HD 视频格式记录。

通过使用便携存储记录单元AXS-R5可记录4K RAW数据，该记录器采用新开发的存取存储卡（AXSM）。[①]

1. 兼容多种格式

本摄像机兼容新格式XAVC（正式名称：MPEG4 AVC/H.264 Hi422 Profiles/Level 5.2），并能记录4K：4096×2160，QFHD：3840×2160，2K：2048×1080，HD：1920×1080。

本摄像机还能兼容从23.98P到59.94P的帧速率。对于高速拍摄，可以记录1fps至60fps的S&Q模式的XAVC记录。用于XAVC记录的推荐媒体为新开发的SxS PRO+存储卡。

本摄像机还兼容HDCAM-SR所采用的SStP SR-SQ 444、SR-SQ 422和SR-Lite422，或XDCAM所采用的MPEG2 HD422。

如果将CBK-55PD安装至PMW-F55/F5，就能以Apple ProRes和AvidDNxHD® 编解码器进行录制。

2. 最大240 FPS的高帧速率（HFR）记录

摄像机与AXS-R5配合使用可进行高达240FPS的2K RAW记录。

无需使用AXS-R5，就可以在本摄像机的SxS存储卡上以2K/HD格式进行高达180 FPS的记录。

本摄像机有两种用于高帧速率的扫描模式。在第一种模式中，可以使用等效于超级35mm尺寸的CMOS图像传感器的全视角进行拍摄，并且可以使用已针对普通拍摄设定焦距的镜头进行高帧速率记录。在第二种模式中，可以使用等效于超级35mm尺寸的CMOS图像传感器的中央区域（缩小至超级16mm尺寸）进行拍摄。

3. 模块化结构

本摄像机采用模块化设计，能够根据拍摄情况（电影制作、电视剧、

① http://pro.sony.com.cn/pro/product/broadcast-products-camcorders-digital-motion-picture-camera/pmw-f55/overview/.

广告、3D 拍摄、纪录片拍摄、采访等）配置摄像机。根据拍摄要求，还可轻松安装 / 拆卸手柄、取景器、音频接口面板、RAW 记录单元和增强套件。

本摄像机的机体和手柄上有多个 1/4″ 和 3/8″ 卡口位置，方便安装标准配件。

4. 4K 超级 35mm 等效 CMOS 图像传感器

本摄像机配有一个 4K 超级 35mm 等效单芯片 CMOS 图像传感器，其像素为 1160 万，有效像素数为 890 万，用于 4K/HD 记录。

PMW–F55 的 CMOS 图像传感器包含帧图像扫描功能，能拍出清晰的图像，无传统胶卷摄像机出现的卷帘失真或闪光带现象。本摄像机采用彩色滤光片，强调色彩还原，兼容宽广的色区（超过了彩色胶片），可实现接近真人视觉的影像再现能力。

5. 宽容度宽、噪音低

摄像机有 14 档宽容度，从而可以复制通过由黑到白平滑渐变的 CMOS 传感器捕捉的图像。

Exmor Super35 CMOS 技术可提供低噪音，即使维持 4K 分辨率和 14 档宽容度也不例外。

6. 多种录制功能

本摄像机具有间隔录制功能，可以指定间隔录制帧；还具有缓存录制功能，可提前指定秒数开始录制。这些录制功能可用于各种情况。

7. 视频信号处理

通过单个 LSI 芯片处理摄像机信号和基带视频信号，可以进行具有无限记录时间的 4K/HD 同时记录和高速记录。单芯片设计可提供稳定的高速 4K 59.94P 基带视频处理，功耗低且设计紧凑。

8. 对应各种情况的伽马曲线

本摄像机具有多种对应各种情况的伽马曲线。

配有 S-Log2 和 S-Log3 以覆盖摄像机的广泛宽容度。

本摄像机还具有用户伽马和超伽马。用户伽马能安装和使用由 CvpFileEditorTM V4.2 制作的伽马曲线。超级伽马能以平滑的对比度显示宽动态范围图像，而不需要使用拐点功能。PMW-F55/F5 提供六种超级伽马选项。可选择 325%、460% 或 800% 的动态范围。视频输出的最大值可选择 109% 或 100%（白色限制）。含 18% 灰度卡的视频输出值有两种可选。

9. 用于各输出的监视器 LUT 打开 / 关闭功能

通过将视频输出信号（包括内部记录信号）分为三种类型，可以针对每种类型将监视器 LUT 单独设定为打开 / 关闭。

本摄像机有五种类型的伽马曲线和四种类型的 Look Profile 用于监视器 LUT 预设，也可以使用由 RAW Viewer 创建的任意用户 LUT 文件。

10. 直观的用户界面

本摄像机的内部面板有彩色 LCD 面板，以及将常用设置指定给 6 个按钮的直接进入菜单。显示设置信息的字体大，可见度更好。通过切换四个屏幕（CAMERA、FILE、AU/TC、VIEW），可以快速执行设置。LOCK 开关可以防止意外更改设置。

通过使用附带的 IFU-WLM3 USB 无线局域网模块，可以无线传输形式从平板电脑等 WIFI 兼容设备操作摄像机。

11. 可指定按钮

内部面板上有三个可指定按钮，而外侧面板上有一个可指定按钮。通过将常用功能指定到这些按钮，可以轻松地操作摄像机。

12. 内置 ND 滤镜

旋转式 ND 滤镜内置于摄像机，支持三种类型的滤镜：透明式、0.9（1/8）和 1.8（1/64）。这样可以在不需要外部遮片盒的情况下调光。

当通过在摄像机上安装选购的 LA-FZB2 转接环来使用 B4 镜头时，将摄像机内置 ND 滤镜设定为“Clear”即可使用 LA-FZB2 的电动光学滤镜（中性灰度滤镜和色温转换滤镜）。

13. 各种输入 / 输出接口

本摄像机有四种类型的 SDI 输出，可以输出 4K 59.94P 信号作为四个 3G-SDI。

SDI-1/2 和 SDI-3/4 输出可作为 SDI-1/2 OUT 和 SDI-3/4 OUT 分别指定至“主”和“副”。

本摄像机还包括强制同步输入、时间码输入 / 输出、HDMI 输出、远程连接的接口。

14.EFP 式增强套件

在摄像机上安装附件套件 CBK-55BK 可提高肩扛式摄像机的稳定性和操作性。

CBK-55BK 具有多个音频输入 / 输出接口、直接开关，可在将摄像机扛在肩上进行拍摄时，边通过取景器观看边随手控制摄像机，另外还具有无线音频接收器插槽和音频控制面板。正面控制部分和肩垫可以前后滑动 70mm。当安装了 PL 镜头或大型便携式 B4 镜头时，如果将摄像机扛在肩上进行拍摄可轻松保持平衡。

（四）SONYNEX-FS700RH

索尼 35mm 家族的 NEX-FS700CK 4K Super35mm 全画幅摄录一体机，它搭载了 4KSuper35mm 成像器和 E 卡口可换镜头系统，新型 Exmor Super35 CMOS 成像器可提供每秒 240 帧的全高清质量的高速拍摄，能拍摄出令人惊艳的超级慢动作效果，它还具有多种强大功能和全新设计，包括内置 ND 滤镜、3G HD-SDI 输出、多种拍摄辅助功能和增强的人体工程学设计，使得内容制作过程更加灵活高效。

NEX-FS700RH 是 NEX-FS700CK 的全新升级型号，升级后的 NEX-FS700RH 标配 Ver.3 版本固件，标配电动变焦镜头 SELP18200。可以使用选购的 4K 转接单元和 RAW 录像机（HXR-IFR5/AXS-R5）进行 4K 记录。

除了高清晰度 4K 记录之外，还可以使用 2K 分辨率，以 240fps 帧率进行不限时的连续超高速拍摄。①

NEX-FS700RH 带来的全新性能包括：

（1）RAW 拍摄模式（输出 RAW 数据，2K/4K RAW 记录单元需另购）。

4K（4096×2160） 和 2K（2048×1080） /23.98P、25P、29.97P、50P、59.94P。

超级慢动作 4K/100 和 120fps 约 4 秒，2K/100、120、200 和 240fps 连续记录。

（2）用于 AVCHD 和 RAW 拍摄的两种伽马设置：S-LOG2 和 ITU-709（800%）。

（3）SDI 和 HDMI 内嵌记录控制信号，与外部录像机的控制兼容。

（4）支持 PX 系列记忆棒的镜像访问模式。

（5）支持电动变焦镜头控制。

NEX-FS700RH 配备的新型 Exmor Super35 CMOS 成像器具有超高速信号读取能力，因此能够使用 60Hz 拍摄模式，以 120fps 或 240fps 的超高帧速率捕捉全高清 1920×1080 影像。使用 24fps 重放，这款摄录一体机可以方便地制作出令人惊艳的全高清 10 倍超级慢动作特效。如果还需更高的拍摄速率，用户可选择降低分辨率以获得 480fps 或 960fps 的拍摄速率，进一步丰富创作空间。

NEX-FS700RH 搭载了一个新开发的 11.6M 像素 Exmor Super35 CMOS 成像器，总像素数量达到 4352×2662，支持 4K（4096×2160）动态影像拍摄能力。由于采用了 Exmor 技术，这种成像器具有速度极快的光电信号读出能力，如 240fps 全高清质量（1920×1080）读取。Exmor Super35 CMOS 成像器实现了高灵敏度、高信噪比（S/N）的性能。这些特点，使得 NEX-FS700RH 能够在很低的照度环境下进行拍摄（低至 0.28 lux）。

---

① http://pro.sony.com.cn/pro/product/broadcast-products-camcorders-nxcam-avchd/nex-fs700rh/overview/.

NEX-FS700RH 摄录一体机采用了 Exmor Super35CMOS 成像器，能够以优美的浅景深捕捉高质量 8.3M 像素静止画面。静止画面的宽高比可在 16：9 和 3：2 之间进行选择。这款摄录一体机还具有面部探测和自动聚焦功能，确保拍摄目标始终处于聚焦位置。

NEX-FS700RH 内置有超薄 ND 滤镜，在高亮条件下能提供优异的浅景深。这样，用户就能在不同的拍摄环境下扩展拍摄类型，无需使用外部 ND 滤镜设备。这种新开发的 ND 滤镜包括 Clear、1/4 （2 Stop）、1/16 （4 Stop）和 1/64（6 Stop）。

摄录一体机的 3G HD-SDI 输出使得它能够方便地与第三方高质量录像机进行集成，输出信号格式与 NEX-FS700RH 所选择的记录模式格式相同。用户也可选择 HDMI 输出 4：2：2 无压缩信号，并可嵌入时间码。使用外部录像机进行记录时，3G HD-SDI 和 HDMI 接口都可以使用，两个接口还能同时进行信号输出。

可将内容直接记录到选配的 HXR-FMU128 闪存记录单元上，这样就能在不更换记录介质的前提下，连续记录超过 10 小时的内容。

在拍摄那些非常宝贵的镜头时，还能使用存储卡和 HXR-FMU128 闪存记录单元同时进行记录，进一步提高素材的安全性。

Picture Profile 让用户可对伽马曲线、黑电平、色彩和其他决定画面性能的参数进行调整。在 NEX-FS700RH 中，伽马曲线新增了 S-Log2 选项。S-Log2 是一种专门为最大化地发挥 Exmor Super 35 CMOS 成像器的灵敏度特性而设计的伽马曲线。为了制作出高亮度部分更加自然的画面层次，S-Log2 可将动态范围扩展至 1300%。使用 S-Log2 进行拍摄时，虽然需要进行色度分级，极宽的动态范围记录让用户可以捕捉到通常会过于光亮的部分。此外，NEX-FS700RH 的中低亮度值范围符合 ITU709 的伽马曲线标准，但是高亮度数值超出了 ITU709 （800%）动态范围。这样，用户就在使用最小化的彩色分级性能，维持高亮度信号的动态范围。

NEX-FS700RH 其他特点还有：

1. 拍摄辅助功能

（1）可选区域放大和扩展聚焦。

这款摄录一体机对扩展聚焦功能进行了改善，可进行 4 倍和 8 倍放大；扩展聚焦区域可移动，能够方便地进行浅景深条件下的聚焦。

（2）聚焦转换。

使用 E 卡口镜头时，能够使用聚焦转换功能。用户可以将两个聚焦位置分别指派到两个设置按键上，将它们储存起来。设置两个聚焦位置后，按下执行键，就能顺畅地实现自动聚焦转换。还可以设置开始时间和转换时长。

（3）自动聚焦模式下的面部识别功能。

在自动聚焦模式下，面部识别功能非常有用，用户能够连续进行精准地聚焦。如果一个画面中同时出现几张人脸，可将其中一张人脸设为优先聚焦，这样依然能够进行精准地聚焦。

（4）将摄像机参数设置存储到存储卡上。

最多可存储 99 个摄像机设置参数。这样，在不同的环境下拍摄时，就无需再浪费时间来调整参数了。这些设置还能在多摄像机环境中实现共享。

（5）标记指示。

在拍摄时，可使用多种标记协助操作，液晶屏上可显示中央、宽高比、安全区域、引导画面和其他标示。在宽高比指示中，有几种比例表示可供选择。而且，用户还能选择显示计量单位：米或英尺、dB 或 ISO，快门速度的单位可以显示为度和秒。

2. 50Hz 和 60Hz 拍摄模式可切换

NEX-FS700RH 摄录一体机的拍摄模式可在 50Hz 和 60Hz 之间切换，使得在 PAL 区域也可使用 24P 模式拍摄，客户不再受到 PAL/NTSC 模式的限制。

高清拍摄模式下，有如下帧率可供切换：

PS（28Mbps）1920×1080/60p，50p

FX（24Mbps）1920×1080/60i，50i，30P，25P，24P，1280×720/60P，50P

FH（17Mbps）1920×1080/60i，50i，30P，25P，24P，1280×720/60P，50P

HQ（9Mbps）1440×1080/60i，50i

LP（5Mbps）1440×1080/60i，50i

标清拍摄模式下，有如下帧率可供切换：

HQ（9Mbps）720×480/60i，720×576/50i

3. 4K 和 2K RAW 的精彩性能

索尼采用了具有 4096×2160 分辨率的 4K 成像器，让 NEX-FS700RH 如虎添翼。使用 HXR-IFR5 接口单元和 RAW 录像机 AXS-R5 的组合，用户可以尽享超高清 4K 的画面质量。4K RAW 可以为用户带来成像器的全部分辨率和曝光范围。RAW 记录可以保持原有摄像机信号的完整性，在后期制作时，能为用户呈现最高级的画面质量和优异的灵活性。2K 模式还能让用户保持 Super 35mm 视角。在进行高清制作时，2K RAW 也非常实用。

4. 高速 4K/2K RAW

NEX-FS700RH 可以拍摄出超级慢动作的优势，还可以扩展到 RAW 记录功能。用户可以使用 23.98、25、29.97、50 和 59.94fps 帧率连续进行 4K 记录。如果需要使用更快的速度，记录更长的时间，可使用 23.98、25、29.97、50、59.94、100、120、200 和 240fps 进行 2K 连续记录。在连续记录过程中，无需等待数据从缓存中输入。NEX-FS700RH 还能够以 100 或 120fps 帧率，在缓存中记录最长 4 秒的 4K RAW 高速内容，并以 24P 进行最长 18 秒的重放。

5. 完善的后期流程

索尼 RAW 是一种成熟、可靠，能够与全球第三方解决方案兼容进行日常管理、编辑和分级的格式。由于采用了免费索尼插件，先进的非编系统可以对索尼 RAW 资产进行实时的本地编辑。HXR-IFR5 与 AXS-R5 RAW 录像机（索尼备受欢迎的 F5 和 F55 摄像机所使用的录像机）连接。这款录像机与索尼的 AXS-512S24 AXS 存储卡，可以快速传输文件的 AXS-CR1 读卡器，以及索尼 RAW 浏览器软件（1.1 以上版本）结合使用。这也是 F5 和 F55 摄像机进行 RAW 文件管理的软件，可以让用户重放 RAW 文件，进行简单的色彩层次分级，甚至向 SR 编码、DPX 和 OpenEXR 格式转码。

6. RAW/AVCHD 同时记录

同时记录功能让用户在将 AVCHD 记录到摄像机的存储卡和 HXRFMU128 存储单元的同时，将 RAW 文件捕捉到 AXS-R5 记录单元（选配）上。使用这一方法，用户可以同时记录三个版本的文件。由于记录下的 AVCHD 文件与 RAW 文件的时间码相同，因此 AVCHD 文件可以作为离线编辑的代理文件使用。

7. 用于监看的高清输出

NEX-FS700RH 摄录一体机上的 HDMI/ 分量 / 复合视频输出接口和 AXS-R5 记录单元上的辅助输出（AUX OUT）接口可以用于监视用途。为了对 RAW 记录的动态范围进行精确监视，需要对 NEX-FS700RH Picture profile 中的 S-Log2 进行设置。

（五）Panasonic VARICAM-LT

Panasonic VARICAM-LT 具有以下产品特征：成像器与 VariCam 35 相同；14 档光圈以上的高宽容度；双原生感光度 800/5000；宽色域；场景文件和 V-LOOK 模式；监看输出接口；本机 4K/60P 拍摄；2K/HD 240P 慢镜头；红外拍摄（IR）；具有可拆卸式控制面板与显示器；电子寻像器的高清 SDI 接口标准；坚固性、耐用性和可靠性；多个编解码器 4K/ 超高清/2K/高清记录；机内调色；主记录和代理记录。①

下面择要做一些简要介绍。

1. 成像器与 VariCam 35 相同

VariCam LT 搭载专为 VariCam 35 开发的 super 35mm 单芯片 MOS 感光元器件，适用于 4K（4096×2160）和 UHD（3840×2160）分辨率，高灵敏度、低噪音、宽动态范围和影片级景深的拍摄。该感光元器件荣获 2015 年度好莱坞后期制作联盟颁发的工程卓越奖。

2. 14 档光圈以上的高宽容度

该摄影机拥有 14 档以上的动态范围。宽动态范围确保了整个图像（从暗区到高亮部分）的精确渲染。即使在低亮度的场景中也可拍摄出清晰的图像，VariCam LT 也能拍摄低噪音图像，且画质不受影响，这在电影制作过程中非常重要。“V-Log”能够创建由 VariCam LT 感光元器件支持的 14 档以上动态范围，大大提高了视觉效果的创造能力。

3. 双原生感光度 800/5000

VariCam LT 拥有双原生感光度设置：ISO800 和 ISO5000。这意味着 VariCam LT 实现高灵敏度的同时保持低噪点。ISO5000 感光度的噪点几乎与 ISO800 感光度的噪点相同。为了实现该功能，在增益处理前对于每种原生感光度均有两个模拟电路作用在 VariCam LT 成像器的每个像素上。这样，摄影机可以实现更高的灵敏度，且无噪点增加。

4. 宽色域

VariCam LT 搭载“V-Gamut”，色域比影片更宽。

V-Gamut 还 100% 覆盖 BT.2020 色彩空间。

5. 场景文件和 V-LOOK 模式

“V-Log”伽马曲线提供 14 档光圈以上的高宽容度为后期调色提供了丰富的空间。

---

① http://pro.panasonic.cn/product/detail.html?pid=2516

5 个内置的场景文件是 VariCam LT 的新增功能。

VariCam-LOOK（V-LOOK）模式是为了创作无调色的电影级图像而新开发的设置。VariCam LT 最新设计的伽马曲线可以在 Rec 709 色域内维持更大灰度范围内的图像细节。“V-709”伽马设置使图像适于在标准监视屏上观看。

“BC-LOOK”可创建模拟传统电视广播图像的视图。

6. 监看输出接口

VariCam LT 在进行 4K 拍摄的同时可通过两个 3G HD SDI 接口和一个 VF 接口（BNC）输出下变换的全高清信号。机内调色的图像和信息叠加后可在每个接口输出。

7. 本机 4K/60P 拍摄

当以 4K（4096 × 2160）或 UHD（3840 × 2160）分辨率进行记录时，最大帧速率为 60P（60fps）。这样在记录快速移动的场景时，可制作流畅且高分辨率的图像。

8. 2K/HD 240P 慢镜头

当以 2K（2048 × 1080）和 HD（1920 × 1080）分辨率进行拍摄时，可使用高速 240fps 记录以产生慢动作效果。AVC-Intra 2K422 中可选择的帧速率范围为 1 至 120fps，AVC-Intra 2K-LT 中可选择的帧速率范围为 120 至 240fps。在记录过程中可改变帧速率。

9. 红外拍摄（IR）

摄影机 VariCam LT 拥有一个集成且可拆卸的红外滤光片。用户能够在黑夜中进行红外拍摄来记录 4K 图像。这是捕捉夜间野生动物和其他无照明场景的理想选择。另外，红外滤光片还可在白天使用，作为实现独特视觉的创作工具。

10. 具有可拆卸式控制面板与显示器

控制面板拥有一个内置 3.5 型 LCD 显示面板，它可用于菜单操作或用

作直播 / 预览显示器。按键和表盘设置在显示器的周围，以便进行快速而准确的操作。可以直接访问常用菜单。通过可拆卸式结构可以在高达 90cm 的距离范围内操作摄影机。

11. 电子寻像器的高清 SDI 接口标准

VariCam LT 配备了标准的 BNC 寻像器接口。除了松下新型寻像器（AU-VCVF10MC），用户还能选择多种高清显示器或寻像器。还提供松下寻像器直流电源和命令控制连接器。

12. 坚固性、耐用性和可靠性

（1）镜头座部分由不锈钢制成，并设计以防止温度变化所产生的凸缘背面偏斜。

（2）机身采用坚固的镁合金制成。

（3）平整的顶部和底部面板，方便各种面板和配件的安装。

（4）机身两侧以及手柄上提供安装孔，以便于配件的安装。

（5）配件包括新型肩扛模块（AU-VSHL2MC）和手柄模块（AU-VGRP1MC）。

（6）新型肩扛模块（AU-VSHL2MC）可以直接安装在底座上。

13. 多个编解码器 4K/ 超高清 /2K/ 高清记录

AVC-Intra 4K 是 AVC-Intra 的 4K 兼容版本，帧内压缩编解码器适用于电影制作。使用该编解码器，VariCam LT 能记录 4K（4096 × 2160）或 UHD（3840 × 2160）分辨率。

对于 2K 记录，VariCam LT 支持 AVC-Intra 2K444/2K422/2K-LT。

对于高清记录，VariCam LT 支持 AVC-Intra 444/422/100/LT 和 Apple ProRes 4444/HQ。使用 256 GByte expressP2 卡，通过 AVC-Intra 4K422 摄影机可记录大约 90 分钟的 23.98P 4K 视频。

14. 机内调色

VariCam LT 的特点是拥有机内调色功能（3D LUT/CDL）。该功能允许

使用控制面板或第三方软件来设置色彩。这意味着拍摄后创建的样片可在摄影机上进行制作。分级信息如 3D LUT 文件和 CDL 文件可与片段一起记录，这样和编辑人员可以拥有相同的视觉效果。

15. 主记录和代理记录

除了主编解码器记录，VariCam LT 还能将代理文件记录在 SD 存储卡中。可以通过 V-Log 在主 expressP2 卡中记录不调色的 4K 主数据，同时还可在 SD 存储卡中同步记录调色后的高清文件。主记录数据用于创建可交付图像，而副记录用于查看或脱机编辑。每个文件的文件名称和时间码将完全匹配。

第四章　数字图像记录

2010 年以前，磁带录像机是广播电视领域应用最广泛的记录方式。自 2000 年以来，硬盘、光盘、存储卡的记录方式开始发展，随着电子技术的发展，尤其是非线性编辑技术的兴起、成熟、流行，到目前，存储卡以及硬盘存储方式已经取代磁带录像机成为最主流的记录方式。

第一节　数字磁带录像机

磁带录像机是利用磁带与磁头间的相对运动，在磁带上记录图像和声音信号的磁性录放设备。现在磁带录像机已经完成由模拟向数字化的过渡，出现了许多数字录像机格式。尽管以光盘作为记录介质的视频重放设备，如 VCD 机、DVD 机已进入家庭，以硬盘作为记录介质的视频服务器已经在电视台的节目制作和播出系统中得到广泛应用，但是具有记录、重放和编辑功能的磁带录像机，目前仍是电视台节目制作与播出的重要设备之一。

1960 年以来，磁带录像机技术的飞速发展，使得磁带录像机已不再限于广播电视系统，而是向广播用、专业用和家庭用等方向齐头并进。

继四磁头横向扫描录像机问世之后，人们开始研制螺旋扫描录像机。这种录像机在机械结构和电路设置方面都比横向扫描录像机大为简化，同时使用的录像磁带宽度尺寸也减小了。但早期的螺旋扫描录像机时基误差量较大，图像质量和性能达不到广播电视的要求。随着数字式的时基误差校正器的出现，螺旋扫描录像机开始走向广播电视领域。20 世纪 60 年代末生产出了高质量的、使用 3/4 英寸磁带的螺旋扫描录像机，从而逐渐淘汰四磁头录像机。1970 年，日本松下、胜利、索尼等几家公司联合制定了两磁头螺旋扫描 U-matic 型盒式磁带录像机的标准，生产出了 3/4 英寸盒式录像机，开创了专业用录像机的新时代。这种录像机由于采用了晶体管技术和集成电路技术，使之体积减小，性能有所提高，操作简便，价格也较便宜，能进行电子编辑，图像质量好，并采用盒式磁带。因此，在广播电视系统中也用它作电子新闻采访与一般电视节目的制作。

1973 年开始，世界各国都在积极地进行小型录像机的研制工作，生产出了各种不同规格的小型录像机。它的特点是价钱便宜、设备简单、操作方便，适合于家庭使用。它可以和一般彩色电视机配合使用，而价钱则与一台彩色电视机相差无几。这种家用录像机采用 1/2 英寸盒式磁带，由于提高了记录密度，因而延长了录放时间。目前，这种 1/2 英寸家用录像机主要有两种类型：一种是被称为 β-max 系列的 β 型录像机，是由日本索尼公司研制开发的；另一种是 VHS 型录像机，由日本胜利公司研制。由于这两种类型录像机的带盒尺寸不同，带轴间距也不同，它们的盒式磁带是不能通用的。

20 世纪 80 年代初，日本索尼公司又研制出采用 1/2 英寸盒式磁带、分量记录的 Betacam 型录像机，它可以和电视摄像机结合成为一体构成摄录一体化机。Betacam 的质量优于 U 型机，而且体积小、重量轻，实现了摄录一体化，机动性很强，很适合于 ENG 制作。80 年代中期，日本松下公司和索尼公司又分别推出了高质量的 1/2 英寸分量录像机，松下称 MII 格式，索尼称 Betacam SP 格式，它们都采用金属磁带，模拟分量记录方式，图像质量大为提高，性能指标和 1 英寸录像机相差无几，价格有所降低。目前这种模拟分量录像机已全部代替 U 型格式录像机进行电子新闻采访，同时也应用于现场节目制作及演播室节目制作。然而，由于 Betacam SP 和

MII 两种格式的机械参数、磁迹位形以及信号的处理不同，它们是不能进行互换重放的。

以上提及的录像机，它们的记录方式都是采用模拟方式，模拟录像机的最大缺陷就是其复制能力差，经过反复复制其图像质量就会明显变差。采用数字方式记录，把录像机作为一个数据传输和存储的设备，可以解决上述的缺陷。日本索尼公司在 1987 年发表了 D–1（4:2:2）规格的分量式数字录像机，接着于 1988 年又开发了用途更为广泛的 D–2 规格的复合式数字录像机。松下公司也相继开发出 D–3、D–5 格式。分量式数字录像机具有分量记录和数字化两者的优点，属于较先进的录像机。数字分量录像机可以保证在经过复杂的后期制作中，例如特技制作中所需的效果需要多次复制才能完成，在数十次的复制编辑之后，仍然能维持节目母版的高画质。数字式 Betacam 的价格相当于分量录像机 D–1 的一半，也比 D–2、D–3 更加便宜。在目前的各种数字录像机格式中，数字 Betacam 是可以与现在广泛使用的模拟分量 Betacam SP 格式节目带直接兼容的数字录像机，方便使用者充分利用现有的资料带。90 年代几乎所有的视音频产品都在朝着数字时代发展。

数字录像机是指记录在磁带上的视频、声音信号都为数字信号的录像机。一个节目制作系统中，录像机的技术指标基本上决定着整个节目的技术指标，提高了录像机的技术指标，就意味着整个系统技术指标得到提高。数字录像机具有图像、声音录放质量高、多代复制性能好、电路调整少、功能更全等优点。

数字录像机的关键技术主要有以下几种：提高记录密度的技术，误码纠正与修正技术，数据交织技术，通道编码技术，记录电流佳化技术，录放通道的传输特性技术。

一、磁带录像机的分类

磁带录像机种类很多，以磁带记录方式分为两大类：模拟方式和数字方式。所谓模拟方式，是指把信号的模拟量（信号的幅度变化与电压或电流的振幅成比例），直接实现调频之后记录在磁带上；而数字方式是指先把信号的模拟量，通过模 / 数转换器，变成相应的数字量，再经过调频之后记录在磁带上。在重放时，经过解调，再通过数 / 模转换器把数字量重新还原为模拟电信号。而模拟方式与数字方式进而又分为复合模拟方式、分量模拟方式（简称分量方式）及复合数字方式和分量数字方式等四种。而在分量模拟方式中，又包括色度直接记录方式和色度降频记录方式。其分类如表 4–1 所示。

表 4–1　录像机的分类

<table>
<tr><td rowspan="15">磁带录像机</td><td rowspan="9">模拟记录</td><td rowspan="6">模拟复合</td><td rowspan="2">色度直接记录</td><td>C 格式</td></tr>
<tr><td>B 格式</td></tr>
<tr><td rowspan="4">色度降频记录</td><td>U–matic</td></tr>
<tr><td>Betamax</td></tr>
<tr><td>VHS</td></tr>
<tr><td>8mm</td></tr>
<tr><td rowspan="3">模拟分量</td><td colspan="2">Betacam</td></tr>
<tr><td colspan="2">Betacam SP</td></tr>
<tr><td colspan="2">MII</td></tr>
<tr><td rowspan="6">数字记录</td><td>数字复合</td><td colspan="2">D–2</td></tr>
<tr><td rowspan="5">数字分量</td><td colspan="2">D–1</td></tr>
<tr><td colspan="2">Digital Betacam</td></tr>
<tr><td colspan="2">DVCPRO</td></tr>
<tr><td colspan="2">Digital–S</td></tr>
<tr><td colspan="2">Dvcam</td></tr>
</table>

（一）复合模拟色度直接调频记录方式

复合模拟色度直接调频记录方式，是把全彩色电视信号作为一个整体（包括亮度信号和色度信号），进行放大、滤波、预加重和调频之后，送入视频旋转磁头，记录在磁带的视频磁迹上。记录在同一条视频磁迹上的信号既有亮度信号又有色度信号。

这种记录方式对录放系统的通频带要求较宽，对机械系统和伺服系统的精度要求较高，所以机器的构造复杂，体积较大，价格昂贵。但由于图像质量较高，广泛用于电视广播系统，有两种典型的机型。

C 格式广播用录像机是由日本 SONY 公司与美国 Ampex 公司共同研制的，采用 1 英寸磁带，Ω 型绕带，1.5 磁头，场不分段（连续场）方式。这种录像机为了解决单磁头扫描中所产生的信号失落问题，在磁鼓上除了安装图像主磁头之外，还装有图像信号辅助磁头（也称同步磁头或 0.5 磁头），因而也叫 1.5 磁头方式。为了实现电子编辑及动态扫描跟踪，通常还装有旋转消磁头及动态跟踪磁头等。我国应用的 1 英寸带录像机，主要是 C 格式的。

B 格式广播用录像机是由德国 Robert Bosch 公司推出的格式。采用 1 英寸宽磁带，Ω 型绕带，两磁头，场分段方式，兼有横向分段扫描和螺旋扫描的特点。

场分段记录方式，可以使磁鼓转速高，相同的磁头磁带相对速度下，磁鼓直径缩小了，磁迹短了，磁头跟踪容易，但不能简单地通过改变带速来实现动态扫描跟踪。

（二）复合模拟色度降频方式

这种复合模拟色度降频记录方式，是首先把全彩色电视信号中的亮度信号和色度信号分离开来，对亮度信号（即 Y 信号）进行调频，而对色度信号进行降频（通常为 1 兆赫以下），最后把两者混合起来送入视频磁头记录在一条磁迹上，记录在同一条磁迹上的为已调频亮度信号和降频的色度载波信号。

这种记录方式，对录放系统的通频带要求不太宽，机械系统及伺服精度也要求不高，体积小，重量轻，均采用盒式磁带（Ω 型绕带，两磁头，场不分段方式）价格适中，使其录像机的普及率大大提高，从广播领域到业务和家用领域。

3/4 英寸带 U–matic 系列录像机简称 U 型机，广泛应用于广播电视和业务领域。U 型机有 VO（低带）、BVU（高带）和 SP（超高带）三种格式。

VO（Video Ordinary 的缩写）型录像机是普通型录像机，简称低带机，主要用于地方电视台、电化教育、企业及工业、医疗等业务领域。

BVU（Broadcasting Video Unit 的缩写）型录像机是 U–matic H 型录像机，简称高带机，早期应用于广播电视领域。

SP（Superior Performance 的缩写）格式是在兼容的基础上，提高了亮度信号调频载波频率，扩大了亮度信号的带宽，色度信号的带宽也有所提高。所以，没有单独的 SP 格式的录像机，只有 SP 格式与高低带格式兼容的录像机。（VO、SP.VO、BVU、SP.BVU）SP 格式采用 SP 磁带（KSP 系列），KSP 磁带盒上有检测孔，录像机自动识别，有孔便以 SP 格式记录，无孔便以高带或低带格式记录。重放时，根据重放载波频率自动检出是 SP 格式还是高、低带格式。

U 型机的低带（VO）、高带（BVU）和超高带（SP）三种记录格式，各格式间是不能兼容的，以某种格式记录的磁带只能以原来的格式进行重放，不能以其他的格式进行重放。为了方便使用者，有些机型是多格式兼用，如 VO–9850 型，播放时三种格式均可以，录制时 SP 带录 SP 格式，普通带录高带格式，选择录像机时应注意。

VHS 是 Video Home System 的缩写，即家用视频系统。采用 1/2 英寸磁带，俗称大 1/2 格式，采用高密度倾斜方位角记录方式，取消了视频磁迹间的保护带，减小视频磁迹宽度，降低了走带速度，减小了磁带的消耗量，延长了磁带的记录时间。VHS 型录像机在电路上采用了 HQ（High Quality）技术，这种技术是通过增加预加重系数，提高白峰切割，增加轮廓增强电路等措施，使图像信噪比提高 2dB ~ 3dB，重放图像的细节也得到改善。

Betamax 格式采用 1/2 英寸磁带，带盒尺寸比 VHS 的小，俗称小 1/2 格式，与 VHS 型一样采用无保护带，倾斜方位角的主密度记录方式。磁鼓比 VHS 的大，磁头磁带相对速度也高，所以，记录频带比 VHS 的宽，清晰度比 VHS 型高，但 β 型视频磁迹比 VHS 窄，信噪比不如 VHS 型的高。

VHS 和 Betamax 两种格式是不能兼容的，除了磁带盒的结构与外形尺寸不同，关键是录像机的走带方式，信号处理方式等也完全不同。

8mm 样式录像机是 1983 年由世界上 127 个公司讨论通过的国际统一格式。它采用磁带宽度为 8mm 的金属磁带，加大磁头方位角到 ±10°，亮度载频设为 4.2MHz~5.4MHz，减小磁鼓直径，取消了固定全消头而使用旋转消磁头，省去控制磁头不记录 CTL 控制信号，而是利用视频磁头记录跟踪导频信号 TPS（Tracking Pilot Signal），用 TPS 信号控制伺服电路，调整走带系统的速度与相位，以实现磁迹正确跟踪。声音处理也有特点，把声音信号调频，以频率分割方式与图像的亮度、色度信号一起用旋转视频磁头记录。还增加了 PCM（Pulse Code Modulation 脉码调制）数字录音的能力，能实现像固定音频磁头记录方式那样的后配音功能。

随着技术的不断发展，家用录像机的质量有所提高，产生了高带家用录像机。高带家用录像机与普通家用录像机兼容，磁带盒尺寸相同，高带带盒上有专门的识别孔，使用高带时以高带格式工作，使用普通带时，以家用录像机的低带格式工作。

VHS 型的高带型即 S–VHS（Super–High Band VHS）录像机，电路上采用亮度信号 Y 与色度信号 C 分别处理，增加独立的 Y/C 分离接口，避免了亮色干扰增加，图像清晰度的损失，提高了宽度信号的载频，频偏加大，扩宽了亮度信号的带宽，使图像水平清晰度达到 400 线以上，广泛应用于业务领域。

β 型的高带型是 ED–β（Estended Definition Beta）录像机，即扩展清晰度 Beta 录像机。采用金属磁带，大幅度提高了亮度信号载频，扩展亮度信号带宽，使图像水平清晰度达 500 线。

Hi8 型是高带 8mm 录像机，采用较高级的 ME（蒸发镀膜）型金属磁带，比普通 MP（涂抹）型金属磁带更薄，剩磁能力从 2500 高斯提高到 2700

高斯，亮度载频提高到 5.7MHz~7.7MHz。图像水平清晰度达到了 400 线以上，信噪比得到了改善，用于业务领域。

家用高带录像机（S–VHS、ED–β、Hi8）必须采用 Y/C 分离接口的条件下才能得到高清晰度的图像质量。整个系统都得用 Y/C 分离接口，费用较高。在播出之前，要把信号变成复合信号，普通接收机收到后再转换出 Y/C 分离信号，如此转换，清晰度就受到影响，改善不明显了。其复制能力明显不如 U 型机，复制后的中、高频曲线大幅度下降，信噪比变差，清晰度也受到影响。家用高带机是业务领域的有力机种。

U–matic SP 特点：副载波的频率高达 924MHz，特别是上边带频带更宽，保证了彩色质量。由于副载波频率和频偏 1.6MHz 与 U–matic 高带相同，所以保证了相互间的兼容性。为保证兼容性和降低磁带成本，不采用金属磁带。

U–matic H 特点：由于技术成熟，对磁带和磁头的要求也都有余地，故设计平衡良好，非常实用。副载波频率高、频带宽，因此色度特性尤为良好。

U–matic 特点：由于格式设计留有余地，所以机器的性能容易发挥出来。稳定性好、修理、调整简单。但清晰度不高。

Hi8 特点：亮度的带宽非常高，所以对提高清晰度有利。采用金属磁带大幅改善了信噪比。2MHz 的频偏保证了图像中微妙的层次。但是，副载波频率的 743KHz 比 U–matic SP 要低。

S–VHS 特点：由于副载波频率低，所以色度方面难以保证。将白峰提高到 7.0MHz，使清晰度达到 400 线。但频率偏置和普通 VHS 相异，故没有兼容性。

VHS 特点：在家庭用规模中最为普及的格式之一。副载波和频偏狭窄，因此在性能上有局限性，不能用于电视广播。

（三）模拟分量记录方式

图像信号的质量优劣主要取决于信号的上限频率和信噪比。但在复合模拟记录方式中，亮度信号（Y）和色度信号（C）是合在一起送入同一个磁头实现记录和重放的。这样不仅使信号频带宽度受到限制，影响到图像的清晰度，而且由于亮度与色度之间的相互干扰，使信噪比有所降低。

分量模拟记录方式，是把全彩色电视信号中的亮度信号和色度信号分离开来，亮度信号进行调频之后，由亮度信号旋转磁头记录在亮度信号磁迹上；色度信号经过解码还原为两个色差信号 R–Y 和 B–Y，进而通过时间轴压缩变换，形成同一个色度信号，再经过调频之后送入色度信号旋转磁头，记录在色度信号磁迹上，即亮度信号和色度信号是分别记录在不同的磁迹上。因为亮度信号与色度信号是分开记录的，所以消除了亮度与色度之间的相互干扰。而且两种信号均可采用较高的调制波频率，图像质量很高。这种记录方式被广泛应用于广播级的录像机中。

现在模拟分量录像机有 Betacam、Betacam SP 和 MⅡ 等格式。

Betacam 格式采用时间压缩分割复用法，把两个色差信号无串扰地记录在一条磁迹上。亮度信号调频记录在另外一个磁迹上，两者的带宽和信噪比都得到了保证。使用 1/2 英寸磁带，Ω 型绕带，场不分段记录方式，主要作为电子新闻采访（ENG）使用。

Betacam SP 格式与 Betacam 格式兼容，亮度信号调频载频提高了，色度信号调频载波也提高了，获得了更好的图像质量，提高了复制性能，延长了记录、重放时间，能提供更佳的声音并增加了音频通道数量。使用金属微粒磁带比 Betacam 的氧化物磁带性能质量要好。Betacam SP 录像机使用金属磁带为 Betacam SP 格式，使用氧化物磁带为 Betacam 格式。

MⅡ 格式与 M 格式不兼容，采用了先进的 CTDM 记录方式，使用金属磁带和新开发的非晶态合金视频磁头，提高了图像和声音质量，磁带宽度为 1/2 英寸。

MⅡ 格式与 Betacam SP 格式在记录原理上是一样的，但是在机械结构、技术参数、磁迹位形等方面均不相同，两者之间完全没有互换性。

（四）数字记录方式

模拟记录方式的录像机录制的节目，每经过一次复制就要降低信噪比 2dB ~ 3dB，增加了许多噪波。复制四五次后，节目图像质量就显著变坏而无法播出了。为了解决多次复制图像质量不会变坏的问题，研制成功出数字式录像机，它也分复合数字录像机和分量数字录像机两大类。

数字式录像机在记录与重放原理上与一般的磁带录像机相同，只不过记录在磁带上的不是模拟信号而是数字信号。电视信号通过 A/D 转换器，先把模拟信号变成数字信号，再经过校正编码器，变成可以检出误差并可以校正的码型。最后，经过记录调制编码变成适合于磁带高密度记录的脉冲数据，送入磁头记录在磁带上。而重放时，先要对由磁带上拾取下来的信号进行放大和频率均衡。然后经过解码器还原为普通的码型，经过误码校正器，把丢失和错误校正过来，变成正确的码型，最后经过 D/A 转换器就可以还原成电视信号。

复合数字录像机有 D–2 格式，直接对模拟复合全电视信号进行数字化处理记录；D–3 格式，采用新型编码方式，大大提高了图像质量。分量数字录像机有 D–1 格式，对亮度信号 Y 和两外色差信号 R–Y、B–Y 分别进行数字化处理，记录是 4:2:2 规格；D–5 格式，记录 10C 比特 CIR601 数字分量信号。

D–1、D–2 数字录像机使用 3/4 英寸磁带记录，D–3、D–5 数字录像机使用 1/2 英寸录像机记录。

数字 Betacam 格式的分量数字录像机，使用 1/2 英寸磁带，记录 10 比特 4:2:2 分量数字信号。

二、磁带录像机的基本原理

磁头主要由三个部分组成：磁头线圈、磁芯和工作缝隙。

记录时，当信号电流通过磁头线圈将产生磁场，磁力线沿着磁芯构成的通路进行闭合。在工作缝隙处，磁力线从磁芯的一端越到另一端。因为缝隙部分磁阻大，磁力线从磁芯溢出，在工作缝隙周围产生漏磁场。当涂有磁性材料的磁带与磁头工作缝隙接触时，低磁阻的磁性层将磁头缝隙处的磁通短路，使磁带上与磁头缝隙接触的磁性层磁化。如果磁带以一定速度相对磁头移动，被磁化的部分离开工作缝隙中央磁场强度（大小、方向）相对应的剩磁，形成一条磁化（剩磁）图样。磁带上的磁化图样就是通常说的磁迹。

重放时，记录有磁迹的磁带表面与磁头工作缝隙接触，磁带表面的外汇磁通被磁头磁芯桥接，外汇磁通沿磁芯构成磁路，与磁头线圈交连。当磁带在磁头缝隙前移动时，由于磁带上的剩磁强度变化，铁芯中的磁通也变化，磁头线圈两端便出现与磁芯中磁通变化率成正比的感应电势，即还原出图像信号电平。

在录像机中，视频信号的记录和重放是通过高速旋转的视频磁头在低速运行的磁带上扫描实现的。为了让视频磁头高速旋转，视频磁头的安装方式有两种，一种是视频磁头由黄铜框架固定后安装在上部硬铝圆柱体底面的边缘，该圆柱体是旋转的，称为上磁鼓，下部硬铝圆柱体称为下磁鼓，下磁鼓固定不动，上、下磁鼓合称磁鼓组件。上磁鼓由位于下磁鼓内的电机（称磁鼓电机）带动作高速旋转；另一种是在两个固定不动的圆柱体（称上、下磁鼓）之间设置一个圆盘（也称中鼓），视频磁头由黄铜框架固定后安装在该圆盘的边缘上，圆盘由下磁鼓内的电机带动旋转。无论采用哪一种方式，磁带都是按螺线状缠绕在磁鼓组件的表面。这样，记录时，高速旋转的视频磁头就能在低速运行的磁带上形成一条条几乎与磁带纵向平行、略微倾斜的视频磁迹。

录像机除了需要在磁带上记录视频信号外，还要记录声音信号以及表示倾斜视频磁迹记录位置的信号。在多数模拟格式和部分数字格式中，表示倾斜视频磁迹记录位置的方法是由固定磁头（称为控制磁头，CTL 磁头）在磁带上记录控制（CTL）信号，磁鼓每转一圈记录一个周期的 CTL 信号。另外，广播用录像机还需要在磁带上记录能表示每一帧视频信号绝对地址的时间码（TC）信号 时间码有两种． 种称为纵向时间码（LTC），它由一个固定的磁头（称为 LTC 磁头）录放；另一种称为场消隐时间码（VITC），它插在视频信号场消隐期间某一行的正程和视频信号一起记录。如图 4–1 所示。

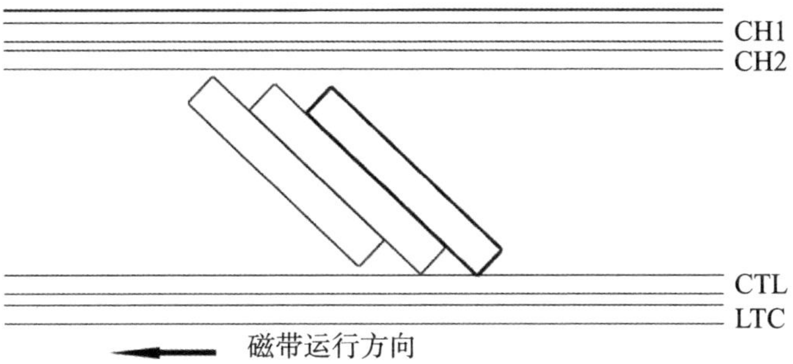

图 4–1　磁迹示意图

三、 磁带录像机的基本组成

磁带录像机由四大部分组成：视频信号系统、音频信号系统、机械与控制系统和伺服系统。[①]

第一，视频信号系统：主要完成对视频信号的加工处理和放大。记录时，将送入录像机的视频信号，经复杂电路处理后送往旋转的视频磁头。重放时，将视频磁头拾取到的微弱信号放大和一系列处理之后，恢复成全电视信号从录像机输出。

视频信号系统包括视频记录电路、视频重放电路、旋转变压器与旋转的视频录放磁头。通常，在模拟录像机中，视频磁头录放共用，而在数字录像机中，有专用的视频记录磁头和视频重放磁头。

对于模拟录像机，视频记录电路的主要任务是在记录状态按照面板输入选择键的指令，从线路、复制等几路输入中选出一路进行处理，然后形成格式所要求的记录信号，经旋转变压器送给旋转的视频录放磁头。在重

① 孟群．电视数字制作技术［M］．北京：北京师范大学出版社，2003：177.

放状态，视频录放磁头拾取的微弱信号经旋转变压器升压后，送到视频重放电路，由视频重放电路放大、处理并校正时基误差后，恢复成原录的视频信号送出录像机。

对于数字录像机，视频记录电路的主要任务首先是将输入的模拟视频信号通过 A/D 转换变成数字信号，接着经数据压缩、纠错编码、通道编码（码型变换，也称调制）、交织等处理后，通过旋转变压器送给视频记录磁头。在重放状态，视频重放磁头拾取的微弱信号经旋转变压器送到视频重放电路，由视频重放电路经放大、解调、误码纠正、解压缩、D/A 等处理后，恢复成原来的视频信号送出录像机。

在录像机中，输出信号有两种：一种是在重放状态，由磁头从磁带上拾取的，称为重放信号（PB）；另一种是在非重放状态，输入的记录信号经录、放电路后输出，称为电－电（E-E）信号。输出电－电信号的目的是便于使用者检查记录的信号是否已经输入以及录放电路的工作是否正常。

第二，音频信号系统：主要完成对音频信号的加工处理和放大。记录时，将送入录像机的声音信号经放大、处理后，送往声音录 / 放磁头。重放时，放大声音录 / 放磁头拾取的微弱信号，经处理后送出。

在模拟录像机中，声音信号有两种记录方法：一种是纵向录音，它的录放原理和家用盒式模拟录音机完全相同，采用加交流偏磁的直接记录法，录放质量也与普通的模拟家用盒式录音机相当；另一种是调频（AFM）录音，它是将音频信号经调频变成音频调频信号后，与视频调频信号频分复用，由视频磁头录放，或采用深层记录方法，将 AFM 信号记录在磁带磁性层深处。尽管调频录音的录放质量较好，相当于调频广播水平，但不能单独记录，因此它不能进行后期配音，无法在节目制作过程中使用。

目前的数字录像机，都能录放两路或四路高质量无数据压缩的数字音频信号（每路音频信号的取样频率为 48KHz，量化电平数为 16bit 或 20bit）。其声音记录电路将输入的多路音频信号进行 A/D 转换、交织、纠错编码等处理，然后和数字视频信号时分复用，一起进行通道编码，最后送往旋转变压器，由视频记录磁头记录在磁带上。重放时，视频重放磁头拾取的数字信号经放大、解调，从中分离出数字音频信号后，由声音重放电路进行误码纠正、交织、DIA 转换，最后恢复成模拟音频信号输出。为了避免多次模拟 / 数字变换对信号质量的影响，数字录像机也设有数字信号的输入、输出接口。

第三，机械与控制系统：建立走带路径，保证磁带与磁鼓有正确的位置关系，驱动带盘电机；进行（快进、倒带、录放等）状态的转换与控制；机械部件的到位检测，工作异常的检测与自动保护等。

机械系统主要由穿带机构、带盘机构、磁鼓组件、走带系统四个部分构成。

录像机机械系统的主要任务有五个：

（1）驱动视频磁头以标称速度旋转。

（2）为磁带运行提供牵引力：在记录或重放期间（包括搜索重放），要求磁带匀速运行，磁带的运行是由主导轴与压带轮提供牵引力的，此时收带盘主动旋转起收带作用。

（3）建立走带路径：由于录像机必须将磁带缠绕在磁鼓上才能录放视频信号，为此，盒式录像机的机械系统要有从带盒中勾出磁带并建立起走带路径的能力。通常把从带盒中勾出磁带建立走带路径的过程称为穿带或加载，将磁带收回带盒内的过程称为退带或卸载。

（4）为磁带提供合适的张力：所谓磁带张力是指沿磁带纵向的拉力。为了拉紧磁带，并使磁带对视频磁头与其他磁头有一定的接触压力，录放期间磁带必须维持标称张力。如果张力过小，磁带不能紧贴磁头，录放效果差；若张力过大又会加速磁头的磨损。另外，张力还会影响磁带纵向的延伸率。录放状态磁带延伸率不一致时，在两个视频磁头重放的视频信号相接处将出现相位跳变，引起画面扭曲。为此，机械系统要设置张力检测部件，并通过带盘伺服来自动调节张力，使其保持在一定的范围之内。

（5）设置传感器为系统控制电路提供机械部件到位（如盒舱到位、穿带机构到位）、磁带运行到带头或带尾以及机械系统出现故障等各种检测信号，使系统控制电路进行适时的状态转换或自动进入保护状态。

系统控制通常由微机或几个单片机构成，主要作用是根据录像机面板或遥控器的指令以及机械系统的检测信息（包括机械部件到位信息、无故障信息等），对机械系统的执行元件（电机、电磁铁）和伺服电路、视音频录放电路进行控制，完成机械动作和电路状态的转换。

第四，伺服系统：控制磁鼓转速和旋转位置，控制走带速度和磁带走行时的张力。

所谓伺服，简单地说，就是以机械量（如物体的运行速度、位置等）作为控制量的自动控制系统，它能使机械量基本保持不变或按一定规律变化。

伺服电路的基本构成包括两个环路：位置环路和速度环路。

位置环路为主环路，由鉴相器、环路滤波器、电机驱动电路、电机测速装置组成，它实现对磁鼓转速与旋转位置的控制。

描述伺服系统的性能有三项指标，即稳定性、快速性及精度。稳定性和快速性是伺服系统的动特性，而精度是伺服系统的静特性。

伺服系统主要包括磁鼓伺服、主导伺服及带盘伺服三部分电路。磁鼓伺服电路的作用是在录放状态控制磁鼓的转速与旋转相位，使视频磁头以标准速度录放信号，减小重放信号的相位失真。主导伺服电路在记录时的作用是保证磁带以标准速度运行，而在重放时，不仅要控制走带速度，而且还要调整磁带的纵向位置，实现跟踪，即使移动的视频磁迹和旋转视频磁头在带上的扫描轨迹对准。带盘伺服电路在录放状态的作用是通过改变带盘电机的转矩来调整磁带在运行过程中所受的张力，使磁带张力保持在规定的范围内。

在数字录像机中，由于采用单独的视频重放磁头，而且磁头尖的厚度比记录磁头大，加上配合有存储电路，故一般的重放磁头就能实现无杂波干扰的静像和慢动作画面。

为了确保重放信号有足够高的信杂比，显然，重放时视频磁头必须准确地沿视频磁迹去拾取信号。视频磁头准确地沿视频磁迹扫描称为视频磁迹的跟踪（简称跟踪或循迹）。

实现跟踪，首先要求同一格式录像机在录、放两种状态有统一的扫描倾角。还要求在重放状态具有自动调整磁带纵向位置的能力，以便使移动的视频磁迹和旋转磁头在磁带上的扫描轨迹重合。具体方法有两种：一种是在记录视频磁迹的同时，利用一个固定磁头在磁带边缘记录控制信号（简称 CTL 信号），形成纵向的 CTL 磁迹，该磁头称为控制磁头。另一种是采用自动磁迹搜索（ATF Automatic Track Finding）技术，即在每条磁迹记录信号中加入不同的导频信号（或称监控信号，数字录像机是通过调制形成监控信号的），重放时利用从前后磁迹漏过来的导频信号幅度差来检测跟踪误差。

广播用录像机在重放状态中如果有基准信号（通常为黑场信号）或有记录的视频信号输入时，能使重放视频信号场序和输入信号场序一致，这一功能称为成帧。只能使奇、偶两场场序一致的成帧称为黑白成帧；同时还能保证 PAL 制色同步，相位一致（四场场序一致）的成帧称为四场彩色成帧；能使 PAL 制副载波相位一致（八场场序一致）的成帧称为八场彩色成帧。

成帧对于将不同磁带上的节目通过电子编辑组合在一起时是必需的，因为它可以使编辑后磁带上节目的场序保持连续。

成帧必须由主导伺服通过调整磁带纵向位置来实现。比如黑白成帧，当外部输入信号为奇数场时，主导伺服将记录有奇数场的磁迹拉到视频磁头扫描线位置，让视频磁头拾取奇数场信号；当外部输入信号为偶数场时，主导伺服将记录有偶数场的磁迹拉到视频磁头扫描线位置，让视频磁头拾取偶数场信号。因此，主导伺服系统在重放启动瞬间，不仅要与磁鼓伺服系统配合实现跟踪，而且要完成成帧的任务。

场序信息可以直接从重放视频信号中提取，也可以在记录时预先记录在 CTL 信号中，然后从重放 CTL 信号中得出场序。比如用高电平表示奇数场，低电平表示偶数场，也可以用不同的占空比表示八场场序。

四、数字录像机格式简介

曾经用过和正在使用的标准清晰度电视的数字录像机格式有 D-1 格式、D-2 格式、D-3 格式、D-5 格式、D-Betacam 格式、DV 格式、DVCPRO 格式、Digital-S 格式、DV-CAM 格式、Betacam-SX 格式、MPEGIMX 格式等。用于记录高清晰度电视（HDTV）的数字录像机格式有 HDCAM 格式、DVCPROHD 格式和 HDD5 格式等。

D1 是最早的数字录像机，1987 年问世，初期各公司研制的数字录像机，制式各不相同，着重点为降低磁带消耗及提高图像质量。SMPTE 和 EBU 都发表了数字录像机的标准，这种格式能用于直接记录满足 ITU-R601 建议的数字分量视频信号，适用于目前 525 行 /60 场和 625 行 /50 场两种电视制式，使数字录像机制式得以统一。

（一）D-1 格式数字录像机

D-1 格式数字录像机可以直接记录符合 ITU-R601 建议的分量编码数字视频信号和符合 AES/EBU 格式的数字音频信号。数字视频信号的数码率为 216Mbit/s，对于 525 行 /60 场制式来说，每帧有效行数为 485，每行记录 720 个亮度样值和 2×360 个色度样值，每样值为 8 比特量化，净数码率为 168Mbit/s，对 625 行 /50 场制式来说，每帧有效行数为 575Mbit/s 左右，再加上纠错编码，同步码，还要增加 15% 的数码率，达到 200Mbit/s。声音信号对误码的要求比图像高，常采用双重记录方式，纠错编码的冗余度也大，数码率可达原数码率的 2 倍，两个这样的通道约需要 8Mbit/s 的数码率。加上视频数据磁迹和声音数据磁迹及声音数据磁迹和声音数据磁迹间所需的编辑间隙，总数码率可达 227Mbit/s。

D-1 格式的最小记录波长为 0.9μm，线记录密度为 2.2bit/μm，对于 216Mbit/s 的数码率来说，每场有 4.32Mbit，磁迹长约 180cm。如果采用不分段的记录方式，那么磁鼓的直径将要大于 50cm。因此，数字录像机采用的增强迹间隔定为 45μm，这小于 β 格式或 C 格式模拟 1 英寸录像机磁迹的 1/4。

把一场内视频数据分在 12 条斜磁迹上有两种方法，分段或分通道。分段法类似于模拟 β 格式录像机的方法，把 312.5 行分成每段约 52 行的 6 段，然后分别记录在相邻的磁迹上。分通道则是将整个数字信号统分成几个独立的录放通道。分通道的方法将特别适用于数字记录。因为分通道后各通道的数码率降低到原数码率的通道数分之一，所有器件的速度所需的记录通道带宽相应减少。D-1 格式采用了分段与分通道两种方法。由于 D-1 格式只规定了磁迹格式而未规定所使用的磁头数，因此磁头数不一定就是通道数。为了尽量减小重放信号对磁粉失落等磁带缺陷的敏感程度，EBU 和 SMPT 制式委员会约定，所录的视频数据要分散在 4 条相邻的磁迹上（4 通道）。这样在使用 4 个磁头的情况下，即便缺少 1 个磁头，图像的主观感觉仍不会出现明显的恶化。D-1 格式每条磁迹的总长度为 170mm，每场 2 条磁迹，记录 50 行数据。为满足将数据分录在相邻的 4 条不同磁迹上的要求，还必须将每条磁迹分为 2 节，每段共有 2 对这样的节。相邻的 4 条磁迹中，节的安排是这样的：第一对节安排在头 2 条磁迹的上部，第二对磁迹安排在后 2 条磁迹的下部。每条磁迹中 2 节视频数据之间还安排了 4 节音频数据，视频和音频磁迹安排在一起的好处是整机的很大一部分电路可以两者所共用。为了使同步、误码保护、视频和音频数据的分配得以准确地进行，还必须严格定义每个样值应记录在磁带的哪个地方。

视频数据记录：视频数据进入数字录像机后，首先要进行源映射编码。映射编码的目的是为了降低误码的主观灵敏度，使误码向低比特位集中。由于非视频数据不存在误码的主观敏感度的问题，所以非视频数据不进行源映射编码。映射编码后，视频数据要进行节间数据编码。节间数据编码实际上是按照一定规律将每段 50 行视频数据分为 4 节，进行组合。

在节间数据编码后是外纠错码，它在后面的内纠错编码一起完成数据的纠错编码。外纠错编码后先进行节内数据编织，它包括两个步骤，即行内编织和节内样值矩阵编织。经过行内和矩阵数据编织，节内原来按时间顺序排列的数据转换成伪随机序列，这使得纠错编码更加有效。对于因磁粉脱落或由于磁带上出现纵向划痕而造成的较长时间的误码，采用分组结构的纠错码对组内误码的数目有一定限制，一旦超出限制就不能正确纠错，所以有必要采取措施把突发误码分散到许多码组去，使纠错和检错更加有效。

在节内编织的后面，视频通道和音频通道通过时分复用组合到一起送入扰码单元。扰码属于通道编码的一种。由于录像机的磁头通过旋转变压器与电路相连，不能通过直流电，而且即使记录了直流信号，也不能被磁头读出。通道编码的目的就是要在记录之前降低视频和音频数据中的直流分量。数据经扰码后，由于出现连“1”连“0”而增加的误码率已小于磁粉失落引起的误码，因此纠错系统能有效地加以纠正。扰码后的数据再加入同步和识别数据，经并 / 串转换后送往磁头。

音频数据的记录：数字音频输入、输出信号满足 EBU/AES 数字音频接口。它可以包括两个抽样频率为 48MHz，20 比特线性编码的数字声音通道。必要时还可以增加 4 比特，成为 24 比特量化，以减小量化噪声。每个样值还要加上样值有效比特（V），通道状态比特（C），用户比特（V），偶检验比特（P）和 4 比特同步字，总共 32 比特作为一个数据块，总数码率为 3.072Mbit/s。D–1 格式数字录像机有 4 个独立的音频通道，可以处理两个这样的数据通道。输入的音频数据进入数字录像机后，先进行双机位码解调和解复用，将原来合在一起的两个通道分解成各自独立的通道，以满足数字录像机各通道独立处理的要求。然后存入缓存器供进一步处理。音频数据也分为段和节，并在段内进行数据编织。每段占据 4 条斜磁迹的音频记录间相当于 1/6 帧的时间。每条斜磁迹包括 4 条音频磁迹，4 个通道记录两遍共 16 节磁迹。之所以把音频磁迹安排在中部并且将音频数据重复记录一次，有两个原因：第一，音频数据只占 5%，音频参考磁迹只占 4%，时间码占 3%，磁带缺陷对音频数据造成的危害远比视频数据严重。第二，人耳比人眼对误码更敏感。个别的误码听起来也是很不舒服的噪声。把音频磁迹安排在磁带中部，就可以得到较小的失落概率和较高的跟踪精度。

同步：录像机的处理电路都采用并行方式，但磁头只能记录单行数据，所以在记录前要将并行数据转换成串行数据。但如果串行数据中没有每个码字的始末标志，重放处理就要陷入混乱。因此，必须在串行数据中加入同步码和识别码，用来区别码字的界限和节、段、场、帧的界限。同步码字和后面的数据构成同步码组。

纠错编码：数字录像带是具有极大存储容量的数据存贮媒介，使用 16 μm 带能记录长达 76 分钟的电视节目，总容量达 1000 吉兆比特，数码率高达 227 兆比特 / 秒，记录密度是普遍与英寸（12.7cm）单密度硬盘的 100 倍。记录如此高速和高密度的数据，没有强有力的纠错系统是不行的。减少误码对图像信号的影响有两种方法，一是将其纠正，二是检出错误并加以掩盖。掩错的各种方法属于重放侧的问题，所以没有列入 D-1 格式，可以由各厂家自行决定；而纠错检错是 D-1 格式的一个组成部分。纠错编码系统在实际使用中是稳定可靠的，并有足够的余量。

D-1 格式盒式录像带分大、中、小三号。

（二）Digital Betacam 数字录像机

Digital Betacam 即数字 Betacam 技术，采用 10 比特数字分量记录、图像质量优异，具有多代复制的能力。具有 Betacam 和 Betacam SP 模拟磁带的重放能力，可以将 Betacam 及 Betacam SP 格式存档素材直接用于数字节目制作，分量数字记录保证了录制的节目适合最终的存储和数字服务器播出。

数字 Betacam 格式符合 ITU-RBT.601，可以实现 16:9 宽屏幕视频的录制。数字 Betacam 格式的 DVW 系列录像机均有串行数字接口（SDI），使用一根同轴电缆可以同时传输 1 路 4:2:2 数字分量视频信号，4 声道数字音频和时间码信息。简化了与其他带有 SDI 接口设备的连接。SDI 具有长距离传输的优点，200 米距离之内不需外加任何硬件。

降低比特率技术 BRR：它是为进行数字视频记录而采用的一项数据压缩技术。DVW 系列录像机使用压缩比约为 2:1 和每场内压缩算法，避免了造成运动图像损失。BRR 通过细微的降低比特率提供了多代复制能力，高速的数据处理系统基于离散余弦变换技术，它把图像块变换为离散频谱，精确保持原始图像的高效压缩视频数据。降低比特技术解决了把大量数据记录到 1/2 英寸磁带上的难题。否则，不得不提高磁带速度，减少磁迹宽度，加快螺旋扫描或安装更多的录制磁头。

具备误码校正和容错能力：数字录像机中，信号的损失是由于数字数据记录和再生时发生错误而造成的。实际上，采用磁性记录，完全无误地读出数字数据几乎是不可能的。DVW 系列录像机中的错误校正和它的容错结构对错误数据有极强的补偿能力。

20 比特数字音频：DVW 可录制 4 声道 20bit/48MHz 数字音频，能进行分离编辑。超线性 A/D 和 D/A 转换器确保在使用模拟音频时提供极宽的动态范围。

数字 Betacam 格式录像机使用全新金属微粒磁带，以适应数字 Betacam 格式更密磁迹和更短波长的高密度数字录制，极其精细的磁性微粒实现了高 RF 输出。大型磁带可录 124 分钟小型磁带可录制 40 分钟。

DVW 系列录像机有先进的自我诊断系统，可以检测机器出现故障。当错误发生时，错误信息将会出现在磁带的时间显示窗及具有叠加的字符在设备的视频输出上，以便及时纠正。

高速画面搜索：以 ±50 倍于正常速度往返搜索画面时，仍能提供可识别的彩色画面。以 ±24 倍于正常速度重放时，也能提供可识别的数字地址码重放，以利于迅速地找到所需的画面。在 -1~+1 倍于正常重放速度范围内，即使在无级变速（JOG）搜索状态下，也可以完全重放 4 路数字音频信号。由于可以监听到与重放图像保持绝对同步的数字音频信号，所以能快速、准确地确立编辑点。

重放方式有动态磁迹跟踪，重放在 –1~+3 倍于正常速度的范围内，提供广播级标准的图像质量。程序重放模式，可以在正常速度变化 ±15% 的范围内重放视频记录信号。选购的音频程式重放板可以将 4 路数字音频信号与视频信号一起压缩或扩展（带音调校正）。此功能能够适当地延长或缩短节目时间，使其适合于一个安排好的时间段。

预读编辑功能：DVW 系列录像机，用于数字信号的 DT 重放磁头位于记录磁头之前，先前记录的视频与音频信号经这些 DT 磁头读出后，可送到外部设备中处理，然后重新记录在相同的磁迹上，此功能适用于叠加字幕，彩色校正，视频处理，音频混合和润色等处理。

数字音频交叠衰减：在进行音频插入编辑时，获得平稳、流畅的音频过渡。先前记录的声音信号由 DT 磁头读出后，与输入的音频信号混合，然后立即重新记录在同一磁迹上，衰减时间可以选择。

寻频跟踪系统：两个寻频磁迹中信号被记录在螺旋扫描磁迹的特定通道上，并且通过参考由记录磁头重放这些信号的时间差及 RF 电平信号，自动高速磁迹跟踪。此系统在伺服锁定期间纠正纵向磁迹跟踪的误差，而当执行编辑时，在预卷期间持续工作，以提供编辑所需的磁迹跟踪精度。在插入编辑时，同 CTL 一样，旋消磁头不会擦除这些磁迹跟踪信号，并且它可持续工作直至整个编辑完成。这个系统使得无需进行操作调整即可确保可互换编辑的精确磁迹跟踪，并提高编辑效率。

自动统调系统：通过对重放 RF 信号增益和相位的高速来使还原的数字数据最优，以确保数字数据的准确记录和重放。均衡器还具有功能强大的误码纠正和隐蔽处理能力。能够精确还原视频和音频数据，确保画面的稳定和声音质量。统调系统可以在进行周期性维护时，自动优化记录磁头的电流。在磁带传动部件更换后，通过调整伺服系统来优化磁带张力，主导轴频率和磁鼓相位以及 DT 功能，自动统调系统，实现了稳定及连续的高性能记录与重放。

通道状态监视：DVW 系列录像机有一个三色通道状态指示器，每种颜色表示一种特定的错误率或值。绿色表示状态良好，黄色提示注意但可以继续操作，红色则警告录像机或磁带发生问题。通过一个 RS-232C 通信接口，可观察到每个通道错误率的细节。并可监视多台录像机，为了能同时监视录制信号，DVW-A500P 和 DVW-500P 装备了即时重放磁头。即在一个磁迹刚被记录之后，立刻跟踪这条轨迹。

内置信号发生器：为了帮助系统设定及维护，DVW 系列内置信号发生器，可提供 16 个测试信号，包括彩条信号、谐波信号、多波群信号、黑场信号等，也可提供音调信号用于数字音频通道基准调试。

初始化设置简单：DVW 系列录像机的参数设置，可通过使用搜索盘在菜单方式操作中设置。当一个简单的单行菜单在磁带时码显示器上显示时，一个描述性的多行菜单也可叠加在模拟复合及串行数字输出之中的一个上。为了能快速设置录像机，DVW 系列录像机配备了三个用于记忆设置参数的存储器。当设置选择切换时，这些存储记忆的数据可恢复，并可即时将设置参数发迹为存储值。通过使用设置存储记忆，录像机可被迅速地设定于特定的应用场合。

（三）DV 格式

1993 年，包括索尼、松下、JVC 以及飞利浦等几十家公司组成的国际集团联合开发了具有较好录放质量、统一标准的家用数字录像机格式，称为 DV（DVS）格式。

1996 年开始，各公司纷纷推出各自的产品。DV 格式的特点是带盒小、磁鼓小、机芯小、记录密度大、电路集成度高，便于生产体积小、机动灵活的一体化摄录机。DV 格式使用 1/4 英寸（6.35mm）蒸镀型金属（ME）磁带，带盒尺寸有标准（125mm × 78mm × 14.6mm）与小型（66mm × 48mm × 12.2mm）两种，标准带盒能记录 270 分钟，小型带盒能记录 60 分钟。磁鼓直径只有

21.7mm。视频信号采用4:2:0取样标准，量化比特数为8bit。对于625/50制式，一帧记录576行，每行的样点数，Y为720，R-Y，B-Y各为360，R-Y，B-Y隔行传输。视频采用帧内4.987:1（约5:1）数据压缩，视频数据率为24.948（约25）Mbps；Y信号水平清晰度达500线，信噪比为54dB。DV格式可记录两路（每路48KHz取样，16bit量化）或四路（32KHz取样，12bit量化）无数据压缩的数字声音信号。DV格式的走带速度在625/50制式为18.831mm/s。

DV格式的磁鼓组件为两层结构，磁带上的倾斜磁迹由安装在上鼓的一对1800间隔的记录磁头形成。对于625/50制式，上磁鼓的转速为每秒150圈，一帧视频信号记录12条磁迹。上下边缘无纵向磁迹，无保护带。每条倾斜磁迹包括ITI（Initial Track Information起始跟踪信息，或称Insert and Track Information插入与跟踪信息）、音频、视频和副码（也称子码）四个区，以及它们之间的三个编辑间隔（也称间隙GAP）。ITI区主要包含格式信息、跟踪用信息等，此外，还可在重放时用来判断音频、视频和副码区的位置。音频区、视频区分别记录音频和帧内压缩的视频数据。副码区主要包含时间码信息。编辑间隔的主要作用是防止在由旋转消磁头单独消去音频或视频信号时出现消去别的信号的可能性，此外还含有跟踪信息。

（四）DVCAM格式

DVCAM是日本索尼公司在家用DV格式基础上推出的数字录像机格式，采用4:2:0取样，8bit量化，帧内存5:1数据压缩，视频数据率为25Mbps，DVCAM数字分量记录格式的压缩方式以DCT（离散余弦变换）技术为基础，每一帧含有12条磁迹。每条磁迹又分为ITI（插入和磁迹信息）、音频、视频和子码区。ITI是用于精确磁迹跟踪的基准信号和子码区的时间码。能确保高精度的编辑，并支持复杂的多层特技。

统一的DV压缩方式的全系统设计，使前期采集到存储在硬盘上，系统之间进行压缩的视频和音频数据是无损传输，不存在任何额外的压缩/

解压缩的往复循环或模 / 数、数 / 模转换。DV 记录的重放兼容性，可以在不采用特殊适配器的情况下，在同一机器上同时使用标准盒式磁带和小型盒式磁带。DVCAM 格式比家用 DV 的磁迹宽（DVCAM15 微米，DV10 微米），能保证专业编辑的高可靠性。

为了保证高密度数字信号记录效果，DVCAM 盒式磁带采用先进的金属蒸镀方式，在 DLC（钻石型碳）镀膜保护下的双蒸镀层结构，确保反复搜索编辑素材时，磁带的高稳定性和耐久性。每一盒磁带上内装一个半导体存储器芯片，用以存储 ClipLink 记录数据和索引画面地址，以提高编辑效率。

PCM（脉冲编码调制）数字立体声录音系统具有宽动态范围和高信噪比的优质声音效果。两声道状态下采用 16bit 量化和 48MHz 的取样频率，四声道状态下则采用 12bit 量化和 32MHz 取样频率。

QSDI 新的数字接口，可处理 DVCAM 记录格式下的压缩视频，子码数据和数字音频信号，在 DSR 录像机之间和与非线性配置中，实现无损传输，且高速传输（4 倍速）。

利用数字信号处理的特点，进行数字慢放，在快进或倒带时进行 0 至 +1/5 倍正常速度的重放，慢放的图像没有噪波，相当于动态搜索时的质量。高速图像搜索时，仍可看到清晰可辨的图像，提高了编辑效率。数字音频在（无级变速）JDG 模式下，能重放 1/30 至 +1 倍于正常速度的四声道或两声道，使编辑人员在监听数字音频信号的同时可以快速而准确地设定编辑点，音频数据能保存在存储器中，并按搜索速度输出。

具有初始设定菜单系统，以层次结构的形式表现，使用录像机前面的子控制板，容易设定录像机初始状态，及预设许多详细的操作参数。设置好的菜单会储存在存储器中，电源关闭后，数据也不会丢失。需要时，可调用预存的设置参数，快速实现某一特殊的应用。

DVCAM 最具特点的是 ClipLink 功能。前期拍摄中，常常要用笔和秒表人工记录，易出差错、耗费时间。编辑时，常常要审看所有磁带，选择镜头，同样也是非常耗费时间的，即使使用非线性编辑，如果不事先审看和选择镜头，就不得不把全部镜头都拷贝到硬盘上，既费时又占存储空间。SONY 公司利用 DV 磁带格式中具有可选择的带盒存储器（CM）功能，在 DVCAM 磁带上安装了半导体存储器，配合数字摄录一体机中的内存，实现 ClipLink 功能。

前期拍摄时，将后期非线性编辑时可能用到的关键素材段的第一帧静像和时间码以及此素材段是否适用等标记存入摄录机中的内存之中，拍摄结束，退出磁带之时，缩小 64 倍的索引画面，及相关的时间码等数据会写入磁带盒中的半导体存储器内。后期编辑时，将这盘拍摄好的素材磁带放入编辑录像机后，索引画面会很快被读出并依次排列在非线性编辑站的显示器上，编辑人员选择有用的素材段以 4 倍速拷贝到硬盘里。大大提高了编辑效率，此工作状态称 ClipLink 功能。

ClipLink 功能会自动生成两种类型的常用信息“索引画面”与“ClipLink 记录数据”。

索引画面：记录活动画面的同时，每一个镜头的入点静帧画面都经过缩小 64 倍面积之后，形成小的静止画面。这些索引画面暂存在 DVCAM 摄录一体机的内置存储芯片中。每盒磁带录制结束时，索引画面会全部记录在磁带最后一段素材的尾部。如果使用带有 16Kb 带盒存储器的 DVCAM 专业磁带，最多可记录 198 幅索引画面。当磁带放入连接在非线性编辑站（ES-7）上的 DVCAM 录像机中，所有的索引画面会装载到非线性编辑站中，并显示在显示屏上。编辑人员通过索引画面，可以直观地判断哪些素材需要，哪些素材不需要，直接利用磁带上的素材进行编辑，尔后决定上载的素材段落。

ClipLink 记录数据——拍摄时记录的数据如：磁带号（Reel No.）、场号（Scence No.）、次号（Take No.）、OK/NG 状态、入点 / 出点时码、Cue 时码等。这些数据被存储在带盒存储器（CM）中。

DVCAM 格式的机型为 DSR 系列：DSR-130P 可分离式摄录一体机、

DSR-300P、DSR-370P、DSR-570P 摄录一体机，DSR-85P 高速编辑录像机，DSR-80P 编辑录像机，DSR-60P 编辑放像机，DSR-30 录放机。

（五）DVCPRO 格式

DVCPRO 格式是日本松下公司在家用 DV 格式基础上开发的专业级数字录像机格式。有 DVCPRO 25Mbps 和 50Mbps 等模式。DVCPRO 25Mbps 模式中，视频信号采用 4∶1∶1 取样，8bit 量化，帧内 5∶1 数据压缩，视频数据率为 25Mbps，DVCPRO 50Mbps 模式中，视频信号采用 4∶2∶2 取样，量化，帧内 3.3∶1 数据压缩，视频数码率为 50Mbps。

DVCPRO 格式为数字压缩记录系统，能够使设备尺寸小，重量轻，特别适合于电子新闻采集，能快速从一个地方转移到另一个地方，而且带来了现场编辑，现场编辑盒（如 AJ-LT75）能够在事件发生地或移动中进行原始素材编辑。

编辑质量损失小：MPEGI（4∶2∶2）中，当重建来自一帧的图像时，要用到来自以前帧和以后帧的数据，为此提供了较高的压缩比，带来了编辑中的某些缺点。首先，在做编辑前，数据必须是解压缩的。另外，由压缩的数据扩展到全比特的数据有 50% 的可能性需要进行 I/B 帧的替换。那么在每一步编辑操作中会引起图像的损伤。DVCPRO 的帧内压缩同时处理两场，即使在逐帧的编辑中，因数据压缩和解压缩而引起的图像操作也达到最小。而且，数据可以以其原始的压缩状态进行编辑，所以数据压缩和解压缩引起的损伤就同时避免了。

兼容 DV 格式：DVCPRO 能够重放所有基于 DV 格式记录的磁带，DVCPRO 磁带具有 18 微米的磁迹宽度，微型式标准 DV 磁带为 10 微米磁迹宽度。

DVCPRO 的磁迹宽度几乎是 DV 格式的两倍，记录密度的降低可以减少磁带信号的失落并提高编辑的可靠性。DVCPRO 在螺旋扫描磁迹中包括了 VITC 和 LTC，使得磁带的尺寸更小，而且两种时间码都可以在任意磁带速度时被读出。基于 DV 格式的新闻素材，可以任意调用无需再经过格式的转换。

数据传输：DVCPRO系统既有优质的图像，又有高速的数据传输。高质量的现场素材可以以数字化的形式传送给非线性编辑机，以及中央服务器，并通过缓冲器最终送到归档系统中。通过CSDI（压缩串行数字接口）数字图像可以实时地或以常规系统的4倍速度进行传输。

DVCS（DV压缩串行信号）接口可以使DVCPRO数据以其5∶1的压缩形式进行传输。DVCS格式的设备，包括通过卫星传输压缩的DV数据的DVCPRO调制解调器，能提供DVCS输入和输出，同时还提供将输入的模拟信号转换成DVCS信号并进行传输的功能，以及接收DVCS信号并将其转换成模拟信号，然后输出。经过5∶1压缩的数字信号能按原样或进一步压缩，通过数字模拟电话线路传输出去，使新闻报道能及时传送到地球上的任何地方。

DVCPRO可以在其可变的数据率之间进行无缝的切换，在一个网络服务器环境中，DV/DVCPRO格式的所有层次可以完全协调地集成起来。DVCPRO50在重放和记录同样的磁带这个概念上与DVCPRO25兼容，同样也在数据流层次上完全兼容，所以DVCPRO可以在存储有25Mb/s和50Mb/s文件的服务器中切换和创建节目。它们使用同样的芯片组，在25Mb/s和50Mb/s的数据流之间可以得到无缝的切换，而没有在两种数据速率之间锁定的中断。

DVCPRO录像机提供两路非压缩的16比特数字音频声道，采样率为48KHz，相当于CD的声音质量，在信噪比、动态范围和噪声方面有相当大的改善，非压缩数字录音和强大的纠错功能结合在一起，保证经过编辑和多次转录的音频质量依然保持很高，损伤最小。DVCPRO中的模拟插入磁迹使线性编辑时能快速和容易地找到需要的音频。

数据记录功能：记录过程中，每一镜头的起点和终点的时间码，OK/NG标记，以及文本数据都记录在摄录机的芯片内存中或PCMCIA卡中，磁带退出时，数据会记录在磁带上，使用非线性编辑机时，这些数据会显示在显示屏上编辑的图像索引。

（六）MPEG IMX 格式

MPEG IMX 格式是日本索尼公司推出的一种数字录像机格式，它使用 1/2 英寸的金属磁带。视频信号采用 MPEG-2 压缩方式，仅取帧内压缩（I 帧），视频数码率为 50Mbps。MPEG IMX 格式可记录 8 个通道数字声音，取样频率为 48KHz，量化 bit 数为 16bit，或者记录 4 个通道，取样频率为 48KHz，量化 bit 数为 24bit。对于 625/50 制式，每一帧信号由两个旋转磁头记录 8 条磁迹，每条磁迹包括两个视频区以及在其中间的 8 个音频区。磁带下边缘有 CTL 和 LTC 两条纵向磁迹。由于 MPEG IMX 格式采用帧内压缩，因此它和 DVCPRO、Digital-S 格式相同，压缩数据能实现 0 帧精度的编辑。

MPEG IMX 格式的台式录像机有以下特点：

有输入和输出 MPEG 基本流（ES）的接口（SDTI-CP 接口），能和其他 MPEG 设备，如非线性编辑机、服务器直接传输数据；有 525/60、625/50 切换功能，可记录、重放两种制式的 MPEG IMX；能兼容重放 Betacam-SP、Betacam-SX、D-Betacam 格式的节目磁带；有预读功能。

五、录像机的操作使用

无论是模拟录像机还是数字录像机，他们的操作方式是几乎一样的。

（一）基本操作

1. 设置

接通电源开关。把音频监听开关放在被监听音频通道上。同时监听开关放在通（ON）位置。音频混合开头选择通道 1 和 2 是否混合。用音频输入选择开关，选择音频信号输入。遥控 / 本机选择开关放在本机。CTL/TC/U-BIT 选择开关选择要显示的数据。

确认记录禁止灯是否熄灭。把副控制板上的记录禁止开关放在断

（OFF）的位置，如果插入盒带时记录禁止灯发亮，应检查盒带上的记录禁止保险按钮或盖是否被按下（金属带）或拆下（氧化物带），应恢复正常记录状态。

用视频输入选择开关，选择视频信号。

被输入到音频输入端通道 1/ 通道 2 的信号，总是被记录在纵向磁迹上。

2. 电平的调整

调节音频记录电平：如果把记录电平控制开关置于“推”的位置时，为预定电平（在 +4dB 输入时为 0VU）；当记录电平控制开关置于“拉”的位置时，可以进行手动调节。此时应把限幅开关置于断（OFF）的位置。调节电平，使电平表在最大偏移位置大约为 0VU。调好后应把限幅开关放到通（ON）的位置。

调节视频输入电平：当视频信号输入电平适当时，视频 / 射频表的指针应指向蓝色部分。视频电平控制端置于“拉”的位置时，可进行手动视频电平调节。但如果分量视频（Y/R–Y/B–Y 或 CTDM）输入时，不能进行手动调节。

3. 记录操作

当上述工作状态确认无误，音频及视频的电平也调节好之后，即可进行记录操作。具体记录操作比较简单，首先检查盒带是否记录禁止保险装置。氧化物带应有保险盖，金属带则保险按钮应在拉出位置。然后，插入盒带。开始记录时，可同时按下重放与记录，记录停止时，可按下停止。当磁带走到末端时，磁带将自动停止（某些机型会自动倒带到磁带开始位置）。

4. 重放节目

电源开关接通（ON），监听开关应选择在要监听的音频通道，跟踪控制放在固定，遥控本机选择开关放在本机，DT 选择开关放在所希望位置，CTL/TC/U–BIT 选择开关应根据需要显示的数据来选择，PB/EE 选择开关在

PB（重放）位置。

选择 CTL 时，按下复位，可将数据复位到“0:00:00:00”。当磁带倒转到“0:00:00:00”位置之前时，在数据前有“-”（负）标记与数据一同显示。

选择 TC 时，将此开关置于 TC 位置，通过对记录的 LTC 或 VITC 的读数可显示重放时间码。当在重放磁带上发现 LTC 或 VITC 信号时，LTC 或 VITC 的指示灯亮。

选择用户比特（U-BIT）数据，此时开关位置放在 U-BIT 位置，即可显示 LTC 或 VITC 中的用户比特数据。

重放操作步骤如下：

插入重放盒带。

按下重放键即开始重放。当伺服锁相时，伺服灯亮。

按下停止键即停止重放。如果重放状态，当磁带走到末端时，某些机型磁带会自动倒带到始端。

重放过程中的跟踪调节：

通常把跟踪控制置于“固定”位置。如果重放图像上出现杂波，检查 DT 选择开关是否放在断（OFF）位置，转动跟踪控制使视频 / 射频表指到最大射频电平。音频重放电平的调节，可利用音频电平控制开关。推进重放电平控制开关，则音频输出电平为预定电平值；拉出重放电平控制开关，则可用手动调节音频电平值。

（二）基本自动编辑

自动编辑操作程序为：选择编辑状态，进入录像机和放像机编辑点，检查编辑点数据，也可进行修改，完成编辑，再检查编辑效果。

1. 录像机和放像机开关位置的设置及调节

作为录机的开关位置及调节。电源开关放在通（ON）位置，由音频记录电平控制钮来调节音频记录电平，由输入选择开关来选择输入信号，把跟踪控制放在固定位置，遥控 / 本机选择开关放在本机，把 CTL/TC/U-BIT 选择开关放在 CTL 或 TC 位置。

作为放机开关位置的设置及调节。电源开关放在通（ON）位置，由音频重放电平控制钮来调节音频重放电平，跟踪控制通常放在固定，如果需要可以调节跟踪，遥控 / 本机选择开关在遥控，CTL/TC/U-BIT 选择开关放在 CTL 或 TC 位置。

2. 编辑方式的选择

选择组合编辑或插入编辑。如果选择组合编辑，可按下组合键；如果选择插入编辑，按下所需用的插入键。选好编辑方式之后，输入和输出键开始闪烁，表示应进行设置编辑点。

编辑点设置步骤如下：

按下录像机或放像机键，可以选择录机或放机。以 JOG 或 SHUTTLE 状态查找编辑点。在所需要的点上按下记忆键，同时按下闪烁的 IN 或 OUT 键以记忆 IN 或 OUT 编辑点。重复步骤，为录像机和放像机设置所需要的编辑点。

除组合编辑点设置方式之外，还可以设置声音分离编辑点。这时可设置音频 IN 点、音频 OUT 点、视频 IN 点和视频 OUT 点，共四个编辑点。按下插入键选择编辑的通道。录像机和放像机可分别设置，具体步骤与以上相同。

检查编辑点时，可以从计数器上得到编辑点的数据。按下录像机或放像机键，选择录机或放机，保持按下四键之一：IN、OUT、音频 IN、音频 OUT，在按键期间可以显示编辑点的数据。

检查两个编辑点之间的持续时间可按如下步骤进行：按下录像机或放像机键，选择录机或放机，保持按下下列四个键的两个键，可显示两个点之间的持续时间，即视频 IN、视频 OUT、音频 IN、音频 OUT。

3. 预演

编辑点数据设置好之后，预演灯开始闪烁，表示可以按下预演键开始预演。如果需要，可以按改变编辑点数据或重新输入数据，再次进行预演。

在预演期间，来自录像机和放像机的音频信号及视频信号，可以在与录像机连接监视器上监视。按下停止键即可停止预演。为了使磁带回到预演，可以按下预演键。

4. 修改编辑点

如果编辑点的设置发生错误，比如OUT数据小于IN数据，或者录像机与放像机的持续时间不同等，此时消除键就会闪烁，表示不能进行预演或开始编辑，必须修改编辑点。

修改步骤如下：按下录像机或放像机键，选择录机或放机，按下消除键，同时按下下列四键之一，视频IN、视频OUT、音频IN、音频OUT，以消除相应的数据。如果视频IN、视频OUT、音频IN、音频OUT灯开始闪烁，则被消除的编辑点需要重新设置。

另外，按下录像机或放像机键选择录机或放机，保持按下下列四键之一，视频IN、视频OUT、音频IN、音频OUT，同时按下修改键（+或-），此时数据可逐帧地增加或减少，进行修改。

5. 编辑执行

当编辑点正确设置之后，自动编辑键开始闪烁，表示可以开始执行自动编辑。按下自动编辑键，即可开始自动编辑。在停止编辑时，可同时按下REC和OUT键，编辑即完成。也可以按下停止键来停止编辑。按下检查键开始检查，完成检查之后，磁带回到OUT点并停止。

（三）手动编辑

机器的准备工作与自动编辑中的录像机相同。选择组合编辑状态或插入编辑状态。按下重放键。在所要求的点上同时按下编辑键与重放键。在停止编辑时按下重放键，然后按下停止键停止磁带。

注意不要在停止状态开始编辑，也不要用停止键停止编辑。否则，图像在编辑点会出现失真或跳动。为此，在开始编辑前，把录像机在重放状态运行数秒钟。

第二节　新型记录方式

如前所述，2000 年前后，新型的记录方式就开始在发展。逐渐形成了几类新型的数字记录方式。

早期比较成功的案例是 SONY 公司的的盘带结合型录像机。Betacam SX 系列录像机是将硬盘和数字磁带结合为一体的高性能非线性盘带结合型录像机，在一个一体化单元中合并了磁带录像机和硬盘驱动器。采用专门设计和开发的 LSI 电路，结合具有高效数据自理能力的 Betacam SX 格式，将录像机和硬盘合在与现有模式录像机相同尺寸的机箱内。走带机构与硬盘驱动器是结合在一起的，所以盘带结合型录像机可以作为一台录像机和一台放像机使用，即相当于两台录像机融为一体。磁带到硬盘高速重放和记录。Betacam SX 素材可以用 4 倍于正常放像的速度从磁带记录到硬盘（DNW-A100P），节约了素材上载到磁盘的时间，模拟 Betacam 格式的素材可以正常放像速度复制并数字化之后记录到硬盘上，并进行非线性编辑。盘带结合型录像机的硬盘中经过编辑的素材，只能以正常放像速度录制到磁带上。盘带结合型录像机将线性与非线性功能集于一身，既保留有线编辑工作模式，在操作上与原有的模拟方式一样，又能够实行非线性操作。

发展到目前，基本上有三类记录方式都在使用。一类是半导体记录卡，包括松下公司的 P2 卡，索尼公司的记忆棒及其他系列存储卡等，半导体存储介质与硬盘或者光盘不同，它不存在机械结构，采用电荷擦写的方式进行记录，抗冲击、抗震动，并且对于外界环境的温度、湿度相对不敏感，是比较理想的记录载体；一类是光盘记录，主要是索尼公司的蓝光技术；

一类是目前广泛用于长时间记录的硬盘记录方式，包括 bmd aja 等公司和品牌也都做了自己的产品。

目前的工作流程来说，新型记录方式的录像机仅用作录制功能，并不像之前磁带时代那样需要用它来做后期剪辑，后期剪辑已经完全由非线性编辑来完成。

一、P2 卡记录

P2 卡，是一种 SD 半导体存储卡，是松下公司发布的广播电视专业记录载体，正式命名为 P2。包括使用 P2 卡作为记录载体的摄像机，可以读写 P2 卡的编辑机，以及 P2 cloud（P2 云），等等。

P2 卡（Professional Plug-in Card）的存储核心采用了 4 片高速 SD 卡。目前的总容量可以达到 128G。这些 SD 卡安装到一个接口电路板上并由一个 P2 Controller LSI 控制与外部设备进行通信。它的形式为 PCMCIA 卡，具有兼容性，符合 PC 卡标准（2 型），可以直接插入到笔记本的卡槽中。卡上的音视频数据即刻就可以装载，每一段剪辑都是 MXF 和元数据文件。这些数据不需要数字化处理，就可以立即用于非线性编辑，或在网络上进行传送。

P2 卡的传输速率已经达到 640MB，支持高码率数据。P2 卡的记录方式仍然使用现在广泛使用的数字录像机格式，包括 DV、DVCPRO、DVCPRO50M、DVCPROHD，以及最新的 AVC-Intra 压缩格式。

P2 卡考虑到专业广播电视对可靠性的追求，更是采用了强化设计，采用全金属封装。这样就从工作原理到外部封装都最大限度地保证了 P2 卡的可靠性，使得 P2 卡非常适合前期拍摄时应对各种难以预料的突发事件，保证无论多么恶劣的拍摄条件下都能采集到宝贵的素材。读写次数可以到十万次以上，插拔次数可以到三万次以上。

P2 卡对 4 片高速 SD 卡进行并行的读取 / 写入控制，所以 P2 卡的最大数据率非常高，可以达到 1.2Gbps。P2 系列设备采用 MXF 格式进行记录，通过这种文件格式可以利用 PC 机进行新闻制作。P2 台机可以随机读取建立了索引的场景，进行即刻播放和在线传输。

最新型号的 P2 卡录像机是 AJ-HPD2500MC，其主要特点与性能指标如下。①

1. 多格式记录与播放系统支持 AVC-Intra 压缩格式，支持 24PsF

（1）AVC-Intra 编解码器。

新型 AVC-Intra 编解码器进一步提高了图像的清晰度，符合基于先进图像压缩技术的 MPEG-4AVC/H.264 国际标准，可以提供卓越的画质，实现高效压缩。它采用帧内压缩系统，使专业化编辑具有独特的优点。AJ-HPD2500 可以在 AVC-Intra 100 模式下记录图像，从而实现最佳画面质，也可以在采用更低比特率的 AVC-Intra 50 模式下记录图像，适应各种不同的要求。同时还支持 DVCPRO HD 编解码器。

（2）上 / 下 / 交叉变换。

AJ-HPD2500 在图像回放过程中可以在高清和标清模式之间上下变换，或在 720P 和 1080i 式之间进行交叉变换。它还可以把标清输入信号记录成高清格式，并且进行上下变换画幅比类型设置。

（3）与 24PsF 兼容，高清 / 标清多格式。

AJ-HPD2500 支持各种高清格式：1080P、1080i 和 720P，还可以在 50Hz 和 59.94Hz 之间切换，适应世界各地的高清广播格式。AJHPD2500 支持真正的 1080/24P（30P/25P）格式的记录及使用 AVC-Intra 编解码器进行的回放。在高清 SDI 模式下，支持 1080/24PsF 输入 / 输出，可以用于高端的电影制作。也支持标清格，在 PAL（576i）和 NTSC（480i）格式下，可采用多编解码器记录（DVCPRO50、DVCPRO 和 DV）。

（4）VariCam 高效率对应。

AJ-HPD2500 可以从 VariCam 提供的 VFR（可变帧率）信号输出中提

① http://pro.panasonic.cn/product/detail.html?pid=869.

取关键帧，并以 720/24P（30P/25P）的格式进行记录。AJHPD2500 还可以通过回放视频片段提供类似 VariCam 的 60P 下拉变换输出（从 50P 降低到 25P），该片段由 AJ-HPX2700、AGHPX500、AG-HPX303、AG-HPX173 或 AG-HVX203A P2HD 便携式摄像机按照原生的 720/24P（30P/25P）格式记录在 P2 卡中。

（5）16 比特 /48KHz/8 通道、高质量数字音频。

AJ-HPD2500 可以记录和回放高质量的 16 比特 /48KHz 数字音频，并配置了 8 通道 AES/EBU 数字音频输入输出（BNC）接口。可与 48KHz 采样率数字音频设备或者数字 VTR 连接。

AJ-HPD2500 支持 SDI 嵌入式音频，可以记录和回放多达 8 个通道。对于标清格式，AJ-HPD2500 使用所有的 DVCPRO 50/DVCPRO/DV 编解码器可以记录和播放 4 通道音频。

（6）使用六卡槽的先进记录功能。

P2 卡存储容量高达 64GB，采用一体化设计，体积小、重量轻。采用加固设计，可以经受恶劣环境下的专业应用。AJ-HPD2500 配置了 6 个 P2 卡插槽，可以利用 AVC-Intra 50 编解码器连续进行长达 12 个小时的记录，从而实现长时间的高清记录和传输。

① 热插拔记录：在记录期间通过更换存储卡可以实现无限制的连续记录。新的功能可以支持在记录期间选择卡槽。

② 新式自动记录：该新功能可以通过 SDI 信号输入自动开始记录。

③ 循环记录：指用新数据依次覆盖最旧数据的连续记录。例如使用摄像机搜集天气预报等时效性信息时，循环记录功能可以使最新视频数据保持在一个预先设定的时间段中。

2. 借助更易于操作的图形用户界面，加快工作流程，增强编辑与传输功能

（1）新的片段缩略图显示和片段任意排序功能。

片段缩略图显示和 GUI（图形用户界面）已经进行了完全的改进，现

在可以选择回放、删除、复制任何片段或对片段重新排序。这样，搜集和显示片段进行播出或编辑就非常容易。新的 GUI 在同一屏内显示片段的特性，清楚地显示出属性信息，通过使用滚动条、片段计数器和回放位置，使编辑一目了然。通过对缩略图显示进行操作，可以使其显示片段中的任何一张图像，并且 GUI 可以输出到监视器。

（2）使用搜索轮编辑的控制面板。

AJ–HPD2500 配置了搜索轮，可以以 100 倍正常速度进行正向或反向高速运转搜索，或者以 ±1 倍正常速度范围进行滚动搜索。音频能以高达 10 倍正常速度进行监测。

（3）新的播放列表编辑器 GUI 可以实现直观操作。

播放列表功能迅速把编辑 × 范围归纳至多达 100 个事件或长达 24 小时的时间范围，不仅使操作更加简单快捷，还强化了操作功能。

① 新的编辑 GUI：GUI 可以同时显示放机（源素材）的缩略图或左侧的预览屏、右侧录机（时间线）的预览屏以及底部的时间线，且还可以输出到监视器。

② AV 独立编辑：任何想要的轨道均可以从视频轨道和四通道音频轨道中独立选择并编辑。可以调整时间线上每个轨道的输入 / 输出点。

③ 插入编辑并覆盖编辑：有两种编辑模式——插入编辑模式，即在事件中插入新的事件；覆盖编辑模式，即用一个新事件覆盖当前的事件。

④ 编辑复制功能：播放列表可以作为文件保存并重复使用。编辑复制功能还可以将播放列表的结果生成一个独立片段。

（4）新的单片段回放和 GUI 保持功能使播出控制更容易。

AJ–HPD2500 的新功能使进行播出控制更加容易。单片段回放功能按照重新排定的顺序，一次播放一个片段，新的 GUI 保持功能在回放过程中在 LCD 和监视器上显示缩略图屏幕，从而可以检查下个片段的缩略图。在检查控制台监视器上的缩略图时，还可以通过一个并行的 RS–232C 或 RS–422A 接口进行遥控，使得操作更容易。

（5）全新的从外部录像机直接编辑的功能。

AJ-HPD2500 支持直接获取功能。通过控制一个利用 RS-422A 接口与之连接的外部录像机，可以在放机的预览屏幕中设定入点和出点，并直接放在时间线上。这样就可以采用类似线性方式获取磁带资源进行快速的 P2HD 制作。

（6）波形或矢量显示。

AJ-HPD2500 具有波形和矢量显示功能，用于 LCD 监视器上的回放或输入视频信号。在上变换记录期间，可以显示转换后的波形，还可以显示监视器输出（SD）/SDI 输出。

（7）各种回放功能可以满足不同需求。

① 格式自动回放：可以自动检测到每个视频片段的视频格式和编解码器，以便回放或输出该片段。

② 变速回放：用于慢镜头或双倍速回放。

③ 回放位置选择：该功能允许播放缩略图时选择回放位置。可以选择以下任何一个：此前的回放位置、缩略图时间码位置或片段的开始位置。

④ 重复回放：指重复回放选定的片段（单个或多个）。

3. 千兆以太网接口与 AVCHD 记录、回放和转换功能

（1）用于 FTP 传输的新千兆以太网。

AJ-HPD2500 配有一个以太网端口（1000Base-T/100Base-TX/10Base-T），拥有以下网络功能：

① FTP 客户功能：支持 AJ-HPD2500 和 FTP 服务器连接，以便从服务器接收或向其发送视频片段。可以从一块 P2 存储卡或外部硬盘向 FTP 服务器上传文件，或把服务器中的文件下载到 P2 存储卡或外部硬盘中。使用缩略图，文件的上传或下载将会轻松完成。SD/SDHC 存储卡的信息传输只能逐卡进行。

② FTP/Samba 服务器功能：可以通过连接网络的计算机下载插在 AJ-HPD2500 槽中的 P2 存储卡或连接 AJ-HPD2500 的外部硬盘中的文件。

③ HTT 服务器功能：可以从连接网络的计算机上浏览缩略图和元数据。

④ WWW 浏览器功能：无需利用计算机即可访问不同网页。可以输入身份认证信息（ID 和密码）进入网络。

（2）AES/EBU 数字音频输入 / 输出。

AJ-HPD2500 配置了 8 通道 AES/EBU 数字音频输入和输出（BNC）接口。由于 AJ-HPD2500 支持 SDI 嵌入式音频，它可以记录和回放多达 8 个通道的声音信号。

（3）串行数字接口。

AJ-HPD2500 配有满足广播标准的 SDI（HD/SD）输入和输出接口。输入信号可以通过前面板上的“视频输入”和“音频输入”键进行选择。也可以与摄像机连接启动和终止记录操作。AJ-HPD2500 可以输出叠加字符或缩略图。

（4）AVCHD 记录 / 回放及 P2HD/AVCHD 转换（选项）。

装配 AJ-YCX250MC AVCHD 编解码板（选购件），AJ-HPD2500 可以记录和回放 SD/SDHC 存储卡中的 AVCHD 文件，还可以以正常速度在 P2HD 和 AVCHD 之间转换和复制文件。

① AVCHD 数据回放输出：AVCHD 可以在内置的监视器上回放，并从高清 SDI 接口输出，有效支持 AVCCAM/AVCHD 摄像机的拍摄。

② P2HD/AVCHD 同时记录：高清 SDI 输入可分别以 AVC-Intra/DVCPRO HD/AVCHD 格式在 P2 存储卡和 SD/SDHC 卡上同时记录。

③ AVCHD-P2HD 转换：AVCCAM 摄像机记录的片段可以转换并复制为 AVC-Intra/DVCPRO HD 格式，以便使用 AJ-HPD2500 或与 P2HD 兼容的非线性编辑软件进行播放列表的编辑。

④ P2HD-AVCHD 转换：通过把 P2HD 片段复制为低比特率的 AVCHD 文件，可以把这些片段高速传送至服务器。

（5）多种遥控接口。

AJ-HPD2500 配置了 RS-422A 遥控接口（在广播级 VTR 中常见，该接口使 AJ-HPD2500 成为受控放机以便进行线性编辑）、RS-232C 遥控接口（用于 PC 和其他 IT 系统）、并行遥控接口及编码器遥控接口，通过这些接口可以实现灵活的系统配置。

（6）模拟输入 / 输出。

AJ-HPD2500 配有不同的模拟 I/O 端口：复合视频输入、复合监视器输出、音频输入 / 输出（2 个通道）、音频监听输出（2 个通道）、时间码输入 / 输出及参考视频输入（带回路直通功能）。

4. 输入 / 输出工作流程

AJ-HPD2500 配置的各种输入和输出接口满足电视台和有线电视网的各方面需求，从线路和音频记录到编辑、传输和存档。这个新式 P2 可移动设备还配有 RS-422A、RS-232C 和 25 针的遥控接口，可用于普通 VTR 系统。AJ-HPD2500 拥有的联网功能和 eSATA/USB 2.0 接口还使其成为基于文件的电视系统核心，同时还继续使用现有磁带素材，作为灵活的附加记录方式，有助于从基于磁系统顺利过渡为基于文件的系统。

二、蓝光盘记录

广播电视专业领域的光盘记录方式，主要以 SONY 公司的蓝光技术为代表。

SONY 专业光盘产品，融合 AV 与 IT 领域中的先进技术，使分散型制作转变为快速的、无缝链接的低成本高质量制作。

SONY PDW 系列专业光盘产品用高度耐用性、高度可靠性设计，解决了光盘产品的一些固有的不足，可用于连续使用和再利用。专业光盘装在耐用和阻尘的盘盒中，可以高度阻尘、抗振和防刮。它们还具备阻热、防湿和阻 X 射线的功能，可用于苛刻的现场环境，以及实现长时间的媒体寿命和长期存储。它克服了原有不同格式资源的限制。它可记录和重放多种格式和多种数据，光盘的直径只有 12cm，相当于其他媒体如 CD 或 DVD 的大小，达到 23.3GB 的存储容量。专业光盘的数据传输速率在单光头的情况下是 72Mb/s，而双光头的情况下是 144Mb/s，可提供稳定的记录和高质量图像。

它主要体现了以下一些优势与特点：

1. 随机存取：方便、迅捷的资料存取

由于专业光盘本身具有非线性性能，在处理视音频内容过程中，体现出一种非常明显的优点。视音频信息一旦记录在光盘上，信息的实际位置变得无关紧要，而完全实现对用户的透明化。信息记录在光盘上后，访问时间与磁带访问相比大大减少，并且可以简单快捷地定位素材。另外，由于素材作为数据文件在光盘上进行处理，它与电脑能够很好地兼容，并且允许通过 IT 网络快速访问。

2. 元数据：媒体资产的识别

随机存取只有当结合了查找所需要信息的有效方式的时候才能发挥更大的作用，而这就是元数据发挥作用的地方。元数据最简单的解释就是“关于数据的数据”，使用户通过搜索容易理解的信息，如关键词、标题、图标、日期 / 时间 / 位置标志或拍摄标志，寻找所需的素材。元数据创建于制作的采集阶段，无论是通过采集设备自动生成，还是通过采集制作人员人工输入，数据只能输入一次。一旦这种元数据存在于专业光盘媒体上，它可以根据需要在制作过程的任一阶段，以及专业光盘自身寿命期内的任何时间进行存取。因此，当对专业光盘媒体进行存档的时候，元数据就成为查找、重新定义源镜头的宝贵工具。此外，元数据可以在制作中的任何时候添加或改变。专业光盘在记录位置、格式非相关性，以及大量可以存储元数据方面提供了巨大的灵活性。这样做的好处就是元数据可以以多种形式分配管理——适合不同需要和应用。

3. 低码率编辑：低分辨率数据的轻松编辑

随机存取和元数据是低码率编辑的基础：一种可以对低分辨率数据进行离线编辑的技术，也可称作低码率数据编辑。低码率数据量比高分辨率数据小，使其更容易操作和通过标准 TCP/IP 网络传输，可实现高达 30 倍于实时速度的传输。因为低码率和高分辨率数据同时记录到光盘上，而时间码也同步记录，可以首先编辑低码率数据，而后自动编辑生成基于低码率编辑结果的高分辨率节目。

4. 网关

非线性的概念使多重任务处理成为可能，而网络解决方案的引入促成了更有效率的协作。但是依靠传统的媒体格式如磁带，它在技术上很难与网络无缝结合。

SONY 专业光盘产品也装有网络接口，可使其与其他网络设备进行无缝结合。这种接口不仅是传输视频、音频和元数据的一种方式，它还可以同时作为 SONY 远程维护和监控管理的接口使用。

SONY 专业光盘产品和相应的软件为全开放式结构，它基于全球定义的通用标准如 UMID 和 MXF1 的 SMPTE-330M，以及由 IEEE 和 ITU 定义的相关标准。轻松地与也符合这些标准的第三方硬件和软件产品相组合，提供无缝兼容的系统。

目前，SONY 专业光盘产品有单层专业光盘 PFD-23A、双层专业光盘 PFD-50DLA、三层专业光盘 PFD-100TLA、四层专业光盘 PFD-128QLW 几种规格。

而目前的蓝光盘录像机产品主要是 XDS-PD1000、XDS-PD2000 等。

以型号 XDS-PD2000 为例，其主要特点与技术指标如下：①

5. 支持所有的 XDCAM 存储格式

XDS-PD2000 同时配备 XDCAM 专业光盘光学存储器和 XDCAM EX SxS 固态存储工作流程，由此形成了强大的“桥接”解决方案。XDS-PD2000 支持所有 XDCAM 和 XDCAM EX 文件格式、编解码和元数据，可

① http：//pro.sony.com.cn/pro/product/broadcast-products-hddecks-xdcam/xds-pd2000c/overview/.

有效提供完整格式的透明度。它还支持行业标准的 VDCP、ftp 和 CIFS 协议。

6. 支持第四代专业光盘驱动器和四层光盘

XDS-PD2000 支持新型高速 DCHS 光盘驱动器。支持双层光盘（PFD50DLA）、单层光盘（PFD23A）和四层光盘（PFD128QLW）。支持用于记忆棒和 SDHC 的 SxS Pro、SxS-1 和存储卡适配器。该 4G 驱动器和四层光盘具有更大的存储空间和更高的访问速度。它们非常适用于存储大批量素材。

7. 多任务内部存储操作

512GB 固态硬盘（SSD）内部存储在执行某些任务时能够进行多任务操作。这可在与网络制作系统协同工作时提高互操作性和整体效率。

8. 类似 VTR 的熟悉用户界面

XDS 信息存储设备上的控件布局遵循了大多数用户早已熟知的行业标准惯例。这使得使用、配置和集成到整个工作流程非常简单。

9. 增强了网络功能

XDS-PD2000 允许用户使用非线性编辑系统访问大量文件，无需进行文件传输。同时提供高速文件传输并可通过网络进行多重访问。XDS-PD2000 提供 8 个文件传输客户端和 8 个网络控制客户端。

10. 标清 / 高清交叉转换

XDS-PD2000 标配支持标清和高清上转换录制和上转换 / 下转换 / 交叉转换播放。

三、硬盘记录

广播电视专业领域的硬盘记录，一种方案是可以用非线性编辑系统的采集功能来间接实现。将需要记录的视频音频信号，送入非线性编辑系统的输入端，用非线性编辑系统的硬盘记录下来。但是这种形式仅仅比较适用于演播室制作等多级切换的制作环境，也并不是一个合理的解决方案。我们这里探讨的还是规范意义上的硬盘记录，也就是专业化机架式一体化的硬盘录像机或者以硬盘方式记录的摄录一体机。

硬盘录像机通常采用固态硬盘，以满足广播电视目前数据高速传输记录的要求。通常支持多种格式的记录，比如高清视频、标清视频、4K 视频，也支持多种输入输出接口，比如 SDI、HDMI 等。硬盘记录的方式与半导体卡以及蓝光盘相比较，具有卡式记录的灵活性，又有蓝光盘的大容量的优点，具有自己的独特优势。

有多个广播电视专业厂商生产硬盘录像机，通用型的主要有 BMD 和 AJA 两家的产品。

BMD 的硬盘录像机产品主要有两大类，一类是便携的 HyperDeck Shuttle，一类是演播室使用的 HyperDeck Studio 系列产品。其主要技术特点和规格如下：①

HyperDeck Studio 符合标准设计规范，适用于任何设备机架。具有双 SSD 插槽，当记录磁盘已满则记录将自动延续到下一个磁盘。HyperDeck Studio Pro 中还包括一个连接雷电接口，这样也可以同时直接采集到非线性编辑系统中。支持无压缩的 ProRes 视频和 DNxHD 格式视频。

HyperDeck Studio 包括最高质量的 3G-SDI 和 HDMI 接口，因此可以连接到几乎所有的摄像头，监视器或 SDI 路由器。HDMI 或 SDI 输出和记录最高 10 位的无压缩视频。HyperDeck Studio 的 HDMI 输出非常适合连接到显示器和投影仪。HyperDeck Studio Pro 中还包括高清和超高清高达 2160P30 的模拟分量视频和 XLR 音频连接，以及 6G-SDI。先进的 HyperDeck Studio 的 12G 包括最新技术的 12G-SDI 和 HDMI 2.0 的高帧率捕捉和所有 SD 回放，高清和超高清视频格式，最高可以高达 2160P60 格式。

前面板集成高分辨率的 LCD 屏幕，显示正在录制的当前剪辑或播放的

① https：//www.blackmagicdesign.com/products/hyperdeckstudio/design.

全彩缩略图预览。该缩略图预览可与原发性剪辑元数据，如时间码、音频电平、格式和分辨率相结合。能够进行设置调整，所有内容都在同一显示器上显示。

HyperDeck Studio 使用可靠，快速的视频录制 2.5 英寸固态硬盘（SSD）。固态硬盘没有移动部件，可以处理冲击和振动，具有很高的读 / 写速度。

具体的技术参数以 HyperDeck Studio Pro 为例，如图 4–2 所示。

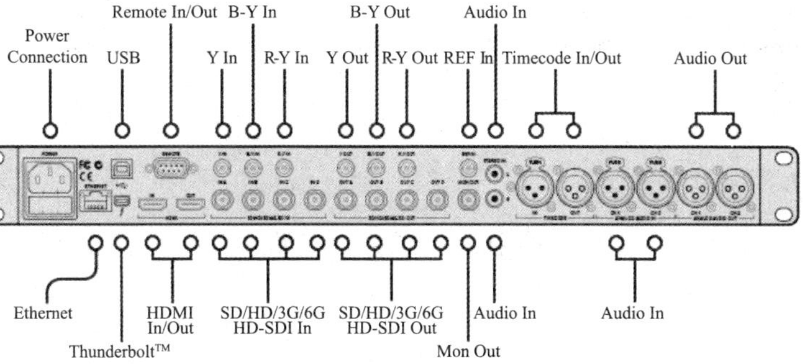

图 4–2　HyperDeck Studio Pro 后面板示意图

1. SDI 视频输入

3 × 10 位的 SD/HD/3G 切换。1 个 6G–SDI 切换。

2. SDI 视频输出

4 × 10 位的 SD/HD/3G/6G–SDI 切换。1 × 10 位的 SD/HD/3G–SDI 切换显示器输出。

3. 模拟视频输入

Y，BY，RY。

4. 模拟视频输出

Y，BY，RY。

5. HDMI 视频输入

1 个 HDMI 类型包括超高清 4K 支持的连接器。

6. HDMI 视频输出

1 个 HDMI 类型包括超高清 4K 支持的连接器。

7. 模拟音频输入

2 个 XLR 连接器的专业平衡模拟音频。2 × RCA 连接器从消费类设备不平衡的模拟音频信号。

8. 模拟音频输出

2 个 XLR 连接器的专业平衡模拟音频。

9. SDI 音频输入

16 通道，内嵌于标清和高清的 QuickTime 文件。2 通道的 Avid 的 DNxHD MXF 文件。

10. SDI 音频输出

16 通道，内嵌于标清和高清的 QuickTime 文件。2 通道的 Avid 的 DNxHD MXF 文件。

11. HDMI 音频输入

8 通道，内嵌于标清和高清的 QuickTime 文件。2 通道的 Avid 的 DNxHD MXF 文件。

12. HDMI 音频输出

2 通道。

13. 时间码输入

1 个 XLR。

14. 时间码输出

1 个 XLR。

15. 媒体

SD 和 HD 录制 2 个 SSD。

16. 媒体类型

SATA-II 或 SATA-III 固态盘。

17. 外部控制

RS-422 录机控制，SDI 开始 / 停止，时间码运行。包括 Blackmagic HyperDeck SDK 和以太网 HyperDeck 控制协议。

18. 内置的控制面板

12 个按键运输和菜单控制，2.2 英寸彩色显示器。

19. 计算机接口

1 个 B 型 USB2.0 端口，用于初始设置，软件更新和 HyperDeck Utility 软件控制。

20. SD 视频标准

525i59.94 NTSC，PAL 625i50。

21. 高清视频标准

720P50，720P59.94，720P60。

1080P23.98，1080P24，1080P25，1080P29.97，1080P30，1080P50，1080P59.94，1080P60。1080PsF23.98，1080PsF24，1080PsF25，1080PsF29.97，1080PsF30。

1080i50，1080i59.94，1080i60。

22. 超高清视频标准

2160P23.98，2160P24，2160P25，2160P29.97，2160P30。

23.SDI 合规

SMPTE 259M，SMPTE 292M，SMPTE 296M，SMPTE 425M。

24. SDI 元数据支持

时间码：HD RP188。隐藏式字幕：CEA-708。

25. 音频采样

电视标准采样率 48KHz 和 24 位。

26. 视频采样

4∶2∶2。

27. 色彩精度

10 位。

28. 色彩空间

REC 601，REC 709。

29. SDI 速率

270MB，1.5G-SDI，3G-SDI，6G-SDI。

30. 复制保护

HDMI 输入不能从受到版权保护的 HDMI 视频源采集。

31. 编解码器支持

压缩的 QuickTime，苹果公司的 ProRes 422 HQ QuickTime，422 的 ProRes QuickTime，422 的 ProRes LT QuickTime，422 的 ProRes QuickTime，Avid DNxHD QuickTime，Avid DNxHD MXF1080i60。

第五章　数字后期编辑

后期编辑是利用实际拍摄所得的素材，通过各种手段，把镜头剪辑到一起，形成完整的影片。包括画面的剪辑和声音的剪辑。

传统的电影剪辑是真正的剪接。拍摄得到的胶片经过冲洗，要制作一套工作样片，剪辑师利用这套样片进行剪辑。剪辑师从大量的样片中挑选需要的镜头和胶片，用剪刀将胶片剪开，再用胶条或胶水把它们粘在一起，然后在剪辑台上观看剪辑的效果。不断重复这个过程，直到最终得到理想的效果。

这个过程虽然看起来很原始，但这种剪接中，剪辑师不需要按顺序工作，他可以随时将样片从中间剪开，插入一个镜头，或者剪掉一些画面。但这种方式无法实现特技剪辑，要实现特技或者调整画面的色彩，只能在洗印过程中完成。而且这种手工操作效率很低。

传统的电视编辑则是在编辑机上进行的。编辑机通常由一台放机和一台录像机组成。剪辑师通过放机选择一段合适的素材，然后把它记录到录像机中的磁带上，再寻找下一个镜头。如果利用特技切换台与录像机、编辑控制器、字幕机等组成高级的编辑系统，还可以制作各种过渡特技，调整画面颜色，叠加字幕等。

但是由于磁带记录画面是有顺序的，无法在已有的画面之间插入一个镜头，也无法删除一个镜头，除非把这之后的画面全部重新录制一遍，所以这种编辑叫线性编辑。它给编辑人员带来了很多限制。

基于计算机的数字非线性编辑技术使剪辑手段得到很大的发展。这种技术将素材记录到计算机硬盘中，利用计算机进行剪辑。它采用了电影剪辑的非线性模式，但用简单的鼠标和键盘操作代替了剪刀加糨糊式的手工操作，剪辑结果可以马上回放，所以大大提高了效率。同时它不但可以提供各种编辑机所有的特技功能，还可以通过软件和硬件的扩展，提供编辑机无法达到的复杂特技效果。比如特技镜头的制作。特技镜头是指通过直接拍摄无法得到的镜头。早期的影视特技大多是通过模型制作、特技摄影、光学合成等传统手段完成的，主要在拍摄阶段和洗印过程中完成。计算机的使用为特技制作提供了更多、更好的手段，也使许多过去必须使用模型和摄影手段完成的特技可以通过计算机制作完成。

随着非线性编辑系统在功能、速度、系统的开放性和网络化媒体共享方面的进一步完善与发展，传统的磁带后期制作系统已经渐渐淡出，非线性编辑大行其道。传统磁带电子编辑目前多用于新闻、消息等时效性强，对节目包装要求比较低的节目，或者用于节目的粗编；非线性编辑则广泛应用于各种节目的后期制作中，包括纪录片、电视剧、文艺晚会等。同时也应用于电影的后期剪辑、特效制作等。

第一节　电子编辑的方式

电子编辑的方法针对不同的工作流程，有各式各样的分类：直接编辑和间接编辑、CTL（控制磁迹）编辑和 TC（时间码）码编辑、联机编辑和脱机编辑、组合编辑和插入编辑、线性编辑和非线性编辑、手动编辑和自动编辑。它们之间有相互重合的部分，其中在线性电子编辑中，最终都要落实到选择组合编辑和插入编辑上来，其他的编辑方式不过是编辑过程的不同。

一、直接编辑与间接编辑

直接编辑就是将一台或若干台录像机上的素材内容直接编录到录像机的工作母带上，是最常用的编辑方法。

由于在编辑节目磁带时，常常为了检查画面质量，或为寻找一个准确的编辑点，要将素材磁带反复放像、倒带。供播出的节目素材是用价格昂贵的高质量的设备录制的，反复寻找画面不仅使设备磨损大，而且使磁带上的图像质量下降。这是直接编辑的缺点，它不太适合于大型节目（或连续节目）的制作，工作时间长、效率低、容易出现编辑点错误，会降低图像和声音质量。

间接编辑是利用时间码的特性，将原始素材带（带时间码）转录到工作带上，即低档录像机的磁带上，编导在低档录像系统中进行画面的选择、编辑预演、实际编辑等，无需考虑图像质量的损失，更不会增加高档设备的损耗。对于每个镜头的编辑入点及编辑出点可以反复修改，最后将全部编辑点数据整理成编辑程序（镜头组接清单），将编辑程序输入到高档设备编辑系统中（原版带与工作带上的时间码是一致的）用原版素材带，进行高效率的编辑。

二、脱机编辑与联机编辑

脱机编辑是一个粗编过程，与一般电子编辑方法相同，操作简单，编导完全可以熟练掌握，将所需镜头的时码记下来，形成编辑清单（EDL）。通常也就是间接编辑的一种方法。

联机编辑是一个编辑母带的过程，利用脱机编辑后得到的编辑清单（EDL），可以很快地找到要编辑的镜头并编辑。

脱机编辑与联机编辑是不可分的。

三、线性与非线性编辑

磁带的编辑方式称为电子编辑，它是用电子手段根据节目内容的要求将素材连接成新的连续的画面。通常使用组合编辑将素材顺序编成新的连续的画面，然后可以用插入编辑方式，对某一段进行同样长度的替换，但是要想删除、缩短、加长中间的某一段就不可能了，除非将那一段以后的画面全部抹去重录。就像打字一样，打字机的稿子中间是不可能像计算机打字那样进行插入和修改的。所以称为线性编辑。

传统电视节目的后期制作使用录像机作为录机和放机，同时使用编辑器、特技台、调音台、字幕机和时基校正器等其他设备一起工作，完全使用录像带作为素材和结果的记录媒体。我们进行编辑及多代复制时，特别是在一个复杂系统中进行时，信号传输和编辑造成的损失，在图像质量上更为明显。系统设备较多，安装调试较为繁杂。各种设备起着特定的作用，需用大量的电缆（视、音频线等）连接起来，会出现不匹配现象，而且各种设备的性能指标也不一致。当它们连接在一起时，会对视频信号造成大量的衰减。录像机只能进行线性播放，即按照录像时的顺序播放，系统只能进行线性编辑。在寻找入、出点的过程中会耗费较多的时间及操作者的精力，由于反复搜索素材，会导致磁头的磨损，会造成素材磁带的损耗，而且对编辑完成片不能随意加长或删除某一段。

非线性编辑是相对过去以时间顺序进行线性编辑而言的。非线性编辑是指素材的长短和顺序可以不按制作的先后长短进行任意编辑。对于素材可以随意地改变顺序，缩短或加长其中的某一段。

以计算机技术为主导的非线性编辑系统集成度很高，集多种功能于一身，省略了除录像机外所有传统设备如编辑、特技台、调音台及字幕机等，消除了由于多种视频设备连接共用而带来的视频损失。系统采用高速硬盘作为存储，内部全部采用数字信号，在系统中进行编辑自理和多代复制时几乎无衰减。具有非线性编辑的特性，如编辑点瞬间即可找到，可以任意删除不必要的画面等。

四、离线（off-line）和在线（on-line）非线性编辑

在线非线性编辑就是直接编辑，直接播出。在线非线性编辑设备与离

线相似，但其有自身的特点。离线编辑主要是编辑 EDL 表，而在线编辑是编辑实际要播出的节目；离线编辑要存储许多素材，存储容量要大，而在线编辑的节目播出完就可以抹掉，不需要很大的存储体。离线编辑可以使用非实时特技，在线编辑占用的通道和演播室面积更小。

五、CTL（控制磁迹）编辑与 TC（时间码）编辑

这指的是在编辑过程中，录像机或者编辑控制器中到底选择显示哪一种时间码，通过哪一种磁迹来控制录像带的运行。

CTL 信号是控制磁迹信号。磁头与磁带有一角度，形成一个斜率，它与两个速度有关。一是磁头速度，即磁鼓转速，另一是走带速度。重放过程中，磁头拾取信号，要能准确地扫描磁迹，以便图像质量最好。所以需要有一基准信号，来控制磁头速度，使它与记录时保持一致。这一基准信号通过伺服系统使供带马达、磁鼓马达与记录时一致。这个基准信号称 CTL 信号，由专门的单独的磁头记录，且与视频记录头一齐工作，记录在磁迹上方，与每一条磁迹对应。

CTL 信号是帧频方波脉冲，磁带运行时，编辑机对 CTL 脉冲记数，每 25 个 CTL 脉冲为 1 秒，可以反映磁带运行的位置。

CTL 信号计数在编辑机上是可以任意位置清零，便于计算每个镜头的长度。编辑入点清零，编辑出点的时间，即为此“镜头”的长度。但是，高速走带时，磁头与磁带会接触不良，丢失 CTL 信号，磁粉脱落也会造成计数误差。所以，编辑精度不够高。

为了迅速而准确地搜索记录在磁带上的视频信号中的某一帧画面，就需要在视频磁带上记录一个特殊的时序数字码，这个时序数字码同记录在录像磁带上每条磁迹是一一对应的，并以一定顺序编辑，编成数字信号记录在视频磁带上，称之为时间码。实际上，这种时间码对每帧画面都进行了专门的地址标定，并可以以时、分、秒、帧在录像机的计时器上显示出。

与控制磁迹（CTL）信号不同，时码是一种绝对地址码，计时器的清

零钮对它不起作用，只有录制时，才能改变时间码。

目前有两种常用的时间码：LTC时间码和VITC时间码。

LTC码（Longitudinal Time Code），是按声音记录的方式沿磁带纵向进行记录，其长度等于一帧的长度，称之为纵向时间码。

LTC码又有两种格式，一种是由IEC、SMPTE、EBU选定的SMPTE码（525行/60场），另一种是EBU码（625行/50场）。它们都是按实时排列，最高的地址可表示到23小时59分59秒24帧。

SMPTE/EBU码，每帧由80比特组成，这80比特包含有以下几个部分内容：26比特时间码地址、6比特一定的标志信息或未分配、32比特用户比特、16比特同步字。

LTC码在磁带为正常记录的±1/32~±100倍的速度变化范围内可正确读出时间码，这在磁带编辑过程中搜索编辑点是十分有利的。但是当磁带速度低于正常速度的1/32或静像时，固定的时间码磁头就不能读出信号。这样，对于慢动作或静像进行时码编辑，就会带来困难。为了克服这一缺点，又产生了一种时码，即VITC码。

VITC码（Vertical Interval Time Code）把时码信号插入图像场消隐期的某一行中，作为图像信号被记录在磁带上。该时码用旋转同步磁头或旋转视频磁头来读出，称为垂直间隔时间码，又称帧时间码、场消隐时间码。

由于VITC码是视频时间码信号，在慢放或静帧时，只要能稳定地取出图像信号，就能稳定地取出时间码，从而稳定地显示地址。在高速搜索方式时，要丢失若干帧图像信号，这时，对VITC码的拾取有可能出现不稳定。在这种情况下，仍然要靠LTC码信号，在许多具有时间码编辑功能的录像机内部能同时产生和记录LTC和VITC两种时码，通过检测重放状态，在两者之间进行自动切换。转换速度可设定在磁带正常速度的±1/4、±1/8或±1/16的任意一个上自动地进行切换，从而保证在从静止到高速重放的范围内精确地显示磁带的地址。

VITC码每帧由90比特构成，采用非归零（NRZ）电平调制方式。

新型的录像机中，都具有时间码发生器与读出器插件，直接可以录制时间码。

时间码发生器具有产生标准时间的功能，与录像机配合可记录时间码，一般在拍摄的同时与图像、声音信号同时记录，或者将原素材重新复制时一并录入时间码。常用的时间码发生器能同时产生 LTC 和 VITC，或以进行时间码的预置和外来时间码从属锁定，具有 8 位数字显示功能。

时间码读出器用于无时码读出功能的录像机进行时间码读出，它一般具有字幕发生器，通过监视器能看到叠加有时码显示的图像，同时自身也具有 8 位数字显示功能。

时间码编辑是电视节目后期编辑的一种先进编辑方法，编辑精度高、自动化强、效率高，被广泛应用于电视节目制作当中。

六、组合编辑与插入编辑

这是电子编辑的两种基本方式，无论编辑流程如何，最终衔接图像、声音的方法都是组合编辑或插入编辑。

组合编辑是将节目素材磁带上的画面及其声音，按照事先编排好的顺序，一个接一个地记录在母带上，串编成为一个完整的录像节目带。

在组合编辑时，素材带上的视频信号、音频信号和控制信号都同时被记录在新编节目带上，它们全都是新记录的。

在编辑入点处，同时馈送消磁电流给总消磁头和旋转消磁头。此刻包绕在磁头鼓上的那部分磁带被旋转消磁头逐场消磁，同时由视频磁头消磁的磁带到达磁头鼓入口处，将旋转消磁头的消磁激励信号切断，只用总消磁头消磁。所以说，在组合编辑时，仅在编辑入点开始的大约 5 秒之内使用旋转消磁头，而总消磁头将一直工作到组合编辑结束。

这一方式中，在停止编辑时，会留有被总消磁头消去的梯形状空白部分，所以，记录有完整节目磁带中间用组合编辑插入新画面，在出点画面后会出现断磁现象。因此，要特别引起注意。

组合编辑法只需确定编辑入点，一旦确定好入点就开始编辑。等记录完所需要的部分后，选择适当的位置停止编辑。然后将母带倒回到所需要部分的尾端，即不需要部分的开头处，再把它作为接下去编辑的入点，编辑第 2 个画面。

这种不断消去不需要的部分，一个接一个地进行编辑的方法是使用最多的编辑法，是图像和声音同时编辑的方法。因为控制磁迹信号也同时记录，所以，用空白磁带按顺序连接记录画面时，较为方便。但是，如果从一个新磁带的起始点或在磁带空白段之后进行组合编辑，在最初的编辑入点前不得不录制一个至少 10 秒的控制信号，可以简单地录制一段视频来代替录制控制信号。

插入编辑是在一个有节目磁带上的某一部分换入新节目，即将母带中不需要的素材用更合适的素材替换下来。

在插入编辑时，不记录新的控制磁迹，仍保留原有磁带上的控制磁迹。

从录机的工作情况看，插入编辑只是利用旋转消磁头消去视频磁迹，而固定（总）消磁头不工作，插入编辑能单独插入图像或声音，也能同时插入图像和声音。即利用事先记录在磁带上的信号进行编辑，插入视频信号和音频信号，保证在编辑入点和编辑出点处，磁带上的视频和音频磁迹准确地连接。

插入编辑方式有以下几种形式：

（1）在已有完整节目的磁带中间插入新图像或声音，以代替原来的信号。

（2）在已录有图像的磁带上加音乐或解说词。

（3）在已录有声音的磁带上加图像。

要注意的一点是，使用组合编辑方式，在记录视频和音频磁迹的同时，也记录了控制磁迹，而插入编辑方式中，替换视频、音频磁迹时，并没有替换控制磁迹。

插入编辑不能像组合编辑那样在空白磁带上进行，必须在记录有控制磁迹的磁带上才能进行，如果要使用全新磁带，则事先要把控制信号录好。

通常，插入编辑多半是用于对编辑的节目磁带进行部分修改与后期配音。

插入编辑的特点是要指定编辑的入点和出点，而组合编辑只需要编辑入点就可以了。

插入编辑模式下还有一种特别的编辑方式，叫分离编辑，指的是视音频信号可以分别设定不相同的编辑点，较方便地实现节目的修改。A/B 卷编辑中也可以使用分离编辑。

分离编辑也有其局限性：不能独立设定 1 声道和 2 声道的分离 IN 点；可以设定录像机音频或放机音频分离 IN 点，但不能一同设定；分离 IN 点不能用于 DT 动态编辑；A/B 卷编辑中，不能设定 TO 信号源的分离音频 IN 点。

七、手动编辑和自动编辑

手动编辑是不使用带预卷的自动编辑功能，直接用录像机面板上或者编辑控制器上的编辑操作键来进行节目编辑的方法。

手动编辑的操作方法如下：选择组合编辑状态或插入编辑状态。按下重放键。在所要求的点上同时按下编辑键与重放键。在停止编辑时按下重放键，然后按下停止键停止磁带。

注意不要在停止状态开始编辑，应当在开始编辑前，将录像机在重放状态下至少运行 2 秒钟。也不要用停止键停止编辑。否则，图像在编辑点会出现失真或跳动。

自动编辑是利用设备的电子功能进行的有预卷的电子编辑。可以记入编辑入点、出点，能自动进行和结束编辑状态。

第二节 传统电子编辑系统

要实现电子编辑，需要一些技术措施来保证。对于录像机来说，除了具备一般录像机都应有的性能外，还需要增加旋转消磁头、消隐切换开关等，为了提高编辑质量，录像机还要进行其他辅助设计，这种录像机我们称之为具有电子编辑功能的录像机。这种录像机电路复杂，成本也大大提高，对于不用作电子编辑的录像机则可不必设置以上电路。

电子编辑的过程，就是编辑录机由重放方式转为记录方式，要求伺服系统在录、放状态都能与外部输入锁定。为了避免不同伺服产生的干扰，保证重放信号与记录信号的相位在编辑点处相一致，使原磁带上的各种信号磁迹与新编入节目的磁迹准确地相衔接，放、录状态伺服系统要取同一基准信号。

重放时，伺服系统可以与录像机的内基准信号或外基准信号同步；而编辑时，必须与外来的要进行编辑记录的信号图像完全同步，实质上是完成锁相同步的任务。另外，这种先编辑重放然后进入编辑记录的方式，等于将伺服锁定的过程提前了，防止锁定过程对编辑点的不良影响。伺服锁定过程需要一定时间，在这一调整阶段，电机转速不稳定。如果这个过程发生在编辑记录的入点处，那么，编辑入点记录的控制磁迹信号的相位、图像信号的相位都不可能稳定，重放画面会紊乱、抖动。录机在编辑重放时，就让视频磁头拾取的图像信号与待录信号相位一致，达到同步。当从编辑重放进入到编辑记录时，编辑点图像信号的相位自然是保持持续的。

编辑功能的录像机具备预卷功能，是为锁相同步过程提供时间的，是一个不可缺少的环节。

一般的录像机进入记录状态时，磁带要经过总消磁头，将磁带上原有内容消除。总消磁头位于旋转磁鼓磁带入口处的前方，是固定的，俗称固定磁头（全消磁头）。

当我们在已录有节目的磁带上进行编辑记录，在编辑入点，从总消磁头到视频磁头这段磁带上的图像磁迹没有通过消磁头而存在着，同时又要求上录新的信号，这样就产生了梯形状的重叠区。重放时，这部分就会产生差拍干扰，大大降低图像质量。而在编辑点，同样视频磁头到总消磁头之间会已消磁而什么也没录上，产生梯形空白区，重放时，无图像信号出现。

信号重叠和缺失的问题是由于总消磁头与视频磁头之间存在一段距离且运动规律不一致而造成的。为了解决这个问题，采用了旋转消磁头方式。旋转消磁头位于磁头鼓上每个视频磁头的前方，比视频磁头略高一些，以保证旋转磁头和记录视频磁头都能扫描相同的视频磁迹。旋转消磁方式只消视频磁迹，不影响控制磁迹信号及音频磁迹信号，可以使视频磁迹、音频磁迹、控制磁迹单独记录。

通常，模拟录像机在视频插入状态下，旋转消磁头从编辑入点到编辑出点一直工作，而总消磁头不工作，插入视频前的消磁工作全部由旋转消磁头完成。而对于数字录像机，在插入状态下旋转消磁头也是从编辑入点一直工作到编辑出点（总消磁头不工作），但它要根据插入信号的不同，进行不同的工作时间控制，比如只插入视频时，旋转消磁头只在它旋转到接触视频磁迹的那一段时间工作。在组合方式中，从编辑入点开始总消磁头与旋转消磁头同时工作，但旋转消磁头只工作几秒钟，而总消磁头一直工作到编辑记录停止为止，旋转消磁头只完成总消磁头和磁鼓间这一段磁带上倾斜磁迹的消磁。

消隐切换的作用是将编辑入点和出点的切换时刻，控制在编辑钮按下去之后的第一个场消隐脉冲期间，如果不是在场消隐脉冲期间，它将等待到下一个场消隐期间，以保证以帧为单位进行切换，使得画面上看不到切换点对画面的影响。如果不采用消隐切换，编辑起点和终点的切换点一旦落入场扫描正程期间，会造成切换点对重放画面的干扰，观看者可以感觉到画面发生了跳动，感觉不舒服。

声音消磁头和声音录放头的空间距离同样会在编辑入点出现信号重叠，在编辑出点出现信号空白。为了解决这个问题，在原来的声音记录 / 重放磁头之前，设置了一个专门的声音消磁头，它与声音记录 / 重放磁头靠得很近，形成了声音组合磁头，保证了音频信号在编辑中不出现信号重叠和消失的现象。

一、电子编辑系统

一对一编辑系统是最普遍、最常用的一种简单编辑系统，由一台编辑放机、一台编辑录像机、两台监视器和一个编辑控制器构成。具体的电缆连接方式如图 5–1 所示。

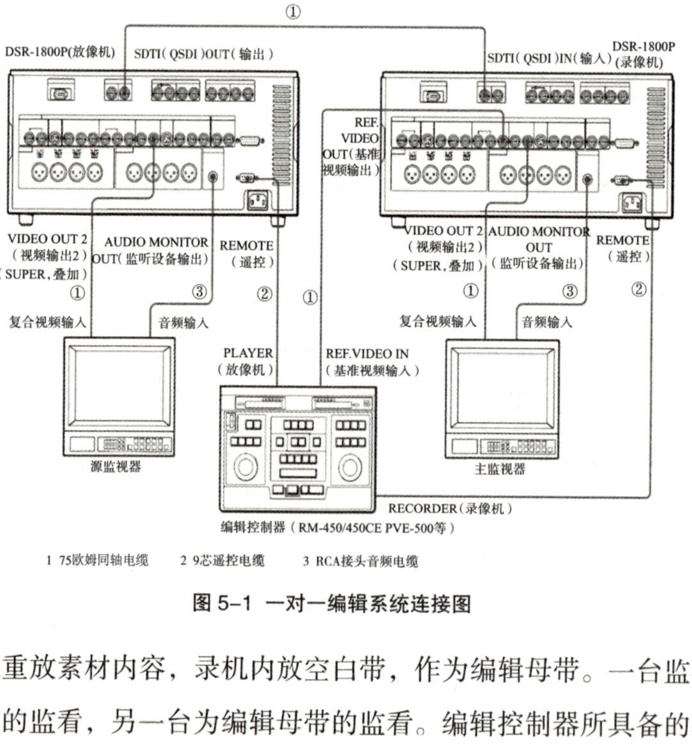

图 5–1 一对一编辑系统连接图

放机重放素材内容，录机内放空白带，作为编辑母带。一台监视器为素材内容的监看，另一台为编辑母带的监看。编辑控制器所具备的功能为控制两台录像机的全部操作功能并进行逻辑编辑。

这种编辑系统，由于操作容易，一般可以由编导直接操作。一般情况下，画面的组接效果为直接切换。

在一些情况下，可能缺少某些设备，我们也可以以更少的设备，更简单地实现对编的功能。比如将编辑控制器省略，直接用遥控电缆连接放机和录像机，通过录像机来控制放机和本机，实现编辑控制的功能。录机面板上的遥控开关扳动至录机时，操作面板为录制机所属；扳动至放机时，录制机的面板为放机所属。

更极端的情况是当只有一台监视器的时候，只要将这台监视器连接在录机上就可以了。将录机的 PB/EE 开关打到 EE 状态，就可以在录机停止状态下，观察到放机输入到录机的信号画面，从而实现对放机编辑点的调整。这样，通过一台监视器也可以分别观察到放机和录机的画面，实现编辑。

由两台放机与一台录机组成的电子编辑系统称二对一编辑系统，它具有一对一编辑系统的全部功能，最大特点是可以一次与两台放机联合编辑，即每次编辑可完成两个镜头的组接称之为 A/B 带编辑。

通常它由两台编辑放机，一台编辑录像机，三台监视器，一台切换台，一台编辑控制器，一个调音台，以及一套监听系统组成。如图 5–2 所示。

将放机 1 定为 A 带，放机 2 定为 B 带，分别在 2 台放机上寻找镜头的出点和入点。两个镜头的素材画面必须在 2 盘磁带上，利用搜索盘，确定了出、入点后，就可以进行编辑。放机 1 先与录机共同工作，编入 A 带画面。然后，在 A 带画面的出点转为放机 2 与录机共同工作，编入第二个镜头，即 B 带画面。这种将两段画面连续地编辑在录机的同一磁带上，就是 A/B 带编辑，也称它为轮换编辑或 A/B 带卷编。

这种编辑系统，在一定程度上可以提高工作效率，同时还是特技效果制作的一个基础。我们知道特技效果的制作最少需有 2 个信号源，才能出现叠、扫换等效果。此系统中接入特技效果发生器就可实现特技效果的制作。

两台以上放机的编辑系统，称多机编辑系统，它的自动编辑性能高，

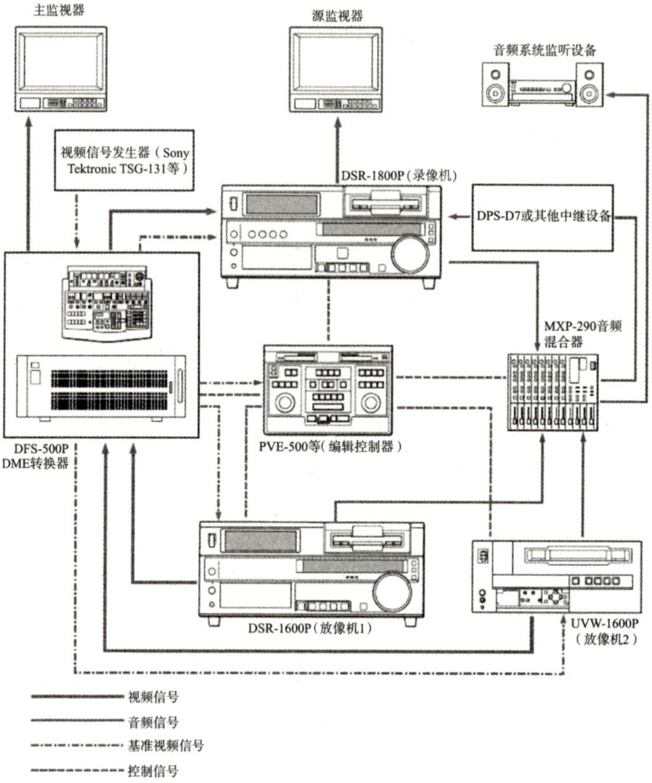

图 5-2　二对一编辑系统示意图

不仅能进行画面的编辑，同时还可以进行声音的编辑。多机编辑系统通常由带微机功能的编辑控制器控制，特点是通过微机程序的设置，可操纵多台录像机，进行自动寻找编辑的入、出点，自动预卷和自动编辑。还可以控制特技画面的实施及声音的编辑，是一种自动程序控制的编辑系统。

这种具有特技效果处理、配音和微机预编程序等功能的多机编辑系统，由于操作复杂，一般需有专职的操作人员。他们应具备熟练的操作技能，又有一定的艺术修养。

二、电子编辑的实际操作

虽然编辑录像机的编辑控制功能可以实现绝大多数的一对一的编辑功能，但是在实际操作中多用编辑控制器来连接放机和录像机来实现。我们在下面的具体操作介绍中，均以编辑控制器为例来说明。

电子编辑控制器具备微型信息处理装置，能够进行程序编排的开关控制。它通过多芯电缆，将电子编辑系统中的放机、录像机连接起来，将录像机的功能操作集中于一体，如倒带、放像、录制等。它只起一个遥控作用，能连续自动编辑，遥控调音台，实现音频分离编辑等功能。

（一）电子编辑的步骤

在各式各样的电子编辑系统中，由于使用大量的集成电路元件、存储器等构成的逻辑电路，提高了系统的自动化程度，使操作简单、方便。大体来说分为以下几个步骤：

1. 预演（PREVIEW）

在一个镜头的编辑程序设置完成后，可进行编辑效果的模拟，编辑人员可通过监视器，对画面的编辑进行检查，可以反复多次，而并不实际进行编辑。

按预演钮后，录机和放机都将进行预卷功能的实施，倒带 5 秒（可设定为 7 秒或者 3 秒），然后暂停一下，开始正常放像。到达编辑点后，录机不进入录制状态，放机继续重放画面，此画面通过电 – 电状态，直接显示在录机的监视器上，编辑效果出现了。

2. 自动编辑（AUTO EDIT）

确定了编辑入、出点后，按下自动编辑钮，编辑过程自动完成。首先，录机和放机快速搜寻编辑点，并完成预卷功能，然后同时正常放像。到达编辑入点，放机继续重放图像，而录机自动进入录制状态，到编辑出点，录机自动解除录制状态，编辑结束，放机、录机均暂停于出点位置。如果采用组合编辑方式，通常是不设定编辑出点的，所以编辑过程不会自动停止，当某一镜头长度达到要求后，需按下“停止”按钮，录机、放机均停止。

3. 组合编辑结束和插入编辑结束（END）

组合编辑方式结束与插入结束是不相同的。

组合编辑时，当按下结束钮（END）时，放机仍要继续走带 2 秒，录机也要在结束点后多录 2 秒，然后再返回结束点。这是因为编辑误差会造成漏信现象，所以要多录 2 秒的图像信息。

插入编辑时，当按下结束钮时，放机继续放像 2 秒，而录机则立即由录制状态转换为放像状态，走带 2 秒，然后返回结束点。由于是插入编辑方式，所以在编辑出点后肯定有画面存在，不会出现漏信现象。

4. 检查重演（REVIEW）

编辑结束后，想检查编辑效果时，可以利用重演功能来进行检查。此时，只有录机重演，而放机是停止不动的。

（二）具体操作

1. 准备工作

（1）磁带的准备。

如果使用插入编辑方式，编辑母带上应事前录制好控制磁迹，一般为连续的彩条或蓝底信号。实际编辑前，编辑母带上正式节目内容前，应根据电视台的要求，录上 1 分钟彩条及音频测试信号（1KHz），音频信号由调音台输出（使用量表指针为零）。然后 10 秒左右黑场信号，上面可叠加节目的名称，使播出人员了解、检查节目播出带是否正确。节目正式开播前有 10 秒无字幕黑场。

（2）编辑的设备检查。

系统是否完好，其他辅助设备（字幕机、特技机等）应提前要求，以调节和准备合适的电缆及接头保证正常使用。

（3）放机的调整。

视频图像的重放，监视器画面上如果出现带有杂波干扰条纹，可以调节放机面板上磁迹跟踪控制旋钮（TRACKING）使 VIDEO/RF（视频、射频）表上的指针指在最大的 RF（射频）电平上。

（4）录机的调整。

输入选择开关（INPUT SELECT）放在适当的位置上（复合信号、分量信号、分离信号）。试录一段画面与声音，分别调整视频和音频电平。视频记录电平是指针应在视频指示表的蓝色线段内。音频记录电平应控制在音频指示表的 0dB 左右的位置，不能过大或过小。控制电平有自动控制与手动控制，视需要而分别使用。自动限幅开关（AUDIO LIMITED）一般处于 OFF 位置。录机的其他控制钮，应根据系统的连续置于相应的位置。

（5）监视器的调整。

编辑系统中有多台监视器，不同的监视器在色彩还原上会略有不同，使用前必须要调整各监视器重现彩色和亮度的一致性。

2. 一对一编辑系统 ——切换编辑

切换编辑是从一个画面瞬时转换到另一个画面的技术。在组合模式下，音频和视频信号在同一时间切换；在插入模式下，可独立切入音频和视频。具体操作步骤如下：

（1）选择编辑模式：组合方式或者插入方式。

组合方式：按下 ASMBL 键、键灯亮，在按下 ASMBL 键前，若任何一个插入方式键灯（V、A1、A2）已亮，应先按下它们令其键灯熄灭。

插入方式：根据需要插入的信号，按下一个或多个 V 键、A1 键、A2 键，键灯亮。在按下插入方式键前，若 ASMBL 键灯已亮，应先按下该键令其键灯熄灭。

（2）选择放机。

选择放机 1 或者放机 2，A/B 键灯应当熄灭。如果 A/B 键灯亮，再按一次。如果 A/B 键灯闪，按两次，使键灯熄灭。按下 P1 或 P2 键，键灯亮，在 FROM TO 指示灯中 FROM 排的红色 P1 或 P2 指示灯亦亮。

（3）设定和修改编辑点。

设定编辑点时，要在监视器上观看放机或录机放像，搜索所要的画面。在所要的画面位置，停止放像。搜索画面通常使用搜索盘。在已知画面距离磁带现在位置较远时，可以直接使用快进或者快退功能键，在达到所需画面附近时，仍然使用搜索盘。

在高位时转动搜索盘，用于有极变速方式，前进或倒带放像，取决于角度（以中间位置为准）。在中间位置，可感到一卡位，出现静帧。按下去并转动搜索盘，用于无级变速方式，前进或倒带，取决于转动的方向及速度。停止转动此盘，出现静帧。

寻找到所需的画面时，正常放像状态，按STILL键；有极变速方式状态，将搜索转到中间位置；无级变速方式状态，停止转动搜索盘。

放机有编辑入点和编辑出点，录机有编辑入点和编辑出点，4个编辑点设定3个就可以。一般编辑入点是必须设定的，而编辑出点设定1个就可以。具体做法是，搜索到所需要的画面后，将ENTRY键与对应所要设置的编辑点的IN和OUT键一齐按下。不管先按下ENTRY键还是IN或OUT键，只要按下两键，就能设定编辑点。

放机和录机计时显示器的上面，与编辑点对应的IN或OUT指示灯亮。如果编辑点的指示灯闪动，则说明编辑点尚未设定。

设定3个编辑点后，PREVIEW和AUTO EDIT键闪动，说明可以预演和执行编辑。

按下相应的IN或OUT键，计时显示器上会显示相应的编辑点位置。

一齐按下IN和OUT键，计时显示器的时间为IN与OUT间的时间，即所编“镜头”的长度。

编辑点可用+/–键来进行加帧/减帧调整，按下要调整的编辑点的IN和OUT键，然后同时按下+键，编辑点加一帧（往带尾方向），按下–键，编辑点减一帧（往带首方向）。如需连续调整，按下IN/OUT和+/–键即可。如想同时移动IN和OUT点，调整整个编辑段，先接IN和OUT两个键，再按下+/–键中的一个。

先按住所选编辑点的IN或OUT键，然后按相应计时显示器上的RESET键，则IN或OUT编辑点被消除，删除了IN点或OUT点，计时显示器不复位。如果只按计时显示器上的RESET键，则计时显示器复位，同时编辑点的IN/OUT值也消除。

（4）预演编辑。

预演功能在执行编辑前进行，放机和录机准确地按所要执行的编辑形式走带，结果显示在监视器上，供观看审查，但不录制编辑。

如果未设定编辑 OUT 点，则磁带一直走下去。可以按 AUTO EDIT 键，执行自动编辑，可以按下 ALL STOP 键，停止预演。

（5）执行编辑。

编辑点设定好后，可按 AUTO EDIT 键，正式进行录制编辑，录像机走到 OUT 点后两秒停止，然后倒回到 OUT 点，并停止。RVW/JUMP 键灯闪动，表示可以重看。也可以继续编辑下一个画面。

（6）编辑检查。

如果需要检查一下编辑效果，可按 RVW/JUMP 键进行编辑检查。

3. A/B 卷编辑

A/B 卷编辑程序与切换编辑不同点：必须指定两台放机（FROM 和 TO 信号源）；必须独立设定两台放机的编辑点；必须设置一个效果持续时间。其他方面，A/B 卷编辑与切换编辑基本操作程序相同。步骤如下：

（1）选择 FROM 和 TO 信号源。

按下 A/B 键，键灯亮。若灯闪动，它会停止闪动，并点亮，在 FROM TO 部分的 FROM 排，绿色指示灯亮。

按下 P1 或 P2 键，选择 FROM 信号源。键灯亮，同时，在 FROM 排的 P1 或 P2 红色指示灯同时亮。绿色 FROM 指示灯灭，而绿色 TO 指示灯亮。

按下余下未亮的 P1 或 P2 键，选择 TO 信号源。键灯亮，在 TO 排的 P1 或 P2 红色指示灯亮同时亮。绿色 TO 指示灯熄灭，现在两个绿色指示灯均熄灭。

除非正在选择 FROM 和 TO 信号源，否则绿色 FROM 和 TO 指示灯应熄灭，灯亮表示 FROM 或 TO 信号源待选定。

（2）编辑点的设定。

一共有 6 个编辑点，只要设定 5 个编辑点，就可以进行预演和执行编辑。设定放机的编辑点时，需要按下 P1 或 P2 键选择 FROM 或 TO 信号源，其他步骤与切换编辑程序相同。

注意 FROM 信号源 OUT 点应该设置。否则，特技效果从 FROM 的 IN 点开始执行。

（3）效果转换时间的设定。

效果转换时间是作为连接的切换台在执行特殊效果开始点到特殊效果结束点之间的帧数。

确认 A/B 键灯亮后，按下 TRANS 键，键灯亮。

转换时间显示在 EDIT NO/TRANS/DUS 显示窗。用 EDIT NO/TRANS/DUR 三个键输入所要的帧数。

4. 分离编辑

可以设定独立的音频和视频 IN 点，在插入方式模式下，相对于视频 IN 点，音频 IN 点可作超前或延迟。

步骤如下：

（1）选择插入方式模式。

（2）选择放机。设定放像机和录像机的 IN 点。这些 IN 点是视频 IN 点。

（3）按下 AUDIO SPLIT 键。键灯亮，放像机和录像机的计时显示器 IN 指示灯开始闪动。

（4）搜索要设定放像机音频 IN 点的画面。找到后，同时按下 IN 键和 ENTRY 键，则放像机的分离音频 IN 点被设定。再按下 AUDIO SPLIT 键。AUDIO SPLIT 键灯开始闪动，表示分离音频 IN 点已经设定。

（5）设定放像机或录像机的 OUT 点，与一般操作相同。

（6）按下 AUDIO EDIT 键，执行编辑。

第三节　非线性编辑系统

计算机技术的日新月异引发了电视技术领域新的变革。随着多媒体技术在电视节目后期制作中的应用，以硬盘为基础的制作方式即非线件编辑系统应运而生，并以其独有的，传统磁带视频编辑设备无法比拟的优越性而广泛应用并得到认可。随着非线性编辑系统在功能、速度、系统的开放性和网络化媒体共享方面的进一步完善与发展，传统的磁带后期制作系统终将被以硬盘为基础的多媒体电视制作手段所取代。

非线性编辑是把输入的各种视音频信号进行 A/D 转换，采用数字压缩技术，存入计算机硬盘中，将传统电视节目后期制作系统中的切换台、数字特技、录像机、编辑机、调音台、字幕机、图形创作系统等设备，用一台计算机来代替。[①]

一个完整的非线性编辑系统有以下特点：

数字化：以计算机为平台，将视频信号全部变为数据文件来进行处理，主要是支持用户和系统硬件之间的快速数据传递、数据管理和硬件接口协议。

非线性：存储媒体的物理性质决定素材不一定按顺序排列，镜头可以按各种顺序排列，镜头组可以任意移动。

随机存取：用户可随机地寻找特定的素材段，无需通过顺序的方式到达指定位置。

全功能：利用编辑软件建立视频轨和音频轨，可以实现编辑、特技、字幕等全部后期制作功能。

传统的编辑方法称为线性编辑。在传统编辑中，镜头要按前后顺序依次剪辑与记录，如果发现前面录制的镜头需要修改，则该镜头以后的内容都要全部重做。而非线性编辑的概念就是对镜头的任意编辑。可以按顺序从前到后进行编辑，也可以从任意位置开始编辑。当需要修改时，可以把一个镜头直接插入到节目的中间位置，也可以把任意位置的镜头或几帧画面从节目中删除，丝毫不会影响后面的内容。可以进行镜头的移动、对换，

① 孟群．电视数字制作技术［M］．北京：北京师范大学出版社，2003：509.

或者让一个镜头覆盖另一个镜头。这种对素材的灵活编辑是在传统线性设备上不可实现的。在非线性编辑中，每段素材都能够以帧画面的形式显示在屏幕上，可以进行非线性的镜头搜索，直接快速找到所需素材，从而避免了传统设备搜索寻找素材困难的问题。

随着数字视频技术的发展和成熟，与传统的编辑系统相比，非线性编辑系统表现出来的优点越来越多。

（1）编辑制作灵活方便、效率高。非线性编辑采用硬盘为记录介质，利用时间地址码二维检索，记录检索方式为随机存取，省去了磁带录像机线性搜索编辑点的卷带时间，不仅大大加快了编辑速度，提高了编辑效率，而且编辑精度可以精确到零帧。另外，线性编辑的信号是在磁带上按顺序记录的，非线性编辑的信号连接、删除都并非在存储介质的物理位置上进行，而是依靠软件跳跃式地进行。编辑过程中只是编辑点和特技效果的记录，可以不进行图像和声音信号的复制，任意进行剪接、修改、调动画面前后顺序，为编辑制作带来了极大的方便性和灵活性。

（2）编辑过程中信号损失小。非线性编辑系统的处理过程是数字式的。在整个信号处理过程中，除了编码、解码、模/数、数/模转换、压缩、解压缩和文件格式转换会引起信号损失之外，实际编辑制作过程完全由数字化信号处理，无论对录入的素材怎样进行反复编辑和修改，都不会引起图像质量下降，不会增加噪声，从而克服了传统模拟编辑系统的致命弱点。

（3）设备一体化、可靠性高且使用寿命长。将编辑、特技、字幕、音频甚至动画等功能高度集成，系统内部对视音频数据数字化处理，信号损失降到最低。即使制作多层特技，也无需工作版，一次编辑即可得到完成带，确保了播出版的声像质量。

它集各种功能设备于一体，减少了设备以及设备之间的连线、接口，免去了信号之间的重复转换，提高了可靠性。设备小型化、零维护费用、功能集成、开放式软件，使设备综合能力大大提高而成本却大大低于传统设备。主机记录介质采用硬盘，硬盘为非接触式记录设备，记录时磁头与磁盘之间不直接接触，不存在磁头与介质磨损的问题，因而故障率低，平均无故障工作时间可达 300000 小时，工作寿命远远长于录像机。

（4）联成网络，资源共享。便于通过联网形成制作群，实现媒体共享。采用硬盘随机存取技术，可方便灵活地编辑与修改素材，大大提高了编辑效率。集成度高，体积小，操作界面直观，便于实现高精度的编辑。

通过软件对系统升级，便于功能的扩展。价格与传统设备持平或略低，并有降价的趋势。运行成本低，避免了传统编辑设备中的磨损，具有高度的免维护性与可靠性。具有一次性投资，可以长期使用的优点，避免了传统设备过时废弃的遗憾。

（5）同一操作环境，操作方便。在同一环境中可以完成图像、声音、特技、字幕等工作，所以易于学习、使用，制作的效果完全由操作人员的操作技巧决定。当然，对人员素质的要求也更高。

非线性编辑手段提高了节目制作人员的编辑效率，拓展了节目创作的空间，同时赋予了创作人员前所未有的修改自由度与编辑精度。

一、非线性系统的分类

按软、硬件运行环境划分，分为基于 MACINTOSH 机的系统、基于 SGI 工作站的系统和基于 PC 机平台的系统。

苹果系统由于在图形、图像方面天然的优势，最早被应用为专业的非线性编辑系统的计算机平台。随着 PC 机的发展，它的 CPU 运算速度越来越快，总线能力不断加强。多媒体技术使得它的图形、图像处理能力不断提高，软件平台性能也越来越高，运行其上的非线性编辑软件和图形、图像处理软件也越来越多。因此，近年来以 PC 机作为平台的非线性编辑系统越来越多。基于 SGI 工作站的系统多为专业的、高端的、昂贵的，性能也是最好的，但是开放性不够好。

按视频数字化过程中的数据压缩情况划分，分为有压缩非线性编辑系统和无压缩非线性编辑系统。

目前计算机发展的技术水平，数字视频的存储、传输及处理仍然受到很大的限制，因此在非线性编辑系统中数字视频的处理大多采用压缩的方法，以节省存储空间，提高处理速度。在对于视频质量有很高要求的情况下，需要不记上述的成本来追求高质量，采用无压缩的数字视频处理方法。

按系统的特技处理能力划分，分为实时非线性编辑系统和非实时非线性编辑系统。

实时非线性编辑系统都有专门的特技处理单元，一般都可以进行多层（如两路活动视频、一层图像、一层字幕）画面的实时合成，无需生成等待在特技处理方面可以达到传统视频特技切换台的实时效果。非实时非线性编辑系统一般只有一块视音频处理卡，也称为单通道系统，只起到视音频的输入输出作用。在非线性编辑时如果只是剪切，还可以实时完成，但特技处理是靠计算机的 CPU 运算实现的，需要生成的时间。

按素材上下载的速度分类，可分为实时与 4 倍速两类。

大部分非线性设备以实时速度上下载，而某些传统设备厂商开发的非线性编辑系统，支持 4 倍速上下载，条件是必须使用他们自己相应的具有 4 倍速传输接口的录像机。不过由于这类非线性编辑系统开放性不够好，易用性相对于其他开放软件比较差，并没有推广开来。

从应用方向分类，非线性编辑系统分为前期编辑用、后期编辑用、广告播出用、体育慢动作镜头播出用与素材管理用等。

二、非线性编辑工作原理

对于模拟视频信号来说，首先要将其进行 A/D 变换和编码，转化为数字化数据。然后通过适当的压缩（压缩比可调，高档系统可以支持无压缩格式）后，以系统可以接受的数码率将信号送到计算机数据总线上，并由 SCSI 控制卡控制。存贮于外置硬盘中。根据编辑人员的操作，CPU（中央处理器）会发出相应的指令，从数据总线上调用数据进行处理。处理后的视音频数据经过解压缩与解码恢复为模拟信号输出。需要说明的是，由于音频信号的信息量远远低于图像信号的信息量，取样量化后的数码率直接符合总线传输带宽与硬盘记录的要求，因此无需对音频数据进行压缩与解压处理。

按 CCIR-601 4∶2∶2 标准规定的数字电视信号是 Y、R-Y、B-Y 格式。而非线性编辑系统中计算机对图形的显示与处理方式都是采用计算机 RGB 格式。这两种格式之间可以相互转换，但不能直接兼容。这就意味着在非线性编辑系统中存在一个格式统一的问题。或者将计算机图形 RGB 格式转换为电视信号 Y、R-Y、B-Y 格式进行处理，或者将电视信号转换为计算机的三基色信号进行处理。实际应用中，这两种处理方法分别被不同的设备所采用。

以计算机图形 RGB 格式为基准的系统需要将电视信号从 Y、R-Y、B-Y 格式转换为计算机 RGB 格式后才能对数据进行存贮与处理。输出时再将其通过色坐标的逆变换转换为电视信号。反复的转换过程必然会引起信号的误码，最终输出的信号质量也会因此受一些影响。

另一种系统以电视信号格式为基准，而对计算机 RGB 格式进行转换。这种系统确保电视信号自始至终保持格式不经过色坐标系转换处理。视频指标优于前者。

目前，成熟的压缩算法有差值调制（DPGM）和离散余弦变换（DCT）等。还有小波变换（WTP）和分形压缩法（FRACTAL）。DCT 已通过国际上统一制定的标准，走向商业化，如 PEG、H.261、MPEG、MPEGII。

非线性编辑中广泛使用的算法是建立在 JPEG 基础上的 MOTION JPEG。这种压缩方法对活动的视频图像通过实时帧内编码过程单独地压缩每一帧。在编辑过程中可随机存取压缩视频的任意帧，而与其他帧不相关，这对精确到帧的后期编辑是十分理想的。

MOTION JPEG 的其他优点：压缩和解压缩是对称的，可由相同的硬件和软件实现。由于算法不太复杂，可以用很小的压缩比全帧采集，实现广播级指标所要求的无损压缩。由于 MOTION JPEG 只是在视频里对人眼不敏感的高频分量进行取舍，而在时域里能量仍是均匀分布的，因而得不到较大压缩比。压缩比较大时，还原图像会产生“之”字扫描带来的块状效应。

对于非线性编辑系统来讲，它输出的图像和声音的质量最为重要。

由于没有压缩的视频信息的体积和传输率高达 18MB/ 秒 ~22MB/ 秒，计算机主板和硬盘的传输能力有限，所以必须采用数字压缩方式来处理。压缩处理过程是一个信号损失的过程，这是影响信号质量的根源。输出信号的质量与系统采用的压缩方式（算法）、压缩比及信号处理方式有关。

压缩方式：在非线性系统中常常采用 Motion-JPEG 技术来对视音频信号进行压缩。

压缩比：对同一系统来讲，压缩比越大信号损失越多；反之，压缩比越小信号损失越少，但要求存储空间也越大。见表 5-1。

表 5-1　压缩比、模拟视频指标及存储空间之间的对应情况

压缩比	相应的模拟视频指标	每 GB 存储的视音频时间
1:1	无压缩 D1	49 秒
2:1	数字 Betacam SP	1 分 37 秒
5~8:1	Betacam SP.MII	4 分 ~6 分 30 秒
10~15:1	U-matic，Hi-8mm	8 分钟 ~12 分钟
20:1	专业 S-VHS	16 分钟
30~40:1	普通 S-VHS 或 VHS	24 分钟 ~32 分钟
60:1	脱机	48 分钟
90:1	脱机	72 分钟
120:1	脱机	96 分钟

系统最小压缩比是评价一个系统的重要指标。它反映了整个系统传输

数据的能力，因为压缩比越小，数据量越大，从而要求系统的数据传输能力更强。系统的最小压缩比主要是由系统中计算机主板的带宽、硬盘传输速率、视音频主处理板的最小压缩比等因素来决定的。

在广播电视里，音频的质量与视频的质量同等重要。通常衡量数字视频系统的音频质量可根据以下因素判断。

系统是否拥有 CD 质量或更好的采样频率（44.1KHz 或更高），低于这个指标的系统不能提供专业的音频指标。

系统能对多少轨音频进行实时回放、调音和编辑，作均衡、延时、混响、变调等声音效果处理。依靠软件的支持，音频制作的一大优势是可直观地对声音波形进行处理，使声音剪接天衣无缝。

另外，从系统的接线盒的音频接口中，可以很快推测出该系统是否具有专业水平的音频处理能力。专业的音频处理系统具有 3 芯的立体声 XLR 接口（+4DB 平衡“卡侬口”）。见表 5–2。

表 5–2　多媒体常用的音频数字化标准

类别	采样频率（KHz）	最大比特数（b）	每秒钟所需字节数（KB）	声音质量
1	11.025	8	11	广播讲话、语言
2	22.05	8	22	调频广播音乐
3	44.1	16	88.2	CD 光盘音乐
4	48	16	96	数字磁带录音（录像）机音乐

数字信号的处理过程可分为两大类：实时处理和非实时处理。

实时处理是指处理过程能够用与硬件转换相同的速度去接收和处理数据，这意味着处理过程不中断，能够处理连续的数据流。当没有足够的处理能力来处理数据流时，就只能采用非实时处理方式。

对于非线性编辑工作的“实时”，一般是指在节目素材数字化（上载）

之后，将编辑程序和各特技参数设定好时，就能播放并录制最终的编辑结果，不需计算、生成时间。

所谓的“实时”播出需以一定的硬件技术为基础，并且受到特技类型、特技层数、图像质量的限制。各个非线性编辑产品所称的“实时”是有着不同的局限和条件的。

非实时处理是指非线性编辑系统，由于处理的信息量较大，要依靠软件进行大量的计算来完成节目的后期制作。这类系统在节目转录到录像带前需要对所有的效果进行生成，这将花费大量的时间。但是在调整特技参数时能同时看到调整后的结果，具备预览功能，不必每一步的参数修改都需生成后才能看到效果。

对于信号不压缩的非线性编辑系统，由于能够处理较大的信息量，一般是在工作站上运行。由于不受硬件装置的制约，无需为“实时”付出其他性能方面的任何代价，所以能提供丰富、花样新颖而变换无穷的特技效果，制作层数也没有限制。

目前，在非线性编辑系统中，存储介质主要是硬磁盘，一般系统采用标准的文件格式存放视音数据，数据通用性强，系统以随机存储方式存放数据，并自动整理，合理使用硬盘，占用空间较少，可以充分利用系统的硬盘空间。

三、系统基本组成

非线性编辑系统由硬件和软件两大部分组成。

硬件部分实际上是以通用计算机作平台，加以专用的视频处理卡、特技卡、音频处理卡、压缩卡、各种控制卡和素材硬盘等构成。

计算机平台可采用 PC 机、MAC 机或工作站，由此构成不同档次的非线性编辑系统。

视频处理卡的作用是捕获外部输入的素材图像，并将模拟视频进行 A/D 变换（模数转换）与编码，转化为计算机可以处理的数字信号，或将系统内等待输出的数字信号通过解码与 D/ 变换（数模转换）恢复为模拟信号输出到录像机上。

不同类型的计算机平台所采用的图像卡不尽相同，即使相同的平台也有许多类型的图像卡可供选择。图像卡的主要功能是对视频信号的编码和解码；A/D 和 D/A 变换；压缩和解压缩；实现硬件特技处理等。

由于视音频信号主要通过图像卡进出硬盘，因此，非线性编辑系统的图像及声音质量主要取决于图像卡。图像卡有单通道和双通道之分，单通道卡只能对一路视频信号进行压缩记录和解压缩回放，而双通道卡可同时对两路视频信号进行处理，可实现硬件特技，并可实时叠加字幕。

用于非线性编辑的专业图像卡应具有符合广播电视标准的接口，如分量、Y/C（SVIDEO）、复合，还有符合 SMPTE 标准的数字 SDI 串口和 IEEE-1394 接口（或称 FIREWIRE 接口，用于连接 DV 格式的数字摄像机、录像机）。

压缩卡对数字视频信号的码率进行压缩，以适应数据总线传输带宽以及硬盘存贮的要求。压缩卡一般可以支持多种压缩比例，即压缩比可调。压缩比越高，图像数码率越低，图像质量也越差；反之，压缩比越低，图像数码率越高，图像质量也越好。

不同图像卡的最低压缩比不同，有 5:1、3.5:1、3:1、2.5:1、无压缩，大多数工作站非线性编辑系统可进行无压缩捕捉视频，此时对硬盘存取速度要求较高，通常需要硬盘阵列。

特技卡为系统提供实时的三维数字特技效果。常见的特技卡有品尼高（Pinnacle）公司的亚拉丁（Aladin）特技运算箱以及特技精灵（Gaudi）卡等。如果没有三维数字特技卡的支持，系统只能依靠生成（利用 CPU 运算）的方法制作三维特技。生成时间一般是特技长度的十几倍至几十倍。

音频卡用以处理外部输入的音频信号。通常可以提供 48K（DAT 水平）或 44.1K（CD 水平）取样 16bit 量化的数字声处理能力。也有的非线性编辑系统中为了确保视音频的同步，采用了集成一体的视音频处理卡。

素材硬盘用来存贮数字化的图像和声音信息。由于图像信号的数码率很高，通常采用具有 Ultra-SCSI 接口的大容量（9G 以上）高速（7200 转 / 分以上）硬盘。

SCSI 卡主要用于控制外置的素材硬盘中媒体文件的读写。

录放机控制器功能类似于搜索盘，用来控制录像机。

软件部分包括与硬件平台相应的计算机操作系统软件、专业的视频编辑软件、三维特技软件、中文字幕软件、图像处理软件与三维动画软件等。

非线性编辑系统的编辑、特技、动画和字幕等功能主要是靠软件完成的，不同档次的系统采用不同的软件，价位和性能也各不相同。

常见的编辑特技软件有：ADOBE PREMIERE、VIGAS、EDIUS、FINAL CUTPRO、AVID、DPS、MEDIA100、FLINT 等；动画软件有 3DS MAX、SOFTIMAGE3D、ANIMATOR 等。

在国外厂家的非线性产品中，字幕多是作为一个视频特技层的方式参与编辑的，或是在视频通道中添加一层下游键。字幕的特技转换和特技效果也是作为视频特技添加的。与传统设备中专业的字幕机相比，在输入、字体变换、效果等方面有一定差距。尤其在字幕播出方式上，不像单独的字幕机那样能提供多种常用的播出程序，而是需要作为特技进行参数设定，使用不够方便。

中文字幕和中文软件是国内厂家的优势。非线性编辑系统采用的是通用计算机硬件，开发主要集中在软件方面。国内厂家发挥中文软件能力强的优势，将非线性编辑系统采用全中文界面，符合中国人的操作习惯，并配有较完善的字幕功能，设备操作方便，字幕功能灵活而实用。

四、操作流程

（一）素材量化采集（Digitize）

通过录像机将所需的画面和音频实时数字化后存于硬盘，自动加上时间码，声音与画面同步采集。数字化后每段素材以典型画面表示，形成一个视频文件。

输入时可对各种参数进行调整，如电平、色彩平衡、相位、亮度、饱和度等。这些调整可在监视器上直观地看到，确保了所采集的效果正是所希望看到的。

采集方法有手动采集和批采集。手动采集是指观察画面到所需的位置，直接按下非线性编辑系统中的录制键，则采集开始；不需要的时候，按下停止键，则采集停止。反复进行，直至采集完成。批采集是指将素材中的镜头长度选好，事先将镜头的入点和出点，输入至非线性编辑系统中，然后按下采集键，系统自动采集选好的素材。

采集是需要花费时间的，这期间可以进行素材的审看、选取。

采集后，要合理化素材，分类打包，这样便于寻找素材，加快编辑速度，提高编辑效率。注意一些小技巧的应用。

（二）素材剪辑（Edit Clip）

对每段素材进行剪辑，寻找编辑点，设定入点、出点。编辑点可根据画面及时码设定，可精确到每帧。剪辑时可随时以计算机小画面及监视器上全屏反复播放。可随时应用复制、移动、增加、删除等功能。

（三）节目制作（Program）

节目的编排、特技、字幕及配音处理在 Program 窗口中完成。该窗口提供了两轨视频 A 轨和 B 轨，相当于二对一系统中的放机 1 和放机 2，FX 用来完成特技及切换，四轨音频 A1、A2、A3、A4 及一轨图形字幕 G。

制作节目只需将编好的画面及音乐素材在相应的视频频道上，两轨相叠部分可进行特技。在编辑过程中，可随意调整素材顺序，随意删除无用素材，也可拉长或缩短某一片段，同时还可在节目的任一位置插入一新的片段或以一段新画面覆盖其中某一段，也可调整任意一段音乐的位置、音量及左右平衡。

（四）特技处理（Transition）

运动特技：快慢动作、前进和倒放、静止画面、速度任意调节。

颜色特技：色调、色饱和度任意调整。局部颜色处理。每次调整的数据都可记忆存储待以后用时可随时调出。

转换特技：二维、三维特技，参数任意可调，效果无限。

软件提供了各种特技的预演，以便选择合适的特技方式。同时可任意设定时间及选取画面，生成最终成果，存入硬盘中。

（五）音频混录

提供八轨演播室质量的实时音频合成，可对任一轨音频实时调整，实时混合并保证完美的音质。同时记录调整参数，在以后播放时会自动调整。

（六）图文的制作

绘制精美动画、图表，制作灵活多变的字幕。

（七）满意后输出录成母带

输出母带后，如有不满意之处，可返回非线性编辑系统修改，再次输出的还将是第二版母带。可与传统磁带编辑系统混合使用，在母带上进行插入编辑的修改。

事实上，目前来说，由于很多摄像机或者摄影机都已经是存储卡或者硬盘或者光盘存储，对于这些素材来说，只需要拷贝到非线性编辑系统的存储空间就可以，第一步的采集工作是不存在的。再一个，目前电视台的播出系统也有很多已经变更为无带播出系统，第七步也是不必要的。另外，第二步到第六步也并不是严格地按顺序进行，是可以随时处理任何声音、画面、特技的。

五、非线性编辑系统网络

计算机网络是指将分散在不同地点的计算机和计算机系统，通过通信设备和线路连接起来，按照一定的通信规则相互通信，以实现资源共享的计算机系统。

非线性编辑系统网络是将不同的专用多媒体计算机（工作站）连接成一个能相互传输信息和能共享资源与数据的网络，各工作站使用由电视的视音频信号转换成的，存储在计算机网络存储器（硬盘）中的数据来进行电视节目编辑的各种操作（如硬切、叠化、配音、加字幕、制作特技等），然后把这些操作结果再从数据转换成视音频信号，从而得到编辑完成的电视节目。这种系统的特点有：

（1）多媒体计算机（工作站）是专门用来做编辑工作的设备。

（2）这些工作站使用高速网络技术连接成为一个网络系统。

（3）节目编辑过程中各个环节使用存储在网络系统中的共享数据。

（4）可调的高、低压缩比视频数据：视频信号（无论是模拟还是数字的）转换为计算机系统可存储和处理的数据时，为了减少数据量，需用某种特殊算法对这些数据进行压缩；数据量的减少程度（用原始数据量与减少后的数据量之比——压缩比来衡量）对以后从数据再转换成视频信号时的画面质量有直接相关。压缩比越高，画面质量越差，高压缩比（对M-JPEG压缩标准而言，一般认为在8∶1以上）一般只能用于编辑，而不能用于播出。实际使用中是根据节目对视频画面质量的要求来决定高、低压缩比的数值。

系统的计算机网络通常采用Fibre Channel和以太网共存的双网结构。在Fibre Channel上连入实时使用低压缩比（数据量很大）视频数据进行工作的设备，以实现节目制作数字化，并实现在整个节目制作过程中高质量视频素材的集中存储和实时共享。在以太网上连入使用高压缩比（数据量较小）视频数据进行工作和处理新闻文稿的设备，完成工作量较大的编辑工作，大大加快节目制作速度，并为今后编辑站点的扩充留有较大的余地。另外，以太网将系统中的所有工作站连接起来，以实现各工作站的制作结果共享与相互传递。

采用专门的磁带上载工作站，可以特别地增强接口能力，并将各种规格的录像机集中地与它相连接，这样可以用少量的录像机完成与整个网络系统的上载接口问题，也便于专人管理。

磁带上载工作站是专门用于磁带信号上载到网络数据硬盘的设备。

上载工作站可通过 RS-422A 接口遥控录像机，确定每一个上载的素材在磁带上的时码出入点，构成一个批采集表，执行采集后，系统根据“批采表”自动遥控录像机搜索、预卷，走带，自动完成上载工作，批采表可以被保存。

系统提供复合、Y/C、YUV 模拟分量、D1 串行数字分量接口，通过广播级标准的背版式固定接插座，稳定连接到各种类型的录像机，无需频繁换线。

非线性编辑工作站是专门为网络编辑设计的非线性编辑系统，完全针对节目编辑而设计，遵循操作简洁、高效、高可靠性的原则，并完全从网络节目编辑出发，全新设计。完成 A/B 卷编辑和实时字幕，可以实时地用 FC 磁盘阵列中的视音频素材或本机硬盘中的素材进行节目编辑。编辑而成的节目文件，可供节目合成工作站完成新闻节目的播放。

大中型网络一般要求 10 台 ~20 台有卡工作站，30 台以上无卡工作站。有卡站根据硬件板卡与软件系统的不同，分别实现素材上载、精编、下载、配音、播出、审片等工作，可调用高画质数据，因此对数据读写速度有较高的要求；无卡站实现粗编、审片功能，既可以增加编辑站点，又可以降低网络成本，但由于没有硬件板卡，只能通过以太网调用低画质的素材；同时要求有卡站和无卡站共享素材信息与 EDL 码文件，实现镜像编辑；网络中多台配置服务器，以实现全面的网络管理，网络编辑。

非线性编辑系统网络有以下的优势：

（1）资源共享。网络所带来的最大的优势是能够实现资源共享，共享的资源不只是众多视音频工作站对硬盘资源的物理共享，如硬盘，设备硬件的共享；还有软件资源的共享，也包括数据、信息的共享，更重要的是创作思路、才能、思想等各种软资源的共享。

（2）降低设备投资和使用成本。在视频网络中，只需在某个站点中加入特殊设备，即可共享其他设备的素材进行编辑，这样做既可降低成本，又可提高效率。

（3）节目质量高。超大容量的存储介质使得超长节目也可以利用非线性编辑来实现。从节目采集到制作、审片及播出，始终保持第二版的数字级图像质量。

（4）提高工作效率。同一节目可以由不同工作站分段并行编辑，采集与输出可同时进行，工作效率成倍提高。

第四节 数字特技

要编辑完成一个节目或者一部影片，就离不开特技的应用。在影视行业内，特级的应用已经是特别普遍了，任何一个节目任何一个电影都离不开特技。尤其是技术发展到现在，离开数字特技已经无法拍摄一部影片或者节目。让我们回顾一下，影视业发展至今都利用了哪些种类的特技。

利用特殊效果镜头，可得到一些特技画面，如简单实用的幻象镜头、中心聚焦镜头，文艺晚会中常常用到的星光镜、十字镜、柔光镜等。通过照明手段也能获得引人入胜的效果。将电光、色彩和阴影三者有机地组合起来，可以烘托场面气氛，使节目内容和形式更加吸引人。

背景屏幕的投影，用投影仪把幻灯光，或硬低片、塑料块等剪成所需背景像，投影到背景屏幕上能很好地使演员与背景结合，演播室的节目常常用这种办法。也有利用光源形成效果的，如利用电路控制光源，按时间、情节或音乐节奏变化，使光源呈现闪光的效果，能控制光照的方向和区域，多用于大型舞台演出等。光学特技效果比不上电子特技又快又好，但某些情况下是十分有效的。

这一类都是利用镜头或者光影来产生的特技效果，我们称为光学特技。

另一种我们称为机械特技，它的效果是建立在模型摄影和特技道具上的，常常只在电视剧的制作中使用。要求是真实可信，制作和操作都要简单。最常见的是雨、雪、雾、风、烟、火、闪电和爆炸。如雪，利用喷雪器将雪喷在镜头的前面，使演员身上披满雪花（塑料雪或肥皂片），从天棚上抛“雪”也经常用的。机械特技效果的制作办法很多，视节目的内容及制作能力而行。严格来讲并不能称其为一种特技，而只是一种特殊的拍摄手段。

电视技术发展过程中，通过电子技术，对电子信号进行处理，可以实现一些无法直接通过拍摄得到的效果。其中的模拟特技，是指直接利用模拟电视信号来实现特技效果，它只能是各信号之间的相互取代，整个画面的尺寸、形状、方向和位置等是不能随意改变的。像最基本的电视特技切换、淡出淡入、溶出溶入、扫换等，就是通过对电视视频信号的处理而获得的。键控特技也是如此。

利用数字电视技术，将模拟电视信号变成数字信号后，记入存储器中，然后再取出还原为模拟电视信号。改变取出的速度与方式就能改变电视信号的时间轴及像素的顺序，因此改变了画面的尺寸、形状和位置等，实现了画面的放大、缩小、翻转、翻滚、卷曲、翻页以及产生三维空间运动的效果，就称为数字特技。

另外，计算机技术、视频技术迅猛发展，虚拟的三维制作技术、与实际拍摄相互结合的虚拟演播室技术、多种技术综合运用的数码特效，也都广泛应用于广播电视影视制作中。本节中我们对此暂不做讨论，仅就传统的电视特技进行探讨。

一、普通特技

我们这里讨论的普通特技指的是无论是模拟还是数字的电视信号都通用的一些特技形式。

（一）直接切换（Cut）

简称“切”，是指一个画面瞬间变换成为另一个画面的过渡方式，它是电视节目制作中使用最多的切换方式。它是通过视频开关实现的。各路视频信号均送到电子开关输入端，每路视频信号受一个电子开关控制，当控制桌上某个按键按下时，这路直流控制电压使该路电子开关电路接通，并送出该路视频信号。与此同时，原接通的那路电子开关断开，使那路视频信号不再送出。为保证快切的播出质量，避免画面跳动、撕裂或出现切换杂波干扰，必须使切换在场消隐期间进行，也即让视频交叉点在场消隐期间发生状态转换。

在模拟视频切换台中，实际的视频开关电路中还加入了输入、输出电路。

数字切换台中，可采用比特串行和比特并行两种方式实现快切。

直接切换可使画面的情节和动作直接连贯，给人以轻快、利索的感觉。切换的次数多少会改变节目内容的节奏，如多个快切换，能给人以紧张、迫切的感觉。

直接切换的实现是直接在播出线上，选择所要播出的画面的按钮。如图 5–3 所示。

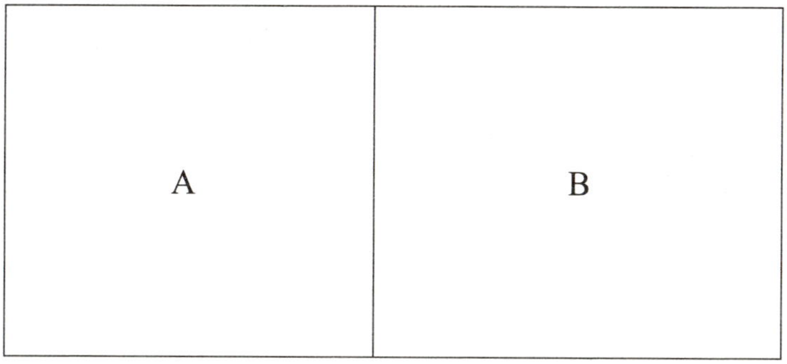

图 5–3　直接切换

（二）淡出淡入（Fade）

是指一个画面逐渐消失之后，另一个画面逐渐分明的过渡方式。淡出淡入是节目进行段落过渡的常用手段，可以连贯使用。淡出给人以前面一段剧情或层次已结束，将开始另一个段落的感觉。淡入给人以节目或层次的开始，常常是字幕出现的一种手段。

淡出淡入常常表示时间的流逝，时代的变迁等效果。

淡出淡入有时也称后“V”形转换。与淡出淡入类似的还有切入淡入和淡出切入。如图 5–4 所示。

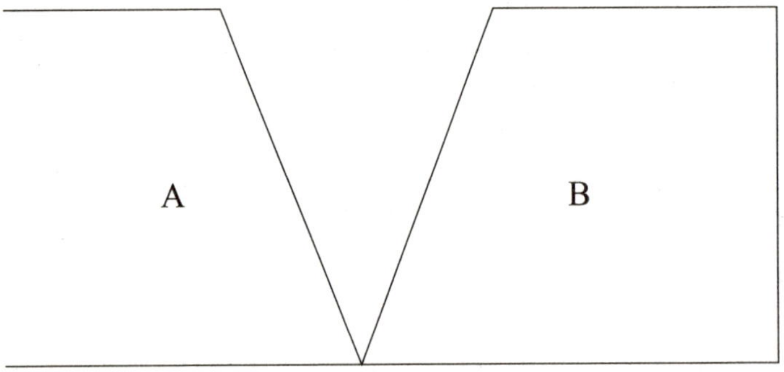

图 5–4　淡入淡出

（三）溶出溶入（Dissolve）

是指前一个画面逐渐消失的同时另一个画面逐渐分明的过渡方式，也称慢转换、叠化。溶出溶入体现了动作、情节、过程的省略，使画面过渡柔和自然。常常用于音乐会、文艺晚会等节目。由于两个画面会出现重叠，因此，适于表现“幻想”“梦境”等效果。慢转换的速度应符合节目的内容和气氛。

慢转换有时也称“X”形转换。如图 5–5 所示。

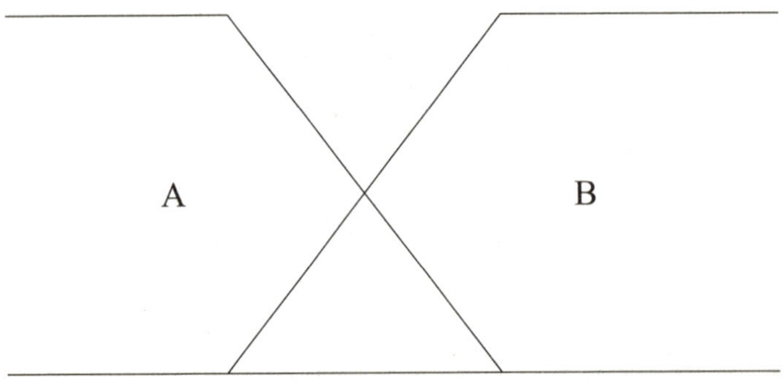

图 5–5　溶入溶出

溶出溶入的实现：溶出 A 母线信号，溶入 B 母线信号。

在下游键 PGM 母线上选择要溶出的信号；将工作模式置于“混合”；将拉杆置于 A 极限位置；在 A 母线按键组选要溶出的信号；在 B 母线按键组选要溶入的信号；在下游键 PGM 母线上选“特技效果”信号；将拉杆从 A 极限位置逐渐移 B 极限位置。

一般转化时间为 1 秒 ~3 秒，取决于节目内容。

（四）叠加（Super）

是指将两个画面简单地重合在一起的方法。屏幕上同时展现有两个画面的场合，均可用叠加。要特别注意的是，叠加后的图像画面，对原画面的构图是有要求的，以叠加后的画面构图完美为准。两个图像一般不一样显示，总有一个图像亮一些，而另一个图像暗一些。

叠加的实现方法：溶出溶入的停顿操作。如图 5-6 所示。

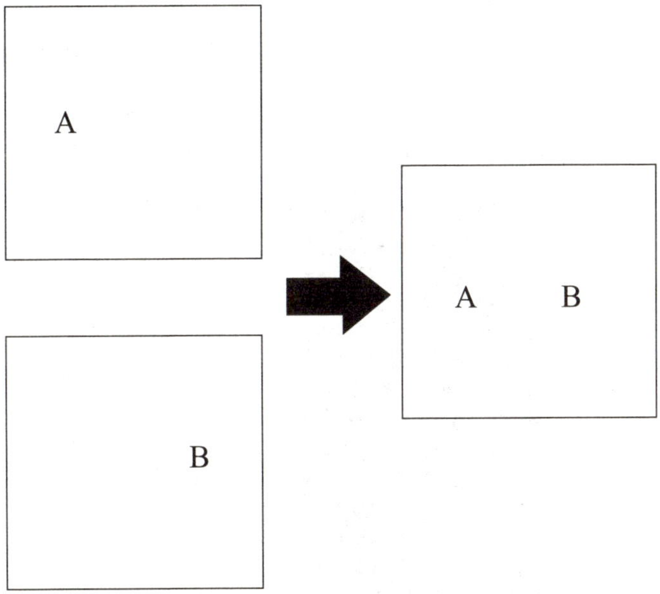

图 5-6　叠加

（五）划变（Wipe）

是指一个画面以某种形状或方向逐渐缩小，渐渐地被另一画面取而代之，也称扫换。两个画面之间以某种形状作为分界线，分界线的形状少则几种、十几种，多则几十种、上百种。

有的视频的换系统还能使分界线绕着某个中心旋转而实现扫换。常用的旋转扫换图案有摆形、扇形、蝶形及时钟形。

扫换的分界线有“软”“硬”之分，软边使扫换边缘出现一定宽度的模糊区，而硬边则提供轮廓清晰的分界线。分界线可有多种形式变化，出现弯曲、扭曲等分界线，可以加色、加边。

扫换可产生明显的流动感和节奏感。实际运用时，要根据两个画面的构图，表现主体的运动方向来选择扫换图案和扫换方向。

扫换的实现：B 母线上的信号扫换成 A 母线的信号。

在 A 母线上选择需要扫换出来的信号；在 B 母线选择需要扫换入的信号；选择“扫换”工作模式；在特技图案按键组选择所需的扫换图案；将拉杆从 A 极限逐渐移到 B 极限位置，速度取决于节目的内容，停顿操作则画面效果为分界画面。如图 5–7 所示。

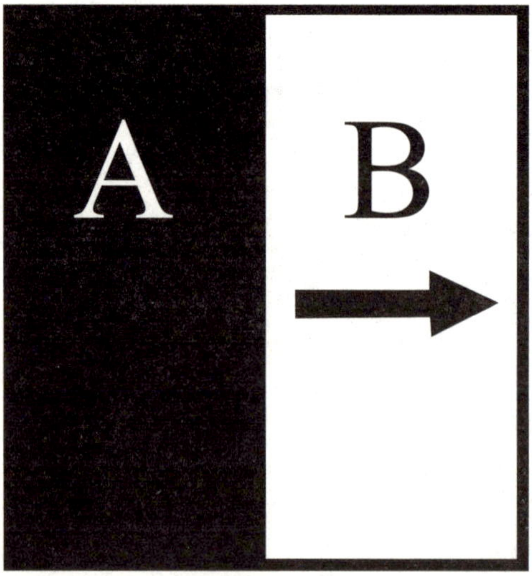

图 5–7　划变

二、键控特技

键控特技是一种分割电视屏幕的画面效果。其分界线多为不规则的形状，如文字、符号、复杂图形或自然景物等。两个画面通过电子手段镶嵌在一起，也称为“抠像”特技。

键控特技在电视节目的制作中应用很普遍。它利用前景物体轮廓作为遮挡控制电平，类似平面图像软件的选区，将背景画面沿该轮廓线去掉，将所要叠加的视频信号填到被去掉的无图像区域，而最终生成前景物体与叠加背景相合成的图像。

键控特技的原理与画面扫换特技相似，键控特技也是用参与切换的两路视频信号在屏幕上分割画面。两者的区别在于，键控特技的分割形式可以是任意形状，可产生比画面扫换特技复杂得多的画面分割，所创造的艺术效果也更加丰富多彩。一般情况下，被抠的图像是背景图像，填入的图像为前景图像。用来抠去图像的电信号称为键信号，形成这一键信号的信号源为键源。

键控特技具有视频切换开关的性质，在有键信号的时候让前景图像通过，背景图像不能通过，没有键信号的时候则让背景图像通过，而前景图像不能通过。视频切换开关输出合成图像的背景和前景也就是被抠图像和填充图像。

按键源的信号来源来划分，键控特技可以分为内键和外键。内键是以参与键控特技其中的一路信号作为键信号来分割画面的，也就是说键源与前景图像是同一个图像。内键也称自键，一般用于文字、图形的叠加。外键是相对于内键而言的，其键信号由第三路键源图像提供，而不是参与键控特技的前景或背景图像。

按形成键信号的键源图像成分来划分，可以分为亮度键和色度键。亮度键利用键源图像中亮度成分来形成键信号，它要求键源图像要有较高的亮度反差，即键源中作为前景的图像部分要亮，其余部分要暗（黑），要形成明显的黑白反差。亮度键又称黑白键。色度键是利用前景图像的色度成分与其后的彩色背景幕布的色调差别来形成键信号，用键信号去抠背景图像，再填入前景图像。色度键要求键源图像信号有较高的色度反差，也就是要求键源信号的前景和背景的色调尽量分开，最好是补色关系，以保证两者之间的色调差别足够明显。

（一）自键

以参与键控的某一图像的亮度信号作为键信号进行组合画面。

自键由于是取决于亮度信号，所以作键信号的这一图像，最好为黑白的，常常为黑底上的白字或图形，当然也可以获得相反的图像效果。混合放大器受键信号控制，黑电平的时候，接通摄像机 1；白电平的时候，接通摄影机 2；最后输出信号 3 的效果。

自键常用作黑白字幕及图形的嵌入。如图 5–8 所示。

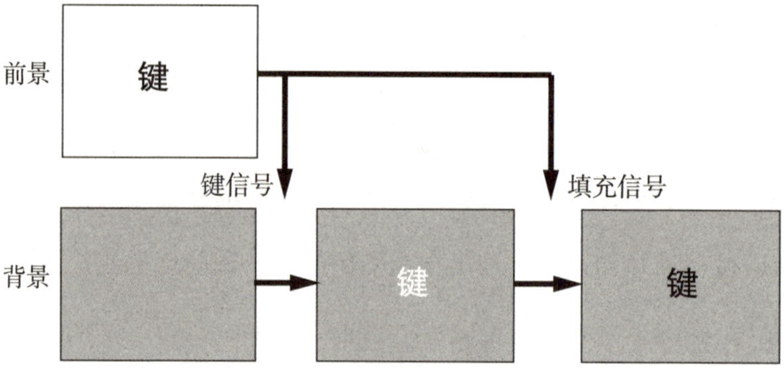

图 5–8　自键原理示意图

（二）外键

键信号不是由参与键控特技的两路图像信号所提供，而是利用第三种图像信号的亮度电平作为键信号进行组合画面。外键特技常用于彩色字幕的嵌入。如图 5–9 所示。

外键的实现：背景信号一般在 A 母线按键组中选择，插入信号一般取自背景发生器，将彩色字幕嵌入背景的具体步骤如下：

A 母线上选择背景信号；将工作模式置“外键”；在键源信号按键组中选择键源信号；调整电平旋钮，使背景画面出现清晰的字幕；调整作为插入信号的背景的色调，饱和度和亮度，使之符合需要，而后输出。

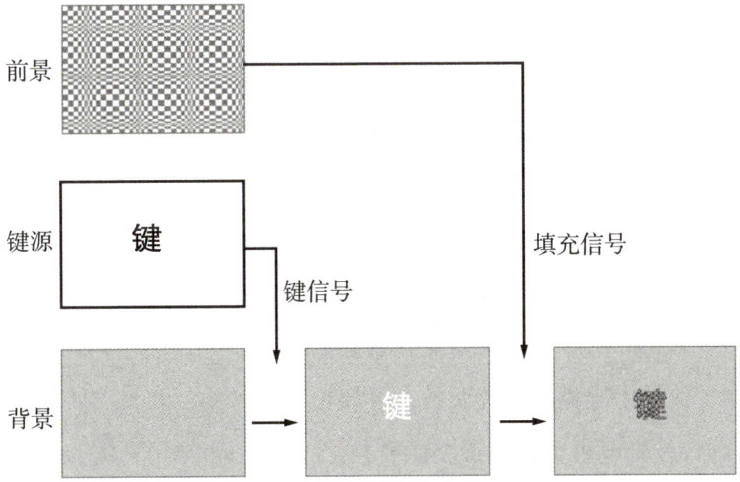

图 5-9　外键原理示意图

（三）色键

色键指利用参与键控制特技的两路图像信号之一的一路信号中的任一彩色作为键信号来分割和组合画面。

摄像机 1 摄取前景信号。前景是人或物，它的背后是深饱和度的单色幕布，幕布的颜色与人的肤色有较大的差别。一般常用深蓝色做幕布。人或物的颜色应与幕布不同或色饱和度要低一些。

例如，摄像机 3 所摄取的电视信号的蓝色成分形成一个键控信号 C，摄像机 2 则拍摄其他景或播放录像资料。当摄像机 1 和摄像机 2 的两种视频信号进入色混合器时，键控信号 C 控制分割摄像机 1 信号与摄像机 2 的信号。当出现蓝色成分时，摄像机 2 信号通；出现其他成分时，摄像机 1 信号通，则摄像机 1 的画面上是蓝色背景的部分都补上摄像机 2 的画面了，得到一个合成的画面。

事实上，可以选择任何颜色作色键形成，不过选择了什么颜色，合成画面上将不再出现此色，因此稍不注意就会出现人体“透”了（有洞）、杯子“空”了等现象，如不是有意要求这种效果，那就是失误了。

色键的实现：

A 母线上选择背景信号；将工作模式置“色键”位置；键源母线按键组选择前景信号；将色键色调选择器置于前景幕布色位置；调整键电平，使背景上嵌入清晰且无幕布色镶边的前景人物。

注意事项：

（1）光照要均匀，键电平调节要恰当。

（2）人物不要离蓝幕太近，蓝幕本身避免强光照射。

（3）人物的阴影不要落在蓝幕或蓝色地板上。

（4）前景中避免过细的线条，可加轮廓光。

色键特技是电视台使用最多的特技之一，新闻联播、专题节目、座谈节目等播音员可以与遥远的外景画面重叠在一起。歌唱节目、神话电视剧等，都大量地使用了色键。

（四）其他键控特技

亮度键或色度键有一个共同的问题就是键信号的上升和下降沿较为陡直，波形呈矩形形状。也就是说，这个键不是全部插入就是全部切断前景信号，图像镶嵌的边缘会出现明显的分界线，这种硬化边缘在很多情况下尤其是用色键做彩色图像合成时，有时候会有明显的不自然的感觉。另外，在应用色键技术时，当前景中有玻璃、薄纱或烟雾等无色透明或半透明物体时，由于幕布色全部或部分透过这些物体，造成合成画面中的前景物体出现不连续的片段，在人物的抠像中，发丝的部分成为一个难点。另外，前景在灯光照射下是有影子的，色键技术无法做到将阴影也与前景同时表现出来，缺乏真实感。

为了解决这些问题，新一代的视频切换台引入了线性键技术。线性键技术通过调节键信号在上升下降时的斜率，使背景视频信号和插入视频信号出现一个宽窄可调的混合区域，从而不同程度地软化背景图像与前景图像结合的边缘，提高键控特技的艺术效果。采用了线性键技术的色键又叫软色键。[①]

为了使抠出的图像更真实，需要在一些场合将前景图像的阴影显示出来，传统的线性色键能完成一些这方面的功能，但如果想任意改变阴影效果很困难，阴影键就是一种能给前景图像任意添加阴影效果的键控技术。阴影键一般用于内键或色键中，一种比较简单的方法就是在对前景图像及键源处理后，产生出键信号及经过键控处理的前景信号，接着用彩底或其他信号填充未被前景图像占据的屏幕区域。然后调整由前景图像生成的键信号，一般是对键信号的位置做适当的调整后再与原键信号相加。这样，抠出的前景图像上除了图像本身还有背景彩底，调节背景彩底的亮度、色度，就可得到各种不同的阴影效果。

深度键是由日本索尼公司提出的一种键控手段，具体的键控图像效果是使前景图像可以以不同“深度”出现在背景图像上，实现深度键需要两个键信号，一个键信号由前景信号产生，另一个键信号由背景信号中某些区域的信号产生，这由具体信号而定。这两个键信号在遮挡母线的控制下以一定方式组合起来，具体的组合方式需要根据前景图像在背景图像中的运动而随时改变，因此需要一个实时的、复杂的处理电路。这种深度键与虚拟演播室中的深度键有所区别，只是一种简单的能调整前景背景关系的键，而虚拟演播室中的深度键，可以完全实时跟踪演员的位置，调整演员与虚拟背景之间的相对位置关系。

下游键（DSK）处于视频切换台的最后一级，主要是利用键控技术进行图形和字幕的叠加，一般不是对输入的两路视频信号进行特技处理。

由于它处于视频切换台的最后一级，无论前面的混合 / 效果放大器作什么特技，都不会对叠加的图形、字幕产生影响。所以称为下游键。

---

① 张琦，林正豹，杨盈昀 . 数字电视制播技术［M］. 北京：中国广播电视出版社，2003：227.

三、数字视频特技

数字视频特技又称为数字视频效果系统，英文名称是 Digital Video Effect，缩写为 DVE，它是以帧同步机为基础发展而来的一种数字视频处理设备。

数字特技装置能对电视画面进行整体的处理，将整个画面的参数（宽高比、位置、亮度和色度等）存储起来，然后进行任意处理，将会得到各种新奇的效果。

数字特技效果包括二维数字特技和三维数字特技。二维数字特技所实现的图像变化和运动仅在 X-Y 平面上完成，在反映深度的 Z 轴上并无透视效果；三维数字特技则能使图像在围绕某个旋转时，同时产生远近变化的透视感，从而使图像呈现立体感。

二维特技可以对画面进行上、下、左、右的平移控制，也可以通过对操纵杆的旋转来控制画面的放大、缩小，但这并不意味着有 Z 轴参数的改变。它只是用操纵杆的旋转来控制 X、Y 两个方向的参数变化。通过同时对 X、Y 方向的扩展与压缩，使画面按比例实现放大、缩小的效果。

二维特技没有旋转效果，有些二维特技利用不断的压缩、扩展功能以及对画面内容的准确切换，给人们造成一种画面在做旋转运动的感觉，但它不会像三维特技那样使画面在旋转的过程中产生透视效果，只不过是通过一组快速的压缩、伸展、再压缩、再伸展……模拟出旋转的效果。

数字特技中的图像变换，主要是通过变更数字视频信号的数据流，以及改变写入存储器的样值地址或改变存储器中读出样值的地址来实现的。数字特技系统是数字存储技术的一种应用。

将一个数字画面（或场）存储器看作为许多小存储单元的有规律的排列组合，每个小存储单元表示一个像素存储器。每个水平矩阵行代表电视的一行，垂直矩阵则相当于一场或一帧的全部电视行的像素。电视信号数字化后，若按分量编码 4∶2∶2 标准，取样频率为 13.5MHz，每一个有效行将有 700 多个采样点。图像最左上角的一个样点为坐标原点，是一个基点，以它为准，因为每个像素由 8 位二进制数表示，所以每场的存储器数将 8 倍于上面所给的数字，即约为 2Mbit。

实际上电视画面或场的几何形状与通常使用的存储器单元的几何排列是不相一致的。所以，我们建立一个数字电视坐标，将垂直方向两相邻相点间的距离为一个空间距离单位，并按一定的宽高比，确定水平方向两相邻点的空间距离。在数字电视坐标下，每个输入图像和输出图像的任一点都会有相应的坐标值，改变坐标值，则可以得到各种各样图像位置，即图像变化效果。

在进行数字特技变换时，通常将未变换的图像称为源图像（Source Picture），存放的地址称为源地址（Source Address），变换后的图像称为靶图像（Target Picture），变换后的地址称为靶地址（Target Address）。

三维特技具有空间运动和旋转的效果，即画面在空间任意旋转、翻滚、漂移和扭曲，同时能产生远近变化的透视感。

画面进行处理后，图像边缘是直线的称线性特技；图像边缘是曲线的称非线性特技。非线性特技可以将图像卷成柱面、球面或其他曲面形状，最常用的是翻页，翻页有多种方式，然而其中最基本的是翻开上一页显露下面一页的画面。

如果是透明特技，经过 180° 的翻转会得到原来的镜像；如果不是透明科技，应该显示原物体背面的图像。

形成特技时，只用到一个数字处理通道，则称为单通道特技效果，即在同一时间只处理（模拟数字转换、存储、控制、数字模拟转换）一个信号，被处理的信号与其他信号的混合通常要由一个切换台来实现。如果给数字特技配备更多的工作通道，称为多通道特技，可以同时处理两个或更多的信号，每一个通道的特技处理不影响其他通道，这些不同的待处理信号在数字阶段被混合，而后送入切换台。有二维和三维的组合，线性或非线性特技可供选择。多通道特技能在一个画面中组合多个活动的图像，如旋转立方体之类的组合图像。

数字特技只能对原有的视频画面进行特技效果的变换和组合，与计算机动画系统是有区别的。从功能上讲，它们是用途完全不同的两种设备，动画设备是按照创作意图创造画面，如同在一张白纸上作画，其创作过程是从无到有，是产生信号源的设备。而数字特技则是对现有的电视图像进行各种变换处理，对画面进行艺术修饰，在视频系统中它属于有源处理设备。

四、数字特技的屏幕效果

（一）压缩、扩大

使原点画面产生类似摄像机变焦时，图像变大变小的效果，不同的是变化时仍带有原画面的边框。因为它不能产生新的图像信息，所以只能对原画面进行压缩，直至为一点从屏幕上消失，也可将原画面扩大，直至充满屏幕或使局部充满屏幕。画面扩大时，屏幕上的点面清晰度会下降。

压缩和扩大可以单独在水平方向或垂直方向进行，甚至可以按任意比例进行扩缩。

（二）移位

可以将整幅画面移位，使原画面沿水平方向或是垂直方向移位，也称滑动。与模拟特技的区别是，不是分画面的分界线移位。

移位常常与压缩结合使用，使全景画面上出现分画面，且分画面可随编导人员的意图而移位。集锦式片头、文艺晚会节目常用。

（三）裂像

将原画面进行分裂，就像用刀划开一样。能水平分裂、垂直分裂和复合分裂。与模拟特技的效果也是有区别的。

（四）旋转

能够围绕三个坐标轴（X、Y、Z）旋转的特技称图像旋转特技。所谓旋转常常特指围绕 Z 轴旋转的特技，而围绕 X 轴旋转被称作翻滚，围绕 Y 轴的旋转被称作翻转。三个坐标轴的旋转可分别同时使用。

（五）冻结

原画面内容由活动画像成为静止画像，称冻结，类似电影中定格的效果。冻结的位置、时间可任意选择。常常与压缩结合使用，将原画面缩小成 4、9 或 16 幅画面静止，称多画面冻结。每幅小画面可按任意的顺序陆续呈现于画面上的确定位置。冻结还可以与任意比例的压缩特技、移位特技同时使用。

多画面冻结可用作连续运动的分解。出现方式可以为：前一块缩小的活动图像刚一静止立即在下一位置上出现另一个缩小的活动画面，以后的各个位置如此进行，直至最后一幅画面。另一种是依次推出缩小的画面全部是静止的。画面的分界处可加边框。体育栏目、文艺栏目常用。

（六）多重活动画面（多画屏）

原画面以多幅方式出现在屏幕上，可以是 4、9 或 16 幅。原画面只是缩小了，未作其他处理。呈现顺序可任意选择。

（七）间歇

也称动画效果。使存储器的输入信号每间隔一段时间后，输入一次，屏幕上就会呈现有节奏的间歇动作的动画式效果。间歇的时间自定。音乐片中常见到此效果。

（八）镜像

原画面在水平和垂直方向可以分别或同时产生对称的画面，如同镜子中的倒影一样的效果。

（九）马赛克效果

对输入信号的像素进行放大处理，使每个像素各自成为亮度和颜色都均匀的小方块，整个屏幕变成由一块块亮度和色度的小方块组成，产生类似用彩色马赛克（建筑上用的小方块瓷砖）镶嵌地板或墙面的效果，又称镶嵌效果。

能进行局部马赛克、渐变马赛克效果。画面中没有了清晰的轮廓，但能使人意会到画面所反映的内容，给人以一种隐隐约约、虚实相间的艺术感受。有些不想让人清晰地看到的内容，常常用马赛克效果。

（十）色缺损效果

使色彩丰富、线条细腻的原画面，变成像用若干种颜色作大面积涂画而成的油画、称油画效果。

使色彩丰富、线条细腻的原画面，变成大面积反差强烈的黑白画面，称版面效果。

可以任意控制色彩及面积，得到不同需要的色缺损画面，如整个画面以红黑作为基调，政论片、专题片，反映以往年代时常用。

（十一）负像效果

使输入图像的亮暗部分反相呈现，得到如同照相的底片一样的画面，用于对比的场合。

（十二）曲线移位

使原画面以某条曲线为轨迹，连续进行移位和压缩，从而得到从大到小或从小到大的曲线移位效果。曲线轨迹可任意确定。

（十三）透视淡变

淡变特技是建立在透视效应基础上的。此时，物体不仅随着它的位置变远而缩小，并且同时产生淡变效果。当选择适当的键控与能够线性键控的切换台联合使用时，可以使图像淡变至背景画面。

（十四）照明特技

最通俗地讲，照明特技的作用几乎与淡变恰恰相反，淡变是抑制物体的细节部分，而照明特技正是要增强这部分。用照明特技来强调一个被摄物体，就仿佛用某一个实际光源照射该物体一样。这种作用完全取决于光源和被照物体间的相对位置和角度。为了说明这一点，可以设想有一个正在旋转的平面物体（例如商店橱窗里摇动着的文字广告）。当这个文字广告来回摆动时，它就从不同角度捕捉光而产生反射。所谓照明特技效应正是要再现这种效果。

然而，在较为简易的系统中对照明特技只提供不多的方式，较精巧的系统则能给出各种光源的位置，以供选择。

（十五）阴影特技

就像可以在背景画面上突出地衬托出标题一样，数字特技（DVE）同样也可以提供这些功能。比较简单的办法就是数字特技（DVE）可以控制某个图像，并用彩底填充未被图像占据的屏幕区域。然后调整被控制图像相应的键信号，使之与背影彩底一起进行键控特技处理，字幕发生器也可作完全相同的特技。

数字特技系统一般都提供阴影与图像间相对位置的调整功能。

（十六）循环特技

使用循环回路能够产生出许多附加的特技效果。如果在存储器中保持图像有任何变化，例如图像移动，这将出现一串多重图像。通常，控制循环回路可以衰减一些场或帧上的多得图像。

第五节　视频切换

一、视频切换台

在电视中心，需要从多路节目源选出所需的信号进行播出。在后期节目制作中，为加强艺术效果，也需要从不同的节目源中选择一路或多路实施组合输出。要完成这些功能，必须使用视频切换台。视频切换台同时还用于技术人员调整和监测电视中心设备。由于视频切换台能选择输出各路信号，技术人员可以随时监测并调整任一路或整个视频通道中某些关键部位的信号质量，发生故障时，便于探明故障所在部位，以便及时排除。

视频切换台是一种能以某种方式从两种或更多种节目源中选出一路或多路信号送出，实现节目多样化，可达到一定艺术效果的电视节目制作设备。该系统设备应用于电视信号播出或节目后期制作。

视频切换台的切换方式可分为两种：快切和特技切换。从多路输入信号中交替选择一路输出，在电视屏幕上表现为一个画面迅速变换成另一个画面，这种切换方式通常称为快切，也称为硬切换，这是使用较多的一种方式。特技切换是从多路输入视频信号中输出以某种特定方式混合或互相取代的组合信号，这种方式在后期制作中经常应用。

早期的视频切换台主要用于节目播出，随着录像机及电子编辑设备的出现及发展，它也常用于后期节目制作中，以多路信号源为素材，使用特技切换创造出具有新的图像效果的节目。因此，从视频切换台的使用范围来分类，又可分为播出用的切换台和节目制作用的切换台两大类。对于播出用的切换台，主要应保证工作稳定可靠、操作简便，有应急措施；对于节目制作用的切换台，主要满足特技效果花样多、设备功能全等。

为确保节目制作和播出质量，对视频信号本身及切换设备都有一系列要求，而且对模拟视频切换台和数字视频切换台的要求也不相同。

对输入模拟视频切换台的信号要求是“三统一”，即时间统一、相位统一和幅度统一。时间统一就是要求参加节目制作的各图像信号源及加工过程中各图像之间是完全“同步”的，具体来说是指行、场信号的频率和相位要一致。①

对于两个彩色信号的切换还应保证它们的色同步严格同相，也即是相

① 张琦，林正豹，杨盈昀．数字电视制播技术［M］．北京：中国广播电视出版社，2003：211.

位统一，信号源之间都要进行锁相，并且电视中心台内都设有延时均衡电路和移相电路，以便对各路信号进行时间和相位的均衡，使得到达切换点的各路信号符合上述要求。

幅度统一指信号源的信号幅度应该一致。根据国标规定：视频信号幅度的最大值是 1V，同步顶为 –0.3V，白电平为 0.7V。

对于数字视频切换台来说，输入数字视频切换台的数字信号不要求相位统一。对输入信号的幅度要求也不高，输入信号的幅度只要满足数字切换台要求的最低输入幅度即可。数字切换台的输入信号之间的时间差只要在自动定时时间范围内即可。

视频切换台主要由输入切换矩阵、混合 / 效果放大器、特技效果发生器、下游键处理与混合器、同步信号发生器及控制电路等几部分组成。图 5–10 为最基本的视频切换台示意图。

图中由横线和竖线组成的阵列通常称为输入切换矩阵，其中竖线表示输入信号通路，横线表示输出信号通路（常称为母线）。竖线和横线的交叉点代表视频信号的通断开关，称为视频交叉点。当某一视频交叉点导通时，连到该交叉点的输入信号就可以通过与该交叉点相连的母线输出，送到混合 / 效果放大器。混合 / 效果放大器受不同信号控制可工作于混合或划像或键控状态，实现这三类特技切换。输出的信号经过选择开关、节目 / 预监混合电路后，进入下游键部分，完成字幕或其他画面的叠加，最后输出的信号便可录制或直接播出。

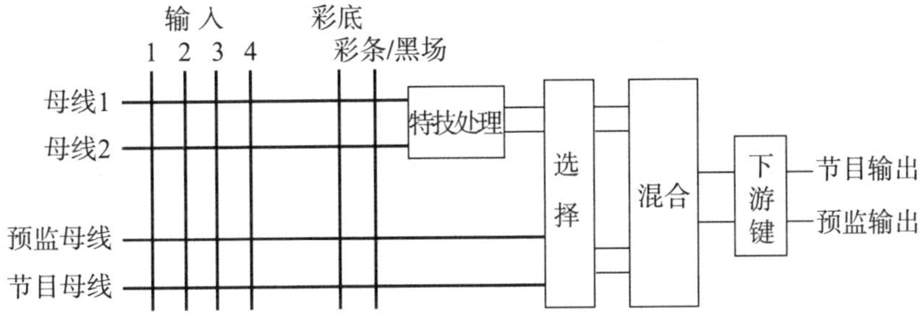

图 5–10　视频切换台示意图

二、视频切换台系统组成

一个完整的视频切换台除了具有上述的特技电路外，还包括复杂的系统控制和同步发生器等。

（一）系统控制

系统控制用于对视频切换台的各部分功能电路进行控制操作。

首先，为了便于人工操作，视频切换台分为主机和控制面板两部分。在控制面板上，通过对各开关按键、旋钮和操作杆位置的合理安排，使操作者的双手能够在一个紧凑的范围内方便地实施各种操作，控制面板给出的指令经过系统控制电路编码等处理后送到主机，再由主机发出相应的命令去控制相应电路的工作。另外，许多视频切换台还具有记忆（存储）单元，它可以把切换台许多复杂的重复性操作按照节目制作人员的要求存储在计算机里，并随时提取，使切换台执行自动化操作。具有记忆（存储）单元的切换台，其系统控制单元又具有接受记忆（存储）单元的指令和实行程序化自动操作的功能。为了遥控编辑方便，许多视频切换台都有与编辑机的接口，因此系统控制单元还能接受外部编辑机送来的遥控指令，实施遥控操作。

（二）同步信号发生器

同步信号发生器在视频切换台中主要完成以下几种功能：

（1）为黑场发生器、彩底发生器等提供基准信号。其中黑场和彩底信号可作为字幕、边框着色或换幕等使用。

（2）受演播中心的同步机控制，并与之同步锁相。

（3）在没有演播中心同步机的系统中，通过黑场发生器产生的黑场信号，为信号源的同步机、时基校正器等提供基准，并与它们同步锁相。有些视频切换台没有同步信号发生器，需要外接同步机才能工作。在数字切换台中，同样需要模拟切换台上的同步信号发生器，这是因为在数字系统中仍然使用模拟同步信号作为时间基准。

（三）彩底信号发生器

彩底信号发生器用于划像特技时的边框着色和在下游键中进行的换幕。另外，在利用外键特技将彩色字幕或图形嵌入背景时，彩底信号发生器可提供彩色背景。一般来说，彩底信号发生器产生的彩色信号其色调、饱和度均可任意调整。

（四）提示电路

提示（TALLY）电路是为完善节目制作、播出系统而设立的辅助电路，与视频切换台本身的特性无关。视频切换台有多路信号源，当操作人员按下输入矩阵的按键，选择出输入信号时，该电路与之联动，产生提示信号，一方面点亮信号源监视器下的提示灯，告知操作人员参与制作的为哪几路图像；另一方面通过提示系统点亮摄像机的提示灯，摄像师据此知道自己的信号正在被导播选用。

三、特技系统简介

实际制作效果时，不仅仅是使用数字特技设备，往往需要很多设备辅助，如播放素材的录像机、摄像机、字幕机、编辑控制器和音频混合器等组成一个特技制作系统。如图 5–11 所示。

（一）信号源部分

摄像机常常作为演播室的主要信号源，提供多个画面、供导演切换台及数字特技设备选用。很多情况下的图表、卡片也是要用摄像机现场拍摄的。

录像机所提供的素材信号，首先要经过时基校正器，才能与导演切换台配套，特技系统中至少需要三台录像机（两台播放、一台录制）。

（二）编辑控制部分

编辑控制是时间的控制，特技制作要求画面准确对位要能在同一画面

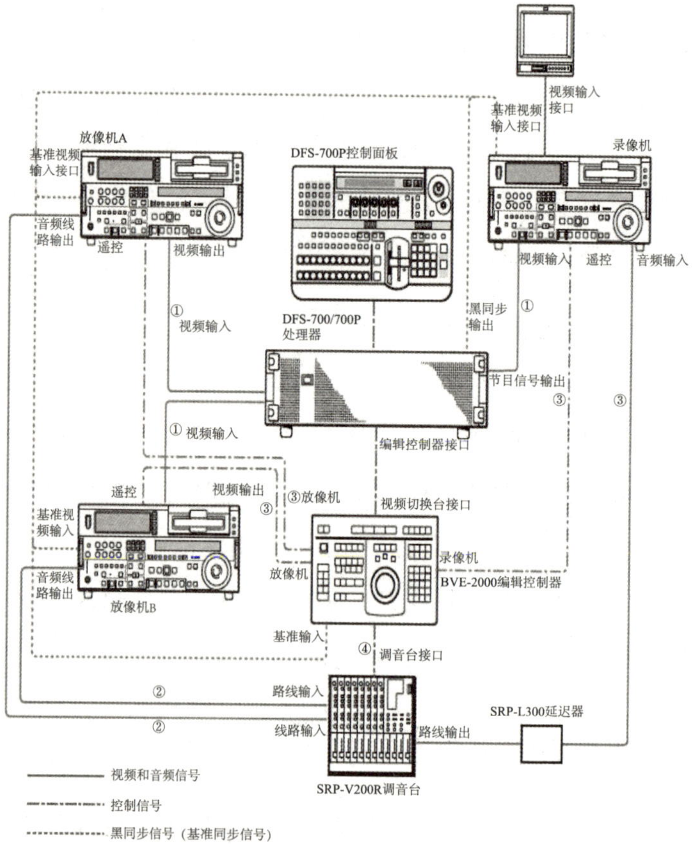

图 5-11　一种特技制作系统实例

上进行精确编辑，所以要使用时间码，编辑控制器不但能控制录像机，还要控制切换台。编辑精度要求很高。

（三）特技效果部分

普通的特技效果仅有切换台就足够了，如混合、叠、划像、色键特技。要获得新颖、奇妙的效果，必须使用数字特技设备。只有数字特技设备也是不够的，它只能对一幅画面进行放大、缩小，冻结一系列效果处理，不能合成画面。所以，要发挥数字特技的功能，也必须和视频切换台连用。利用切换台的视频交叉点和混合控制放大器选择信号源和进行特技混合。

会产生出各种各样、丰富完美的特技效果。

（四）注意事项

为保证播出和制作节目的质量，在视频切换系统的输入端的各路信号要时间、相位和电平一致。如果这些条件不满足，切换过程中，就会出现画面的左右晃动、撕裂、闪动或彩色失真。要确保系统内只有一个同步基准。

对于特技切换台，有的同步信号源是内装的，有的同步信号源是外接的。但标准的同步信号是非常重要的，必须超标准、稳定和可靠。各路输入信号在同步信号作用下，达到同步锁相，即场同步信号、行同步信号、色同步信号在频主和相位上都保持一致。用一个全电视信号去完成同步锁定工作。特技切换台采用的是黑场信号（BLACK BURST OUT），将它与其他设备的 GEN LOCK IN 连接，就能完成同步锁定。

例如，摄像机与特技切换台的锁定，将特技切换台的同步信号 BLACK BURST OUT 与摄像机控制器 CCU 的 CEN LOCK IN 连接，或者直接与摄像机的 GEN LOCK 连接，则特技节换台与摄像机同步。也可以将摄像机和视频输出连接到特技切换台的 GEN LOCK，来达到特技切换台与摄像机同步。

要借助波形监视器和矢量示波器事先对各种信号的电平、时间和相位进行监测和调整。监视器应统一标准。

特技效果制作大致上有三种基本方式进行控制，手动控制、自动控制或自动编程序。

手动控制仅仅被用在非常简单的、静止的特技上，如划像、固定压缩等，使用切换台的操作杆手动控制数字特技设备。

很多切换台和数字特技设备都具有自动转换功能。一个特技可以按预定的速度设置和运行，如建立一种旋转特技效果，当手动按下按钮，则会自动转换。

第六章　虚拟演播室

虚拟演播室系统，是将真实演播室摄像机拍摄到的景物，由计算机将其信息转换成数据，与计算机制作的虚拟三维图形背景实时合成的一种电视节目制作技术。

虚拟演播室是视频技术与计算机结合的产物，把传统的色键技术与计算机图形、图像处理技术结合起来，是一种新颖独特的电视节目制作技术。传统的色键技术是将演播室蓝色幕布前的人物叠加在另一个背景上，当固定机位拍摄时，效果还是可以接受的。其局限性是当摄像机做任何运动（推拉摇移等）时，只是前景图像发生变化，背景不能相应变化，造成前景与背景的透视关系前后不一致，好像人物飘浮在背景上，合成图像失去真实感。而虚拟演播室技术是在传统色键抠像技术的基础上，充分利用了计算机三维图形技术和视频合成技术，根据摄像机的位置与参数，使三维虚拟场景的透视关系与前景保持一致。经过色键合成后，使得前景中的主持人看起来完全融合于计算机所产生的三维虚拟场景中，而且能在其中运动，从而解决了前景与背景的透视关系前后一致的问题。

虚拟演播室是由真实演播室摄像机（用以拍摄真实的道具和演员）与虚拟摄像机（用以拍摄虚拟场景）协同来进行工作的。当摄像师将景物推拉、摇移、俯仰、聚焦时，虚拟演播室超级制图计算机在虚拟的世界中将作同样的调整，并形成一个正确的透视关系，从而达到逼真的效果。或者说虚拟演播室技术对背景进行调整或移动，使之与摄像机的运动同步，即使用一个所有位置、参数能够被测量的摄像机系统，它与一个计算机系统相连接，该计算机系统能够使用这些数据控制背景图像的生成，使背景与摄像机同步运动，即前景图像与背景图像建立起正确的透视关系。摄像机运动跟踪系统将获取的摄像机运动参数进行处理后，去控制背景图像生成装置，使生成的背景图像与前景图像保持正确的透视关系。最后摄像机所摄的前景与背景在色键合成器中合成并播出。

在电影或者电视的拍摄中，也有利用绿幕或者蓝幕特技摄影来实现一些特殊效果的拍摄方法。在完成一些危险镜头，或者很难拍到的场景的时候，先进行周密的计算和设计，将演员或者模型等在幕布前拍摄，之后再与实际拍摄的所需场景合成，最终完成需要的特殊效果。虚拟演播室技术的不同之处就在于它的实时性。应用虚拟演播室技术，同样也需要根据演员等事先设计场景，但是在实际拍摄过程中可以直观地观察到前景演员与虚拟背景之间的结合情况，随时可以进行调整，合成的效果可以直接被录制下来，不需要再进行后期合成就可得到。

1978 年，Eugene L. 提出了“电子布景”（Electro Studio Setting）的概念，指出未来的节目制作，可以在只有演员和摄像机的空演播室内完成，其余布景和道具都由电子系统产生。随着计算机技术与虚拟现实（Virtual Reality）技术的发展，在 1992 年以后虚拟演播室技术真正走向了实用。1993 年，以色列 ORAD 推出了世界上第一套真三维虚拟演播室，此后另外一家以色列厂商 RTSet 也推出了基于传感器跟踪技术的真三维虚拟演播室。IMP 和 VAP 两家公司同时研究全新的色键应用解决方案，使得计算机生成的背景图像可以根据摄像机的运动而同步运动，并且将生成的背景图像输入到色键器中。他们采用了 SGI 公司的 Onyx 计算机工作站，Reality-2 图形引擎，最后的输出效果令人满意。摄像机跟踪方面，在云台的平摇和俯仰的方向上安装了机械传感器，测量出摄像机方向上的变化，跟踪延时很短，只是在系统的校准上要多花费一点时间。他们在 1994 年的荷兰 IBC 国际广播展览会第一次展出了虚拟演播室系统。当时系统的问题主要有：

安装繁琐、稳定性较差、价格昂贵。1996 年，SGI 公司的新型图形渲染引擎能够处理由更多多边形构成的虚拟场景，实现了很多新技术，并且首次实现了场景虚焦的特殊效果。1997 年，Accom 公司生产出 Elset-Live-NT 系统，Evans&Sutherland 公司也完成了 Mindset 系统的开发，这两个虚拟演播室系统都是基于 windowsNT 的系统平台。西班牙的 BrainStorm，BBC 英国广播电视公司的虚拟演播室，法国 PSY 等，以及 2000 年之后中国大洋、奥维迅、新奥特也相继推出自己的虚拟演播室产品，虚拟演播室要求实时图形图像渲染技术很高，并要求配合方便，使用便捷的虚拟演播室跟踪技术，经过市场的淘汰、演变，所剩余继续发展虚拟技术的厂商逐渐减少，1999 年前后，得益于 CPU 和图形卡技术的飞速发展，国内的视频厂商纷纷进入了虚拟演播室的市场，基本上都采用 Windows2000 或 windowsNT 平台，抢占了大部分中低端市场。高端市场主要还是为傲威等公司占据。2008 年之后，一些无跟踪的虚拟演播室技术开始推向专业市场，被称为无轨跟踪虚拟演播室，此类虚拟演播室没有摄像机跟踪技术，无法获得真实摄像机的运动参数，图形工作站也无需按照摄像机的运动实时渲染 25 帧 / 秒的画面。

典型的虚拟演播室系统是由蓝箱、摄像设备、摄像机位置参数分析和控制设备、计算机平台、图形工作站和图像合成设备等组成。其简单原理框图如图 6-1 所示。

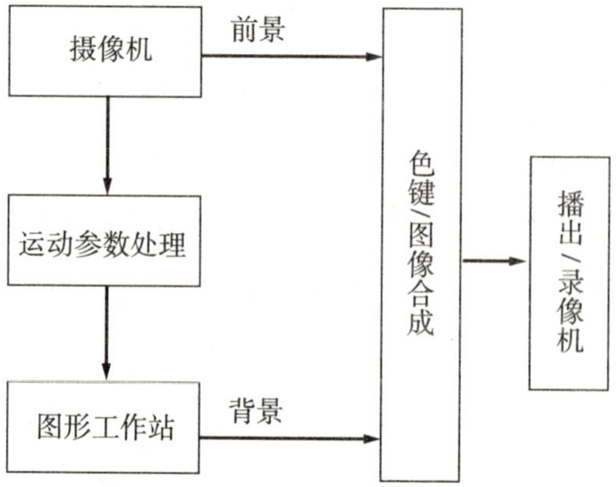

图 6-1　虚拟演播室系统简单框图

首先由一台或者多台摄像机采集前景视频信号，同时由摄像机位置参数分析和控制设备取得摄像机的一系列参数并进行分析，将数据送到图形工作站，图形工作站根据这些数据调整三维虚拟背景，生成符合前景透视关系的背景图像，最后在图像合成设备中，利用色键技术，将前景图像与背景图像合二为一，直接播出或者送入录像机记录。

第一节　虚拟演播室的分类

虚拟演播室系统多种多样，按照不同的标准可以有不同的分类。比如按照硬件平台来划分，可以分为基于 PC 平台的虚拟演播室系统和基于 UNIX 平台的虚拟演播室系统；按照摄像机跟踪技术的不同来分，可以分为基于机械传感器的虚拟演播室系统、基于图形识别的虚拟演播室系统和基于红外线发射和接收的虚拟演播室系统等；按照工作原理来划分，可以分为二维虚拟演播室系统和三维虚拟演播室系统等；按照通道架构来分，可以分为多通道共用式架构虚拟演播室系统和独立通道架构虚拟演播室系统等。

（一）根据硬件平台划分

基于 PC 平台的系统以 INTEL 及其兼容芯片为核心，以基于 WINDOW 操作系统的专业 3D 图形加速处理卡为其硬件处理平台，型号丰富，性能价格比高，发展速度也非常快，是比较常见的系统。

基于 UNIX 平台的系统，以 UNIX 操作系统的分支 IRIX 为核心，以基于该操作系统的 SGI 图形工作站为其硬件处理平台，采用 RISC 算法执行命令，可以同时执行 4 条命令，而且有专用的浮点运算芯片，常用于多媒体、图形图像的实时处理。

在虚拟演播室系统发展的早期基于 UNIX 平台的系统应用比较广泛，

如今随着 PC 技术的迅速发展，其 CPU 的运算速度以及基于它的 3D 图形加速处理卡的处理能力越来越强大，因此基于 PC 的虚拟演播室系统的先进程度已经与基于 UNIX 平台的系统相当。不足之处在于稳定性相对而言比较弱。而基于 UNIX 平台的虚拟演播室系统，在一定程度上受到单一的 UNIX 平台兼容性的制约，其发展速度相对较为缓慢，同时由于价格昂贵，其市场空间相对较窄。优势在于系统非常稳定，适用于直播。

（二）根据工作原理划分

根据工作原理的不同，可以分为二维虚拟演播室系统和三维虚拟演播室系统。

二维虚拟演播室系统的背景生成装置一般采用图形图像处理卡，可生成类似于二维 DVE 效果的平面背景图像。但与一般 DVE 系统不同的是，在这里各种数字视频效果的生成是在摄像机运动参数的控制下进行的。例如，当摄像机推近前景图像时，在相应运动参数的控制下，图形图像处理卡会产生一个放大的图像，与前景配合。合成之后，前景看上去就好像确实处于图像处理器产生的虚拟背景之中。但是，由于此系统是二维系统，所以其调用的虚拟场景是预先生成好的平面 TGA 或 B MP 格式的图片，而不是真正的渲染而成的三维图形。比如一个双机位的二维虚拟演播室系统中，它是根据每个摄像机的机位角度事先渲染一幅相应的平面图片，实际拍摄时是通过两个图片的切换体现出摄像机机位之间的切换，无法实时地反映出从摄像机 1 移动到摄像机 2 的整个变化过程。而且摄像机的推拉摇移，受到平面图像大小的限制，只能做小范围的运动，否则画面范围容易超出虚拟背景的范围而“穿帮”。景深和画面层次欠缺，真实感较差。

二维虚拟演播室系统的优点是摄像机不需要移动，不需要超级计算机，价格便宜，性能比较稳定；缺点是系统配置低，功能较少，并且有散焦等问题。故二维系统适用于对节目要求不高，但对时效性要求较高的节目或者制作经费较少的节目。由于硬件支持，可靠性高，也适合于直播节目。

三维虚拟演播室系统调用的背景是用传统的3D建模工具（如3DMAX，MAYA等）建立的标准虚拟场景模型序列文件，在专业图形加速平台上根据摄像机的参数变化进行实时的三维填充和渲染。实时渲染是三维虚拟演播室的重要特征。由于三维场景的实时渲染需要非常大的计算量，所以，这类系统必须采用功能强大的图形工作站，或专用的高速图形处理器作为背景生成装置。三维虚拟场景中的景物是立体的，随着摄像机的移动可以看到景物的侧面和背面。由于三维场景是建立在实时生成的图形平台上，场景的大小不受限制，摄像机可以在360°空间任意旋转运动，配合无限蓝箱技术可实现全场景360°空间显示。在三维场景中，虚拟景物既能作为真实人物的背景出现，也能作为前景出现，并且真实人物还能围绕虚拟场景运动，因而在视觉效果上更具纵深感，更加真实。这类系统再配合虚拟阴影及反射、像素级深度键等技术，可达到非常逼真的三维虚拟场景效果。

三维方式与二维方式的最大区别在于是否实时读取场景源文件，并对源文件实时渲染。

（三）按照通道架构划分

可以分为多通道共用式架构虚拟演播室系统和独立通道架构虚拟演播室系统等。

多通道共用式架构，这种架构的标准配置只提供一台图形工作站和一套色键合成系统。这种情况下，一个多机位的虚拟演播室系统，仅有作为主输出的一台摄像机的摄像师能够看到前景与虚拟背景合成的节目图像，而其他机位的摄像师只能看到前景直通信号。由于不能随时监看前景和虚拟背景的合成信号，摄像师不能很好地进行拍摄构图。而且在导控室中，导演和助手也无法监看所有机位的画面合成情况，为调机和切换带来了一定的困难。多通道共用式架构系统中，为了实现所有机位的预监功能，需在系统中添加额外的设备。从理论上讲，要实现一个预监通道，就需要配备一套完整的虚拟演播室系统，包括为相应机位提供虚拟背景的图形处理设备和色键合成设备，将增加系统的复杂性和成本。在多通道共用式架构系统中，只配备一套色键抠像系统，仅有一路合成好的信号，输入到主切换台。合成信号在进入主切换台前，通常使用专用虚拟系统切换设备进行多讯道切换。这种方式并不是每个切换导演都熟悉并轻松使用的。而且，使用虚拟切换台切换时，前景和背景要求同时变化，图形工作站在背景变换时，由于需要时间运算，会产生延时。复杂的三维场景，需要相对长的运算时间。前景的变换不存在延时问题，所以，前景的变换要根据背景的变化相应变动，稍有不同步就会产生加帧等错误。这对软件控制有了更高的要求。采用多通道共用式架构的系统，在直播应用中，多采用克隆备份的方式，主系统在使用的时候，备系统进行热备份。这种克隆备份的成本较高。

采用独立通道架构的系统，可以为每个机位提供独立的预监合成信号，使导演和摄像师如同实景拍摄一样，自由调机和拍摄。完整的预监系统大大增加了直播安全系数。独立通道架构的系统由于每台摄像机所在通道都产生相应的三维背景，输出一路合成信号，切换台的连接和操作与传统的实景方式完全一样。省去了虚拟切换系统，信号处理上简化了。采用独立通道架构的系统，独立通道分别独立运行，相互之间没有干扰，所以独立通道两两间可以互为备份，一个通道发生故障，不会影响到其他通道。

第二节　摄像机跟踪技术

摄像机跟踪技术的目的是将摄像机当前的位置、方向、镜头参数通过 RS–422 或 RS–232 接口输入计算机，控制计算机将其计算的控制数据输入到背景制作的计算机中。背景制作的应用软件根据这些参数来调整虚拟摄像机的位置、方向和镜头参数，使虚拟场景产生对应的变化。

虚拟演播室按摄像机运动参数的采集方式，主要可分为基于传感器方式、红外线发射和接收方式、网格识别方式。目前最常见的还是基于传感器方式的虚拟演播室系统。

摄像机运动参数包括镜头参数（变焦、聚焦、光圈）和机头运动参数（摇移、俯仰）以及摄像机空间位置参数（X、Y、Z）。根据参数采集的多少可分为二维虚拟演播室和三维虚拟演播室。一般二维虚拟演播室系统中虚拟摄像机应跟踪真实摄像机的变焦、聚焦、摇移、俯仰，而三维虚拟演播室系统中虚拟摄像机跟踪真实摄像机的参数，应增加摄像机空间位置参数（X、Y、Z）。

一、传感器方式

该方式使用附加在摄像机镜头上、摄像机与三脚架之间和三脚架上的传感器装置，通过机械的方式来获取真实摄像机的各项运动参数，进而对其进行数字化、编码。编码数据通常用 RS-232 或 RS-422 串行接口传送给用于虚拟场景制作的计算机，生成虚拟场景的应用软件根据这些参数来控制虚拟摄像机的各项动作，使其拍摄的虚拟场景作相应的运动。传感器方式的主要优点是无需在蓝幕上绘制精确的网格，具有较短的延时时间。不足之处是由于传感器方式是要在镜头、摄像机与三脚架上附加传感器装置，所以它对镜头、摄像机与三脚架都有一定的要求，在拍摄前还得对系统进行精确的校准，因此限制了这种方式应用的广泛性。

镜头参数的确定。ENG/EFP 类型摄像机的镜头安装在一特殊的柱架上，柱架上有一特殊的编码器，能够检测出四个轴（上下／左右／推拉／聚焦）的参数变化，将其数据编码输出，柱架的齿轮必须和聚集／推拉行紧密咬合，以保证聚集参数的准确性。

方向参数的确定。上下左右位置参数由液压基座上的编码器得到。可以安装在三脚架上，也可以安装在云台上。编码器能够测量摄像机上下左右运动的角度来得到上下左右的位置参数，进行编码输出，测量精度很高。

位置参数的确定。通常摄像机是安装在三脚架、云台或升降臂上，所以位置参数（地面位置 X，高度 Z）由三脚架、云台或升降臂的参数决定。可以用类似编码器方式测量，只使用脚轮旋转所对应的编码数据，精确度比较低；另一方法是读条码法，使用安装在三脚架上的一个专用广角摄像机来扫拍一个垂直固定在演播室地面上的条形码板，可以测量出摄像机三脚架的方向参数，而且能给出三脚架的方向参数，精确度较高。需注意的是，条形码目标必须在广角摄像机视线范围之内，如果三脚架远离条形码目标或当条形码变得模糊时，就无法得到位置参数。

二、网格识别方式

在演播室的蓝背景上绘制两种深浅程度不同的图形，虚拟演播室的最初值确定之后，当摄像机的机械运动参数发生变化时，它所拍摄的背景图形的特征，也发生相应变化，通过测试图形的变化，经过运算可以确定摄像机上下左右和镜头推拉的变化量。

具体方法是：在深蓝色的幕布上用浅蓝色绘制出特定的格子图案。蓝箱整体采用与传统演播室相同的蓝色，下面有用浅蓝色组成的格子图案，下面倾斜放置，利用色键合成技术，在实际拍摄时，利用电率差，在由深蓝色格子图案组成的背景中可将浅蓝色格子图案分离出来。摄像机在任何角度、任何位置摄制的图案具有不同的特征。通过对这些特征的运算，能够确定摄像机的镜头状态，倾斜角度及空间位置参数。用这些参数去控制背景生成装置，就可以生成出与前景匹配的背景。

此方法的优点是不要传感器，便携式摄像机也能跟踪，可以直接使用演播室的原有摄像机。但是由于网格识别而引起的视频延时给制作带来不便，摄像机必须缓慢稳定地操纵才能使虚拟场景可靠地跟踪。拍摄特写镜头时受到网格的限制，蓝色的道具不能遮挡太多的网格，理论上在拍摄前景时只要保留四个相邻的网格，实际上为了使虚拟场景可靠地跟踪而不得不保留更多的网格，而且得保持一定的清晰度。这样，演员的活动范围和摄像机的景深范围受到了一定的限制。虚拟场景的灯光和实际拍摄时的灯光很难配合。由于蓝幕上网格的色饱和度和蓝幕不一致增加了色键抠像的难度，虚拟场景的逼真性还不能令人满意。

三、基于红外线发射和接收的系统

该方式采用红外线信号发射和多点摄像头接收的原理，对摄像机位置进行定位。它是利用红外线收发装置来检测表演者和摄像机在演播室中的位置，红外线的发射装置可安装于表演者和摄像机身上，而接收装置（通常需要两个）可安装于蓝色幕布的上方。采用这种技术的优势在于，可以在控制区域范围内测定摄像机在任意位置和角度的坐标参数；可以实现肩扛或手提式拍摄，不受轨道限制。不足之处在于安装和初始设置相对复杂；红外线发射和接收系统会受到演播室内灯光的干扰；成本相对较高；运算量大，对系统配置要求较高；视音频延迟量相对较大。

第三节　虚拟场景

虚拟演播室的背景图像可以是采自录像机或摄像机的活动图像，也可以是静止图像等，而实际上使用最多的是由计算机创作的二维或三维图形CG（Computer Graphics），即虚拟场景。与一般演播室的场景设计不同之处是，不仅仅要事先设计和制作，而且更具灵活性，不用考虑一般演播室场景设计中所需的道具制作运输、储藏等费用。能够设计实现中不存在的物体等。

首先要对虚拟场景中的所有物体进行设计：设计物体的外形和衬景，即建立三维模型，计算机分解成许多个多边形，在每个多边形上施加材质。描绘处理，如简单的颜色、砖头、木头、水泥或皮毛等。可以把图像或照片施加在多边形上，产生更逼真的效果。

模型进行定位后，使用虚拟灯光产生所需要的效果。如阴影、高光、反射和折射等。最后，利用来自摄像机编码器的数据建立虚拟摄像机，用虚拟摄像机实时生成场景，保证虚拟场景与背景图像有正确的透视关系。虚拟场景需要大量的计算工作来实时处理运动和再生背景，要求生成速度达到 50 场 / 秒，需计算机工作站作为虚拟背景生成装置。

虚拟背景应在演播室使用前做成并存成文件形式，因为从不同的摄像机位置生成图像需要很长时间，复杂的场景计算机不能进行快速更换。

蓝箱技术即蓝背景，它与一般演播室的蓝背景不太一样，它必须有两面或三面墙加上地板而不是单景片。所以它有较大的摇摄余地，能够有较大的虚拟布景区与演员及道具合成。蓝背景的蓝色纯正以保证色键效果最好；照射在蓝背景上面的光线必须均匀，以保证全景镜头的使用，蓝背景的空间大小，应保证可容纳全部道具并使主持人有足够的区域活动。如使用一个 5×3×3（米）的蓝背景空间，与虚拟背景合成后产生一个令人吃惊的大空间效果。

蓝箱的限制是：摄像机拍摄范围不能超过蓝背景，只能在蓝箱的物理边界内拍摄。为了让摄像机能够越出蓝箱，虚拟布景软件要提供真实蓝背景之外的一个“虚拟的蓝背景”来进行遮挡。利用这一技术，能够产生一个“虚拟的天花板”来遮挡真实背景项上（蓝箱）的各种实物（尤其是灯具），也可以产生实际摄像机 360° 旋转的效果，这些在一般演播室无法实现。

在实际节目制作中先将虚拟场景制作过程中的一些参数如摄像机位置坐标、视角、插入电视墙位置坐标、网格的位置大小数据、虚拟场景图像分辨率等输入图形计算机，且将真实摄像机按原设计的位置在演播室放好，供虚拟设备做好初始化设置，将实际物体按比例尺进行建模；给虚拟物体赋予彩色纹理或其他属性（反射或透明），对虚拟的场景进行灯光设计并且用纹理来描绘或生成，根据节目的内容，生成景物的纹理、颜色和其他属性连续变化的运动图像，以获得原设计虚拟场景的透视效果。在拍摄时也可以放上真实的道具，但要注意真实道具与演员在做遮挡时会同时被前景遮挡，引起穿帮。在拍摄有虚拟桌子的虚拟场景时，为了使演员的手能搁在桌面上，还得制作相应大小的蓝色桌子。

虚拟演播室中，实际和虚拟光源之间的同步变化非常重要。要求演播室灯光的控制必须计算机化，保证灯具的状态可以保存或取出。理想情况下，实际光线的任何变化都可以被计算机产生的背景检测，来触发虚拟灯光随之变化，反之亦然。此时，色键控制器也会同步取出适合新的灯光状况的设置。

演员及真实道具在蓝箱投下的影子也要随演员及道具一起进入虚拟空间。为了更好地拾取阴影，灯光的设置应使阴影处的蓝色电平与背景蓝幕布的蓝色电平有较大的区别。影子的方向也要和虚拟空间中的光源方向一致。为了表现虚拟背景中反光地板上的影子效果，可以在蓝箱地板上铺设蓝色透明塑料。虚拟演播室的影子效果一般只限于地板，但如果要求演员或真实道具的影子投射到虚拟空间的墙壁上，就要在蓝箱中相应的位置上放一个大的蓝色物体以产生这种阴影效果。如果要求影子投射到虚拟空间的不规则物体上，则实际上很难在蓝箱中用灯光模拟出逼真的影子效果。

灯光的布景决定着虚拟背景的真实感，仔细观察会感觉到一些不“真实”的痕迹，实时地制作一些灯光效果也是不可能的，必须事先处理。如追光、地面光线的改变造成摄像机到光束方向上虚拟景物的光线变化，就很难实现。

第四节 虚拟演播室产品简介

目前运行中的虚拟演播室产品，二维半的产品已经很少见，基本都是三维虚拟演播室系统。国内产品以大洋、新奥特等公司的产品为代表，国际上的产品以傲威等公司的产品为代表。

一、大洋虚拟演播室

大洋的两维半虚拟演播室早期采用的是Matrox的Digisuite LE卡，后来改为Digisuite DTV卡，这两种卡均为非编卡。因为非编卡不具有三维渲染功能，没有三维空间的概念，仅做视频转换输出用，因此这属于典型的两维半虚拟演播室。大洋的两维半虚拟演播室系统的优点是视频输出达到广播级，图像色彩丰富，信噪比高。①

大洋最新的虚拟演播室系统是大洋eMagic金彩虚拟演播室系统。②

该产品是集虚拟、图文包装、切换、录制功能于一身的一体化演播室产品，集无轨跟踪与有轨机械传感两大核心技术于一身；集内置与外置色键于一身；集各种多媒体功能于一身；采用自主知识产权板卡和渲染技术，整体性能领先于国内外同类产品。适用于各种使用虚拟做背景抠像的应用场景：电视台新闻栏目录制、栏目直播、气象栏目录制、教育课程录制等；可配合播出产品、非编产品、媒资产品等构成采编播电视台整体解决方案。

大洋eMagic金彩虚拟演播室系统支持无轨和机械传感两种跟踪技术。无轨模式支持多达24个虚拟机位实时切换和推、拉、摇、移以及自定义轨迹的大摇臂效果；有轨模式通过读取云台及镜头传感器的跟踪数据，实现虚拟场景与真实摄像机在做平摇、俯仰、变焦等操作时同步变化。两种模式之间还可以平滑切换，混合使用，如有轨转为无轨跟踪、无轨转为有轨跟踪。

采用大洋自主研发的高精度抠像算法，可对3路摄像机信号只需做一键抠像操作，无需调整其他抠像参数，既可将发丝、烟雾、水瓶、阴影等细小或透明物体完美地从背景分离并与场景融为一体，抠像边缘没有任何

---

① 金丹.数字技术在虚拟演播室节目制作中的应用与研究［D］.北京：北京工业大学，2015：13.

② http://www.dayang.com.cn/folder78/folder80/folder90/2016-08-10/3909.html.

杂色，效果清晰、细腻、色彩还原度高。同时还兼容国内外各品牌外置色键器在系统中使用。

自带制作模块，可完成虚拟场景、虚拟前景、图文字幕的制作和编辑；基于时间线编辑制作各物件材质贴图属性、光线效果（高光、环境光、自发光、漫反射光）、灯光类型（电光源、平行光、聚光灯）、动画效果等。软件支持播放故事板动画。

可以完成唱词、滚屏、人名条、LOGO、柱状图、饼图、折线图等字幕的制作和播出，出厂预制字幕模板，支持多层播出，可独立控制。采用统一的大洋资源管理器，兼容图文包装文件。

支持无限层前景叠加并播出功能；同时可以通过控制外键，实现主持人在背景和前景之间的穿插走位效果，使节目表现形式更加形象、生动。

系统预制了多种常用的多窗口模板，可任意指派系统中信号源窗口作为多窗口的显示内容，轻松完成视频连线类的节目。

通过场景制作编辑软件可以任意在场景里添加虚拟大屏，大屏信号来源非常丰富，包括本地视频、图片、PPT 文件、直通、摄像机、PGM、PVW、CG 以及虚拟机位信号等。

传统的 PPT 文件播放是将 PPT 每一页都转为静态图片播放，金彩虚拟演播室系统打破常规，可实现 PPT 播出时保留所有特技和动画效果，并且支持鼠标点击跨页动画播放。

除了完成摄像机的抠像和渲染合成外，还集成其他演播室周边功能，如：特技切换台、调音台、音频延时器、图文字幕机、硬盘录像机、放像机、流媒体等功能。

二、 新奥特虚拟演播室

新奥特公司最新的虚拟演播室产品是 Mariana.VS 真三维虚拟演播室系统，拥有独创的十大核心技术。[①]

---

① http://www.cdv.com/?planshow/tp/242/id/46.html.

1. 创新技术、自主产权、高端高效渲染引擎

渲染引擎是图形图像处理的核心和基础，Mariana 三维渲染引擎 Mariana Rendering Engine（MRE）是采用 GPU 高级编程语言开发的全新的三维渲染引擎，也是国内唯一拥有自主知识产权的三维渲染引擎技术。Mariana 三维渲染引擎充分利用了 GPU 在浮点运算、并行运算、高效纹理处理、向量运算方面的能力实现绚丽的图文效果，为三维图形、图像处理提供强劲的实时渲染动力，可以充分发挥高端图形加速卡 GPU 可编程渲染管线特性，渲染能力得到质的提升和飞跃。

2. 高质量的渲染技术 High-quality Rendering Technology（HRT）

（1）对场景元素的渲染。

构建在 Mariana 渲染引擎基础上的 Mariana.VS 虚拟演播室系统采用了多项关键技术，使其在三维渲染的技巧、效果、质感和效率上取得了突破性、跳跃性的提升。能够逼真地描绘出物体的凹凸贴图、片段光照、纹理材质、高光反射等细腻真实的效果，系统出色的质感、光感、动感和实时渲染能力为节目制作质量的提升奠定了良好的技术基础。

（2）对视频的高画质渲染。

Mariana.VS 虚拟演播室系统采用精密的反走样和多种纹理处理渲染算法，提供对视频高清晰、高画质的渲染效果。

3. 智能识别快速定位跟踪技术 Intelligent recognize Rapid positioning Tracking technology（IRT）

Mariana.VS 系统采用自主研发的智能识别分析算法，真正实现快速高精度初始化定位。同时，IRT 传感定位技术充分修正镜头的变焦、聚焦以及镜头非线性误差对定位的细微影响，可以精确地随着摄像机的俯仰、平摇和变焦的变化，实时生成相应的虚拟场景。

4. 多元素、多图层可选择性跟踪技术 Multi-unit multi-layer Optional Tracking Technology（OTT）

Mariana.VS 系统采用自主研发的传感智能识别分析算法，可以提供场

景或场景中的物体，如：台标、公告板、电视墙、三维数据图表等选择性跟踪，使其可以跟随摄像机传感跟踪同步运动，也可不跟随摄像机传感跟踪运动，很好地丰富了拍摄手段和效果。

5. 有机的“制作”与“播出”分离和集合技术 Organic production and broadcast Separation and Collection Technology（SCT）

Mariana.VS 虚拟演播室系统采用开放式、插件式、网络化的整体架构，系统包括：虚拟场景 / 模板设计器、三维渲染器、控制播出器三大部分，真正实现了制作、播出分离控制的工作方式，有力保证了系统的安全行、稳定性。

6. 全三维“多元素”高效融合技术 All 3D “multi-element” high Efficiency Fusion Technology（EFT）

Mariana.VS 虚拟演播室系统以三维方式处理图文、字幕、图像、动画、大屏幕活动视频以及回放等多种复杂三维元素，使它们无缝地融入到虚拟场景中，从而展现各种丰富的、高质量的虚拟图文效果。

7. 多效视频处理技术 Multi-purpose Video Processing Technology（VPT）

Mariana.VS 系统能够对活动视频进行多种视频特效处理，不仅包括各种的位置、形状、大小以及运动轨迹的处理，而且还提供真正基于“层”概念上的多种视频 DVE 变形特效处理。

8. 支持动态数据库的三维图表技术 Support Dynamic Database for 3D graph Technology（DDT）

Mariana.VS 虚拟演播室系统提供动态、开放的数据接口和技术支持，可以提供随着数据的变化而变化的三维统计图表功能并实时显示，在虚拟演播室系统中真正实现了动态数据的可视化，丰富了节目的表现力。

9. 灵活的平台共享和兼容技术 Flexible Platform Sharing and Compatibility technology（PSC）

Mariana. VS 虚拟演播室系统具备全面和广泛的兼容性，支持多种动态纹理，支持多种三维场景描述格式，支持多种图像格式，如 BMP、DDS、GIF、PNG、TGA、JPG、TIF 等，并且支持 PSD 图像分层导入。

10. 多领域实用性 Multi-Region Practicability（MRP）

功能强大、丰富的 Mariana.VS 虚拟演播室系统为用户提供了一个完备的节目创意和制作平台，可以充分体现用户的无限创意，并把它完美地实现出来。

三、傲威虚拟演播室 CyberSet

CyberSet 是世界上最受欢迎的虚拟演播室系统之一，是可以完全升级的虚拟演播室系统，它无与伦比的高性能满足最苛刻的制作要求。

定制的跟踪系统可以在配置上提供最大灵活性，CyberSet 可以应用傲威所有的跟踪技术、网格和光电机械传感器，包括使用全红外跟踪的 Xync。CyberSet 支持所有类型的电视摄像机、镜头和三脚架。多机位的配置非常简单，而且不需要依赖第三方的技术。CyberSet 允许实景和虚拟场景使用同一个演播室，比如一个 10 × 10 英尺的空间就可以满足虚拟场景的要求。实景和虚拟的切换在瞬间即可完成。

CyberSet 支持无限数量的摄像机，并提供 360° 无限蓝箱拍摄。Xync 全红外跟踪系统支持手提和摇臂摄像机，允许摄像机在虚拟场景中自由移动。

CyberSet 操作界面简单而且直观，使用者可以专注于创作方面，而不必分心于控制技术。CyberSet 使用流行的 3D Studio Max 创作软件来制作场景，3D Studio Max 的场景可以无缝地嵌入 CyberSet 中使用。

CyberSet 由功能最强的渲染平台 DVG10 提供支持。CyberSet 使用 DVG 的双渲染单元的配置，可以运行最具挑战性和最复杂的虚拟场景，并且支持 4 路高质量的视频输入。

第七章 数字影像新技术

数字影像技术一直在发展中，随着社会的发展进程，不同的技术在不同的时期发挥着自己的作用。有些技术很早就有了基本的技术雏形，时机未到就得不到大规模的应用和发展，有些甚至就此沉寂。也有些技术沉寂多年，又再次发光。通常来说，技术要适应于当前的社会条件，才有可能有大的发展。取决于整个社会的政治、经济发展程度，与多种因素相关。立体影像技术就有着类似的发展历程。而超高清技术则是一路随着技术进步一步不停、按部就班地水到渠成。虚拟现实与增强现实技术方兴未艾，如何在广播电视中应用还在探索中。

第一节 超高清技术

目前无论是在广播电视专业制作领域、电影制作的专业领域，还是在民用产品显示领域、监控产品领域，经常提到高清超高清，2K 或者 4K。严格来说，二者有一定的差别。或者说，电视的 4K 与电影的 4K 有一定的区别。高清超高清的概念，更多的指的是广播电视中的画面分辨率（1920×1080，3840×2160），画幅比例为 16:9。2K、4K，更偏向于电影画面的概念（2160×1080，4096×2160），数字电影倡议联盟（Digital Cinema Initiative，DCI）发布的《数字电影系统规范》中指出，DCI 4K 的分辨率为 4096×2160（在二进制中 1K=1024），画幅比例为 17:9。因此，这两种 4K 在分辨率和画幅比例上都存在差别。现代的数字摄影机和数字摄像机的边界已经模糊，很多的设备都同时提供这两类分辨率。[①] 在后续的讨论中，我们主要从广播电视专业的角度来讨论超高清技术，除非专门指出。

4K 超高清技术提出以来，历经多年的推广、应用和发展，在国内外电影、电视等多个制作领域都取得了较大成果，积累了很多 4K 节目素材和制作经验。主流厂商纷纷推出各自的全流程解决方案，电视台、互联网企业、电信运营商等也在不同角度以不同力度推动其发展，共同形成 4K 发展的大图景。

国外电视制作业界在探寻 4K 发展之路的过程中，经历了早期的单机 4K 记录、下变换高清直播模式；到后来大画幅摄影机讯道化改造，初步形成 4K 系统；再到现在的 4K 全流程制作，技术基本成熟稳定下来。

我国的电视人也在对 4K 技术进行自己的探索。2014 年后半年，我国就实现了 4K 的 EFP 转播。2015 年，国内多家电视节目制作机构购置了 4K 转播车，也进行了多场大型的 4K 转播实践；进入 2016 年，4K 技术又在国内取得了许多新的进展。

国家新闻出版广电总局在新广发〔2016〕35 号文件《2016 年新闻出版广播影视科技工作要点》中提出，开展 4K 超高清电视关键技术和标准规范研究，鼓励有条件的电视台探索 4K 超高清节目的制播技术和系统建设。

从上述 4K 现场制作的经典案例中我们可以看到，中央电视台、北京、上海、江苏等省市电视台一直在密切跟进 4K 技术发展，积极进行 4K 应用的探索。中央电视台已经制定了未来 4K 发展规划。中央电视台 4K 未来的系统规划如下：[②]

---

① 吴永波．超高清 4K 电视节目拍摄探讨［J］．电视技术，2016，40（1）：111-116.
② 崔建伟．中央电视台 4K 项目研究与进展［J］．现代电视技术，2016（5）：34-39.

① 50~100 套 ENG；

② 50~100 套后期工作站；

③ 2~4 辆转播车；

④ 20% 的演播室改造支持 4K；

⑤ 1200 小时的播出节目储备；

⑥ 2018~2020 年拟开通 4K 播出频道 / 支持 IP VOD；

⑦ 2020 年达到节目占比 20%；

⑧ 2020 冬奥会提供 4K 支持；

⑨继续完善工艺流程，基带 -IP 的传输交换；

⑩ HDR 测试实验与 4K 图像测试序列。

超高清电视（UHDTV，Ultra-High Definition Television）是继高清电视（HDTV，High Definition Television）、全高清电视（Full HDTV，Full High Definition Television）之后的新一代电视显示技术，它能更加真实地还原画面，电视节目的影像风格更趋电影化，画质更加清晰细腻，细节表现更加充分，观众可以得到与肉眼直接观看类似的效果。[①]

近几年，超高清相关标准和关键参数陆续发布，主要有国际电信联盟 ITU-R、美国电影和电视工程师协会 SMPTE 以及日本电波产业协会 ARIB 的标准。[②] 如表 7-1 所示。

表 7-1　世界主要超高清标准的基本参数

标准名称		清晰度	色域	帧率
ITU-R	BT-2020	3840 × 2160（7680 × 4320）	BT.2020	120,60,59.94,50,30,29.97,25,24,23.98
SMPTE	S2036-1	3840 × 2160（7680 × 4320）	BT.2020 BT.709	120,100,60,59.94,50,30,29.97,25,24,23.98
ARIB	STD-B56	3840 × 2160（7680 × 4320）	BT.2020	120,119.88,60,59.94

① 房磊 . 4K 超高清发展动态研究［J］. 广播与电视技术，2014，41（12）：71-74.

② 刘杰锋，张俊，卓越 . 4K 超高清演播室系统建设探析［J］. 广播与电视技术，2016，43（7）：50-55.

目前，中国的超高清标准尚未公布，还处于研究阶段。

2012年8月23日，在经历多个版本的修订后，国际电信联盟（ITU）发布了超高清电视的国际标准ITU-R BT.2020，对超高清电视的分辨率、色彩空间、帧率、色彩编码等进行了规范。

ITU-R BT.2020中定义了超高清电视系统的显示分辨率，与以往标清、高清、全高清均定义单一的物理分辨率为标准不同，超高清定义了4K（3840像素 ×2160像素）和8K（7680像素 ×4320像素）两种分辨率。这是地区性发展差异相互妥协的结果，标准融合了韩国（认为应首先发展4K，后逐渐过渡到8K）和日本（主张直接发展8K以避免由4K过渡到8K可能出现的技术性障碍）两种不同的超高清标准，不同国家和地区可以根据自己的实际情况自由选择超高清分辨率标准。我们目前通常所说的超高清电视一般是指4K分辨率。

ITU-R BT.2020不仅定义了超高清电视系统的显示分辨率，还对超高清内容生产、节目交换以及显示设备的一系列性能指标与参数进行了规定。从中我们可以看到，超高清电视系统不仅在分辨率上进行了提高，还在帧率、色彩空间、量化深度等多个方面较高清电视系统有了质的飞跃。

ITU-R BT.2020标准规定超高清画面支持的帧扫描频率包括120P、60P、59.94P、50P、30P、29.97P、25P、24P、23.976P，可以看到所有超高清影像都必须采用逐行扫描，隔行扫描技术已经被淘汰。在色彩方面，ITU-R BT.2020标准相对于Rec.709标准（高清电视标准）做出了大幅度的改进，使得超高清电视比高清电视显示更为丰富的色彩。ITU-R BT.2020定义了超高清电视采用量化深度为10比特和12比特，其中4K系统采用10比特，8K系统采用12比特，超高清画面的灰阶层次过渡和色深的层次表现都比高清电视系统（8比特）有较大的提升。

目前广播电视行业普遍采用串行数字接口（SDI）进行视频基带信号的传输，包括SD-SDI（270Mbps，SMPTE 259M）、HD-SDI（1.485Gbps，SMPTE 292M）、3G-SDI（2.97Gbps，SMPTE 424M）等，目前也已经有

12G–SDI 接口出现，但应用还很有限。这些接口可以通过单根同轴电缆传输对应码率范围内的无压缩信号。

4K 图像信号数据量是 12Gbps，现有 SDI 接口最主要的是 3G–SDI，标准单路最高传输容量为 3Gbps，需要使用 4 条同轴电缆同时传送才能将 1 路 4K 信号进行传输。这是目前应用得最多的方式。将 1 个 4K 图像分割为 4 个 HD 图像（被分割后的图像块也叫子图像），目前有两种方案：

一种为 Square Division（四分法，简称 SQD），即把图像简单直观地分为上下左右 4 个子图像，每个子图像只是画面的其中一角。用这种方法组合一帧图像时将产生一帧的延时。

另一种为 2 Sample Interleave（二取样交织，简称 2SI），将同一行上相邻的两个像素作为一个单位像素组，偶数行（画面顶端从第 0 行开始）的像素组进行 1、2 交叉编号，奇数行的像素组进行 3、4 交叉编号。所有像素组根据自己的编号按顺序组成子图像。这实际上是进行了简单的下变换，每个子图像只有原始分辨率的 1/4，但通过子图像也可以确认整体图像的艺术效果。用这种方法组合一帧图像的延时只有两行，相对延迟量非常小。

无论采用哪种方式，四根同轴电缆必须按照固定的顺序连接，不能出错。

4 根同轴电缆的传输方式，系统复杂性大大增加。例如：系统中线缆的数量变为高清系统的 4 倍，切换台和矩阵实际可用的直切键数量在 4K 模式下只能变为高清模式下的 1/4 数量，等等。

目前也有基于 IP 的 4K 系统。这种系统规模缩小，结构更简单，但是，很多设备没有具备 IP 接口，IP 设备的稳定性、延时问题仍然存在，系统安全性目前还没有明确的结论。

IP 化的主要变化，是用 RJ–45 或光纤接口取代传统的 BNC 接口，用 10G 以太网取代同轴电缆，用 IP 交换机取代 SDI 矩阵。IP 化会使得整个视频制作系统极大简化。在 IP 化架构中，音频、视频，输入、输出，同步、控制等接口都统一为 RJ-45 或 SFP+（Small Form-factor Pluggable Plus，光纤接口）。在 10GBASE-T 标准下，6 类（非屏蔽）双绞线传输距离为 55 米，超 6 类（非屏蔽）或 7 类（屏蔽）双绞线传输距离为 100 米，与同轴电缆传输 HD-SDI/3G-SDI 信号时距离相当，但成本则要低得多，可满足小型演播室、转播车系统内部连接要求。而当 SFP+ 接口使用单模光纤时传输距离可达到 10000 米，完全可以摆脱使用 SDI 时传输距离的限制。

第二节 高动态范围——High Dynamic Range（HDR）

4K 超高清目前还处于起步阶段，具备 HDR 的超高清将是未来标准的核心内容。由 HDR 所带来的系统复杂性、资源短缺性将更加明显，如何做好超高清电视系统全流程的制作、播出与收看环节的 HDR 与 SDR（标准动态范围）兼容将变得更为重要和紧迫。[①]

电视系统涵盖采（前期采集）、编（后期编辑）、传（信号传输）、播（节目播出）、存（媒资存储）和看（节目收看）等主要环节。对于演播室制作来说，目前 HDR 节目制作从拍摄与制作都不存在任何问题，播出 HDR 节目也不是问题，节目编辑、信号传输与画面呈现才是问题的关键。在这些问题的处理上存在两种主要方案，SMPTE ST2084 的感知量化 PQ 标准与 ITU 的对数伽马分布 HLG（Hybrid Log-Gamma）标准。它们在信号光电转换 OETF 与电光转换 EOTF 过程中都采用了新的不同标准，信号的量化编码方式也使用不同的方法。在 HDR 标准未最终确定的现阶段，系统建设应考虑到对未来的兼容性问题。

2016 年 7 月 5 日，国际电联（ITU）宣布了高动态范围电视（HDR-

① 刘杰锋，张俊，卓越．4K 超高清演播室系统建设探析［J］．广播与电视技术，2016，43（7）：50-55.

TV）的新标准，国际电联无线电通信部门（ITU-R）第 6 研究组携手该组内来自电视行业、广播组织和监管机构的专家们开发了这一标准。它涉及 HDR/WCG 内容的采集、制作和国际节目交换，但并不包括分发。全称是 *Image parameter values for high dynamic range television for use in production and international programme exchange*。

HDR-TV 建议书针对高动态范围电视画面的制作规定了两种方案。通过采用符合人类视觉系统的传递函数，感知量化（PQ，标准化为 SMPTE ST-2084）规范实现了一种非常宽的亮度范围。混合对数伽马（HLG: 由 BBC 和 NHK 共同发起的 HDR 标准）规范则通过更匹配之前确立的电视传递函数，实现了与传统显示技术在某种程度上的兼容。该建议书还介绍了在两种 HDR-TV 方案之间简单转换的过程。

ITU-R BT.2100 建议书也让电视机厂商可以在三个层次的细节和分辨率方案中加以选择：高清晰度电视（1920 × 1080）、超高清晰度电视“4K”（2160 × 3840）和“8K”（4320 × 7680），所有方案均采用了国际电联 UHDTV 建议书 ITU-R BT.2020 中具有扩展色域和帧率范围的逐行扫描系统。[①]

ITU-R BT.2100 并不是提出了新的 HDR 格式。它只是将业界使用多年的参数进行了标准化并推荐了最佳的方法。ITU-R BT.2100 提供了 HDR 的两个选项：PQ（感知量化）和 HLG（混合对数伽马）。其中 PQ 早已被业界采用，比如 HDR10 和 Dolby Vision。

HLG 是一种将 SDR 和 HDR 图像信息合成在一个信号的格式。对于 HLG 信号，HDR 电视机能够提取出必要的 HDR 图像信息，而 SDR 电视机则会将它忽略。

由于广播分发网络存在带宽的限制，不少广电业者支持将 HLG 作为 HDR 的方案。电视制造商最近也演示了在 HDR 电视机上重现 HLG HDR

---

① http://weibo.com/imas2011?is_all=1&is_search=1&key_word=2100#_0.

信号，认为有可能通过固件升级让现有的电视机支持 HLG。

ITU-R BT.2100 标准的制定者 ITU-R 第 6C 工作组（WP 6C）的主席是 Andy Quested，他认为：HDR 不是更亮的图像，而是图像亮度的“扩展”（虽然什么范围算作 HDR 依旧没有定义）。

总体上说，一个 HDR 影像系统，要想呈现出和自然界相似的亮度范围，以便人眼在观看影像内容时能够达到很接近观看自然场景的体验，首先就需要显示器能够呈现出数千尼特的最高亮度，动态范围要能达到十万比一甚至更高，整个信号链路上也要能够拍摄记录、处理和传输如此高的动态范围。①

按照现有的数字电视系统的规格和伽马矫正参数，采用 8bit 量化时，其真实动态范围其实只有大约 5.7 档的水平，10bit 量化则可以基本达到 10 档有效动态范围，而 10bit 量化在现有的电视系统中还仅在一些高端的后期制作环节中采用，因此，可以看到现有的数字电视系统远远不能提供人眼所需要的动态范围，因此，就算是已经达到 4K 甚至更高分辨率，在现有系统中“真实重现”仍然是无法实现的。

高动态范围由于在所有不同的亮度级上都能够提供更好的局部对比度，使得影像中一些物体的边缘更加“黑白分明”，因而还能主观上提升锐度的视觉感受；除此之外，电视系统呈现的每一种色彩具有色相、饱和度、亮度三个维度，因此，HDR 技术在提供了更广泛的亮度呈现能力之后，配合色域的扩展，就可以提供更丰富的色彩数量，色彩也会更鲜亮。事实上，在一开始定义超高清电视概念的时候，就不仅仅是要提升分辨率这么简单，超高清系统的概念包括了 HDR、WCG 和 HFR（高帧率）的要素。

从数字影像拍摄、制作 / 传输、重现的整个过程说起，一个典型的数字影像内容链的流程是一个从光到电的转换开始，中间经过信号处理和传输，到接收端再将接收到的电信号转换为光信号重现影像的流程，总体

① 鲁泳 . 解读 HDR 的“秘密”，数码影像时代微信公众号，2016.10.26.

上从端到端看，可以看作是一个光－光转换和传递的过程，现在的叫法是OOTF（Opto-Optic Transform Function）的过程，由OETF（Optic-Electronic Transform Function，光电转换）、EOTF（Electronic-Optic Transform Function，电光转换）这首尾两端的转换过程以及中间的若干数据处理/传输过程组成。

完全线性的数字影像处理和传输不是最有效率的方法，线性处理会将所有比特平均用于所有的亮度值，而我们在暗部需要更多比特，在亮部则不需要那么多比特。这要求我们在不增加或者只是少量增加量化级数和带宽消耗的情况下去实现HDR。

评价一个影像系统动态范围的高低和好坏，不仅仅要看能呈现出来的最亮和最暗的亮度范围，还要看在整个范围中亮度过渡的区域会不会出现人眼能察觉到的劣化或缺陷，比如banding（灰阶断层）等现象。

早在19世纪，德国生理学家韦伯（weber）研究了人能感知到的差别阈值和刺激强度之间的关系，总结出了著名的韦伯定律，这个定律告诉我们，除了在外界刺激（例如亮度对人眼的刺激）很弱的情况下，大多数时候，人眼可以感觉出来的最小亮度差异阈值与亮度本身的比值基本上是一个常数，即所谓韦伯分数（weber fraction），这个常数大约为几十分之一的样子；换句话说，在亮度较低的时候，阈值也低，人眼更容易察觉到亮度的变化，很小的亮度差就可能导致人眼感觉到亮度发生了跳变从而能察觉到banding现象；而亮度较高的情况下，人眼比较不容易感知亮度的变化，从而不那么容易看到banding现象。

在数字影像中，这个最小亮度阈值就是两个相邻的量化级所表示的亮度之间的差值，因此，我们可以根据韦伯分数来计算出在给定量化级数之后，何时更容易出现被人眼察觉到banding现象，从而依据韦伯分数来确定多少bit量化会够用又经济。

因此可以这样表述：HDR技术是在显示设备能够呈现出更高亮度的先决基础上，根据对人眼的进一步研究，系统化地重新定义了更加优化的类似于传统伽马曲线的 EOTF、OETF、OOTF 非线性曲线，从而更有效率地利用数字量化级数，在 10bit 或 12bit 的条件下，让整个影像从拍摄到重现都能够具备我们希望的 14 档甚至更高的动态范围。

PQ 是杜比实验室根据人眼的感知特性而精心设计的一条 EOTF 电光转换曲线，适用于 10bit 和 12bit 量化规格，2014 年，SMPTE 已经在 ST 2084 Dynamic Range Electro-Optical Transfer Function of Mastering Reference Displays（母版内容基准监视器的动态范围电光转换功能）这个标准中采纳 PQ 曲线作为 HDR 的 EOTF 曲线，PQ 是 Perceptual Quantizer（感知量化）的缩写。

测试表明，韦伯分数会随着亮度的变化而变化，特别是在暗部，而在亮部，逐渐会趋向一个常数；虽然韦伯分数随着亮度的增加会变小，但结果仍然是人眼在暗部对亮度的变化更敏感。

杜比实验室和 BBC 根据这些进一步的人眼视觉特性研究结果，分别更加精细地制定了电视系统中的亮度非线性转换曲线。它是针对绝对亮度来设定的。

HLG 曲线则是针对相对亮度的，是在传统的电视伽马曲线基础上进行延伸和发展，同样采用 10bit 和 12bit 量化规格。

PQ 是从电视信号的产业链的终端着手进行 HDR 优化。首先规定 HDR 显示器上电信号如何转换成重现图像的光信号，从最终效果出发而不是将前向兼容原有的传统数字电视系统作为出发点，反推出拍摄端的 OETF 曲线，理论上可以保证所有的 PQ 标准的显示器都具有相同的显示效果。

HLG 是从拍摄端开始规范 HDR 光电转换的规则，首先确定了拍摄端的非线性亮度转换函数之后，再根据 OOTF 的需要反推出显示端的 EOTF 函数，保证拍摄效果的一致性，并可以实现 HDR 和 SDR 的同时广播，但在不同的显示器上，显示效果会有差别。

由于 SDR 电视基本上都是 ITU-R BT.709 窄色域，HLG 标准制作的 HDR 影像在 SDR 电视上呈现时，色彩可能是不正常的。

广播电视技术从标清到高清的发展，主要体现在分辨率的变化，图像色域、图像扫描方式，以及代表图像灰度阶数量的量化比特数目，变化较小甚至没有变化。超高清时代，新的技术标准已经出台，出现了很多新变化。量化比特数大大增加，图像色域更加广阔，图像扫描方式仅仅保留了逐行扫描，并且大大提高了帧率。电影也从胶片、数字中间片一路走到数字时代，电影和电视技术已经没有本质上的区别。[1]

第三节　3D 技术

电影《阿凡达》上映以来，电影届兴起了 3D 的热潮。广播电视领域也有厂商做了各种各样的尝试。2D 转 3D 技术也变得火热起来。但是实际上 3D 制作有很多技术问题并没有很好地被解决，已有的技术也因为制作团队的经验问题，实现得并不理想。

以下我们简要介绍一下 3D 技术的一些基本知识。

1840 年代，英国人布鲁斯特发明了立体照相机。当时的立体照片由两张照片并排组合而成，照相机拍摄时使用相当于双眼距离的 65mm 双镜头，一次性完成这两张照片的拍摄。观看立体照片需要借助立体镜，最初观看时左眼看到左边的照片，右眼看到右边的照片，通过短暂的视觉“调适”，左右眼的影像“重合”成了立体的影像。前景向前拉伸，背景后退，空间层次分明。

3D 电影和电视实现起来则相对复杂一些。20 世纪 50 年代，第一部彩色立体影片《博瓦纳的魔鬼》问世，借助于红蓝滤光镜分别让左眼右眼看到两个水平视差的影像，大大提升了 3D 电影的效果。进入新世纪，偏光技术成为立体活动影像放映的主流，杜比 Vision 激光放映机两倍于传统银

① http://baike.baidu.com/item/4k%E6%8A%80%E6%9C%AF.

幕的亮度，极大改善了立体影像的观看效果。

还原真实空间关系涉及两个方面：视差和会聚；消除视觉疲劳得益于3D摄影师对3D银幕空间各个要素的深刻把握。

一、视差

真实空间的再现不等于1:1地还原真实世界，立体摄影的目标是恰当地在银幕空间中展示真实世界的空间关系。这个银幕空间不再局限在2D的银幕平面，而是扩展到银幕前后一个锥形的虚拟空间中。这个空间具有非常大的弹性，可以通过摄影和后期的手段加以改造、转化。拍摄中最重要的一个手段就是轴间距。

轴间距是指两台摄影机镜头光轴的距离，3D的立体程度由它决定。在同等的拍摄距离拍摄同一物体，轴间距加大，观众看到的物体就会变大，反之就会缩小。

轴间距的设置取决于艺术和技术的综合抉择，和镜头焦距、要达到的立体效果、最终的放映（显示）格式密切相关。

人类双眼的瞳距，也即视间距只是个平均数，资料显示不尽相同。63.5mm、64mm、65mm最普遍，10岁以下的中国儿童不足60mm。我们在讨论中统一为64mm。

一系列画面中某一物体成像的相对位置即视差。

可能是受到立体照片的影响，最初接触3D立体影视摄影的人很容易混淆像差和视差的概念。像差是一种特殊的视差，左眼和右眼有不同的视角，大脑会对看到的两个画面的差异进行比较，提取立体深度信息获取空间关系。除此之外，视差还包括由于视角运动产生的视差和由于物体运动而产生的视差。

3D影片的立体感是由视差形成的，所以在拍摄和后期制作中要随时关注视差的数值。轴间距、镜头焦距、物距是影响拍摄中视差数值的最主要因素。

视差 = 轴距 × 焦距 / 物距

拍摄时物距越小形成的视差越大，物距越大形成的视差越小，呈反比关系。轴间距和焦距越大形成的视差越大，越小形成的视差越小，呈正比关系。在成像面上形成的视差，这个视差的数值除以成像面的宽度，就可以得出视差百分比。这个图像在银幕上的视差除以银幕的宽度会得到相同的视差百分比。

数字时代的立体摄影，多以像素视差为单位来计算。像素视差就是在左右视图被组合在一起时，某物体在左右两个画面里相间隔的像素数。借助互补色立体图，可以算出红边和青边相隔的像素数。

二、会聚

当观看物体时，双眼会精确地瞄准该物体，在两边的视网膜相同的地方生成一幅画面，这称之为对某一物体或距离的“会聚”。但人类并不能感觉自己所调节的对焦体，在观看 3D 电影时，我们对焦在银幕上，会聚点却在放映厅空间的某一点上，也就是我们看到物体悬浮在空中，引起对焦会聚失调。分别控制会聚与对焦的能力可以通过训练获得，这样就可以不通过任何 3D 显示器或设备就能看到三维画面。

3D 立体影视摄影中，如果两台摄影机的轴线是平行的，那所获得的 3D 画面肯定是 100% 在银幕前，唯独可以完好重叠的内容将是离摄影机无限远的景物。它们看上去完全没有 3D 像差，因为视间距对画面没有产生任何影响。

如果我们希望有部分 3D 场景在银幕后面，那就需要会聚摄影机。

光学轴线交叉点上的物体在银幕上不会显示出立体像差，而是显示在自己的界面上。如果将摄影机会聚到最靠前的物体，那整个场景就会显示在银幕后面。

1. 普通会聚

普通会聚是最基本的会聚调整方法，在现场根据每个镜头的拍摄情况对轴距和会聚分别进行调整。要考虑的方面主要有使用镜头的焦距；摄影机成像元件的尺寸；画面中拍摄物体到摄影机的距离；成片播放银幕的大小等，这些数据一般都会被输入 3D 计算软件，有些软件会计算出推荐的轴距和会聚数值，也有计算软件会提供成像的最大正负视差值，由立体师预估立体效果，来设定轴距和会聚数值。同时镜头拍摄的内容，拍摄物体成像的“圆度”，运动方式，后期剪辑节奏，成组镜头之间的衔接等，也会影响采用数值的大小。

方法优点：可以最大程度控制希望达到的立体效果。现场不需要额外中间调整设备就可以做到正确的立体监看（当然需要和后期播出相同大小的监视器，大银幕的话就更需要立体式对 3D 效果的预估了）。

方法缺点：操作速度比较慢。会因为梯形畸变在画面四角产生垂直视差，这在后期进行特效合成时会有比较大的影响，需要合成人员要么修正素材的梯形畸变，要么为合成入画面的内容增加梯形畸变来匹配原画面，另外四个角上产生的垂直视差也会对观看效果有影响。

2. HIT 会聚

两台摄影机在现场不进行会聚调整，始终保持光轴平行拍摄，在后期软件中通过进行 HIT（Horizontal Image Transformation，水平图像移动）完成会聚。具体轴距和会聚参数也采用和普通会聚相同的方法确定。

方法优点：可以和普通会聚达到相同的最佳立体效果控制。不会产生梯形畸变，特别是在需要后期特效合成的时候，可以避免合成内容对畸变进行匹配。对比在现场进行会聚，可以很大程度地提高效率。

方法缺点：在现场进行正确的立体监看，需要使用额外的实时会聚调整设备。在后期 HIT 调整时，如果画面分辨率没有余量，就要放大画面，对清晰度造成影响。

以上两种会聚方法，是电影制作中都广泛采用的，可以做到最大程度的控制立体效果。但需要摄制组成员（主要是导演、摄影师和立体师）做比较细致的准备和沟通。需要在立体师监督下进行后期制作和调整。需要摄制组（特别是立体师）有比较丰富的经验。

电视节目制作、电视转播，更多利用以下会聚方法。

3. 德洛波会聚

这是由法国的立体摄影师艾伦·德洛波研究并采用的方法。德洛波称这种方法为“自然深度”法。先把轴距设定为和人眼间距相同的数值，也就是 64mm 左右，再对场景中最远处进行会聚，这样就获得了一个较小的会聚角度，一般在 0.5 度到 1 度之间，而画面中应该全为负视差。德洛波说这么做最大程度地模仿了人看东西的效果，使观众在此情况下都是用相同的方式来看最远的物体。然后根据拍摄的主体来调整轴间距，因为之前画面中视差均为负视差，在调整过轴距后，会聚会相应前提，使较远的物体产生正视差，并且调整为合适的正负视差数值，这个轴距一般是在 20mm 到 70mm 之间。

方法优点：现场需要考虑的因素比较少，在调整速度比较快的情况下，也可以获得比较强烈的纵深效果，并且不会超出安全的范围。

方法缺点：不一定在所有的镜头中都获得最好的效果，另外因为基本只有艾伦·德洛波采用（由他的两个女儿为他做助手），这种方法制作的影片比较少，效果还有待检验。

4. 法式会聚

这种方法为如果拍摄影片是在电视上播出，就利用会聚和轴距将最大正视差控制在百分之二，最大负视差控制在百分之一；如果拍摄影片在大银幕播出，就将最大正视差控制在百分之一，最大负视差控制在百分之二，而不用考虑具体的会聚目标。具体操作时，可以在保持对画面里最远物体会聚的情况下，调整轴距，使画面中最近物体负差为百分之三，然后调整会聚，使最大负视差变为百分之一，最大正视差变为百分之二，以达到电视屏幕播出标准，或是使最大负视差变为百分之二，最大正视差变为百分之一，以达到电影银幕播出标准。

当应用在电视转播时，可以确定会聚后，根据画面中对象位置的变化，调整轴距，来保持最大正视差和最大负视差。

这种方法被应用在英国天空电视台的 3D 节目制作中，而百分之二的正视差是天空电视台设定在电视屏幕上的最大正视差值。因为天空电视台制作的 3D 节目也会在大银幕上播出，这时候只需要通过后期软件或设备将正负视差移动百分之一，即可获得百分之一的最大正视差和百分之二的最大负视差，来适应大银幕。

方法优点：非常适合低成本制作和电视节目，可以安全快速得到满意的效果。能同时获得可在电视屏幕和大银幕上安全播放的影片。对立体师要求比较低，可以减少后期制作的工作量。

方法缺点：立体空间受到比较大的局限，大部分时候不会获得最佳的立体效果，比较容易造成观看者视觉疲劳。

第八章　数字音频

广义地讲，录音包括拾音、调音、录音和还音几个环节。拾音是把声音信号经过换能器（话筒）转换为电信号的过程；调音是把多路信号进行效果处理、混合和分配的过程；录音是把表现为电信号的声音信号转换为磁信号或光信号记录在相应的媒质上；还音是把转换成电信号或磁信号、光信号的声音信号重新还原为声音的过程。

在录音的各个环节，需要使用不同的器材，对音响信号进行不同的处理。我们主要对电视节目制作过程中拾音、调音环节涉及的基本技术进行介绍。

第一节　音频信号的数字化

将连续的模拟信号通过取样、量化、编码后变为数字信号，再进行记录处理和传输。由于数字信号有较高的抗干扰能力，能保证声音信号的质量几乎无损地记录或复制。

取样：模拟音频信号是指用话筒拾取到的随时间延续变化的声音信号。当以适当的时间间隔对模拟声频信号的幅度采得样值，就可得到在时间轴上不连续的脉冲序列，每个脉冲的高度反映了采得样值时刻的信号振幅大小。此过程称采样。

音频系统的采样频率选取为 32KHz、44.1KHz、44.056KHz、48KHz。

32KHz 是基于 DAT 的长时间录放音格式，也应用于传送 FM 广播节目，但 32KHz 的采样频率较低，使得录放的声频信号的频率上限受到一定的限制，大约为 15KHz。

44.1KHz 和 44.056KHz 是人们利用比较成熟的磁带录像技术记录数字音频信号的取样频率，所以必须将数字音频信号纳入电视行、场格式中，加入行、场同步。

对于 PAL 制 50 场，625 行标准的录像机，利用每场 312.5 行中的 294 行记录数字音频信号，场逆程和空余部分占去 17.5 行，控制信号与去 1 行，并规定每一行记录 3 个采样值，所以采样频率为：

fs=50（场）×294（行）×3（样值）=44100Hz

对于 NTSC 制 60 场，525 行标准来说，每场 262.5 行中利用 245 行来记录数字音频信号，场逆程和空余占去 16.5 行，控制信号占去 1 行，同样每一行记录 3 个采样值，所以采样频率为：

fs=60（场）×245（行）×3（样值）=44100Hz

48KHz 作为广播及录放音的标准采样频率，任何一种类型的 DAT 都必须具备这一采样频率，容易保证音频信号的频率上限达到 20KHz。

量化：将该模拟信号采样值的幅度以一定单位进行度量，并以其整数倍的数值来表示的过程。

编码：模拟信号经过时间上采样和幅度上量化形成了离散信号，然后按照预先规定的方法把量化了的采样值表示为二进制代码。

第二节　话筒的分类

话筒可以按不同方法来分类。根据声电换能方式的不同把话筒分为电容式、驻极体式、动圈式等。按指向性的不同把话筒分为全指向、心形指向、超心形指向、8字形指向、超指向话筒等。此外，在使用中常常还简单地从它们的使用方式和功能分类，如鹅颈式、手持式、领夹式、头戴式等。还有有线话筒和无线话筒之分。

电容话筒是由声源的压力使两个级板（膜片和背极）之间电容量发生变化而达到换能作用的话筒。电容话筒的最大优点是灵敏度高、频率响应宽、动态范围大、音质优美，是音乐录音中最常用的话筒类型。缺点是价格偏高，使用时比较娇气，工作时需外加电压，在野外作业时不方便。

电容话筒的供电方式有许多种，有幻象供电、A–B供电、直流电源供电、整流电源供电等许多方式，其中幻象供电方式采用最多。“幻象电路”一词来自英文 phantom circuit（或 phantom power–ing）。幻象供电就是直流供电电源通过双芯屏蔽电缆线的芯线为电容话筒提供直流正电压，而直流电源负端则与双芯屏蔽电缆线的屏蔽相接，以构成直流供电电路。在幻象供电电路中，双芯屏蔽电缆线中的屏蔽层为地线3和芯线1、2构成直流回路，两根芯线1、2之间电位差为零。这样，话筒工作时交流信号又从芯线1、2输出，互不影响，从而避免了使用多芯电缆和多脚插头座，只采用三芯插头座及两芯屏蔽电缆线。这种线路具有线路简单、可靠性高、节省材料等许多优点。

利用驻极体作为振膜和背极的话筒叫驻极体话筒。

驻极体电容话筒同普通电容话筒一样，具有灵敏度高、频带范围宽、频响曲线平直等优点，与普通话筒相比特别不同的是省去了提供极头工作的极化电压电源，对于外接驻极体话筒，可用电池给外接驻极体电容话筒提供阻抗变换器工作电压，因其消耗电流极小，可长时间工作，大大方便了使用。同时价格也较低，体积也可以做得很小。

动圈话筒主要由导体和磁路系统来完成声－电的转换。磁路系统包括圆柱形的永久磁铁和磁导体两部分。动圈话筒的优点是结构简单、稳定可靠，无需电源供电，使用方便，输出阻抗低，固有噪声小。缺点是灵敏度较低，由于其结构原理，当有外磁场干扰时，容易产生磁感应噪声，其频响和音质一般也要比电容话筒差一些。

话筒的指向性是指与话筒主轴成一定角度的入射声波的频率响应特性与电平变化。在话筒的指向角度内，声波转化为电波的频率响应与电平都是良好的；在指向角度以外，频率响应恶化，电平明显衰减。按指向性的不同，话筒可以分为全指向、单指向和双指向等几种类型。有些话筒具有一种或者几种指向，也有很多话筒具备所有的指向，可以根据需要进行调节。

一、全指向性话筒

也叫无指向性话筒。无指向性话筒拾音范围是全方向性，以话筒为中心的球形范围，在球形范围内的声音均可拾起，能接收来自各个方向的声音，效果是一样的。拾音的质量只与声源距离有关，而与声源方向无关。如图 8-1 所示。

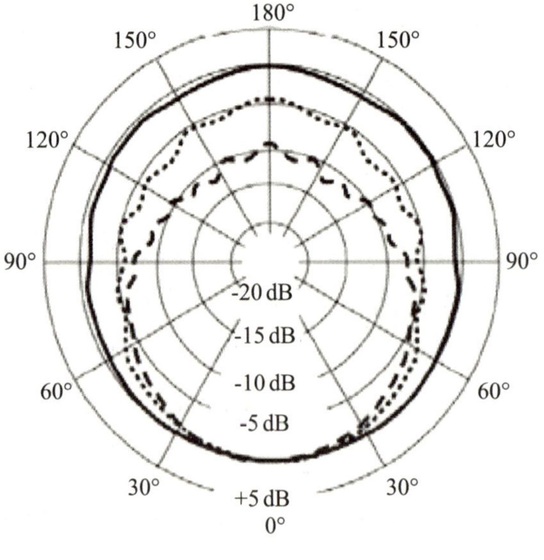

图 8-1　全指向话筒灵敏度曲线

二、双指向性话筒

俗称8字指向性话筒，它的拾音范围是话筒的正前方和正后方（0° 和 180°）。此位置灵敏最高、拾音最强。而在两侧方向（90° 或 270°），灵敏度为零，拾音最弱。注意，话筒正面、背面的响应是反相的。如图8-2所示。

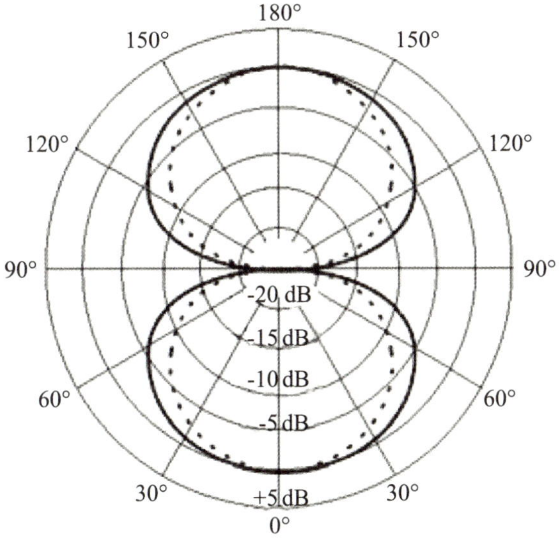

图 8-2　双指向话筒灵敏度曲线

三、单一指向性话筒

其拾音范围是单方向的，只拾取话筒正前方一个角度范围内的声音，而这个角度范围以外的声音几乎不能拾取。单指向话筒的特点是对拾音范围以外的声音衰减很大。可以抑制串音，屏除环境噪声，提高节目信号的信噪比。

单指向话筒按照指向性尖锐程度的不同，又可以分为心形指向和超指向话筒。

心形指向话筒对于正面角度大约 160° 范围的圆锥体内的声音灵敏度比

较高，对范围以外的声音基本不拾取，在正后方 180° 时候灵敏度最低。如图 8–3 所示。

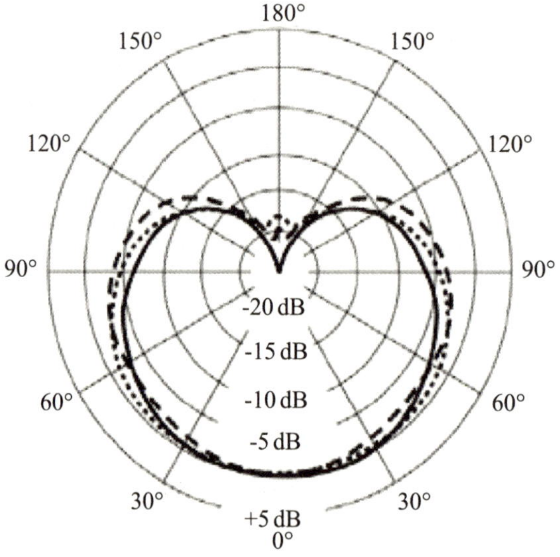

图 8–3　心形指向话筒灵敏度曲线

超指向话筒只拾取正面很小角度范围内的声音，对范围以外的声音抑制很强，多用于新闻采访。如图 8–4 所示。

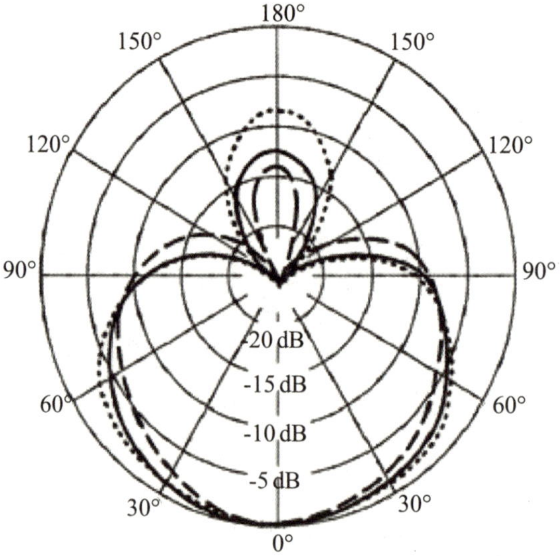

图 8–4　超指向话筒灵敏度曲线

领夹式话筒夹在演员或主持人的领带上或衣服上，可使演员不受话筒的干扰，表演自如。这种话筒具有特殊的频响特性。由于话筒位于胸前的位置，偏离口腔而缺乏高音，衣服对高音也有滤波效应，拾取的声音会变得模糊不清。因此，话筒的频响通常做成高频提升的。领夹式话筒也有无线和有线两种。

无线话筒除了具有相应的换能器件外，还具有一个小型发射机，将声信号转换成电信号后由发射机调制为高频信号发射出去，再由接收机接收并解调为原来的声频信号。无线话筒应用最多的是驻极体电容话筒。话筒和发射机可以分成两部分，也可以将话筒和发射机装入同一壳体内，成为手持式无线话筒。

从话筒的输出端测得的交流阻抗就是该话筒的输出阻抗（一般以1000Hz 的阻抗值为标称值）。通常使用的话筒按输出阻抗的大小可以分为低阻话筒和高阻话筒两大类。

根据国家标准“传声器通用技术条件”中规定，阻抗优选值为：低阻200 欧姆、600 欧姆，高阻 2000 欧姆。输出阻抗额定值的允许误差不超过 ± 30%。大多数电容话筒的输出阻抗数值为 200 欧姆，动圈式话筒的输出阻抗一般为 200 欧姆、600 欧姆，还有少数话筒制作成高阻输出，满足一些特殊用户的需要。

在和调音台或功放配接使用时，调音台或功放的输入阻抗要大于话筒输出阻抗的 3 倍 ~5 倍，这时传输效果最佳。最佳配接值为动圈话筒的负载阻抗要大于话筒输出阻抗的 3 倍以上，电容话筒的负载阻抗要大于话筒输出阻抗的 5 倍以上。

两个频率相同的声波，传到空间某一点时常会发生干涉现象。如果它们相位相同，两声波在振幅相同的相位时将叠加，如果它们的相位相反，则互相抵消。如果两个声波的相位不完全相同或相反，而存在一定的相位差，则声波有的地方加强，有的地方减小。

当使用两支或两支以上的话筒时，要注意相位问题。必须使几支话筒同相位，也就是说话筒在开始工作时，振膜应向一个方向起振，这样使声波同相位传播，扩声音量增加。否则话筒增加了，反而使得拾音效果降低。检验话筒相位的方法很简单，若两个话筒是同相位的，则这两个话筒指向同一声源时音量增加；若两个话筒是反相的，则这两个话筒同时使用时，音量反而减小。因此，可任选一个话筒作为基准，将系统中所有的话筒都与之比较，将相位与之不同的调节一致。调节的方法有两种，一种是在调音台上进行调整。很多调音台都设有相位开关，简单地扳动一下开关就可以调整相位。另一种方法是将音频接口的信号线换一个位置，也就是将卡侬插头上 2 脚与 3 脚的接线互换一下，便可实现相位的调整。

第三节　调音台的功能与使用

调音台又称调音控制台，它是将多路输入信号进行放大、混合、分配、音质修饰和音响效果加工的一种音响设备。大量使用于广播电台、电视台及音像出版部门和节目制作与播出中。调音台类型多种多样；按使用情况可以分为便携式调音台和固定式调音台；按输出可以分为单声道、双声道立体声、四声道立体声及多声道调音台，按对信号的控制方式分为手动控制调音台和自动控制调音台；按信号处理方式可分为模拟式调音台和数字式调音台。

解说等语言、各种效果声，以及音乐录制与合成均需通过各种不同类型的调音台，进行技术加工和艺术处理。不同类型的调音台，其体积大小及其复杂程度相差极大，但基本功能是类同的。即对各个输入的音频信号，进行控制调整，音质加工，然后混合输出到所需声道上，所以调音台具备相应的各种功能单元，比如输入通道各种补偿音质的均衡器等。调音台功能的不同，也就是功能单元多少的问题。

调音台的主要功能如下：

接口的配接：调音台输入接口所要接收的信号是来自具有不同输出阻抗，电平相差悬殊的各种信号源，所以，调音台的输入接口对外呈现的输入阻抗与所接入的输入信号源的输出阻抗，要满足高阻跨接的要求。即调音台的输入阻抗至少要比所接设备的输出阻抗大 5 倍。调音台的输入配有不同输入阻抗的接口及话筒输入口和线路信号输入口。因为演播室中使用的专业话筒的输出阻抗大多为 200Ω 以下，所以，话筒输入口的输入阻抗一般为 1KΩ 以上；而磁带录音机处理设备等线路输出信号的输出阻为 600Ω 以下，所以线路信号输入口的输入阻抗一般在 10KΩ 以上。

输入信号电平与调整：话筒信号的电平一般为 -60dB~-20dB，而线路信号的电平为 -30dB~10dB，所以信号电平相差很大，在调音台输入口上，要通过话筒放大器或线路放大器的增益调整，将这些不同电平的输入信号设置在调音台的工作电平上。

幻象供电：对那些泛音比较丰富的乐器的拾音，一般都选用优质的电容话筒来进行。但是，电容话筒工作时，要求外界对它提供能量，使其极头模片极化，并且为极头放大器提供工作电压。所以为了方便地使用电容话筒，调音台上一般都设置了幻象供电装置。所谓幻象供电，就是电容话筒所需的直流电压调音台和录音机本身通过一定的接线方式，利用话筒与调音台或录音机相连的平衡式话筒接线提供给电容话筒的供电方式。

专业调音台都设有一个幻象供电开关，这为接入电容话筒提供很大方便，虽然幻象供电对非电容话筒不会产生损失，但在接入非电容话筒时还是应将幻象供电开关关掉，以避免引入噪声。

高低通滤波：高低通滤波器的截止频率是可调的。利用高低通滤器可以有效地减小输入信号中不需要的低隆隆声或高频咝咝声。同时也可以减小信号间的串扰。

相位反转：它可以将话筒的输入信号反相 180°。可以纠正话筒接线的错误，如话筒输出的“冷”“热”端接反等情况，还可以创造出一些声音效果。

均衡：为了便于对信号进行分频段的均衡控制，常常将 20Hz~20KHz 的频率范围分成三段或四段来进行调整。0 先进的调音台上采用四段均衡，即高频段（HF）、中高频段（MHF）、中低频段（MLF）和低频段（LF）。将中频段分成两段来控制，主要是因为大多数乐器的能量都集中在这一频段，同时人耳对该频段信号的灵敏度比较高。

电平调整：调音台的推拉衰减器的作用就是对信号的电平进行连续地控制，将信号按所要求的电平送到指定的母线上。

声像调节：它是对某一信号在立体声重放声场中的位置进行调整。一般是将推拉衰减器控制的输出信号分成两路信号，分别送到左、右声道上去，通过改变左右声道信号间的电平差使该信号再现出的声音有确定的声像。

带前或带后监听选择：它是选择以通道的线路输出信号或以多声道录音机的重放信号作为监听，混合通路的信号源，前者称为带前监听，后者称为带后监听。在“线路”或“母线”状态下，监听通路上分配的是由调音台母线分配开关分配给指定母线上的线路输出信号；而在“磁带”状态下，监听通路上的信号是磁带所记录的重放信号。利用选择开关，可以使录音师能够判断调音台送给录音机的信号和录音机记录的信号质量。

调音台的“广播”工作方式转换：在这种方式下，话筒信号同时分配给录音声道通路和监听通路，这样便可以在进行立体声混合或直播时，同时进行多声道录音。此时在录音声道通路上所做的调整并不影响立体声混合信号，对于在现场直播的同时进行多声道录音是十分重要的。

推拉衰减器前的监听（PEL）功能：能够对通道上的信号进行监听，这一监听信号取自通道的推拉衰减器之前。这样的处理可以将某一通道的信号单独取出来，以便进行“电平”或“均衡”的调整。

推拉衰减器后的监听（AEL）功能：能够将声像控制之后的信号分配到主监听通路上，并且切除其他的每一路信号，常用来将某一声道的信号单独选出来进行调整和弥补直线信号的缺陷。

声道的编组功能：编组是指同时对信号进行控制，通常是指用一个推拉衰减器来控制多路受控声道的信号电平。这样做是为了减少录音师同时控制的推拉衰减器的数目，如录音时常常需要将几个声道的信号同时提高或衰减，如果没有编组功能，那么录音师就要同时控制多路推拉衰减器，控制过程中常常会改变原来设定的平衡，从而造成各声道间信号的平衡在调整前后不统一。如果有编组功能，就可以在不改变各声道信号平衡的前提下，同时改变已被编组的各路信号的电平。需要编成一组的信号是根据需要来确定的，例如可以将鼓信号编成一组，将乐队中的弦乐声部编成一组等。

声道的编组方法有两种类型，声频信号编组（audio grouping）和控制编组（control grouping）。虽然，两种方法都是采用一个推拉衰减器来控制多路信号的电平，表面非常类似，但是其结果是完全不同的。

声频信号编组是指将多路声频信号相加混合，并且用一个推拉衰减器来控制这一编组和信号电平。

控制编组与声频信号编组的基本区别在于控制编组中的编组声频信号没有被混合成一路信号，虽然被编组的各路信号的电平是用一个推拉衰减器来控制的，但是各路信号的输出是保持相互分离的。这种编组形式就好像是一只"巨大"的手控制各路推拉衰减器，并且在动作时保持各路信号间的平衡不变。

监听：耳机监听和录像监听，监听音量调节要适当。

对讲：为了便于演播室和控制室之间的联络，调音台都设有对讲系统。控制室的制作人员可以通过调音台上设置的话筒来实现对讲功能。对讲话筒的电平是可调的，其信号可以分配到不同的通路输出。例如，辅助送出，多声道输出母线，混合母线，演播室中的音箱及返送通路。

仪表指示：常用来指示信号电平的仪表有两种：一种为音量单位表，即 VU（Volume Unit）表，另一种为峰值表即 PPM（Peak Program Meter）表。

PPM 表的种类很多，不同的国家或地区所采用的 PPM 表也不尽相同。

录音中通常使用的 VU 表的指示范围为 –20VU~+3VU。VU 表的表头电路采用了平均值检波器，面板是按简谐信号的有效值来确定刻度的。所以，VU 表是一种准平均值表。对于简谐信号而言，准平均值比实际的平均值高约 1dB。这种仪表的指示特性与人耳对声音响度的感觉相吻合。

因为 VU 表的启动时间相对较长，所以很难指示出信号的准确峰值电平，特别是用来测量会有很短的瞬态成分信号时，要比其真正峰值电平低 10dB~15dB。这时，如果采用 VU 表来监测这种信号时，就会出现 VU 表读数较小，而信号已经超过记录极限的问题。特别是数字录音机对峰值过载非常敏感，人耳对其重放出的峰值过载信号很容易察觉。录音人员使用 VU 表来监测信号电平时，要掌握不同信号的峰值电平与 VU 表读数之间的关系。一般来说，VU 表比较适合瞬态较小的连续信号，而对于数字录音而言，其指示的值容易造成混乱。所以，在这种情况下，最好采用 PPM 表来指示信号电平。

在实际的调音台上，最好两种仪表共用。一般在多声道分期录音中，前期素材的录制最好是采用 PPM 表，这样可以有效地防止出现由峰值造成的过载失真，而在后期缩混时，采用 VU 表来指示缩混后的节目信号电平，这样可以提高节目的整体响度，改善信噪比。实际上，PPM 表在录音节目制作中真正目的并不是指示出信号的准确峰值，而是通过其指示提供有关信号峰值是否超过记录极限的信息。由于人耳对信号失真的感觉是有一定局限的，所以瞬间出现的失真有时是感觉不出来的。因此，有些调音台使用 VU 表来指示，但其表头有一发光二极管，用来指示峰值信号是否超过了峰值储备的允许上限。

下面是 YAMAHA 数字调音台 01V96i 的一些主要功能与特点。①

01V96i 采用了 USB2.0 连接方式，仅通过一根 USB 数据线完成

① http://www.yamaha.com.cn/pa/products/191.

16in/16out 96KHz 的实时高品质音频数据在调音台与 PC 端 DAW 数字音频工作站的无缝传输，同时 USB2.0 连接还负责两路 MIDI 控制数据的通讯，这样可以通过附赠的 Cubase AI 软件将在调音台上精确的物理控制内容和软件端控制同步连接起来。

1. 24bit/96KHz 音频处理能力，高品质话放

其内部数字信号运算处理（58-bit 累加器）统一采用了高解析度的 32bit/96KHz 处理模式。不仅如此，所有的板载模数 / 数模（AD/DA）转换器均采用的 24bit/96KHz 处理模式，它配备了全新的高品质话放，具备超高的解析度以及还原“空气感”的能力。如果板载模数 / 数模转换器使用 24bit/96KHz 的高解析处理模式，在模数转换过程后不会产生任何的损耗。

2. 96KHz 内置效果器以及高品质的压缩、门限以及延时效果

雅马哈加入了能够满足 96KHz 效果处理的立体声效果器。同时还具备灵活多用的用于动态控制的独立通道压缩器以及门限处理器，4 段参量通道均衡器（可切换“typeI”或者“typeII”EQ 算法），以及通道延时。除了通道延时器，所有通道处理器都编入了可供选择的“libraries”中，因此可以简单地调用未经修改的预设。除了门限器以外，所有的通道功能都可以用于输出总线的参数调整中。

3. 全套雅马哈 VCM 效果器以及高解析度 REV-X 混响效果器

Channel Strip 插件包含五种 VCM 模型，拥有 20 世纪 70 年代最具代表性的压缩器和 EQ 效果器。完整再现模拟电路所独具的饱满感（FET、真空管、变压器等设备的特性），同时由工程师参与配置了可实现最佳调音效果的参数。

Master Strip 插件采用 VCM 技术，忠实模拟了有名的开盘式磁带录音机模拟电路和模拟磁带所独具的声音特性。

Vintage Stomp 提供了三种用于 20 世纪 70 年代效果器单元的独立移相器。

高解析度的 Reverb 混响效果器中使用了“REV-X”算法，可以产生丰满的混响效果以及平顺的衰减，所有的预设效果均可以产生浓厚温暖的混响效果，同时，这些效果声完全不会妨碍到原始音色的听感。

01V96i 具备无比强大的混音能力，能够广泛应用于制作以及扩声等各个领域。

4. 40 路输入 /20 个混音母线，均为 96KHz 采样频率音质

01V96i 拥有多达 40 路输入通道以及 20 个混音母线，采样率达 96KHz，因此一个紧凑的机架安装尺寸调音台实际拥有大型调音台的处理能力。提供 2 个主立体声母线，8 个独立的混音母线，2 个监听母线以及 8 个辅助母线——一共 20 个 01V96i 能够提供足够的路由选择来满足任何混音需求。

5. 综合性的连接能力

01V96i 后面板上提供了 16 个模拟通道输入端口，其中 12 个包含了高品质话放。在数字输入端口上，包含了 8 通道光纤 ADAT 端口，2 轨同轴输入以及使用 USB 传输的 16 路输入。模拟输出端口则包含了主立体声输出，立体声监听输出，1 个立体声 2 轨输出，4 个 OMNI 输出，12 通道 TRS insert 输出断点以及 1 个耳机输出（与用于数字输出的同轴 2 轨输出以及 8 通道光纤 ADAT 输出对应）。

雅马哈将自身专业音频领域的强大技术优势融入新品数字调音台的研发当中，同时却又十分合理地保留了模拟台直观操控的优势。

6. 快速灵活的跳线功能

简便易用的多功能跳线系统，所有的输入（inputs）、输出（outputs）、效果（effects）、通道插入（channel inserts）以及包括现在全新的 USB I/O 都可以分配至调音台的任意输入通道或者输出上。例如，任何效果器都能分配到一个辅助母线用于效果发送操作，或者也可以根据需要直接插入任意输入通道。

7. 精确的电动马达推子，除了可用于混音以外还可用于更多功能参数的设置

雅马哈所有的专业数字调音台都配备了电动马达推子（衰减器）。在混音过程中，调音师需要掌握精确的电平值，如果没有电动马达推子，在每次调用预存场景或者通过外部设备远程遥控调音台时，听到的混音效果将总会有别于原来的推子设置。电动马达推子将确保精确存储并调用调整的参数值，在听感和视觉上均做到完全相同。还可以使用“推子发送”功能，直观、迅速地操作推子对多重监听混音进行调用和修改。

8. 直观的“选中通道”（Selected Channel）

“Selected Channel”——选中通道控制功能可以对选中的输入或输出通道进行如同模拟方式一般地按键以及旋钮参数控制。

9. 推子层切换以及推子模式

数字化操控的一大优势是它能够在不增加额外空间占用的情况下大幅度增加调音台的功能和操控灵活性。01V96i 拥有 16 个通道推子以及一个立体声主输出推子。通过调音台的推子层切换按键，通道推子对应功能可以在输入通道层 1–16、17–32、MASTER（8 AUX and 8 BUSES）或者遥控（REMOTE）层之间快速地切换。

10. 多用的通道配对功能（Channel Pairing）

除了可以在“水平方向”对通道推子进行配对（pair），相邻通道层的对应的推子还可以“垂直方向”配对，这样的优点是，推动单个的推子可以完成对于立体声双通道的控制。对于多个立体声通道而言，使用这样的方法减少了一半的推子数量，从而可以仅在一个推子层完成对多路立体声通道的参数操作。

01V 数字台受到广泛运用的一个重要因素是它的多功能及可扩展性。01V96i 则具备了更高的用户自定义功能，因而可以满足多种应用环境的特定需求，特别是在现场扩声环境中，调音台的用户个性化功能让每一个调

音师都能找到自己习惯的操作方式，大程度地保证了操作的流畅性和快速性。

11. 编组功能

可以将推子进行编组以及静音编组操作，点灭任意编入的输入通道或输出母线即可实现所有编组中推子通道的静音。编组功能可以大大提高包括现场扩声在内的多种应用场合的操作灵活性。

12. 用户自定义键，用于自定义控制调音台

8 个用户自定义键可以设定为任意功能组合的控制按键。例如，可以设置用户自定义键来实现切换场景，复制粘贴通道，或者跳转显示屏页面以及其他众多功能，这在现场扩声中特别实用。

13. 场景记忆功能，单击一个按钮即可立即调用存储的场景

在现场扩声中，实时存储和调用所有调音台参数非常有用。可以在演出的进行中一瞬间切换场景（scenes），或者为不同的演出调用各自的基本场景预设值，随后再进行进一步的环境优化设置。这样节省了大量的调试时间。所有的场景数据还可以离线使用预装在个人电脑上的 01V96i Editor 进行编辑。可以在电脑上进行基本的预设，然后在现场将数据同步至调音台。

14. 无缝对接 PC 端 DAW 音频工作站

01V96i 除了可以完美地独立运行和操控，也可以与 PC 端 DAW（数字音频工作站）进行实时无缝连接。01V96i 不仅具备双向的 16 × 16 USB2.0 音频传输能力，同时还可以作为一台功能强大的 DAW 控制器使用。这样，在录音、混音以及编辑音轨的过程中，可以借助 01V96i 直观舒适的人机界面（比如：推动真实的推子）进行调整，而不需要通过鼠标在电脑显示屏上完成繁琐的操作。控制模板可以适用于 Avid ProTools、Steinberg Cubase and Nuendo，同时，内置的通用 DAW 模式还可以支持更多其他类型的 DAW，也可以创建 MIDI 控制台来对应那些具备 MIDI 适配功能的 DAW

系统。

01V96i 主要技术规格如表 8-1 所示。

表 8-1　01V96i 主要技术规格表

<table>
<tr><td rowspan="7">Mixing capability</td><td>Mixing channels</td><td>32 Mono + 4 Stereo</td></tr>
<tr><td>GROUP</td><td>8</td></tr>
<tr><td>AUX</td><td>8</td></tr>
<tr><td>MAIN</td><td>Stereo</td></tr>
<tr><td>Input channel functions</td><td>Gate Attenuator 4-band PEQ 2x Compressor Delay Pan</td></tr>
<tr><td>Output channel functions</td><td>Attenuator 4-band PEQ Compressor Delay</td></tr>
<tr><td>On-board processors</td><td>4x SPX multi effectors</td></tr>
<tr><td rowspan="9">I/O</td><td>Mic inputs</td><td>12</td></tr>
<tr><td>Phantom power</td><td>+48V DC; ON/OFF per 4ch</td></tr>
<tr><td>Line inputs</td><td>2x Stereo 2x 2tr in</td></tr>
<tr><td>AD converter</td><td>24-bit; 128-time over sampling</td></tr>
<tr><td>Line outputs</td><td>Stereo output Monitor output 4x Omni output</td></tr>
<tr><td>DA converter</td><td>24-bit; 128-time over sampling</td></tr>
<tr><td>Digital I/O</td><td>ADAT (8-in/8-out) 2tr in/out</td></tr>
<tr><td>Expansion slots</td><td>Mini-YGDAI (16-in/16-out)</td></tr>
<tr><td>Control and others</td><td>To Host(USB) MIDI Word clock I/O</td></tr>
<tr><td colspan="2">Internal processing</td><td>32bit Accumulator: 58bit</td></tr>
<tr><td>Sampling</td><td>Internal</td><td>44.1 KHz 48 KHz 88.2 KHz 96 KHz</td></tr>
<tr><td>Frequency rate</td><td>External</td><td>44.1KHz/88.2KHz (-10%) – 48KHz/96KHz (+6%)</td></tr>
<tr><td colspan="2">Signal delay</td><td>Less than 1.6ms CH INPUT to STEREO OUT (@Sampling frequency = 48KHz) / Less than 0.8ms CH INPUT to STEREO OUT (@Sampling frequency = 96KHz)</td></tr>
<tr><td colspan="2">Total harmonic distortion</td><td>CH INPUT to STEREO OUT：Less than 0.05% 20Hz to 20KHz @+14dBu into 600Ω / Less than 0.01% 1KHz @+24dBu into 600Ω (@Sampling frequency = 48KHz) / Less than 0.05% 20Hz to 40KHz @+14dBu into 600Ω / Less than 0.01% 1KHz @+24dBu into 600Ω (@Sampling frequency = 96KHz)</td></tr>
</table>

续表

Frequency response		CH INPUT to STEREO OUT：0.5 –1.5dB 20Hz – 20KHz @+4dBu into 600Ω(@Sampling frequency = 48KHz) / 0.5 –1.5dB 20Hz – 40KHz @+4dBu into 600Ω(@Sampling frequency = 96KHz)
Dynamic range		110dB typ. DA Converter (STEREO OUT) / 105dB typ. AD+DA (to STEREO OUT) @fs=48KHz / 105dB typ. AD+DA (to STEREO OUT) @fs=96KHz
Hum & noise level	Equivalent input noise	–128dBu Equivalent Input Noise
	Residual output noise	–86dBu residual output noise. STEREO OUT: STEREO OUT off. / –86dBu (90dB S/N) STEREO OUT: STEREO fader at nominal level and all CH INPUT faders at minimum level. / –64dBu (68dB S/N) STEREO OUT: STEREO fader at nominal level and one CH INPUT fader at nominal level
Crosstalk		–80dB adjacent input channels (CH1–12) / –80dB adjacent input channels (CH13–16) / –80dB input to output

第四节　常用音频信号处理设备

常用的音频信号处理设备有压限器、均衡器、延时器和混响器等，如表 8–2 所示。我们分别加以简单介绍。

一、压限器

压限器是压缩器与限制器的简称。

压缩器是一种随着输入信号电平增大而本身增益减少的放大器。压缩器有一个压缩阀，低于这个阀值的输入信号以固有的增益给予放大，高于该阀值的输入信号则以特定的压缩比进行压缩，其增益按一定的比例缩小。

如果压缩比足够大时，压缩器就变为限制器，它具有特定的限制阀，低于这个阀的输入信号正常通过，高于此阀的输入信号则被限制在同一输出电平上，即输入电平达到或超过限制阀，输出信号不再随输入电平的增加而增加。限幅器是用来避免信号的峰值超过某一电平，目的是避免放大器、磁带或唱片的过负荷。

表 8–2　常用音频信号处理设备分类表

<table>
<tr><td rowspan="12">音频信号
处理设备</td><td>振幅　处理设备</td><td colspan="3">压限器
均衡器—噪声门</td></tr>
<tr><td rowspan="6">时间处理设备</td><td>混响器</td><td colspan="2">电子混响（数字混响，房间模拟器）
弹簧
混响室
板式</td></tr>
<tr><td colspan="3">谐波发生器（移调器，时基压扩器）</td></tr>
<tr><td>重复延时器</td><td colspan="2">共振镶边
多抽头回声和拍音回声
合唱</td></tr>
<tr><td rowspan="3">延时器</td><td>回声（拍声）
加倍或合唱</td><td></td></tr>
<tr><td rowspan="2">镶边</td><td>反向镶边</td></tr>
<tr><td>正向镶边</td></tr>
<tr><td rowspan="5">频谱处理设备</td><td colspan="3">听觉激励器（心理声学处理器）</td></tr>
<tr><td rowspan="2">均衡器</td><td colspan="2">可变频率
固定频率
参量式</td></tr>
<tr><td>图示式</td><td>倍频程
1/3 倍频程</td></tr>
<tr><td>咝声消除器</td><td colspan="2"></td></tr>
<tr><td>镶边</td><td colspan="2"></td></tr>
</table>

一般地来讲，压缩器与限制器多是结合在一起出现，有压缩功能的地方同时也就会有限制功能。

二、均衡器

均衡指的某一频段上信号的声能与其他频段上的信号声能相比发生了相对的变化，而这种相对变化的大小就称为均衡量。

均衡器是一种可以分别调节各种频率成分以及电信号放大量的电子设备，通过对各种不同频率的电信号的调节来补偿扬声器和声场的缺陷，补偿和修饰各种声源及其他特殊作用，一般调音台上的均衡器仅能对高频、中频、低频三段频率电信号分别进行调节。

不同频段的信号成分产生的主观感觉是不同的。

20Hz~200Hz：它是可听声中的低频段，它包括了低音乐器的基频成分，同时电源、卡车及空调器的哼声等噪声也存在于该频段。

200Hz~500Hz：它是中低频段，这一段给人以温暖、丰满、整体感等主观感受，许多乐器的基频均处在这一频段。

500Hz~1500Hz：中频段，它具有号角般的色彩，并且鼻音一般也处在该频段。

1500Hz~7000Hz：中高频段，它给人以“临场感”、尖利、清晰和明确的主观感觉。

7000Hz~20000Hz：高频段，它给人以轻松和清脆等主观感觉。

均衡是音频工作中最常用的信号处理手段，主要作用有：

音质的改善。通过均衡来改善音质，是录音工作时最先考虑的方案之一。例如通过对歌手在演唱过程中发生的重占音采用高频衰减的均衡处理，可以使其声音中咝声减少，而对进行电－电直接拾音的电吉他进行均衡处理，也可以将拾音中边缘的声音消除。

特殊的声音效果。用均衡改善音质时，很少采用极端或过量的均衡设定，因为极端的均衡减少了保真度。但是极端的均衡也可做些特殊声效果。例如：对人声进行高低频的均衡锐衰减，可以产生电话声。

强调某一声道上的声音。录音时单独听已录好的某件乐器声道，可能感觉很清晰，但是当它和其他声道混合在一起时，则清晰感下降，这是由于这种乐器的某一频段被其他乐器所产生的频率成分掩蔽造成的。对于人声，常在 1.5KHz~6KHz 加以提升，使其从乐器伴奏的背景声中突出出来。

三、延时器和混响器

延时器（delay）是一种将输入音频信号短暂存贮起来，经短时间后再输出的专用音频信号处理设备。是产生混响或回声的效果器。

目前，大量采用数字延时器，获得所需的时间差，以满足音质加工的需要。在电视剧、广播剧的声音制作中，为了表现特定的声学空间或为了加强声音的感染力常使用回声效果。人耳判断一个声学空间大小的依据是它所听到的直达声与从边界界面反射回来的早期反射声之间的时间间隔。间隔的时间越长，所呈现的空间感就越大。利用延时器可产生这一延时时间，然后将延时信号再送到混响器加混响。还可以达到声源加倍的效果，人耳对于在同一时间内演奏的乐器组产生的群感效果，是由于各乐器之间存在着时间差、音色差和音调差而形成的。通过对一件乐器的声音信号加入微量延时，并将延时信号与原信号混合，这时人耳就会感觉到正在演奏的乐器数目增多了。

反射声场中，声波向各个方向辐射，当遇到界面时会产生反射。若断开声源，声音逐渐消失。声源激励停止，室内存在“余音”的现象称之为混响。为了给混响定量的描述，人们引入混响时间 T60。T60 规定为声源的声压降低到其原来的千分之一时所需要的时间。混响器就是用来模拟厅堂响声的声音处理设备。混响器在录音系统和电扩声系统中用来对节目信号施加“人工混响”。

数字式电子混响器，由只读存储器（ROM）、随机存储器（RAM）和中央处理单元等数字电路组成，来完成对数字化信号的处理工作。原理如下：模拟音频信号（CPU）由输入放大器及低通滤波器处理后，将信号调整到合适的电平并将高频带外的噪声切除掉，经过采样，保持及模 / 数转换变成被量化的数字信号。数字信号送到数字型号处理器，完成在所选的混响效果要求的处理过程。其中只读存储器和随机器决定所选用的效果程序的类型。随机存储器能对调整过程和算法进行存储，对动态随机存储器时算法进行修改或调整。中央处理器负责总的控制，经过数字处理后的信号再进行数 / 模转换，由低通滤波器和输出放大器输出。

利用混响器能够使声音更加丰满，由于多声道中，大多采用近距离拾音，拾取的声音大多是声源发生的直达声，再加上演播室大多是混响的，所以在后期缩混的时候，为了使声音获得应有的临场感和空间感，必须加入适当的延时和混响。对声音深度上的定位处理，经常采用的办法是延时和混响。延时的时间越长，声音越靠后。同时，混响成分与直达声成分的比值也越大。通过延时和混响的配合，可以获得比较好的声音层次感和空间感。

第五节　录音机简介

早期的录音设备是开盘录音机，使用开盘录音带进行音频的记录。具有简单的记录、重放、暂停等功能。如果需要剪辑的时候，用类似胶片的剪辑方法，在需要剪辑的位置把磁带剪开，保留需要保留的部分，再把它们粘贴到一起，组成完整的剪辑后的音频节目。

后来更多地使用录音卡座，设备集成度较高，录音更加方便了，但精确的剪辑功能很难实现。

DAT（Digital Audio Tape 数字录音带）是一种用于磁带数字录音的专业品质级别的标准媒体和技术。DAT 设备就是一个数字磁带录音器，具有与录像机相似的旋转型磁头。大多数的 DAT 设备都能以 44.1KHz、CD 音频标准，以及 48KHz 的采样率来录音。DAT 已经成为掌握录音的专业和半专业环境中的标准存档技术了。专业层面 DAT 的数字输入和输出允许用户从一个 DAT 磁带传输到另一个音频工作站进行精确的剪辑。它紧凑的尺寸和低廉的成本使 DAT 媒介成为一种绝佳的整理录音并将其制成 CD 品质的方式。[①]

广播档 DAT 录音机广泛使用于录音棚中复杂的音乐编辑和后期制作。DAT 格式已成为广播界的标准录音磁带格式之一。

下面简介 SONY PCM-7000 系列录音机的功能。

存储启动功能：在放音起始点开始，约有 3 秒的间频数据已经在存储器中，当按下放音键时，存储的声音立刻输出，消除了放音输出的延迟。这种延迟是旋转磁头系统固有的缺陷。该项功能适合于直播节目和影视后期制作的声音加工。放音起始点可通过存储搜索 / 预演功能进行精确的修改。修改及重新设置起始点可以多次进行。在存储启动方式下进行时间码设置、起始识别（Star ID）及节目编号（Program Number）搜索等操作，能自动存储定位点附近的音频数据，以便进行瞬时放音。

时间码功能：符合 SMPTE/EBU 和电影（FILM）格式的时间码可以记录在子码区（Subcode）内，利用时间码可以快速找到磁带上所需要的定位点。使用内部时间码读出器 / 发生器，可以实现一些复杂的操作，如：电子编辑、同步追踪、SMPTE/EBU/ 电影（FILM）时间码和 DAT 时间码之间的转换。从磁带头开始计算的绝对时间记录在磁带的子码区（Subcode）内，这样当连续录制音乐节目时，就保证了音乐段之间绝对时间的连续性。

外同步功能：具有数字输入 / 输出和时间码读出器 / 发生器，可锁定各种外接基准信号。在没有视频设备的系统中，通过专业音频设备的字同步时钟（根据采样频率）可以达到同步。

同步追踪功能（Chase）：分为正常（Normal）方式和重新追踪（Re-Chase）方式。在正常方式中，锁定时间码后，录音机回到正常的放音状态。在重新追踪方式中，即使主机正快进（FF）/ 快倒（REW）或变速运动时，录音机也会不断跟踪以保持同步。

多种通用的接口：有两种并行遥控器接口，通过 37 芯接口 RM-D700

---

① 伍建阳 . 艺术录音基础［M］. 北京：中国广播电视出版社，1999.

遥控器连接，或与同步器相连实现遥控走带控制功能。通过 Din8 芯接口可以接受调音台推子开始 / 停止信号，实现调音台对录音机的遥控。

子码记录：在子码区可写入节目编号等数据和识别码，也可以任意抹掉这些识别码，丝毫不会影响记录的时间和音频数据。

具有节目编号重新排序功能。

目前的数字录音机大多采用硬盘存储或者半导体卡存储，也比 DAT 的磁带存储更方便使用。使用较多的是 8、16 轨硬盘机。硬盘机读取时间快，有较强的编辑功能。硬盘录音机都具有比较完善的同步功能，既可以与视频设备同步也可与 MIDI 设备同步，还可以与其他的硬盘机同步，其同步码有 SMPTE 码、MIDI 的 MTC 码等多种类型。一般都是 16bit 量化，采样频率有 48KHz、44.1KHz 等多种选择，线性不压缩，对硬盘的存储量要求较大，如果换上 2GB 的硬盘，8 轨可以录到 50 分钟左右。硬盘机一般也都提供了简单的调音台、跳线盘等功能，有的还可以加装显示卡，把各轨信号的波形与相应的操作在电脑显示器上显示出来，很像一部数字音频工作站。①

下面简要介绍一下 tascam HS-4000 四声道音频录音机。②

不仅能作为录音机使用，开发时还考虑作为快速启动播放器使用，所以搭载了快速启动专用动作模式——“播放列表模式”。可在播放列表中登录要使用的片段后使用。还可进行每个片段的 IN-OUT 提示点编辑、电平编辑，便于导入数据后对快速启动进行微调整。

搭载五种动作模式，可在各种环境中使用。

可同时使用多个遥控器、多种外部控制。外部控制（包括遥控器）不只是可以使用 1 个系统，能连接的所有端子都可被同时使用外部控制机器。在连接 RC-HS32PD 的同时，还可进行并联控制，所以主要的快速启动操作人员以外的人员也可进行快速启动操作，可常时连接紧急播放用的控制。

---

① 王立楠．浅谈数字录音设备［J］．中国科技纵横，2014，9：27.

② http://tascam.cn/product/hs-4000/overview/.

操作时，优先进行后来传输的控制信号的动作。还标准支持 RS-422 SONY P2 协议，与现行控制设备的连接也非常顺畅。

支持吉比特以太网，实现了灵活广泛的应用。工作协议采用通用协议 FTP（File Transfer Protocol），不受系统环境限制。可从 Windows、Macintosh、UNIX 等任何系统访问。CF 卡和电脑之间的文件传送通过 FTP 客户端软件实现。可进行各种应用，如为发送系统准备文件。另外，还提供通过网络进行 telnet 遥控的环境，还对提高系统和工作流程效率做出了贡献。

TFT 彩色显示屏带碰触传感器，可以进行直观操作。搭载监听扬声器，可迅速确认内容。支持通过 LAN 进行 VNC（Virtual Network Computing）。可在通过 LAN 连接的其他 PC 上显示 HS-4000 的画面。还可在此时显示的电脑画面上进行鼠标操作。

录制介质采用不露出接点的高耐久性 CF 卡。实现了对于录音播放机非常重要的高可靠性，如采用没有旋转结构的无机械结构实现高耐久性，可在录音播放现场等所有地方使用的耐振动性。无需维护，兼具降低成本的效果，使声音文件的管理、使用更加简单方便。

第六节 音频系统的连接

上述种种音频设备，需要连接到一起组成一个音频系统，才能实现所需要的特定功能。这就需要有接口和连线将各个设备连接到一起。

话筒的输出端和传输线，以及传输线和调音台、录音机等音响设备之间的连接插头，有很多种类。

第一种是 RCA 模拟音频接头，就是常说的莲花头。每一根 RCA 线缆负责传输一个声道的音频信号，所以立体声信号，需要使用一对线缆。立体声 RCA 音频接口，一般将右声道用红色标注，左声道用白色标注。

第二种是 S/PDIF 接口，是由 SONY 公司与 PHILIPS 公司联合制定的一种数字音频输出接口，传输的是数字信号。S/PDIF 接口是一种标准，同轴数字接口和光线接口都属于 S/PDIF 接口的范畴。该接口广泛应用在 CD 播放机、声卡及家用电器等设备上。

第三种是 XLR 接口，是电视制作中最常用的接口。XLR 接头俗称卡侬头。

从保证输入信号信噪比的角度考虑，高质量调音台的输入接口采用平衡的输入方式。专业音频领域中，最常用的平衡式插接件中 XLR-3 型，由三个插针的插头和插座两部分组成。如图 8-5 所示。

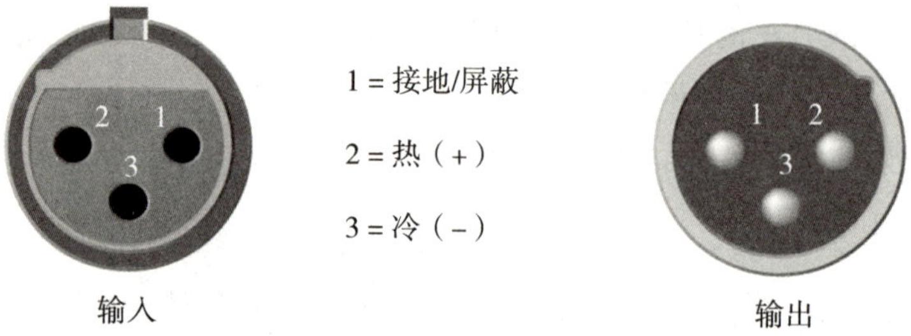

图 8-5　XLR（卡侬）接口

一般使用这种 RCA 标准和 XLR-3 型插接件进行信号的平衡式连接时，是按照一定的插接件接口标准来进行的。其中 1 脚接屏蔽层，2 脚接信号“+”端或“热”端，3 脚接信号的“-”端或“冷”端。但是，要注意一些国外的产品是将 2 和 3 脚对调使用，即 2 脚接“冷”端，3 脚接“热”端，如果在同一演播室中将这两种接法混用，将会产生前面所说的相位问题。比如两只话筒分别用了其中的一种连接方法，二者的相位相反，拾取的声音信号相互抵消，造成录音质量下降。

还有一种信号线路接口采用的是 TRS（尖 - 环 - 套）型的插接件接口，即耳机式三芯接口，如图 8-6 所示。其中 T（Tip 尖部）接信号“热”端，R（Ring 环部）接信号“冷”端，S（Sleave 套管）接屏蔽层。这种接口有几种规格，专业设备中多用 6.35mm 的接口，而 3.5mm 接口广泛应用于民用产品，手机等设备则更多使用 2.5mm 接口，其连接方式都是相同的。这种接口也有非平衡式的，称为 TS 接头，如图 8-7 所示。

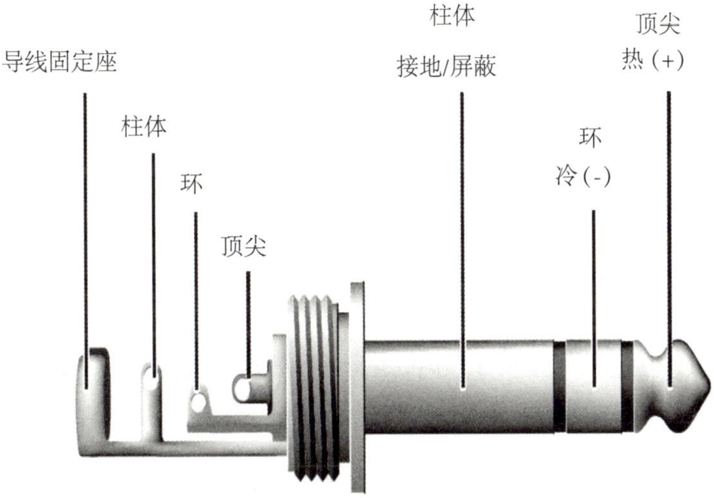

图 8-6　平衡式 6.35mm 单声道插头

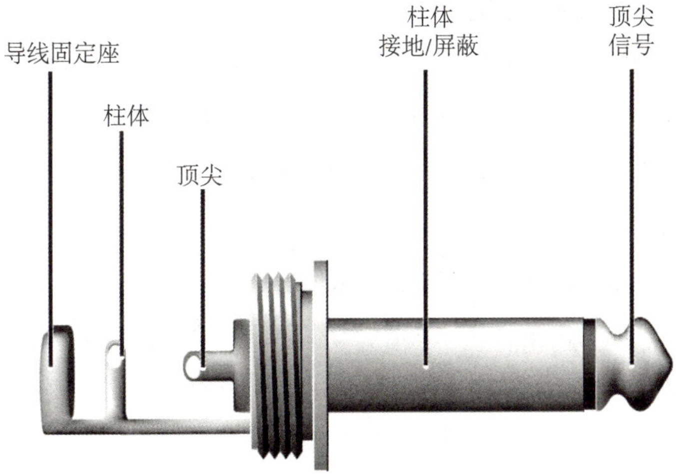

图 8-7　非平衡式 6.35mm 单声道接口

在各种接头之间连接时，平衡式接头与平衡式接头之间，非平衡式接头与非平衡式接头之间的连接很容易，只要注意按前述的统一标准连接，比如统一引脚 2 接热（+）端，相应的引脚焊接在一起就可以了。当平衡式接头与非平衡式接头之间连接时，在我们这种标准中（引脚 2 接热端），应当将平衡式接头的引脚 1 和引脚 3 短接，否则转换的声音电平会很小，而且质量降低。

阻抗是设备对信号电流的一种阻力。话筒分高阻抗和低阻抗。使用时必须注意与音响设备是否匹配。如不匹配，需要使用阻抗变换器。阻抗高的话筒，只能用较短的电缆，通常为针状连接头，价格便宜，质量一般。阻抗低的话筒一般为专业高质量的话筒，可以用较长的电缆，平衡电缆线 XLR 接头更适合于录像制作。它与调音台连接时，应当与标有“MIC IN”的接口连接，与录像机直接连接时，应该将录像机的阻抗开关打到“LOW”的位置。话筒混录机输出，或者磁带录音机的输出，或者唱机的输出，通常标有“LINE-OUT”，这些设备应当与调音台的“LINE-IN”接口连接，与录像机连接的时候应当将录像机的阻抗开关打到“HIGH”的位置。系统连接时要注意以上问题。

简单的音频系统连接可以参考图 8-8 所示音频系统。[①]

电视制作中常见的音频系统主要可以分为两大类。一类是在视频制作过程中参与全程，服务于视频编辑或者录制的音频系统。一类是单独的音频制作，音频制作完成后再与相应的视频或者音频素材整体合成。这一类通常都在数字音频工作站完成。

在磁带编辑的时候，调音台与录像机、编辑控制器、监视器、监听音箱等组成一套编辑系统。音频信号与视频信号分别经过各自的通路，最终录制到录像机上。简单的一对一编辑可以不通过调音台直接连接音频信号。数字录像机可以将音频信号嵌入到视频信号中。但如果要对音频信号进行处理，还需要解嵌之后，通过数字音频设备单独处理。

简单的传统剪辑的音频连接可以参考第五章二对一编辑系统图。

---

① YAMAHA 调音台 01V96i.

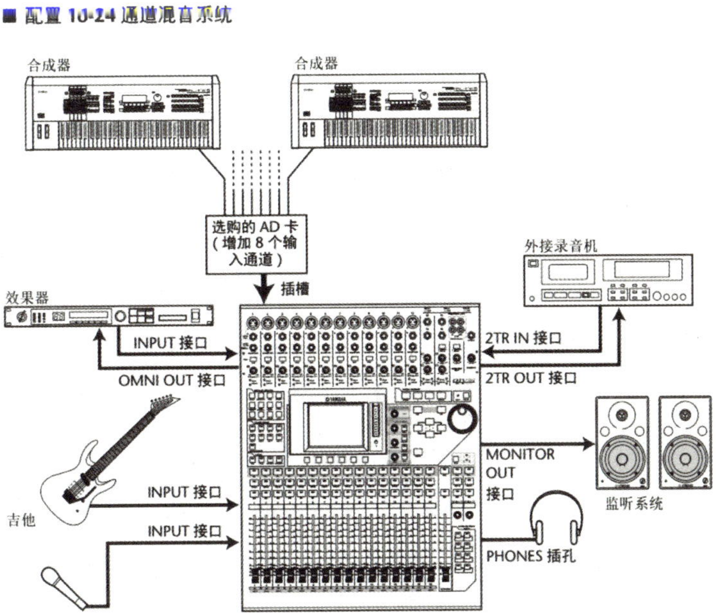

图 8-8　一种音频系统连接示意图

在非线性编辑系统中进行音视频的后期编辑，所有的信号都已经数字化，音频的编辑变得简单，调音台等功能都集成在非线性编辑系统内部，基本的调整都可以在非线性系统内部完成，音频的连接并不需要。只有在最后需要输出磁带的时候，才需要连接音频到录像机的音频输入端口（SDI 连接的视频包含了音频嵌入的话，也不需要单独连接音频）。

第七节　数字音频工作站简介

数字音频工作站（Digital Audio Work Station，DAW）是一种集数字音频处理技术、数字存储技术、计算机技术于一身的高效音频处理工具。它基于计算机的强大数据处理能力、以计算机硬盘为主要存储媒介，借用声卡或数字信号处理器（DSP），在软件的支持下实现声音录放、加工处理、非线性编辑及管理等节目制作功能。在节目制作中能够完成多音轨录音、监听、放音、多音轨的缩混、编辑、记录存储、调音、多种声音效果处理（频率均衡、动态压缩及时间效果处理）。除这些基本功能之外，并有人机界面、音频信号波形显示，实现了节目制作的音频信号波形可视化。

数字音频工作站的基本组成部分包括：主机、音频处理软件和音频接口。可以选配的部件则包括 CD 刻录机、遥控台、同步器和视频采集卡等。

用于数字音频工作站的软件主要分为三大类：全功能软件、单一功能软件和插件程序。全功能软件是真正意义上的音频工作站软件，因为它能对音频信号进行录音、剪辑、处理、混音，甚至还可以直接刻制出 CD 母盘。也就是说，音频节目的整个制作，都可以利用这种软件来全部完成。

音频接口是指为计算机提供音频信号输入 / 输出能力的设备。从与主机的连接方式上看，音频接口分为三种：插卡式、插卡并外挂接线盒式和 USB 口外挂式。

数字音频工作站的主要功能如下：

具有专业要求的音质录入和播放声音。从指标上说最低应该采用 16bit、44.1KHz 的音频格式，频响范围应该达到 20Hz~20KHz，而动态范围和信噪比都应该接近 90dB 或更高。

录音、放音与合成。数字音频工作站的录音、放音、合成与普通制作多音轨节目一样，能够同时播放至少多个音轨。但不同的是录放音时既能听到声音，同时还可看到 DAW 屏幕上描绘出的彩色信号波形，更直观、更有效，包括所有操作界面均可同屏显示，操作状态一目了然。从屏幕上可见到精确到帧的声音波形，需要补录时，可根据显示器波形精确地选择入、出点。如果需要对某一段声音进行多种形式的录音，可以在同一时间、同一轨上进行无损伤的、多层次的录音，所有被记录下的音频段被自动编号、存储保留，为后期制作挑选最佳的声音资料提供了余地。

先进的音频剪辑功能。数字音频工作站对于录入的声音素材，应该能够进行删除、静音、复制、移位、拼接（带淡入淡出）、移调、伸缩等操作。而进行这类操作时，还应该能够做到准确、细致和快速，从而使编辑工作的质量和效率得到提高。一般录音机是看不到声音的，若要剪辑就要来来回回、反反复复地往返进退磁带，凭耳朵的听力寻找剪辑点，这样既费事又费时，有时还不一定能找到最准确的剪接点，甚至破坏整个素材片段。而在 DAW 的屏幕上可以看到声音波形和位置，可以眼耳并用直接找到剪接点，而且有剪辑预听功能，即在剪接前就可预听到剪接后的效果，做到剪接点准确无误。不管是录音还是剪辑，屏幕上都会显示某一片段的长度（小时、分、秒、帧），还会显示声音的波形，是单声道还是立体声，目前处理的是哪一音轨，是否在编辑时间码等，最终剪接点的电平会自动调整到位。它提高了编辑的制作效率，省时省力。

数字效果处理。数字音频工作站通过数字处理器提供了许多数字信号处理手段，在 PC 机控制下可实时完成调音、实时均衡、声音压扩、声像移动、电平调整、混响、延时、降噪、变速变调等多种功能，对声音进行时域和频域的处理。它们控制界面的风格形式和各种可调参数与传统的设备基本一样，所有操作都在习惯的工作环境下完成，但其中某些处理在传统设备上是无法实现的。

数字音频工作站往往需要与外部设备（如调音台、MIDI 音序器、合成器、效果处理器、多轨录音机和视频编辑机等）连接在一起。在这样一个庞大的系统中，保证这些设备之间的“同步”是它们协同工作的重要条件。常用的音频同步信号有以下三种：时间码、MIDI 实时信息和字时钟（Word Clock）。运用时间码进行同步是音频领域最常用的方法。目前有三种基本的时间码：SMPTE 时间码、MIDI 时间码（MTC）和 IEC 时间码。在全部使用数字设备的情况下，实现同步保持是非常方便的，只要将各个设备的字时钟端口连接起来，就可将所有数字设备的采样频率锁定在一个值上。

第八节　数字音频文件格式简介

数字音频文件格式很多，通常分为两大类：波形音频文件和 MIDI 文件。

波形音频文件指的是直接记录了原始真实声音信息的数据文件，它又进一步分为压缩格式与非压缩格式两类。常见的非压缩格式音频文件是 Wave 文件（.wav）、Voice 文件（.voc）；常见的压缩格式音频文件有 MP3 文件、Real Audio 文件（.ra/.rm）、WMA 文件等。而 MIDI 文件则是一种乐器演奏指令序列，相当于乐谱，因此又称之为非波形音频文件。

Wave 文件：Wave 格式是 Microsoft 和 IBM 公司开发的一种波形音频文件格式，符合 RIFF（Resource Interchange File Format）文件规范，被 Windows 平台及其应用程序所广泛支持。Wave 文件所存储的音频数据是对声音模拟波形进行采样所得的 PCM 样值数据，因此也称为波形文件。

Voice 文件：Voice 文件是 Creative Labs（创新公司）开发的一种波形音频文件格式，在 DOS 程序和游戏中常遇到这种文件，多用于保存 Creative Sound Blaster（创新声霸）系列声卡所采集的声音数据，被 Windows 平台和 DOS 平台所支持，支持 CCITTA 律和 μ 律等压缩算法。

音频交换文件：AIFF（Audio Interchange File Format）是苹果计算机公司开发的一种音频交换文件格式，被 Macintosh 平台及其应用程序、Netscape Navigator 浏览器中的 Live Audio、SGI 工作站以及其他专业音频软件包支持。

Audio 文件：Audio 文件是 SUN Microsystems 公司和 NeXT Computer 公司推出的一种声音文件存储格式（8 位 μ 律编码或者 16 位线性 PCM 编码），是 Internet 中常用的多媒体声音文件格式。

MPEG 音频文件 MP1/MP2/MP3/MP4/AAC：MPEG（Moving Picture Experts Group）音频文件格式指的是 MPEG 标准中的音频部分，即 MPEG 音频层（MPEG Audio Layer）。MPEG 音频文件的压缩是一种有损压缩，根据压缩质量和编码复杂程度的不同可分为三层（MPEG Audio Layer1/2/3），分别对应 MP1、MP2 和 MP3 这三种声音文件。MP3 的压缩率高达 10:1~12:1，CD 质量音频经过 MP3 压缩编码后音质基本保持不失真。因此，目前使用最多的是 MP3 文件格式。MP4 采用的是美国电报电话公司（AT&T）开发的以“感知编码”为关键技术的音乐压缩技术，由美国网络技术公司（GMO）及 RIAA 联合公布的一种音乐格式。MP4 在文件中采用保护版权的编码技术，只有特定用户才可以播放，有效地保证了音乐版权的合法性。另外 MP4 的压缩比达到了 15:1，体积比 MP3 更小，但音质并没有下降。AAC 是 MPEG-2 规范的一部分。它同时支持多达 48 个音轨、15 个低频音轨、更多种采样频率和数码率、多种语言的兼容能力、更高的解码效率。

Real Audio 文件：Real Audio 文件是 Real Networks 公司开发的一种流式音频（Streaming Audio）文件格式，最大的特点就是可以实时传输音频信息，尤其是在网络速度较慢的情况下，仍然可以较为流畅地传送数据，因此 Real Audio 主要适用于网络上的在线播放。现在的 Real Audio 文件的主要格式有 RA（Real Audio）、RM（Real Media）等，这些文件的共同性在于随着网络带宽的不同而改变声音的质量，在保证大多数人听到流畅声音的前提下，令带宽较宽的听众获得较好的音质。

WMA 文件：WMA（Windows Media Audio）格式是 Microsoft 公司针对 Real Networks 公司开发的新一代网上流式音频文件格式。这种格式的特点是同时兼顾了保真度和网络传输需求，所以具有一定的先进性。采用 WMA 格式压缩的音频文件比 MP3 文件要小得多，并且音质要强于 MP3 格式，更远胜于 RA 格式，其压缩比一般可以达到 18:1 左右。同一格式，音质好的可与 CD 媲美，压缩率较高的可用于网络广播。WMA 的另一个优点是内容提供商可以通过数字版权管理（Digital Rights Management）方案加入防复制保护，这种内置了版权保护技术可以限制播放时间、播放次数甚至播放的机器等，可防止盗版。

MIDI 文件：MIDI 是乐器数字接口，是数字音乐 / 电子合成器的统一国际标准，它定义了计算机音乐程序、电子合成器和其他电子设备之间交换信息与控制信号的方式，还规定了不同厂家的电子乐器与计算机连接的电缆和硬件及设备间数据传输的协议，可用于不同乐器创建的数字声音，可模拟常见乐器。MIDI 文件记录的不是乐曲本身，而是一些描述乐曲演奏过程中的指令。计算机将这些指令发送给声卡，声卡按照指令将声音合成出来，MIDI 声音在重放时可以有不同的效果，这取决于音乐合成器的质量。由于 MIDI 文件记录的是一系列指令而不是数字化后的波形数据，因此，它占用的存储空间小很多。

第九节　数字音频接口标准简介

模拟音频设备在进行连接时要注意设备之间的电平匹配、阻抗匹配以及连接方式的一致性（指平衡与不平衡的一致性），即使产生一些偏差也不会造成信号很大的失真，因此在模拟设备中不特意提及设备之间的接口。但在数字音频设备的互连系统中，接口模式至关重要。其原因在于数字化设备在进行 A/D、D/A 变换以及数字信号处理时，所使用的采样频率及量化比特数彼此存在差异，因此要求互连设备的采样频率及量化比特数应保持一致，否则对传输的信号将产生损伤乃至不能工作。为了实现不同格式的数字音频设备之间的相互连接，故而制定出大家共同遵守的、统一的数字信号输入 / 输出格式对接，即数字音频接口标准。目前在数字音频应用领域中，数字音频接口标准有很多，下面对一些主要的接口标准进行简单的介绍。

AES/EBU（AES3 1992）接口标准：AES/EBU 接口标准是由 Audio Engineering Society/European Broadcast Union（美国音频工程协会 / 欧洲广播联盟）制定的一种专业的数字音频接口标准，现广泛应用于大量的民用产品和专业的数字音频设备，如 CD 机、DAT、MD 机、顶级采样器、大型数字调音台、专业数字音频工作站等。它可以通过一个平衡式接口来串行传送被复用的双通道数字音频信号，采用的平衡驱动器和接收器与用于 RS422 数字传输的标准类似，其输出电平为 2V~7V。

SPDIF 接口标准：它被设计为用每根电缆来传送最高量化精度为 20bit 的一个通道的数字音频信息。当在大多数双通道设备中，接口是不平衡式的，并采用 75Ω 同轴电缆和 75Ω 的 BNC 型接口端子，每个通道一个。电平为 TTL 兼容电平（0V~5V）。与音频通道接口端子相匹配的还有单独一个用来传送字时钟信号的接口端子，字时钟是一种采样频率的方波信号，它被用来作为接收器的采样时钟的同步信号。

多通道音频数字接口标准（MADI）：多通道音频数字接口（Multichannel Audio Digital Interface）标准是以双通道 AES/EBU 接口标准为基础的多通道数字音频设备间的互连标准。它可以通过一条 75Ω 的同轴电缆或光纤来串行传输 56 个通道的线性量化音频数据，以便每个通道的一个样值能够在一个音频采样周期内传送出去。指定采用 75Ω 视频同轴电缆和 BNC 接口连接件，发射机的输出电压峰 – 峰值应为 0.3V~0.6V，最长的同轴电缆长度不超过 50 米。作为另外一种互连方法，可以用光缆，它可以传送更远的距离。

主要参考文献

［1］孟群．电视数字制作技术［M］．北京：北京师范大学出版社，2003.

［2］张永辉．电视原理［M］．北京：北京广播学院函授部．

［3］张琦，林正豹，杨盈昀．数字电视制播技术［M］．北京：中国广播电视出版社，2003.

［4］王明臣，姜秀华，张永辉．数字电视与高清晰度电视［M］．北京：中国广播电视出版社，2003.

［5］李海燕．多媒体技术［M］．北京：中国传媒大学远程与继续教育学院，2004.

［6］姜秀华．数字电视技术［M］．北京：中国传媒大学远程与继续教育学院，2002.

［7］高厚琴．电视原理［M］．北京：中国传媒大学远程与继续教育学院．

［8］史萍，倪世兰．广播电视技术概论［M］．北京：中国广播电视出版社，2003.

［9］伍建阳．艺术录音基础［M］．北京：中国广播电视出版社，1999.

［10］徐宝强，左庆丰，吕联荣．电视原理与组网技术［M］．北京：北京航空航天大学出版社，2001.

［11］孟群．电视节目制作技术［M］．北京：高等教育出版社，2006.

［12］陈春．键控技术的发展及应用［J］．新闻前哨，2007（5）．

［13］赵力．摄像机的彩色校正——线性矩阵及其调整［J］．电视技术，2003（2）．

[14] 洪锡光 . 虚拟演播室技术解析 [J] . 电视字幕・特技与动画, 2007，13（3）.
[15] 康登峰 . 虚拟演播室的灯光要求 [J] . 中国有线电视，2008（4）.
[16] 张捷，姚颖 . 虚拟演播室系统的应用现状与未来发展 [J] . 广播与电视技术，2007（6）.
[17] 张连军 . 虚拟演播室系统的分析与比较 [M] . 长春：东北师范大学出版社，2007.
[18] 张晓辉 . 虚拟演播室技术的现状及发展 [C] . 中国电影电视技术学会 . 中国电影电视技术学会影视科技论文集 .2003.
[19] 网络文章：维基百科，百度百科等 .
[20] 赵永建 . 数字音频文件格式及其相互转换 [J] . 电声技术，2003（7）.
[21] 王亚明 . 新一代数字摄影机技术 [J] . 现代电影技术，2011（12）.
[22] 金丹 . 数字技术在虚拟演播室节目制作中的应用与研究 [D] . 北京：北京工业大学，2015.
[23] 吴永波 . 超高清 4K 电视节目拍摄探讨 [J] . 电视技术，2016，40（1）.
[24] 崔建伟 . 中央电视台 4K 项目研究与进展 [J] . 现代电视技术，2016（5）.
[25] 房磊 .4K 超高清发展动态研究 [J] . 广播与电视技术，2014，41（12）.
[26] 刘杰锋，张俊，卓越 .4K 超高清演播室系统建设探析 [J] . 广播与电视技术，2016，43（7）.
[27] 鲁泳 . 解读 HDR 的“秘密”，数码影像时代微信公众号，2016.10.26.
[28] 王立楠 . 浅谈数字录音设备 [J] . 中国科技纵横，2014（9）.

图书在版编目（CIP）数据

数字电视制作 / 王灏，孟群著. —北京：中国国际广播出版社，2017.4

（21世纪高等院校新闻学与传播学经典教材）

ISBN 978-7-5078-3957-9

Ⅰ. ①数… Ⅱ. ①王…②孟… Ⅲ. ①数字电视—电视节目制作

Ⅳ. ①G222.3②TN941.3

中国版本图书馆CIP数据核字（2017）第044701号

数字电视制作

著　　者　王　灏　孟　群

责任编辑　杜春梅

版式设计　国广设计室

责任校对　徐秀英

出版发行　中国国际广播出版社［010-83139469　010-83139489（传真）］

社　　址　北京市西城区天宁寺前街2号北院A座一层

邮编：100055

网　　址　www.chirp.com.cn

经　　销　新华书店

印　　刷　北京艺堂印刷有限公司

开　　本　710×1000　1/16

字　　数　320千字

印　　张　24

版　　次　2017 年 4 月　北京第一版

印　　次　2017 年 4 月　第一次印刷

定　　价　59.00 元

CRI 中国国际广播出版社　欢迎关注本社新浪官方微博　官方网站 www.chirp.cn